한 학기
한 권
읽기

한 학기 한 권 읽기

초판 1쇄 발행 2018년 10월 20일
초판 4쇄 발행 2020년 3월 1일

지은이　송승훈 하고운 김진영 임영환 김현민 김영란
펴낸이　이영선
책임편집　김선정

편집　강영선 김선정 김문정 김종훈 이민재 김연수 이현정
디자인　김회량
독자본부　김일신 김진규 정혜영 박정래 손미경 김동욱

펴낸곳 서해문집 | 출판등록 1989년 3월 16일(제406-2005-000047호)
주소 경기도 파주시 광인사길 217(파주출판도시)
전화 (031)955-7470 | 팩스 (031)955-7469
홈페이지 www.booksea.co.kr | 이메일 shmj21@hanmail.net

이 도서의 국립중앙도서관 출판예정도서목록(CIP)은 서지정보유통지원시스템 홈페이지(http://seoji.nl.go.kr)와 국가자료공동목록시스템(http://www.nl.go.kr/kolisnet)에서 이용하실 수 있습니다.(CIP제어번호: CIP2018032031)

* 이 책은 전국국어교사모임 회원들이 참여한 책입니다.

한 학기
한 권
읽기

송승훈 하고운
김진영 임영환
김현민 김영란

소박한 독서수업부터 깊이 있는 통합수업까지,
'책 읽는 교실'을 꿈꾸는 모든 교사를 위한 실천 지침서

서해문집

"교사들이 하는 독서교육을 있는 그대로 썼다"

세상을 더 낫게 만드는 꿈을 꾸는 일, 그 실천에 대하여

학교 바깥에서 보면 학생들이 문제집만 푸는 것 같지만, 그렇지 않다. 요즘 학생들은 책을 꽤 읽는다. 학생생활기록부에 어떤 책을 읽었는지가 기록되기 때문이다. 제도가 영향력이 있다. 학생들이 책을 잘 안 읽는다는 말은 몇 년 전의 이야기다. 현실은 빠르게 변한다.

2018년부터 시행된 '2015개정교육과정'에는 국어과에 '한 학기 한 권 읽기'가 들어 있다. 한 학기가 보통 넉 달인데 그중 한 달은 교과서가 아니라 책으로 수업을 하게 되었다. 그전에는 의욕 있는 교사만 수업시간에 단행본 책 읽기를 했는데 이제는 의무로 한 권은 책을 읽게 됐다. 국어 교과서에도 한 단원이 독서교육으로 만들어졌다. 이렇게 초등학교, 중학교, 고등학교 내내 한 학기에 한 달은 책으로 공부하고 스무 살이 된 세대는 그 전과 다른 사람들이 된다. 학교 수업시간에 책으로 공부하는 일이 자연스러운 사회 구성원들이 생겨나게 된다.

시민들이 책 읽는 시간이 줄어든다는 통계가 자꾸 나오는 현실에서, '한 학기 한 권 읽기'는 국가 수준에서 큰 의미가 있는 기획이다. 여기에는 우리 공동체를 변화시킬 힘이 있다.

이 책에 나온 독서교육 방법은 모두 정규 교과 수업시간에 보통 학생들과 함께 한 활동이다. 책과 친한 학생들만 모여서 동아리나 방과후학교에서 따로 한 사례가 아니다. 특별한 상황이 아니라 학교의 일상에서 이루어지는 교육을 이야기했다. 사랑에 비유하면, 이 책은 연애 시절의 달콤한 추억이 아니라 결혼해서 육아와 집안일로 지지고 볶는 생활 이야기에 가깝다. 예쁜 말로 독서가 가치 있다고 설명하기보다 입시 부담이 있는 한국의 중고등학교에서 독서교육을 어떻게 하는지 안내하려 했다.

결혼생활과 마찬가지로 수업도 작은 돌부리 하나가 전체를 흔들 수 있다. 별것 아닌 한두 가지가 수업을 성공시키기도 하고 실패로 몰아넣기도 한다. 글쓴이들은 자신이 겪은 문제 상황을 솔직하게 썼다. 학교에는 책을 잘 읽는 학생만 있지 않다. 책을 싫어하는 아이, 책을 손에 들려주고 못 떠들게 하면 10분 만에 잠들어버리는 아이, 책을 읽고 자기 생각을 썼는데 그 내용이 비윤리적인 아이가 교실에 함께 있다.

잘하는 학생을 잘 가르치기는 쉽다. 교사가 어느 정도 교양이 있으면 된다. 그러나 내버려두면 잘 못하는 아이를 잘하게 하는 건 어렵다. 여기에는 교사의 전문성이 필요하다. 교사의 진짜 실력은, 우선 독서수업에서 무엇이 돌부리인지를 아는 데 있다. 일반 학교에서 고전이나 유명한 책을 한 권 정해서 반 전체 학생들에게 읽히면, 또는 교사가 책 목록을 뽑아주지 않고 학생들에게 알아서 찾게 하면, 남학생들에게 느낌과 감상을 쓰라고 말하면, 동기—줄거리—감상의 구성으로 독후감을 쓰라고 가르치면 그 독서수업은 잘되지 않는다.

이 책에 실린 열 가지 수업 방법에는 어떤 경우에 그 수업이 위기에 빠지는지, 어떻게 해야 위기를 피하고 성공 가능성이 높아지는지가 촘촘하게 나와 있다. 그리고 그 쉽고 어려운 정도에 따라 5단계로 나누어놓았다. 교사마다 독서교육 경험, 역량, 상황이 다르기에 자기 여건에 맞게 수업 방법을 선택하면 된다. 특별히 신경 쓸 점은, 독서교육 방법에 따라 어울리는 책이 다르다는 점이다. 쟁점 토론하기에 좋은 책, 자신의 경험을 쓰기에 좋은 책, 영상을 만들기에 좋은 책이 다를 때가 많다. 책 선정이 잘

못되면 독서교육 방법이 아무리 좋아도 다 소용없다.

　글쓴이들은 이 책에서, 학교에서 독서교육을 하기가 얼마나 어려운지를 하소연하지 않았다. 그 대신에 지금 여건에서 이렇게 하면 학생들이 책을 잘 읽으니 같이 해보자고 말을 건다. 비판보다는 일이 되게 하려는 태도가 글 전체에 깔려 있다. 교사에게 중요한 것은 현실에 대한 해석과 비판 못지않게, 현실을 좋은 쪽으로 변화시키는 실행 방안과 실천이다.

　이 책에 소개한 열 가지 독서교육 방법은 전국국어교사모임의 독서교육 분과인 '물꼬방' 교사들이 서로 자신의 성공과 실패의 경험을 대가 없이 공유한 데서 얻어진 성과이다. 각 방법에는 글쓴이가 표시되어 있지만, 글쓴이 중 누구도 자신이 한 수업을 자기 것이라고 여기지 않는다. 각자의 글에는 서로의 문장이 함께 녹아 있다. 각자 이룬 성취를 개방·공유·협력하며 축적했기에, 우리는 여러 문제 상황에 대처하는 방법을 정리할 수 있었다. '물꼬방' 교사들이 한 수업 자료는 http://reading.nara-mal.or.kr에서 찾아볼 수 있다.

　글쓴이 중에서 김영란은 강원대학교 국어교육과 교수로 현장 실천 사례가 이론적 틀을 갖추는 데 중심 역할을 했다. 김현민은 전국과학교사모임 회원으로 과학자들이 과학책을 읽는 방식을 서평 쓰기에 적용했다. 김진영, 임영환, 하고운, 송승훈은 전국국어교사모임 회원으로 지금 학교 현장에서 쓰이는 여러 독서교육 방법을 정리했다. 어떤 전공이든, 독서는 공부와 연구에 쓰이는 기본 역량과 관련이 깊다. 이 책에 소개한 독서교육 방법은 국어 시간에 주로 실천된 것이지만, 여러 교과에서 두루 쓰일 만하다. 독서교육은 특정한 교과의 영역이라기보다, 범교과적이다.

각 장의 뒤에 실린 학생 글의 사례는 모두 진짜 학생들(고등학생)이 쓴 글이다. 어른들은 청소년들을 어리다고 그냥 얕보기 쉽다. 하지만 책을 읽고 동료와 소통하고 표현하는 과정을 잘 가르치면 학생들은 종종 괜찮은 글을 써낸다. 이 책에 나온 수업을 했을 때 우리는 학생들이 읽을 만한 글을 써오는 것을 확인했다. 어떻게 가르치는지 과정을 자세히 안내해두었기에, 누구든 이 책을 활용해서 가치 있는 성과를 낼 수 있다고 조심스럽게 자신한다.

책 읽는 학생을 보면, 가슴이 설렌다. 혹시 이 학생이 이 독서를 계기로 나중에 훌륭한 사람이 되는 게 아닐까 기대도 한다. 먼 훗날 책 읽던 학창 시절을 스스로가 어떻게 기억할까 생각해본다. 자라나는 아이들에게 책을 읽히는 일은 세상을 더 낫게 만드는 꿈을 꾸는 일이다. 그런 행복감을 더 많은 교사들이 느껴보았으면 하는 마음으로 이 책을 내놓는다. 이 책은 실천에 대한 보고이고, 실천을 위한 책이다.

2018년 가을
송승훈

상상력과 공감을 일깨우는 창조적 독서수업

프롤로그

김영란

(강원대학교 국어교육과 교수)

"새로운 시도를 두려워만 하지 말자"

교육 현장에서 길어 올린 독서교육 방법

요즘은 미래 사회에 대비해 우리 사회가 어떻게 변화해야 할지, 우리는 어떻게 대응해야 할지 여기저기에서 많은 이야기들이 쏟아지고 있다. 교육계도 새로운 교육 과정(2015개정교육과정)에서 '미래 사회가 요구하는 핵심 역량 함양'을 기치로 내걸며 교실 수업의 혁신을 부르짖고 있다. 백워드 설계, 거꾸로 학습, 하부르타 등 새로운 교육 설계와 수업 실천 방법들이 여러 방면에서 논의되고 있는데, 새 교육 과정은 다소 고전적으로 보이는, 그러나 여전히 혁신적인 수업 방식이 될 수 있는 '책 읽기'를 다시금 강조하고 있다. '한 학기 한 권 읽기'로 요약되는 새로운 수업 방법에 대한 의지는 교과서에도 구현되어 있어서, 교사들에게 하나의 괴로운 숙제(?) 또는 도전 과제가 되고 있다.

이런 맥락 속에서 우리는 2016년에 '한 학기 한 권 읽기'를 일선 교사들이 손쉽게 실천할 수 있는 방법을 개발하는 프로젝트를 수행했다(교육부·대전광역시교육청,《2015 개정 교수학습 자료: 고등학교 국어》, 2016). 이 프로젝트를 바탕으로 우리가 보고서에서 못다 한 이야기를 담고, 국어과뿐 아니라 다른 교과의 교사들에게도 쉽게 다가갈 수 있도록 독서수업의 면면을 풀어낸 것이 바로 이 책이다. 아울러 교사들이 수업을 진행하면서 겪었던 여러 시행착오와 고민들, 그리고 예상을 뛰어넘는 아이들의 놀라운 성취 등도 되도록 생생하게 담아내고자 했다. 그래서 지금 이 순간에도 두려운 마음으로 새로운 시도를 해볼까 말까 고민하는 이들이 용기를 얻었으면 하는 바람이다.

이 책에서 소개하는 독서교육 방법은 모두 전국국어교사모임 내의 '물꼬방'이라는 동아리에서 오랫동안 독서교육을 고민해온 교사들이 실천한 것들로, 교실에서 아이들과 부딪히면서 깨지고 다듬어진 결과물이다. 구체적으로는 특성화고·일반고·과학고의 국어·독서·화법과 작문·문학 교과 시간, 그리고 각종 비(非)교과 시간, 나아가 과학 교사도 함께 참여하여 일반고 물리 시간에 실천했던 독서교육 방법까지 아우른다. 다양한 수준과 특성을 지닌 학생들을 대상으로 정규 수업시간에 시도된 방법이니만큼, 망설이는 이가 있다면 더더욱 용기를 내봐도 좋지 않을까 싶다.

"독후감 쓰기가 독서교육의 전부인가?"

독서교육은 독자가 온몸으로 책을 통과하며 세계로 나아가게 하는 것

그동안 우리 사회는 독서교육에 무심했던가? 전혀 그렇지 않다. 그리고 우리는 독서교육을 게을리 해왔던가? 역시 답은 '아니다'이다. 우리 사회는 1994년 '도서관 및 독서진흥법' 제정을 필두로 국민의 독서 또는 독서교육을 장려해왔고, 특히 2007년 '학교도서관진흥법'을 제정하여 학교 교육 내 독서교육을 위한 관련법을 마련했다. 그리고 교육부는 '학교도서관 활성화 종합 방안'(2003~2007), '학교도서관 진흥 기본계획'(1차: 2008~2013, 2차: 2014~2018), '학교 독서교육 및 도서관 활성화 방안'(2009), '초 · 중등 독서 활성화 방안'(2011) 등의 정책을 추진해왔다. 이런 노력 속에서 우리 사회는 도서관 설립과 장서 구축, 사서 교사 확보 등 독서교육의 하드웨어뿐만 아니라 독서교육 방법 개발, 각종 독서 동아리 지원 등 소프트웨어 보급을 위해 오랫동안 막대한 예산을 투입해왔다.

그럼에도 불구하고 '학교 교육 과정과 연계된 체계적인 독서 정책의 부족',[*] '정규 교과 외 활동 위주의 학교 독서교육'[**] 등 미진한 점을 안고 있다. 그러니 이제 우리가 진정 책 읽기를 즐기고 좋아하는 평생 독자를 길러내고 있는지 되짚어볼 일이다. 또 독서교육이라고 하면 으레 책 읽고

---

[*]   김주환 · 이순영(2014), 학교 독서 정책의 핵심 쟁점과 과제, 《독서연구》 제31호, 41~69쪽.
[**]   김명순(2012), 학교 독서운동과 독서교육, 《독서연구》 제27호, 64~88쪽.

독후감 쓰기나 독후 활동 위주가 아니었는지도 살펴볼 일이다. 그런 방법도 물론 나름의 의의가 있지만, 우리는 이제 다음 세대를 위한 독서교육이 어떠해야 할지 좀 더 근본적인 질문을 던져야 한다.

아이들은 책을 읽고 교실에서 삼삼오오 모여 책에 대한 열띤 토론을 하면서 지적 쾌감을 느끼는 경험을 종종 하는가? 자신에게 영감을 준 한 권의 책을 필두로 그와 관련된 다른 책, 해당 작가의 다른 저작물에 몰두하여 읽어내는 경험을 학교에서 하는가? 그리고 이런 행위를 우리의 교실은 장려하는가? 책을 통해 만난 인물이나 세상을 직접 만나고 경험하기 위해 기꺼이 여행을 떠나는 경험을 우리의 교실은 허락하는가?

'미래 사회가 요구하는 핵심 역량'이란, 여러 분야를 넘나들며 다양한 지식과 기능을 새로운 방식으로 연결 지을 줄 아는 능력이다. 이전에 없던 새로운 의미(지식)를 만들어내고 자기가 당면한 문제를 돌파할 수 있는 총체적 실천력이다. 책 읽기는 이런 역량을 키워낼 수 있는 좋은 도구가 된다. 아이들이 여러 분야를 종횡무진 넘나들 수 있도록 인도하고, 이를 통해 '한계가 없는' 세계로 나아가게 하는 통로가 되는 것이 책 읽기다. 이 과정에서 아이들은 세상에 대해 의문을 던지고, 타인에게 공감하며, 다양한 의미를 연결 짓고, 자신과 세상을 관련지어 보며, 새로운 의미와 지식을 창출하는 경험까지 무한정 할 수 있게 된다.

이 책에서 소개하는 독서교육 방법은 [독서일지 쓰기]와 같이 독자(학생)가 혼자 책을 읽는 과정만으로 구성되는 것도 있지만(그러나 이 방법도 독자가 책과 대화하는 기본 틀을 제시한다), 이를 제외하면 거의 모두 책을 읽고, 이를 타인과 공유하며 생각을 나누고, 그런 다음 일정한 논리를 갖추어 새로운 의미나 지식을 창출하는 단계로까지 나아가도록 하고 있다. 우리는 이를 '읽기[讀] — 생각 나누기[討] — 표현하기[論]', 즉 '독-토-론'의 과정으로 모형화했다. '독(讀)'은 책을 읽는 과정, '토(討)'는 책을 읽으면서 든 여러 생각을 언어화하여 타인과 나누는 단계, 즉 언어로 쟁투하는 과정이다. 그리고 '논(論)'은 일정한 논리를 갖추어 의미를 생산하고 표현하는 과정이라고 할 수 있다.

열 가지 색깔, 열 가지 독서교육 방법

이 책에는 각기 개성이 넘치는 열 가지 범주의 독서교육 방법을 담았다.

1. 독서일지 쓰기 – 사유의 흔적을 남기자

독서는 책 읽는 행위를 혼자 해야 한다는 면에서 고독한 일일 수 있다. 그래서 이 과정이 즐겁지 않으면 이내 잠들게 되거나 딴짓을 하게 된다. 그러나 이 과정이 매혹적이라면 누가 불러도 못 들은 채 책에 빠져들게 된다. [독서일지 쓰기]는 학생들이 자신에게 의미 있게 다가오는 책을 읽으면서 사유한 바를 기록해두는 방식이다. 정말 몰입해서 책을 읽는다면 어쩌면 독서일지를 쓰는 행위가 방해가 될지도 모르겠다. 그러나 '독서일지'는 책을 읽으면서 드는 온갖 생각을 흩어지지 않게 붙잡아둘 수 있는 유용한 장치로서, 사실상 독자가 책과 대화하면서 읽을 수 있도록 돕는 기본 틀이 된다. 책을 모두 읽고 난 뒤에 독서일지를 보면 자신의 사유의 흔적을 확인하는 즐거움을 만끽할 수 있을 것이다. [독서일지 쓰기]는 열 가지 방법 중 유일하게 '독(讀)'의 과정만으로 수업 운영이 가능하다.

2. 서평 쓰기 – 나도 평론가!

책을 읽고 나면 우리는 어떤 생각이나 느낌을 갖게 된다. 이때 혹시 그 책에 대한 유명 평론가나 출판사의 평론 앞에서 주눅 든 적이 있는가? 또는 베스트셀러라는 책이 자신에게는 그저그런 책이었던 적은 없는가? 일반적인 독자는 자신의 시선과 세계를 틀로 하여 책의 내용을 받아들이고 재구성한다. 따라서 책은 독자에게 제각각 다른 의미로 다가가게 된다. 권위 있는 평론가의 비평도 의미가 있지만 진솔한 독자의 평가가 묻혀야 할 이유가 없다. [서평 쓰기]는 이런 자기만의 책 읽기를 허용하는 방법이다. [서평 쓰기]는 앞에서 소개한 [독서일지 쓰기]를 행한 뒤에 책 전체에 대한 종합적인 평가를 글로 남기는 방법으로, '독(讀)'과 '논(論)'의 과정으로 진행된다.

3. 책 대화하기 – 책에 대해 재잘거려보자

혹시 책이나 영화를 보고 나서, 그에 대해 친구와 한참 이야기하고 싶었던 적이 있는가? 어떤 책은 다 읽고 나서 책장을 덮으면 그만인 것도 있고, 어떤 책은 마음 맞는 친구와 오랫동안 폭풍수다를 떨고 싶은 책이 있다. [책 대화하기]는 제목이 의미하듯이, 책을 대화하듯이 읽어내고(독

讀), 자신의 책 읽기에 대해 친구들과 교사와 대화를 나눈 뒤(토討), 이 모든 과정을 기록으로 남기는(논論) 방법이다. 그 과정에서 혼자 책을 읽는 고독감을 밀어내고, 책을 읽으면서 들었던 온갖 생각을 꺼내어 친구들과 나누면서 사고의 외연을 확장하고 깊이를 더하게 된다. 그런 다음 교사와 대화를 나누면서 사유의 과정과 결과를 좀 더 세련되게 업그레이드시키고, 이 모든 과정을 보고서로 작성하여 매듭짓게 된다. 책을 읽고 단지 이야기를 나누는 것만으로도 의미가 있겠지만, 촘촘하게 설계된 [책대화하기]의 과정을 따라가다 보면 학생들이 친구나 교사와 나눈 대화가 아무런 결실 없이 허공에 흩어지는 것이 아니라 글로 영글어지게 할 수 있다. 학생들의 보고서를 보면 이 과정에서 학생들이 얼마나 성장했는지 목격할 수 있다.

4. 질문으로 깊이 읽기 – 질문으로 파고드는 집단지성의 향연

[질문으로 깊이 읽기]의 핵심은 책을 읽고 질문을 던져서 이를 집단적으로 해결해가는 것이다. 학생들이 질문 던지기에 익숙해져야만 수업이 성공적으로 운영될 수 있는데, 조금만 경험하면 학생들은 금방 익숙해져서 곧잘 하게 된다. 특히 국어과에서는 '능동적 읽기', '비판적 읽기', '주체적 해석' 등을 강조하는데, 이 모든 것들은 책을 읽으면서 드는 의문을 해결하는 행위로부터 가능해지는 결과이다. '끊임없이 질문하고 답하기'가 수업을 이끄는 동력이 되도록 고안된 방법이 바로 [질문으로 깊이 읽기]이다.

[질문으로 깊이 읽기]는 학생들이 각자 책을 읽으면서 드는 의문을 적어두고(독讀), 각자 품은 의문들에 대해 모둠 친구들과 함께 책 속에서 또는 책 밖에서 답을 찾아나간다. 이 과정에서 해결되지 않은 의문들은 다시 교사와 학급 전체 친구들과 함께 논의하여 해답을 찾는다(토討). 그런 뒤에, 그래도 해소되지 않은 더 본질적인 의문에 대한 자신의 생각을 글로 표현하는 것(논論)으로 대미를 장식한다. 이 과정에서 학생들은 책의 내용을 더욱 세밀히 들여다보고 비판적으로 생각해보게 되며, 자기 나름의 해석을 도출하게 된다. 그리고 책이 촉발하는 이러한 지적·감성적 주제에 대해 자기만의 말할 거리를 품게 되면서, 마지막에 글쓰기를 통해 자신의 사유 과정과 결과를 종합적으로 드러내도록 하는 것이다.

5. 주제별 책 읽고 발표하기 – 어려운 책은 같이 읽자

우리는 언제나 내 마음에 꼭 드는 책만 읽을 수는 없다. 때로는 어렵지만 끝까지 읽어보리라 마음먹은 책도 있고, 과제 때문에 인내하며 읽어야 하는 책도 있다. 게다가 세상에는 교양을 쌓기 위해 꼭 읽어야 할 것만 같은 책이 얼마나 많은지! 특히 문학작품이 아닌 인문·사회과학이나 과학 분야의 책은 더욱 그렇다. 그런데 이렇게 술술 읽히지 않는 책을 읽을 때 친구들과 같이 읽는다면 읽는 과정에서 위로도 되고 힘이 나지 않을까? [주제별 책 읽고 발표하기]는 그런 어려운 책을 읽거나 한 주제에 대해 폭넓은 지식을 쌓고자 할 때, 또는 함께 읽으면 시너지 효과가 나는 책들을 읽을 때 활용하면 좋다.

[주제별 책 읽고 발표하기]는 주제별로 여러 권의 책 중 각자 한 권씩 골라 읽고(독讀), 각자 읽은 책의 내용을 모둠 친구들에게 서로 설명하고 질문하고 생각을 나눈 뒤에(토討), 마지막으로 각자 자연스럽게 '말하듯이' 발표하여(논論) 자신이 읽은 책의 내용을 반 전체와 공유하는 방법이다. 학생들이 혼자 읽다가 좌절하는 것이 아니라 끝까지 함께 읽어내고, 그 결과를 반 전체가 공유하는 뿌듯함을 경험할 수 있을 것이다.

6. 쟁점이 있는 독서토론 - 복잡한 인간사의 갈등을 해결하려면?

우리는 책을 읽으면서 많은 인물과 복잡한 세상사(事)를 접하게 된다. 그리고 그 속에서 인간들 사이의 수많은 갈등과 옳고 그름, 선악의 문제에 대해 고민하게 된다. [쟁점이 있는 독서토론]은 책을 읽으면서 쟁점이 되는 주제를 발굴하고(독讀), 이에 대한 다양한 관점의 질문들을 생성하여 열렬히 토의·토론을 펼친 뒤에(토討), 마지막으로 해당 쟁점에 대한 자신의 생각을 설득적 글쓰기로 풀어내는(논論) 방법이다. 그 과정에서 학생들은 자신의 논리를 더 정교하게 다듬거나 상대방의 논리에 설득되기도 하고, 때로는 치열한 공방을 벌이거나 합리적인 타협점을 찾아내기도 한다. 우리의 교실은 학생들에게 논리적·설득적인 글쓰기 훈련을 시키는데, 이런 맥락에서도 [쟁점이 있는 독서토론]은 읽기와 쓰기가 유의미하게 연결되는 유용한 통합형 수업 방법이 될 수 있다.

7. 주제탐구보고서 쓰기 - 나도 전문가처럼

우리는 책을 읽다가 어떤 분야에 빠져들어 이것저것 더 찾아 읽기도 하고, 자신에게 영감을 주는 저자의 책은 모조리 찾아 읽기도 한다. 학생들이 애정과 흥미를 가지는 주제에 대해 여러 권의 책을 깊이, 넓게 탐독하는 경험은 교육적으로 의미 있는 일이다. [주제탐구보고서 쓰기]는 그런 책 읽기 경험을 제공하고자 할 때 활용할 수 있다. 한 가지 주제에 대해 여러 책과 자료를 읽고(독讀), 책에서 알게 된 내용과 의문, 더 탐구하고 싶은 내용을 교사와 일대일로 긴밀하게 논의하여 일목요연한 체계로 정리한 뒤(토討), 이를 한 편의 깊이 있는 글로 완성하는(논論) 방법이다. 이를 통해 학생들은 주체적으로 책을 찾아 읽으며 새로운 지식과 정보를 얻게 되고, 자신의 관점에서 이를 재구성해보면서 자기주도적 심화 학습의 경험을 하게 될 것이다. 사실 가정의 문화적 자산이 풍부한 학생들은 이런 경험을 가정에서도 할 수 있지만, 그렇지 못한 학생들은 교실에서라도 이런 경험을 할 수 있도록 이끌어주는 것이 필요하다. 또한 학생들이 진로를 탐색하는 과정에서도 [주제탐구보고서 쓰기]는 매우 유용한 방법이다.

8. 시 경험 쓰기 - 내 삶의 경험이 시와 만나다

소설은 대체로 사람들이 좋아하지만 시는 다소 호불호가 갈린다. [시 경험 쓰기]는 시에 대해 누구나 공감할 수 있는 지점을 짚어내고, 시를 자신의 삶과 연결 짓는 경험을 제공하는 수업 방법이다. 이를 통해 학생들이

가질 수 있는 시에 대한 거리감, 문학이 자신의 삶과 동떨어져 있다는 소
외감을 줄일 수 있다. 한 권의 시집을 읽고 그중 자신이 가장 공감하는 시
한 편을 고른 뒤(독讀), 공감한 부분이 환기하는 자기 경험을 글로 풀어낸
다(논論). 문학 읽기를 자기를 발견하는 일이라 할 때, 우리의 교실은 학생
들이 진정으로 자기의 삶을 소환하도록 얼마나 도와왔는가. [시 경험 쓰
기]는 시 읽기로부터 촉발된 자기 삶에 대한 성찰과 반성적 글쓰기가 핵
심인 수업 방법으로, 문학을 통해 자신의 삶이 새로이 조명받는다는 의
의가 있다.

9. 시 영상 만들기 – 책 읽기의 경험을 예술혼으로

요즘 아이들은 영상 세대다. 누가 가르쳐주지 않았는데도 핸드폰으로 동
영상을 뚝딱 만들어내는 솜씨가 놀랍다. 이런 영상 세대의 감수성에 부
응할 수 있는 것이 [시 영상 만들기]이다. 친구들과 함께 시집을 읽고(독
讀), 가장 울림이 크거나 마음에 드는 시를 골라 친구들과 감상을 나눈 뒤
(토討), 이를 한 편의 이야기가 있는 영상으로 재구성하는(논論) 방법이다.
학생들은 시를 읽으면서 느낀 복합적인 내적 반응을 언어의 논리가 아닌
영상의 논리로 창의적으로 표현하는 데 큰 흥미를 보인다. 그리고 이 과
정을 통해 또 하나의 예술이 창조되는 놀라운 성취를 목격할 수 있다.

10. 책 읽고 인터뷰하기 – 책에서 만난 세상을 직접 마주하다

책은 우리를 많은 곳으로 안내한다. 책을 통해 우리는 수많은 사람을 만

나기도 한다. 실제로 우리는 책에서 접한 곳에 직접 가보기도 하고, 책을 통해 알게 된 사람을 직접 만나러 가기도 한다. [책 읽고 인터뷰하기]는 책을 읽고 길을 떠나게 하는 수업 방법이다. 학생들은 관심 분야의 책을 읽고(독讀) 누군가를 만나러 나서야 한다. 그리고 그 사람과 그 사람이 속한 세계에 대해 더 탐문하는 인터뷰를 하게 된다(토討). 그리고 이를 한 편의 깊이 있는 글로 정리해낸다(논論). 품이 많이 드는 방법이라 부담스러울 수도 있겠지만, 진정 독서를 통해 우리가 나아갈 지점은 책이 이끄는 세계 또는 사람 속으로 들어가는 것이다. 학생들이 책으로 접한 세상을 직접 보고 관련 인물을 직접 인터뷰해보는 경험은 정말 교육적이지 않은가. 책에서 만난 세상을 길에서 마주하면서 더 많은 것을 얻을 수 있을 것이다.

"아이들도 책 읽기를 원한다"

그런데 정작 학생들은 어떨까? 아이들은 책 읽기를 반길까? 어른들이 또 강제하고 나서는 꼴이 되는 것은 아닐까? 그런데 최근의 독서실태 조사[*]를 보면, 반갑게도 독서가 자신에게 도움이 된다고 생각하는 학생들이 상당히 많고(초등학생 80.15%, 중학생 72.5%, 고등학생 74.3%), 중·고등학생의 경우 본인의 독서량이 충분치 않다고 느끼는 학생이 절반 이상이다

---

[*]   문화체육관광부(2015), 2015년 국민 독서실태 조사.

(자신의 연간 독서량에 대해 부족하다고 느끼는 경우는 초등학생 30.1%, 중학생 53.7%, 고등학생 68%). 학년이 올라갈수록 책 읽기에 소홀해지고 있다고 느끼는 것이다. 아이들이 대부분 책 읽기를 유용하다고 느끼고 책을 읽는 양이 부족하다고 느낀다니 한편으로는 안심이다.

그리고 학생들은 '스스로 읽고 싶을 때' 독서를 하는 비율이 가장 높다. 또한 '누구의 도움도 받지 않고 스스로' 책을 선택하는 비율이 가장 높다. 게다가 책을 선택할 때에는 '서점·도서관 등에서 책을 직접 보고' 정하는 비율이 가장 높다. 그러니 아이들에게 책 읽으라고 잔소리를 할 것이 아니라, 책을 읽고 싶게 환경을 만들어주는 것이 중요하다.

자, 이제 개성이 넘치는 우리 아이들의 눈높이에 맞추어 독서수업을 준비해보자. 우선 책을 읽을 수 있게 판을 벌이고, 책 선택은 아이들이 하도록 열어두자. '한 학기 한 권 읽기'는 아이들이 책 읽기를 좋아하게 만드는 것이 목적임을 먼저 생각하자.

나와 세상이 만나는

삶의 독서수업

독서일지 쓰기

하고운

★

"수업시간에 책을 읽는다"

'국어 시간에 책을 읽는다.'

　이 말은 언뜻 보기에는 당연한 명제인 것처럼 보인다. 하지만 실상은 그렇지 않다. 국어 시간에 책을 읽어본 사람이 과연 몇이나 될까? 특히 고등학교에서는 국어 시간에 '책'을 '읽는' 것이 아니라 '교과서'를 '분석' 한다. 진도를 빼기 급급한 국어 시간에 책이 들어올 틈은 없다. 읽는 행위 역시 불가능하다. 교과서를 분석한 선생님의 강의를 듣고, 학습활동을 풀어야 하기 때문이다. 어렸을 적부터 책을 읽어야 한다는 말을 수도 없이 많이 들었지만 정작 수업시간에 책을 읽어본 경험은 많지 않다. 따라서 오랫동안 책은 혼자 읽는 것, 따로 시간을 내어 읽는 것, 공부를 하고 남는 시간에 읽는 것, 수업과는 별개의 취미 생활 정도로 인식되어왔다. 그러다 보니 성인이 되어서도 책을 읽지 않는 사람들이 허다하다. 학창 시절에 제대로 책을 읽어본 경험이 없기 때문이다. 아래의 글은 이러한 학교의 현실을 잘 보여준다.

"독후감 숙제는 익숙했다. 우선 책의 가장 마지막 페이지를 펼친다. 마지막 페이지라기보다는 '해설', '추천사' 또는 초등 고학년 대상의 문학전집류 일부에는 대놓고 '독후감상문'이라는 이름으로 실린 글을 말한다. 그것은 마치 '해피 캠퍼스' 같은 것이어서 똑같이 따라 썼다간 숙제를 안 한 것만 못했다. 베껴 쓸 부분을 따로 표시해둔 후, 각 문장에서 주어와 목적어 혹은 부사 등의 자리를 주도면밀하게 바꿨다. 서술어는 대체 가능한 유의어로 바꿨고, 글의 흐름이 크게 깨지지 않는 선에서 문장의 순서도 바꿨다. 그리고 문단과 문단 사이, 대개의 경우 2~3문단 사이와 4~5문단 사이에, 책등을 왼손으로 부여잡고 책배를 오른손 엄지로 쭉 훑다가 눈에 들어온 문장을 발췌하여 인용한다. 분량을 채워야 하기 때문에 인용문이 길수록 좋지만 또 너무 길면 성의 없어 보이니까 적당한 길이의 문장이 서너 개 이어진 부분으로 골라야 한다. 생각보다 공이 드는 작업이었으며 교사들은 때마다 최우수상, 우수상, 가끔은 섭섭하게 장려상 등으로 나의 '바꿔치기' 작업에 대한 격려를 보냈다."

- 임소라, 《파생의 읽기》

학교에서 책 읽기 교육이 제대로 이루어지지 않기 때문에 위와 같은 일들은 빈번하게 생길 수밖에 없다. 독서는 독후감을 쓰기 위해 존재하는 것이 아니다. 하지만 학교에서 제대로 된 독서교육을 받아본 적이 없는 아이들은 이런 식으로 책을 읽고 독후감을 쓰면서, 그 책을 다 읽었다고 생각하기 쉽다.

'한 학기 한 권 읽기'는 그동안 책을 좋아하는 아이들만 따로 시간을 내어서 하던 '독서' 행위를 정규 수업으로 가져와 모든 아이들이 수업시간에 책을 읽는 경험을 하게 한다. 책을 읽는 일이 특별한 것이 아니라 인간의 보편적인 행위이며 동시에 아주 자연스러운 일임을 수업을 통해 알게되는 것이다.

[독서일지 쓰기]는 독서수업의 여러 방법 가운데 가장 기본이 된다. 이 수업은 교사가 제시한 책 목록 가운데 아이의 관심사에 따른 책을 골라 매시간 꾸준히 책을 읽으면서 독서일지를 쓰는 것이 수업의 전부다. 매우 간단해 보이지만 이 과정을 반복하다 보면 아이들의 독서 능력은 자연스럽게 향상되며, 무엇보다 책과 점점 친해지게 된다. 특별한 과제 없이 책을 읽고 독서일지를 쓰는 일련의 행위가 습관이 되면, 독서 능력뿐 아니라 글쓰기 능력까지 덩달아 길러진다.

[독서일지 쓰기]는 '생각 나누기' 단계까지 나아가지 않고 아이들이 혼자 조용히 몰입하여 독서를 하는 방법이다. 그러다 보니 아이들 저마다의 수준이나 흥미, 관심에 따라 학습자 맞춤형 독서, 즉 개별화 학습이 가능하다. 그리고 아이들이 각자 몰입해 읽을 수 있는 책을 잘 선택하기만 한다면 전체 학급을 대상으로 손쉽게 수업을 이끌어갈 수 있다. 단, 아이들마다 책 읽는 속도가 다르기에, 책을 빨리 읽는 아이의 경우 다른 책을 계속 읽어나가도록 도와야 한다.

독서일지 쓰기

'독서일지'는 책을 읽으면서 받은 강렬한 인상이나 떠오른 생각들을 기록해두는 간단하면서도 매우 유용한 장치로서, 아이들이 책을 꼼꼼히 읽어내고 생각의 편린들을 놓치지 않도록 해준다. 그래서 굳이 국어 과목이 아니더라도 모든 교과에서 독서수업을 할 때 활용이 가능하다.

수업을 시작하기
전에

●

책을 좋아하는 아이나 그렇지 않은 아이나 '책을 읽고 싶다'는 생각은 모두가 한다. 어렸을 적부터 '책이 중요하다', '책을 많이 읽어야 한다'라는 말을 계속해서 들어왔기 때문이다. 다만 책을 읽을 시간이 없거나, 책 읽기에 익숙하지 않아 잘 읽어내지 못하는 아이들이 있을 뿐이다. 그래서 최대한 허용적인 분위기에서 이 수업을 진행하는 것이 좋다. '한 학기 한 권 읽기'라는 이름에서 알 수 있듯이, 이 수업은 책을 많이 읽는 것이 목적이 아니다. 꾸준히 조금씩 자기 생각을 정리해가면서 책을 읽자는 소박한 목표로 시작해야 한다.

[독서일지 쓰기]는 수행 과제를 최소한으로 줄이고 책 읽기 자체에 집중하는 수업 모형이다. 아이들 각자가 직접 선택한 한 권의 책을 수업시간 동안 꾸준히 읽고, 매시간 그에 대한 기록을 독서일지로 남긴다. 교사는 독서일지를 검사하면서 아이들의 책 읽기를 돕고, 적절한 피드백을 통해 아이들의 읽기 능력과 사고의 성장이 이루어질 수 있도록 한다. 일

주일 수업 중 요일을 정해 한 시간은 고정적으로 독서 시간으로 활용한다. 그리고 아이들이 졸거나 딴짓을 하지 않고 다 같이 몰입해 책을 읽도록 분위기를 잘 조성해주는 것이 중요하다. '한 학기 한 권 읽기'의 목표가 제대로 구현되려면 학기 초에 이 활동이 계획되어야 한다.

어떤 책을 고를까?

이 독서수업에서 가장 중요한 것은 책 선정이다. 아이들이 자신의 성향이나 관심사와 맞지 않은 책을 고르면 이 수업은 읽기 싫은 책을 억지로 읽는 시간, 또는 자는 시간으로 전락할 우려가 있다. 여러 매체에서 추천한 좋은 책 목록을 참고하거나, 교사 자신이 직접 읽어보고 아이들에게 도움이 될 만한 책 목록을 구성해 준비하는 것이 좋다. 책 선정시 유의할 점은 다음과 같다.

첫째, 다양한 분야의 도서 목록을 만들어야 한다. 인문, 사회, 과학, 예술 등 여러 분야로 목록을 구성해야 아이들의 다양한 관심사를 모두 아우를 수 있다. 다만 아이들이 책 읽기에 크게 흥미를 보이지 않을 경우에는 좀 더 쉽게 읽을 수 있는 청소년 소설 목록이 많으면 좋다. 그러면 아이들이 쉽게 책 읽기에 재미를 붙일 수 있다.

둘째, 다양한 난이도의 도서 목록을 구성한다. 중학생용, 고등학생용, 일반인용의 세 수준으로 책마다 난이도를 매겨 제시하면 아이들이 책을 선택할 때 도움이 된다. 일반적인 인문계 고등학교의 경우 고등학생 수준 도서 70%, 중학생 수준 도서 20%, 일반인 수준 도서 10% 정도로 구성하면 적절하다. 중학생 수준에도 못 미치는 아이들이 있을 경우에는 만화책이나 그림책부터 시작해도 좋다. 최근 양질의 만화책이 많이 나오고 있으므로 좋은 만화책을 추천해서 읽도록 하면 책에 금세 흥미를 붙일 수 있다.

셋째, 좋은 평가를 얻은 책으로 목록을 구성하는 것이 중요하다. 책의 제목이나 목차만 보고 선정하면 실패할 확률이 높다. 교사가 직접 읽어 본 책이 가장 좋으나, 그것이 힘들다면 다양한 독서 전문 기관에서 인정받은 책을 선정하도록 한다.

넷째, 학생 수보다 책의 목록이 20% 정도 더 많아야 자유로운 책 선택이 가능하다. 학생 수만큼의 도서 목록을 준비하면 그 안에서 자신이 읽고 싶은 책을 찾지 못하는 경우가 생긴다. 아이들은 자신이 직접 책을 골라야 책 읽기 활동에 애착을 가지게 되며, 읽기 싫은 책을 억지로 읽는 경험은 오히려 책을 안 읽느니만 못한 결과를 가져온다. 따라서 정해진 도서 목록에서 강압적으로 책 읽기를 시키기보다, 학생 수보다 많은 책 목록으로 아이들의 선택권을 넓힌다.

다섯째, 교사가 준비한 도서 목록 속에 학생이 원하는 책이 없다고 하면, 자신이 읽고 싶은 책을 가져오게 한다. 다만 교사가 판단하여 좋은 책이라고 생각되면 그 책을 읽혀도 무방하나, 좋은 책이 아닐 경우에는 책읽기에 실패할 가능성이 높으므로 주의 깊게 살펴보는 것이 좋다.

내 경우에는 내가 좋아하는 책을 추천할수록 아이들의 반응이 좋았다.

교사가 미리 책을 읽고 추천해주면 아이들은 일단 교사를 믿기 때문에 책을 대하는 태도가 달라진다. 책에 대한 기대감과 열심히 읽겠다는 각오를 하고 책을 읽으므로 책을 더 잘 읽어낼 수밖에 없다. 아이들의 독서 일지를 읽고 논평을 해줄 때도 교사가 직접 읽어본 책은 해줄 이야기가 더 많아서 아이들과 공감대를 형성하기 쉽다.

책을 구비하는 방법은 크게 세 가지가 있다.

첫째, 아이들이 직접 자신의 책을 사는 방법이다. 서점에 가서 직접 책을 고르고 사는 것은 대단히 중요한 교육적 경험이다. 학생 시절에 책을 직접 사보아야 나중에도 책을 사서 읽는 성인으로 성장하기 때문이다. 또한 자기 소유의 책이기 때문에 더 애착을 가지고 책을 읽고 또 수시로 책을 접할 수 있다는 장점이 있으므로 가능하다면 이 방법을 추천한다.

둘째, 교사가 학교도서관에서 장기 대출하여 매시간 책을 교실에 들고 다니는 방법이다. 아이들이 책 구입을 부담스러워하거나 가정형편이 어려울 경우 활용할 수 있다. 이때 교사가 책 바구니나 캐리어, 이동식 책장 등을 이용해 수업시간마다 교무실에서 교실로 책을 옮겨야 하는데, 학기 초에 미리 학급의 도서 도우미를 정해두어 책 옮기는 것을 부탁한다.

셋째, 아이들이 직접 학교도서관을 이용하는 방법이다. 아이들이 수업 시간에 도서관으로 이동해서 정해진 책을 읽는 방법으로, 따로 책을 대출하거나 옮기지 않아도 되는 장점이 있다. 하지만 집중력 문제나 읽던 책이 대출되어 서가에 없을 가능성도 고려해야 한다.

읽기 [讀]

개인별 도서 선정

독서일지 기록하며 책 읽기

단계	개요	차시	활동 내용	비고
1	책 읽기 준비하기	1	• 책 읽기의 중요성 알기 • 책 읽기 계획 세우기	짧은 글
2	책 소개 듣고 책 고르기	2	• 교사의 책 소개 듣기 • 자신이 읽을 책 고르기	책 목록, 실물 책
3	책 읽으며 독서일지 기록하기	3-16	• 독서일지 쓰기 • 자신의 읽기 방법과 과정 돌아보기 • 교사의 피드백	독서일지
4	나의 독서 활동 돌아보기	17	• 독서 경험 성찰하기, 독서 경험 나누기	

독서일지 쓰기

어떻게
수업할까?

●

"책은 왜 읽을까"

먼저 아이들에게 독서를 왜 해야 하는지에 대한 안내가 필요하다. 독서의 가치나 중요성과 관련한 짧은 글을 읽고 아이들 스스로 독서의 중요성을 알게 한다. 현재 스스로의 독서 상황이나 경험에 대해 객관적으로 인식하게 하고 어떤 책 읽기 욕구가 있는지 정리하게 한다.

[수업 예]

① 아래 학생의 글을 읽고 질문에 답해봅시다.

> (예시 글)
>
> 아는 것은 자기 자신의 자유이다. 인간은 자신이 원하는 대로 엄청나게 많은 것을 알 수 있고 또 아무것도 모르며 살아갈 수 있다. 하지만 우리는 현대사회의 문제점을 딛고 풍요롭게 살아가기 위해 많은 것을 알아야 한다.

그럼 어떻게 많은 것들을 알 수 있을까? 그 방법은 당연 책 읽기다. 이는 나의 경험으로 깨달은 것인데 나는 초·중학교 때 책과 굉장히 거리가 멀었다. 읽어봤자 만화책만 읽었던 것 같다. 어른들은 책이 중요하다고 하지만 나는 왜 중요한지도 몰랐고 흥미도 느낄 수 없었다. 나는 경험하지 않고는 잘 수용하지 못하는 편이라 국어책에서 지문을 읽고 하는 활동과 책 읽기가 뭐가 다르겠냐라는 식으로 책을 무시했었다.

그렇게 나는 고등학교에 와서 수업을 위해 내 의지가 아니지만 책을 제대로 읽게 되었다. 그리고 책에 대해 깊게 고민해보는 활동을 하고 나는 책의 중요성을 알게 되었다. 내가 무시했던 책은 나를 위로해주기도 하였고, 재미와 감동을 주기도 하고, 많은 정보를 주었다. 가장 좋았던 점은 다양한 시각으로 바라보는 법을 배울 수 있다는 것이다. 책을 읽어 내가 아닌 다양한 작가들의 시각으로 세상을 바라보니, 세상이 단색에서 무지개색이 되는 듯한 느낌이 들었다. 그렇기에 지금 가장 많이 후회하는 것 중 하나는 중학교 때 책을 읽지 않았다는 점이다.

이 소설을 읽으면서도 나는 많은 것을 알았다. 이 글의 주제로 쓰고 있는 아는 것의 중요성도 소설을 보며 알게 되었고, 병수가 깨달은 것을 나도 깨닫게 되었다. 뿐만 아니라 빈스토크가 콩나무를 의미한다는 것, 타클라마칸이라는 사막이 있다는 사소한 것들까지 모두 내가 알게 된 것이다. 그러므로 이 소설을 읽은 나는 병수와 같은 배우자와의 관계가 풍화되는 일은 없을 것이고, 아는 것의 중요성을 깨달아 앞으로의 삶이 달라질 수도 있다.

－ 이수지(1학년), 〈타클라마칸 배달사고〉(배명훈)를 읽고

㉠ 윗글의 글쓴이가 많은 것들을 알 수 있는 방법으로 제시한 것은 무엇인가요?

ⓛ 윗글의 글쓴이는 책 읽기를 통해 어떤 점이 변화했나요?

ⓒ 책을 읽는 것은 왜 중요한가요? 글쓴이의 생각에 나의 생각을 더해봅시다.

② **나의 책 읽기 생활을 돌아보고, 올해의 책 읽기 계획에 대해 생각해봅시다.**

- 나는 책을 읽는 것이 좋다/싫다.

그 이유는 _____ .

- 지금까지 읽은 책 중에서 가장 마음에 드는 책은

작가 :   제목 :

이유 :

- 나는 1년에 _____ 권 정도의 책을 읽는다.

- 내가 책을 읽을 때 힘든 점은 _____ .

- 올해 책을 읽는다면 _____ 책을 읽고 싶다.

- 나는 책 읽기를 통해 _____ 능력을 키우고 싶다.

"내가 읽을 책은 내가 고른다"

교사는 도서 목록에 들어 있는 모든 책을 도서관에서 빌리거나 구매하여 실물로 가져와서 아이들에게 책 소개를 한다. 활자로만 보는 책 제목보다 실물로 책을 가져와서 소개했을 때 아이들은 책에 더 큰 관심을 보인다. 직접 책을 보여주면서 간략한 책 소개를 하여 자신들이 읽을 책에 대한 정보를 얻고 관심이 생기도록 한다. 한 학기 동안 읽을 책이기 때문에 시간이 좀 걸리더라도 자신의 관심사나 진로에 맞는 책을 신중히 고르도록 상세히 소개한다. 아이들은 책 소개를 듣고 시간이 남으면 책을 직접 살펴보면서 자신이 읽을 책을 선택한다.

[수업 예]

① 선생님의 책 소개를 듣고 직접 책을 살펴본 후, 마음에 드는 책 몇 권을 생각해봅시다. (또는 도서관에 가서 관심이 가는 책을 몇 권 골라서 제목과 작가, 출판사를 써봅시다.)

② 나의 관심사와 진로를 고려하여 고른 책 중 최종적으로 내가 읽을 책을 한 권 정하고, 서지사항과 고른 이유를 기록해봅시다. (나의 관심사, 나의 진로, 고른 책 제목 · 저자 · 출판사 · 발행연도, 책을 고른 이유)

"10분 기록의 기적"

매주 요일을 정하여 해당 교과 시간에는 책 읽기에만 집중한다. 50분 수업시간 중 35분은 책을 읽고, 15분은 읽은 책에 대해 간단히 기록을 남긴다. 교사와 학생의 성격이나 책 읽기 속도에 따라 책 읽는 시간은 조정할 수 있으나 10분 이상의 기록 시간을 주는 것이 좋다. 이 수업의 의의는 책을 읽고 그 내용에 대해 기록하는 데 있고, 그 과정에서 아이들이 책의 의미를 자신의 관점에서 재구성할 수 있기 때문이다. 또한 기록 과정에서 스스로의 읽기 방법을 점검·조정하면서 독서 과정을 돌아볼 수 있기 때문에 10분 이상의 독서일지 기록을 권한다.

이때 독서일지는 학습지로 만들어서 유인물로 나누어주는 방법과 각자 독서 노트를 만드는 방법이 있다.

학습지로 진행할 경우 학습지 양식을 교사 재량에 따라 적절히 편집하여 나누어주고, 아이들이 매시간 쓰게 한다. 이때 내용 쓰는 칸을 너무 크게 하면 아예 포기하는 학생이 생기므로, A4 용지에 각 항목마다 3개 정도씩 쓸 수 있도록 여백을 주면 좋다.

나는 학습지보다는 각자 독서 노트를 한 권씩 마련하는 방법을 더 추천한다. 노트가 있으면 각자 원하는 방식으로 자유롭게 기록할 수 있다. 무엇보다 낱장의 기록지를 따로 모으는 것이 아니라 한 권으로 묶여서 누적된 독서 기록이 남게 되므로, 아이들이 자신의 사고 과정을 돌아볼 수 있다는 점이 가장 큰 장점이다. 자신만의 독서 노트가 있을 때, 책 읽기에 더 애정을 보이는 학생들을 많이 보았다.

독서일지에는 날짜, 책의 제목과 지은이, 읽은 쪽수, 인상적인 문장과 그 이유, 책을 읽으면서 든 생각 등을 쓰도록 한다. 일정한 분량을 제시하고 그 이상 쓰게 해야 깊이 있는 감상이 나온다. 아이들이 읽고 쓰는 것을 어려워하거나 꾸준히 읽고 기록하는 것 자체에 의의를 둔다면 5줄 이상, 아이들이 기록하는 것을 좋아하고 더 깊이 있는 감상을 원하면 8줄 이상으로 제시하면 좋다.

사실 책의 종류에 따라 인상적인 문장이 없을 수도 있고, 따로 궁금한 점이나 기록할 거리가 없을 수도 있다. 또한 책에 너무 빠졌을 경우에는 오히려 감정이 고양되어 있어서 기록 자체가 어려울 수도 있다. 특히 책 읽고 기록하는 것이 익숙지 않은 학생의 경우에는 독서일지를 쓰기 싫어서 책 읽기 싫어하는 결과를 낳을 수도 있으므로, 아이들의 수준을 잘 살펴 과제를 정해주는 것이 좋다. 세 가지 중 하나만 골라 쓰게 하거나, 자기 생각을 쓰기 힘들 때는 인상적인 문장을 그냥 필사해도 된다고 허용해주면서 아이들이 책 읽기 자체에 재미를 느끼도록 하는 데 집중한다.

아이들이 책을 읽는 속도는 모두 다르다. 책 읽기 속도가 빠른 학생은 한 학기에 여러 권을 읽기도 하지만, 아무리 책 읽기 속도가 느리더라도 한 학기에 한 권의 책은 충분히 읽어내는 모습을 많이 목격했다. 교사는 책을 아주 빨리 읽거나 잘 못 읽는 학생들을 미리 파악해두고 주의 깊게 살펴야 한다.

[수업 예]

지난 시간에 고른 책을 앞으로 일주일에 한 시간씩 읽습니다. 매주 읽은 책의 내용에 대해 독서일지에 기록합니다. (처음 고른 책을 끝까지 다 읽었다면, 도서 목록 중에서 다른 책을 골라 독서일지 기록 활동을 계속 이어나갑니다.)

읽은 날짜	책 제목	지은이	읽은 쪽수
20 . . . 교시			(~) 쪽
인상적인 문장과 그 이유	• • •		
책을 읽으면서 든 생각	• • •		
그 밖에 쓰고 싶은 내용			
선생님 논평			(확인)

"독서의 가치 내면화하기"

한 학기 동안의 독서를 마무리하는 시간으로 독서 경험을 스스로 돌아본다. 책에 대해 평가해보는 작업과 더불어 스스로 읽기 방법을 점검하고 조정할 수 있는 능력이 키워졌는지 확인해보는 성찰의 시간이 필요하다. 책 읽기를 통해 변화한 지점들을 스스로 짚어보고, 다른 친구들과의 대화를 통해 이러한 독서 경험을 공유하여 독서의 가치를 내면화한다.

[수업 예]

한 학기 동안 쓴 독서일지를 훑어보면서 나의 독서 활동에 대해 정리해봅시다.

① 독서일지를 참고하여 내가 읽은 책에 대해 간단하게 정리해봅니다. 책의 핵심적인 부분과 작가의 의도, 나에게 어떤 영향을 주었는지를 중심으로 쓰면 됩니다. 다른 친구들에게 추천해주고 싶다면 그 이유도 같이 써봅시다.

② 한 학기 동안 책을 읽고 독서일지를 기록하면서 느낀 점을 써봅니다. 책을 읽으며 스스로 잘했다고 생각하는 점, 아쉬운 점도 같이 써봅시다.

③ 한 학기 동안 독서일지를 기록하면서 '책 읽기'에 대한 생각의 변화가 있었는지 써봅니다. 책을 읽으면서 책을 읽는 속도나 능력 등도 변화했다고 느낀다면 같이 써봅시다.

④ 자신이 쓴 내용을 짝과 바꾸어 보고 독서 경험을 나누어봅시다.

어떻게
평가할까?

●

[독서일지 쓰기]로 수업을 진행하는 경우, 평가는 두 측면에서 이루어질
수 있다.

하나는 아이들이 책 읽기를 해나가는 동안의 평가다. 이때는 주로 아
이들이 성실히 책을 읽는지에 대한 관찰을 토대로(관찰평가) 성실히 수행
한 학생(상), 부실한 학생(하), 보통인 학생(중) 정도로 구분할 수 있다. 사
실상 관찰평가는 독서일지 작성과 연결될 수밖에 없는데, 수업시간에 딴
짓을 하거나 자는 학생이 독서일지만으로 좋은 결과를 받는 것을 막기
위해 따로 설정한다.

두 번째는 책을 읽은 후 독서일지를 얼마나 충실히 작성했는가에 대
해 평가한다. 책을 읽고 떠오른 많은 생각을 충실히 기록해나간다는 것
은 그만큼 독서를 깊이 있게 했다는 방증이므로 그 부분을 평가할 수 있
다. 이 부분은 단 한 번의 결과로 평가되는 것이 아니라 누적 평가로 실
시하는 것이 수업의 취지와 맞다. 매시간 꾸준히 책을 읽어나가는 과정

이 중요하기 때문이다. 누적 평가로 독서일지의 개수를 확인하여 교사의 재량에 맞게 잘함(상), 부실함(하), 보통(중) 정도로 나누어 판단할 수 있을 것이다.

이러한 두 측면에 대한 판단을 바탕으로 아이들의 독서 수행에 대한 최종 평가 결과를 질적으로나 양적으로 도출할 수 있다. 이때 결과평가보다는 과정평가를 지향한다. 책을 읽고 특별한 활동을 하거나 별도의 산출물을 내는 수업이 아니므로 아이들이 책을 읽는 과정의 관찰, 독서일지의 누적된 결과가 평가의 중심이 된다.

또한 독서일지에 드러나는 글의 수준보다는 아이들이 꾸준히 책을 읽고 기록했는지 수행의 여부를 평가의 중심 기준으로 삼아야 한다. 그래야 학습 수준이 낮거나 책을 제대로 읽지 못하는 아이들도 평가에 부담을 느끼지 않고 수업에 적극적으로 참여하며, 모든 아이들이 책 읽기 수업에서 소외되지 않기 때문이다.

평가 장면	평가 기준	확인	비고
책 읽기	성실하게 책을 읽었는가?		매시간
독서일지	독서일지를 충실히 기록했는가?		매시간

묻고
답하기

●

Q 학생이 처음 고른 책을 다른 책으로 바꾸겠다고 하면 어떻게 하나?

처음에 자신이 고른 책이 마음에 안 든다고 하면 일단 바꿀 기회를 준다. 읽기 싫은 책을 억지로 끝까지 잡고 있으면 오히려 책 읽기에 부정적인 영향을 줄 수 있기 때문이다. 그러나 계속해서 책을 바꾸려고 할 경우에는 그 이유를 잘 살펴서 교사가 학생에게 맞는 적절한 책을 추천해준다.

Q 책을 읽으라고 하면 아이들이 자지 않을까?

교사가 독서 분위기를 만들어야 한다. 아이들이 독서 시간을 자는 시간으로 생각하지 않도록, 특히 처음 독서를 시작하는 시간에 이 점을 강조해야 한다. 아이들 사이를 걸어다니면서 조는 학생이 없는지 살피고, 자는 학생이 있다면 깨워서 잠깐 책에 대한 대화를 나눈다. 자리에서 일어서서 읽게 하거나 책을 읽기 전에 먼저 독서일지를 쓰게 하는 등의 방법을 활용하여 최대한 잘 수 없는 환경을 만들어주는 것이 중요하다. 아이들이 책에 몰입할 수 있는 환경을 만들어주면 독서수업은 자연스럽게 이루어진다.

Q 구체적으로 잠을 깨우는 방법에는 어떤 것들이 있나?

첫 시간부터 "절대 잘 수 없다"고 강조하는 것이 중요하다. 처음부터 자는 학생을 내버려두면 한 학기 동안 독서수업이 제대로 이루어지지 않는다. 자는 학생을 깨워 의자 위에 올라가서 읽게 하는 방법, '포스트잇 공격'으로 자는 학생에게 접착 메모지를 붙여서 메모지를 붙인 10분 동안은 서서 읽게 하는 방법, 얼음을 준비해서 자는 아이의 손에 얼음을 쥐여주는 방법, 자는 학생에게 다가가 계속해서 책의 내용을 물어보는 방법 등 잠을 깨우는 방법은 다양하다. 처음 한두 시간에 이러한 작업을 해두면 아이들도 자지 못하는 시간이라고 인지하고 수업에 집중한다. 아이들이 책을 읽는다고 교사가 같이 자기 자리에 앉아 책을 읽으면 아이들이 책에서 소외될 수 있다. 교사가 교실을 거닐면서 함께 책을 읽으면 좋다.

또한 특별실에서 수업을 진행하면 아이들이 잘 자지 않는다. 평소에는 쉬는 시간에 자는 아이들이 많아서 수업이 시작돼도 그대로 잠을 잘 우려가 있으나, 특별실에서 수업을 하면 일단 특별실로 이동하는 동안 잠을 깬다. 또한 모둠 책상으로 서로 마주보고 책을 읽게 하면 역시 집중력이 높아져서 곧잘 읽어낸다. 아이들이 느슨해질 경우에는 적절히 독서환경을 바꿔볼 필요가 있다.

Q 독서일지 검사는 한 학기에 한 번만 하면 되나?

독서일지 검사는 매시간 하는 것이 좋다. 한 학기에 한두 번만 검사를 하면 아이들이 기록을 미뤄두었다가 나중에 한꺼번에 쓸 확률이 높다. 꾸준히 책을 읽도록 돕는 것이 이 수업의 핵심이므로, 독서일지의 수준이 중요한 것이 아니라 매번 읽고 쓰는 행위 자체가 중요하다. 따라서 과정평가의 일환으로 수업시간에 시간을 내서 학생의 독서 상황을 점검하도록 한다.

Q 매시간 모든 아이들의 독서일지를 검사하는 것이 가능한가?

아이들이 책을 읽는 시간을 활용해 독서일지를 검사하면 된다. 책 읽는 35분 동안 교사는 아이들의 독서일지를 빠르게 훑어볼 수 있다. 매시간 독서일지 작성 여부를 확인하고, 한 학기에 한두 번 정도는 따로 독서일지 검사를 실시하여 깊이 있는 논평을 해주면 더 좋다. 물론 교사가 매시간 꼼꼼히 독서일지를 읽고 논평을 써주면 아이들이 책을 읽는 집중도나 관심도가 훨씬 높아지므로 교사의 재량에 따라 검사 방식을 달리하도록 한다.

Q 책을 다 읽은 학생이 생기면 어떻게 하나?

처음부터 아이들이 책을 두 권씩 골라 사게 하는 방법이 있다. 빨리 읽는 아이들은 한 학기 동안 두 권 이상의 책을 거뜬히 읽어내고 다른 친구들과 책을 바꾸어 읽기도 한다. 그러나 책 구입이 아이들에게 경제적으로 부담이 될 수 있으므로, 학교 상황에 맞게 도서관을 이용하거나 교사의 책을 활용할 수도 있다. 수업시간에 교사가 여분의 책들을 가져가서, 처음 고른 책을 다 읽은 아이가 자신의 취향에 맞는 다른 책을 골라 읽을 수 있도록 도와준다.

Q 도서관 수업으로 할 수는 없을까?

가능하다. 1차시 수업에서 아이들과 함께 도서관을 탐방하고 도서관 활용 방법을 안내하면 아이들의 도서관 방문 횟수와 이용 비율이 높아진다. 도서관에서 책을 읽으면 좀 더 자유로운 독서가 가능하지만 한편으론 집중력이 떨어진다는 단점이 있으므로, 상황에 따라 적절히 활용한다.

수업을
마치며

●

독서수업을 하다 보면 스스로 '이래도 되나?' 싶을 때가 있다. 한마디도 하지 않고 각자 자기의 책을 읽는 아이들을 보면 교실이 너무 고요해서 무슨 말이라도 해야 할 것 같고, 아이들이 정말 책을 잘 읽고 있는지 무척 신경이 쓰인다. 우리가 알고 있는 수업의 모습과 너무도 다르기에 교사는 초조함을 느낄 수밖에 없다. 고요한 침묵의 시간. 하지만 겉보기로는 침묵으로 무장한 아이들의 머릿속에는 이런 생각들이 오가고 있다.

"오늘은 내가 수업 일기를 쓸 차례다. 오늘도 변함없이 책 읽기가 시작되었다. 나는 《자기 앞의 생》을 선택해서 읽고 있다. 처음 이 책을 읽을 땐 예상하지 못했던 단어들과 표현들, 예를 들어 '남성의 성기는 가장 위험한 무기이다', '엉덩이로 벌어먹는다'같이 음란하다고 생각할 수 있는 문장들이 생각보다 자주 등장해서 매우 놀랐었다. 하지만 이러한 문장들을 세 번째 보니 이제 어느덧 웬만한 표현들은 자연스럽게 읽어낼 수 있었다.

《자기 앞의 생》은 주인공 모모(모하메드)를 중심으로 이야기가 전개된다. 모모는 자신의 나이도 제대로 모르며, 자신의 부모가 누구인지도 모르는 아이다. 책을 읽다 보면 10살이라는 나이(나중엔 14살이라고 밝혀진다)치고는 종교, 철학 등에 굉장히 유식하며 말솜씨가 좋아, 이 아이가 정말 10살이 맞나라고 생각할 정도로 유식한 아이다. 모모는 로자 아줌마와 함께 살고 있는데, 로자 아줌마는 유대인으로 전쟁 중에 아우슈비츠에 강제로 수용되고, 전쟁이 끝난 뒤에는 창녀로서 인생을 살게 되었다. 그 후 창녀의 아이들을 기르는 일을 하고 있으며 아이들 중에는 모모뿐만 아니라 프랑스에서 온 아이, 부모가 지원금을 보내주지도 않는 아이 등 여러 아이들이 있다.

이 책에서 가장 마음에 와 닿았던 문장은 '사람은 사랑할 사람 없이는 살 수 없다'라는 문장이다. 이 문장은 하밀 할아버지에게 들은 말인데, 모모는 이야기가 진행하면 진행할수록 사랑에 대해 깨닫게 되고, 후반부엔 사랑을 잊어버린 하밀 할아버지에게 사랑을 다시 되찾아준다. 또한 이 문장은 나에게 혹은 모든 이들에게 공감이 가는 문장일 것이라고 나는 확신한다. 사랑할 사람이 없다면 인생은 굉장히 불행해질 것이라고 생각한다.

책 읽기 수업이 좋다. 아무것도 하지 않고 오직 책만 읽는다는 것이 맘에 든다. 하지만 아직 책을 읽은 지 3일밖에 안 됐지만 벌써부터 우리 조원들과 책을 읽은 양이 차이가 나기 시작했다. 내가 책을 읽는 속도가 빠르지 않다는 것은 알고 있었지만 이 정도로 심한지 생각도 못하였다. 그래서 주말을 이용하여 읽어보려 해도 이 과제, 저 과제, 과제 하나가 끝나면 과제를 내주는 등 과제들에 치여 시간이 부족했다. 과제가 끝나는 대로 책을 읽어야겠다." - 심태영(1학년)

수업시간에 책을 읽는 경험은 아이들에게 어떤 해방감을 준다. 이 수업을 하고 나면 아이들은 더 이상 책 읽기를 어렵게 생각하지 않는다. 책과 친해질 수 있는 국어 수업. 그것이 바로 우리가 꿈꾸는 국어 수업이 아닐까.

읽은 책　이철수 외,《나는 무슨 일 하며 살아야 할까》

인상적인 문장　"우리는 단 한 번도 생명의 연결선이 끊긴 적이 없는 생명인 거예요."

이유　책 제목부터 많은 생각을 하게 만드는데 많이 읽지 못해서였을까, 딱히 아직 와 닿는 부분도 별로 없고 생각을 하게 만드는 부분도 찾지 못해서 감상을 쓰기에는 좀 모자란 것 같다. 그래도 자유롭게 살라는 의미들은 좋은 것 같다. 특히 이 문장은 우리라는 존재가 절대 시시한 존재가 아니라는 걸 보여주는 것 같아서 인상 깊었다.

김건우(2학년)

- -

읽은 책　이철수 외,《나는 무슨 일 하며 살아야 할까》

인상적인 문장　"자기가 원하는 일을 하면서 떳떳하게 살아갈 수 있기를 원해요."

이유　요즘 친구들이 미래에 관해 크게 걱정을 한다. 어느덧 이런 걱정을 할 시기인 걸 느낀다. 그 친구들은 하고 싶은 것과 할 수 있는 것, 하고 있는 것들 사이에서 고민하는데, 그 벽이 너무 높아서 근심하고 있는 친구들에게 이 말을 들려주고 싶다. 친구들에게 꿈을 물어보면 목표나 직업을 말한다. 꼭 성공하는 것이 꿈이어야 하는 걸까? 꿈은 내가 하고 싶은 걸 떳떳하고 당당하게 생각하는 마음가짐이라고 생각한다. 친구들에게 들려주고 싶다.

김건우(2학년)

- -

읽은 책 박웅현,《여덟 단어》

인상적인 문장 "회사가 사람을 원하고, 사람이 회사를 원한다."

이유 와 닿는다. 회사의 힘이 좀 더 센 것뿐이지 내가 회사에 굽신대면서 맞춰갈 필요가 없고, 나는 그냥 나를 보여주면 되는 것 같다. 또 수영을 잘 못한다고 그만두는 것이 아니라 '못하면 어때. 내 목적은 수영을 잘하는 게 아니라 땀을 빼는 거야' 하면서 본질을 찾는 것이, 내가 무슨 일을 했을 때 못해도 낙담하지 않고 잘 버틸 수 있는 것 같다.

유아은(2학년)

읽은 책 김애란,《비행운》

인상적인 문장 "제가 팔고 있는 게 물건이 아니었더라고요. 제가 팔고 있는 건 사람이었어요. 그게 내가 되리라곤 생각지 않았거나, 나만 아니면 된다는 식으로요."

이유 이 부분을 읽으면서 너무 충격을 받았다. 우리 사회의 현실을 알게 된 것 같아 처참하기도 했고, 많이 우울해졌다. 이런 식으로 물건을 팔고, 옳지 않은 방법으로 물건을 팔고, 사람과 친구도 팔고 남는 게 무엇이 있을까 싶다. 너무 비참해졌다. 아무리 열심히 해도 이렇게밖에 안 되다니 너무 슬펐다. 사람을 판다는 게 얼마나 안 좋은 일인지, 그것을 경험해본 나로서 공감되는 부분이었다.

유예은(1학년)

읽은 책 칼 세이건,《코스모스》

인상적인 문장 "막대기, 눈, 발과 머리, 그리고 실험으로 확인코자 하는 정신이 전부였다."

이유 에라토스테네스가 지구가 둥글다는 사실을 알아낸 것만으로도 놀랍지만, 그의 창의력과 탐구심으로 적은 장비임에도 불구하고 거의 완벽하게 구한 지구의 둘레를 알아냈다는 것에 대해 놀라움을 느꼈다. 이런 탐구심을 내가 갖고 있었더라면 지구의 둘레를 구할 수 있었을까 하는 생각이 든다. 고로 나는 이 수학자를 존경하고, 이 문장이 좋다.

이경수(2학년)

읽은 책　윤미향,《25년간의 수요일》

질문　우리가 해야 할 일은 '위안부' 할머니들에게 위로를 전하는 것인가, 아니면 일본에게 사죄를 요구하는 것인가?

생각과 감상　책 제목처럼 시간은 계속 흐르고 있다. 대한민국은 어떻게 달라졌을까. 어떤 사람은 달라진 게 없다고 할 것이고, 어떤 사람은 대통령의 옷만이 시도 때도 없이 바뀌었다며 비꼬는 말투로 대답할 것이다. 나는 두 부류의 말 모두에 공감한다. '위안부' 문제만을 얘기하는 것이 아니다. 우리가 일본에 의해 입은 피해는 무지막지하고 우리는 몇 년 사이 그것을 일본에게 보상받을 만큼 많이 성장했다. 그런데 왜 우리나라 정부는 아무 일도 하지 않고 있는가? 〈무한도전〉이라는 예능 프로그램에서 하는 일을 왜 하지 못하는 것인가? 의문이 든다. 요즘 '10억 엔을 받고 더 이상의 사죄는 없다'는 기사를 보았는데 그 기사가 기자의 잘못된 정보였기를 바라고, 만약 선택의 시간이라면 대통령이 원하는 선택이 아닌 '위안부' 할머니들이 원하시는 선택을 했으면 좋겠다. 또한 정부는 겉으로만 선거 유세할 때 소통하는 척 아이돌 그룹 춤 따라하지 말고, 이런 중요한 문제에 있어서 국민들과 활발한 소통을 했으면 좋겠다.

임동주(1학년)

서평 쓰기 1 : 진로독서

김진영

"꿈을 찾는 책 읽기"

"내가 생각하는 독후감의 의미는 단어 그 자체에 있다. 독후감(讀後感). 말 그
대로 읽은 후의 느낌과 생각과 감상(感想)이다. 책을 읽기 전후 변화한 나에
대해 쓰는 것이다. 그러므로 자기가 없다면 독후감도 없다. 독서는 몸이 책을
통과하는 것이다. (…) 터널이나 숲속, 지옥과 천국을 통과하는 것처럼 어딘가
를 거친 후에 나는 변화할 수밖에 없다. 독후감은 그 변화 전후에 대한 자기 서
사이다. 변화의 요인, 변화의 의미, 변화의 결과……. 그러니 독후의 감이다."

- 정희진,《정희진처럼 읽기》

독후감은 그래야 한다. 하지만 학교 현장에서 으레 사용되는 '독후감'이
라는 단어가 실어 나르는 이미지를 우리는 너무나도 잘 알고 있다. 초등
학교 때부터 반복돼온 '동기―줄거리―감상'의 구조가 그것이다. 그러한

까닭에 '독후감'이라는 단어 자체가 지닌 완고한 관습을 덜어내고자 나는 '서평'이라는 단어를 썼다. 하지만 독후감이 제 본연의 의미로 우리 사회에 통용되는 날, 나는 이 수업 방법을 '독후감 쓰기'라고 다시 이름 붙여도 되겠다.

한때 학교 현장에서 독서기록장이 유행하던 때가 있었다. 두껍게 제본하여 아이들에게 나누어주는데 그 안에는 한 쪽 분량으로 줄거리와 감상을 쓸 수 있게 만든 양식이 수백 장 붙어 있었다. 그리고 그 기록장을 많이 채우는 아이들에게 학교에서는 상을 만들어 시상했다. 많은 감상문을 채워야 하니 아이들은 〈메밀꽃 필 무렵〉이나 〈동백꽃〉과 같은 교과서에 실린 단편소설들도 모조리 독서기록장 안에 밀어 넣었고, 인터넷에서 책의 줄거리를 찾아 대충 감상 몇 줄과 더불어 베껴 쓰는 것도 잊지 않았다.

더 많이 읽히려는 물량주의 독서가 학교 현장 독서교육의 한 모습이었다. 책이 몸을 통과하는 것이 아니라, 분주한 손끝을 그냥 유유히 스쳐 지나갔다. 책을 많이 읽었다고 해도 읽은 책에 관해 몇 마디 이야기를 나눠 보면 그 깊이가 느껴지지 않았다. 아이들도 책을 게임 레벨 마스터하듯이 빠르게 읽는 데만 집중한 까닭에 생각이라는 것을 해볼 겨를이 없었던 탓이다. 날짜에 맞춰 정해진 분량을 채웠는지를 독서기록장으로 검사하는 수행평가는 인간 지성과는 거리가 멀다는 생각이 들었다.

그래서 나는 세 쪽 분량 이상으로 글을 쓰는 [서평 쓰기]를 시작했다. 책을 읽고 나서 세 쪽 이상으로 글을 쓰겠다고 하면 아이들은 큰소리를 내고 아우성을 친다. 거의 모든 아이들이 한 쪽 이상의 글은 써본 적이 없다며 괴로워한다. 그걸 어떻게 쓰냐고 묻는 아이들에게 이제부터 그 방법을 자세히 알려주겠노라고 대답한다. 그동안 배우지 않아서 쓰지 못했던 것이지, 한 쪽짜리 글을 쓸 수 있는 사람은 세 쪽짜리 글도, 다섯 쪽짜리 글도 쓸 수 있다고. 그래서 막상 활동을 마치고 나면 자신이 쓴 믿을 수 없는 분량의 글에 더 놀라는 쪽은 늘 아이들이었다.

[서평 쓰기]는 [독서일지 쓰기] 활동을 한 후에 아이들이 책에 대해 자기 나름의 논평을 작성하게 하는 방법이다. 아이들은 서평을 쓰기 위해서라도 책을 꼼꼼히 읽고, 책 내용에 대한 비판적 이해를 하게 된다. [서평 쓰기] 역시 [독서일지 쓰기]와 마찬가지로 범교과적으로 활용이 가능하다. 여기서는 진로독서 후 서평 쓰기를 했던 사례를 소개하고자 한다.

독후(讀後)에 감상(感想)을 쓰는 일은 독서 활동에서 가장 기본이 된다. 책을 읽고 나서 자신의 생각을 정리하는 과정을 통해 독자는 책과 진지한 대화를 하게 된다. 책과 나의 대화가 이루어진 후에라야 '책 대화'나 '독서토론'과 같이 함께 읽기의 즐거움도 더욱 커진다. 책과 '나' 그리고 '내가 살아가고 있는 세계'를 나란히 놓는 일, 책 속의 질문이 내 삶의 질문이 되는 과정을 바라보는 일은 늘 즐겁다.

수업을 시작하기
전에

●

거리의 인문학자로 잘 알려진 철학자 강신주는 '일'에 관한 화두를 던지며 이렇게 썼다.

"일일부작(一日不作) 일일불식(一日不食). 이 말은 당나라 때의 백장이라는 스님의 말입니다. 저는 일과 관련된 이야기를 할 때면 항상 백장 스님의 이야기가 생각나요. 이 스님의 이야기가 여러분들 가슴에 많이 와 닿았으면 좋겠어요. 일일부작 일일불식이라는 말의 해석은 쉽죠? '하루 일하지 않으면 하루 먹지 않는다.' 몇몇 분들이 어떻게 하면 일을 안 하고 먹을 수 있을지, 날로 먹겠다는 고민을 하는 것과 사뭇 다르게 백장 스님은 이렇게 말했어요. '일일부작 일일불식.' 이건 일을 하지 않으면, 혹은 일을 못 하면 죽겠다는 이야기예요. 혹은 그만큼 목숨처럼 생명처럼 일이 중요하다는 거지요. (…) '일을 못 하면 죽는다'라는 것, 무서운 이야기 같죠? 그런데 이 이야기는 해고되면 죽어야 된다는 이야기가 아니에요. 일이거든요, 일. 할아버지가 되고, 다리가 잘린 환자가 되어도 돼요. 아기 기저귀라도 하나 갈고 마당이라도 빗자루로 쓰는 거예요. 그렇게 움직이면 먹어도 된다는 겁니다." - 강신주, 《강신주의 다상담 2》

우리는 어떻게든 평생 일하는 삶을 살 것이다. 그것이 집안일이 될 수도 있고, 고용주에게 월급을 받으며 하는 일일 수도 있고, 내가 직접 사업장을 차려 운영하는 일이 될 수도 있다. 그리고 누군가에게는 그 '일'이 한낱 '밥벌이의 지겨움'처럼 여겨질 수도 있지만, 또 누군가에게는 가슴 떨리는 '꿈'이 될 수도 있다.

학교 현장에서 교사들은 끊임없이 아이들에게 "네 꿈이 뭐냐?", "네 장래 희망이 뭐냐?"고 물어야 하고, 또 아이들은 이에 대답하기를 요구받는다. 학생생활기록부의 '진로 희망' 칸을 채워야 하기에, 자신이 입학하고 싶은 대학과 학과를 미리 정해두고 그에 따라 고등학교 1학년 때부터 스펙이라는 것을 차곡차곡 쌓아놓아야 하기에 그렇다. 하지만 여전히 상당수의 많은 아이들은 그 질문에 답을 하지 못한다. 잘하는 것도, 좋아하는 것도, 하고 싶은 것도, 해본 것도 없다고 말하는 아이들에게 강요하는 '꿈'에 대한 질문은 때로는 폭력적이다. 하지만 그럼에도 우리 아이들은 고등학교를 졸업하는 순간, 무언가 '일'을 하며 살아가야 할 것이 분명했다.

이 수업의 제목은 '꿈을 찾는 책 읽기'였다. 수업을 처음 시작할 당시는 '진로'에 대한 스스로의 성찰과 진지한 고민은 사라지고 '진학'만이 남아 있던 교실, 적성과 흥미보다는 성적이 진로를 결정짓는 가장 중요한 요인이 되고 있던 교실에서 문제풀이나 하고 있는 나 자신을 자책하던 때였다. 그 괴로움 속에서 국어 교사로서 할 수 있는 일이 무엇일까 생각하던 와중 시작했던 수업이었다. 벌써 5년 전의 일이다.

그러나 이제는 조금은 다른 방향으로의 변화가 일어나는 중이라 믿는다. 이전의 진로 지도가 성적에 맞는 대학을 파악하여 학생이 '분수에 맞게' 지원을 하도록 배치시키는 작업, 대학 진학 정보를 알려주고 성적을 분석해주는 일이었다면, 이제는 중학교 자유학기제 '진로 탐색 프로젝트' 수업을 비롯하여 다채로운 수업들이 차차 자리를 잡아가고 있다. 여기에 진로독서 후 서평 쓰기 방법을 더하고자 한다. 특별한 방법이 아니기에 누구나 할 수 있는 '진로 수업'이자 '한 학기 한 권 읽기' 수업이다.

어떤 책을 고를까?

먼저 교사는 '한국표준직업분류'를 토대로, 직업군별로 아이들에게 읽힐 만한 가치가 있는 책 목록을 제시한다. 일반 교양서를 잘 읽어내지 못하는 아이들을 고려하여 직업 세계를 비중 있게 다루는 '이야기'를 지닌 소설이나 만화를 일부 목록에 넣으면 실패할 확률이 적다.

도서 목록에는 직업 정보 위주의 책과 인물 위주(직업인의 삶을 다룬)의 책이 고르게 분포되도록 한다. 직업 세계는 시류를 많이 타는 경향이 있으므로 오래된 책은 피하는 게 좋다. 더불어 되도록 우리나라의 실정을 담고 있는 책, 아이들의 수준에 맞는 책, 한 권짜리로 나온 단행본을 위주로 추천도서 목록을 구성한다. 그리고 반드시 아직 진로를 결정하지 못한 아이들을 위한 '미결정' 항목도 포함하여 여전히 진로를 탐색 중인 아이들에게 좋은 길잡이가 되도록 한다.

수업시간에는 책의 목록만 제시해주고, 스마트폰이나 컴퓨터로 스스로 책 정보를 검색해보게 한다. 아이들이 자신의 관심사에 더 맞는 책을 고를 수 있도록 돕고, 만일 원하는 책이 목록 안에 없다면 스스로 골라온 후 교사와 상의하여 결정하도록 한다. 이를테면 아이들이 가져온 책이 경쟁을 부추기며 잘난 척하기에 바쁜 책은 아닌지, 비틀어진 사회 구조에 대한 고민 없이 자기 욕심만 부리고 있는 책은 아닌지 교사가 잘 들여다보아야 한다.

그런데 진로 관련 책이 워낙 방대하기에 교사도 그 도서 목록을 만드는 일이 쉽지 않다. 그래서 나도 처음 이 수업을 시작할 때는 시리즈 도서를 많이 활용했다. 그중 대표적인 것이 《PD가 말하는 PD》에서 시작해 《영화인이 말하는 영화인》까지 이어지고 있는 부키 출판사의 '전문직 리포트' 시리즈였다. 이 시리즈는 해당 직업군에 종사하고 있는 10여 명의 사람들이 그 직업의 애환과 보람, 자신들이 하는 일과 그 직업을 준비하기 위한 과정 등을 가감 없이 솔직하게 써 내려가고 있기에 무척 생생하다. 또 토크쇼 출판사의 '잡프러포즈' 시리즈는 《정의롭다면 프로파일러》, 《미술과 여행을 좋아한다면 뮤지엄스토리텔러》, 《미래와 싸우는 벤처캐피털리스트》 등 잘 알려지지 않은 직업군까지 다루고 있다는 점에서 유용하다. 이 외에도 푸른들녘 출판사의 '미래탐색' 시리즈는 담고 있는 정보의 양도 많고 깊이가 있으며, 왓북 출판사의 '먹고살기' 시리즈는 해당 직업인이 되기 위해 필요한 자질과 마음가짐이 잘 정리돼 있다는 점이 특징이다. 그러나 이런 시리즈 도서 활용은 추천도서 목록을 손쉽게 마련하는 방법이긴 하지만, 직업 세계나 직업인에 대한 단순 정보만을 다루고 있는 시리즈의 경우 읽고 나서도 긴 글을 작성하기 어려운 까닭에 잘 살펴야 한다.

이 책 부록에 진로 도서 목록을 실어두었으니 참고하기 바란다(김형태 선생님과 김선산 선생님께서 올해 새롭게 재정비한 천 권가량의 방대한 목록 중 시리즈 도서 200종, 일반 단행본 200종을 따로 추려 실었다). 5년 전 이 수업을 처음 기획할 당시 두 분과 같은 학교에 근무하면서 '함께 공부해보자'는 마음으로 2년에 걸쳐 방대한 양의 진로 도서 목록을 만들었다. 직업의 종류도 워낙 많고 분류하는 기준도 제각각이어서 우리는 '한국표준직업분류'를 토대로 직업의 분야를 나누고, 전국독서새물결모임의 진로독서 가이드북이나 《학교도서관저널》 도서추천위원회, 전국사서교사모임 등에서 펴낸 책들을 참고하여 도서 목록을 만들었다. 하지만 대부분 직접 발로 뛰며 눈으로 살피고 아이들에게 읽혀 얻어낸 결과물이었다. 당시 임신 중이던 나를 제외하고 두 분 선생님은 광화문의 교보문고를 직접 찾아가 하루에 백 권씩 책을 검토하며 목록을 마련했다. 상상만으로도 참으로 고된 작업이었을 테다. 그러나 덕분에 이 진로 도서 목록은 이후 많은 국어 교사, 진로 교사들의 손에서 손으로 건너다니면서 해마다 새로워졌다. 이렇듯 누군가의 노고에 기대어 내 수업을 앞으로 나아가게 하는 일, 그리고 그 고마움을 안고 내 수업의 빛나는 실패를 또 다른 누군가와 나누는 용기를 내어보는 일, 꽤나 근사한 일이다.

책 속의 질문이 '내 삶의 질문'이 되어야 한다

[서평 쓰기] 수업에서 성패를 가르는 지점은 책을 다 읽고 난 후 가장 먼저 하게 되는 '질문이 담긴 활동지 쓰기'다. 활동지에는 교사가 제시한 여덟 가지의 질문이 담겨 있는데, 주로 진로와 자신의 삶에 관한, 그리고 책에 관한 질문이다. 서평에 어떤 내용을 써야 할지 몰라 막막해하는 아이들을 위한 길잡이인 셈이다.

활동지를 작성하면서 아이들은 책의 내용을 다시 떠올리고, 자신과 자신이 살아가고 있는 세계를 성찰하게 된다. 활동지 쓰기에 공을 들여 충분히 내용을 채워 넣게 하면, 이때 쓴 내용이 아까워서라도 서평 쓰기를 포기하거나 인터넷에서 내용을 베껴 쓰는 아이들이 크게 줄어든다. 더불어 긴 글을 쓰는 활동에 자신감이 생기게 된다.

읽기 [讀]	도서 선정	개별적으로 진로와 연관된 책 고르기		
	책 읽기	독서일지 작성하며 책 읽기		
표현하기 [論]	쓰기	쓰기 1 : 질문에 따라 내용 생성하기		
		쓰기 2 : 서평 초고 쓰기		
		쓰기 3 : 친구와 교사의 피드백에 따라 고쳐쓰기		

단계	개요	차시	활동 내용	비고
1	추천도서 목록 안내, 책 선정	1	• 직업 분류에 따른 진로 도서 목록 제공	책 목록
2	독서일지 작성하며 책 읽기	2-10	• 일주일에 한 시간씩 책 읽고 독서일지 작성하기	독서일지
3	쓰기 1 : 내용 생성하기	11-12	• 질문이 담긴 활동지 작성을 통한 내용 생성	활동지
4	쓰기 2 : 초고 쓰기	13	• 활동지를 바탕으로 초고 쓰기 • 컴퓨터실에서 편집 틀 맞추고 머리말 쓰기	활동지
5	동료평가, 교사의 피드백	14	• 학급별 4인 1조로 다른 학급 친구의 서평 동료평가 • 교사의 피드백	
6	쓰기 3 : 고쳐쓰기, 최종본 제출	15-16	• 피드백을 바탕으로 고쳐쓰기	

어떻게
수업할까?

●

[1단계] 추천도서 목록 안내, 책 선정 (1차시)   **"나의 꿈, 나의 일, 나의 삶"**

진로독서 책 목록을 제공하기에 앞서 자신의 꿈을 점검해보는 시간을 미리 갖는 것이 좋다. 우리에게 일이 왜 필요한지, 노동의 가치는 무엇인지, 그리고 자신이 지금과 같은 꿈을 갖게 된 계기가 있었는지를 생각해보면 진로독서를 시작하는 데 더욱 동기부여가 된다. 이때 '직업과 일', '나의 꿈'에 관해 성찰하고 고민한 내용이 서평 안에 담기도록 한다.

그리고 아이들에게 직업 분류에 따른 추천도서 목록을 제공하고, 스스로 책에 대한 정보를 검색하면서 자신의 관심사에 알맞은 책을 선정하도록 한다. 진로를 결정한 학생은 해당 분야의 직업인이 그 직업에 대해 쓴 책, 또는 그 분야의 지식을 얻을 수 있는 책을 선택하도록 한다. 아직 진로를 정하지 못한 학생은 어떤 마음가짐으로 진로를 탐색하고 준비해야 하는지를 이야기하는 책, 또는 관심 분야에 대해 자세히 알 수 있는 책을 선택하도록 한다.

[수업 예]

① 다음 글을 읽고 질문에 답해봅시다.

한 학생이 "왜 꿈을 가져야 합니까?" 하고 물었습니다. 꿈이 왜 필요한지 말하기 전에, 꿈이 없는 학생들의 모습부터 말해볼까요? 눈빛이 흐리고, 어깨는 움츠려서 구부정하고, 시큰둥하고 무기력한 표정으로 시계추처럼 집과 학교, 학원을 오갑니다. 그러면 꿈이 있는 학생들은 어떻게 다를까요. 꿈이 없는 사람과 정반대의 모습을 상상하면 됩니다. 눈이 빛나고 표정도 밝고 매사에 자신감이 묻어납니다. 꿈을 향해 적극적으로 나아갑니다. 꿈은 바로 목표이자 방향입니다. 꿈이 있는 사람은 목표가 분명해서 망설이고 방황하느라 아까운 시간을 흘려보내지 않습니다. 또한 열정적으로 꿈을 위해 노력합니다.

또 다른 학생이 "꿈이 자꾸 변해요. 이렇게 우왕좌왕하다 시간만 보내는 게 아닌지 불안해요"라며 고민을 털어놓습니다. 꿈이 없는 것도 고민이지만, 꿈이 너무 많아서 혹은 자꾸 바뀌는 것도 고민이 될 수 있습니다. 이럴 때는 구체적으로 꿈을 정하기보다 관심 있는 큰 줄기, 큰 방향을 따라가는 것이 좋습니다. 꿈이라는 큰 줄기에서 한 걸음 나아가 구체적인 직업을 선택할 때는 상상력을 발휘해야 할 때도 있습니다. 지금 중요한 것은 꿈꾸는 방향으로 한 걸음 내딛고 열심히 걸어가는 것입니다. 흥미 있는 일, 기분 좋아지는 일의 목록을 써보세요. 관심이 가는 분야에 대해 알아가다 보면 어떤 것은 취미로 남고, 어떤 것은 더 큰 꿈으로 자연스레 자라게 됩니다.

70

꿈이 있는 사람이라면 무엇을 해야 할까요? 지금부터 시작해야 합니다. 꿈을 이루기 위한 준비를 해야 합니다. 최고의 준비는 바로 기본기를 다지는 것입니다. '책은 한 권 한 권이 하나의 세계다.' 시인 윌리엄 워즈워스의 말입니다. 이는 우리가 책을 통해 시간과 공간을 넘어 다양한 세계를 경험할 수 있음을 일깨우는 말입니다. 열심히 책을 보고 열심히 글을 쓰는 것은 중요한 기본기의 하나입니다. - 고도원,《위대한 시작》

㉠ 우리는 왜 '일'을 해야 할까요? 우리에게 직업이 필요한 이유를 생각해보고 설명해봅시다.

㉡ 내가 지금까지 살아오면서 가슴속에 품었던 꿈들을 간추려 써봅시다. (그런 꿈들을 갖게 된 과정과 이유가 구체적이고 자세하게 설명되어야 합니다.)

㉢-1. (아직까지 진로를 정하지 못한 학생) 별다른 꿈이 없나요? 아니면 몇 가지를 두고 고민하고 있나요? 하나의 진로를 결정하지 못하고 있는 상황에 대해서 구체적으로 설명하고, 그 이유를 찾아봅시다.

㉢-2. (이미 진로를 결정한 학생) 나의 꿈은 무엇인가요? 자신의 진로의 방향에 대해 구체적으로 설명하고, 그런 꿈을 가지게 된 이유를 설명해봅시다. (꿈을 꿀 수 있도록 영향을 준 사람이나 책, TV 프로그램 등이 있다면 소개해봅시다.)

㉣ 선생님이 제시해준 책 목록에 따라 자신의 진로에 맞는 책을 고르고, 제목 · 저자 · 출판사 · 발행연도 등 서지사항과 왜 이 책을 골랐는지 그 이유를 써봅시다.

주당 4차시 중 1차시, 매주 요일을 정해 수업시간 1시간을 책 읽기에만 할애한다. 50분 수업 중 40분은 책을 읽고, 10분은 읽은 책에 대해 간단히 독서일지 기록을 남긴다.

독서일지에는 날짜, 책의 제목과 지은이, 읽은 쪽수, 인상적인 문장과 그 이유, 책을 읽으면서 든 생각이나 느낌 등을 쓰도록 한다. 생각과 느낌을 쓰라고 하면 대개 '슬프다, 불쌍했다, 재미있다' 등 추상적으로 쓰는 경우가 많은데, 구체적으로 어떤 내용을 적어야 하는지를 안내해야 내실 있는 독서일지가 나온다. 읽으면서 궁금한 점, 이해가 안 되는 점, 마음에 드는 인물, 진로에 관해 새롭게 알게 된 정보, 관련된 세상의 일(TV, 인터넷, 잡지, 만화책 등에서 접한 내용), 깨달음 등을 적도록 하고, 본인이 내린 판단에 대해서는 왜 그런 판단을 내렸는지 근거를 자세히 쓰도록 한다.

독서일지는 매번 검사해도 좋고 한 달에 한 번씩 무작위로 걷어 검사해도 좋다. 그런 뒤 아이들이 독서일지를 제대로 쓰고 있는지, 잘 쓴 독서일지는 무엇인지 예시로 골라 읽어주고 자신의 독서일지 쓰기를 점검하게 한다.

그리고 책 읽는 시간을 자는 시간으로 여기지 않도록 한다. 책을 읽다 졸린 것은 자연스러운 현상이라는 것을 안내하고, 잠이 오면 스스로 뒤에 나가 책을 읽도록 지도한다. 졸고 있는 학생은 깨워서 앞으로 나오게 한 뒤, 다른 졸고 있는 학생을 발견하면 그 친구와 자리를 바꿔 앉도록 한다. 잠을 잘 깨지 못하는 학생은 현재 읽고 있는 부분을 교사에게 설명해 달라고 하면서 잠이 깨도록 돕는다.

[수업 예]

매주 책을 읽으면서 독서일지를 기록합니다.

읽은 날짜	책 제목	지은이	읽은 쪽수
20 . . . 교시			(~) 쪽
인상적인 문장과 그 이유	• • •		
책을 읽으면서 궁금한 점/ 이해가 안 되는 점	• • •		
진로에 대해 새롭 게 알게 된 것/ 새로 품게 된 생각	• • •		
기타			

"꿈을 찾는 생각 연습"

글쓰기의 단계는 '질문에 따라 내용 생성하기', '초고 쓰기'와 '고쳐쓰기'의 세 단계를 거친다. 먼저 '내용 생성하기'는 교사가 제시한 질문이 담긴 활동지에 자필로 수업시간에 작성한다. 활동지를 꽉 채우게 해서 내용 생성이 충분히 되도록 한다. 그리고 이를 꼼꼼하게 검사해야 서평 쓰기를 포기하는 아이들이 줄어든다.

나는 이 과정을 통해 아이들이 자신의 앞날에 대해 진지하게 고민하기를 바랐다. 단순히 '돈을 많이 벌고 싶다, 좋은 회사에 취직하고 싶다, 안정적인 일자리를 구하고 싶다'와 같은 세상에서 흔히 사람들이 추구하는 '돈벌이'에 대한 고민이 아닌, 진정으로 내가 원하는 일은 무엇이며 어떤 일이 가치 있는 일인지, 그리고 이왕 하는 밥벌이와 돈벌이라면 즐겁게 하는 방법은 무엇일까 하는 고민과 탐색이 무르익기를 바랐다.

[수업 예]

책을 읽고 제시된 질문에 대한 답을 써봅시다.

> ㉠ 첫 느낌 : 자신이 읽은 책의 제목, 저자, 출판사를 적고 자신이 이 책을 처음 봤을 때(제목이나 책 표지 등) 느낌을 솔직하게 써봅시다. 그리고 이 책을 고른 이유를 써봅시다.
>
> ㉡ 명장면 : 내 꿈을 찾거나 키우는 데 이 책을 통해 도움을 받은 내용을 적

고, 도움이 된 이유를 자세하게 써봅시다.

1.

2.

3.

ⓒ 오! 멋진데? : 글쓴이나 책 속의 인물들 중 인상 깊은 인물을 골라 삶의 모습을 간추려 적어보고, 그 사람의 삶이 인상 깊은 이유를 밝혀봅시다.

ⓔ 링크링크 : 다른 책, TV 프로그램, 뉴스, 신문 기사, 영화, 음악, 인터넷 등을 통해 접했던 다른 인물이나 사건 중 이 책의 내용과 연결 지을 수 있는 것을 찾아 써봅시다.

ⓜ 왜 썼을까? : 글쓴이가 이 책을 통해 말하고 싶었던 것은 무엇일지 생각해보고, 그러한 의도가 잘 전달되었는지 평가해봅시다.

ⓗ 깨달음 : 책을 다 읽은 후 새롭게 깨달은 점이 있으면 적어보고, 책을 읽기 전과 읽기 후 자신이 정한 꿈에 대한 생각이 어떻게 바뀌었는지 써봅시다.

ⓢ 앞으로 : 내 꿈을 찾거나 이루기 위해 앞으로 내가 해야 할 일은 무엇인지 구체적으로 생각해봅시다.

ⓞ 기타 등등 : 이 책에 대해 그 외 하고 싶은 말을 아무거나 써봅시다.

"친구의 글이 가장 좋은 선생님"

본격적인 글쓰기를 시작할 때는 또래 친구들이 쓴 서평을 예시로 보여주었다. 좋은 서평을 20편 정도 모아 5부씩 복사해 가지고 들어갔다. 조용히 집중해 읽어보면서, 읽은 글 중 마음에 드는 글처럼 글을 써보라고 했다. 아이들은 또래의 글을 읽으며 감탄했다. 진짜 학생이 쓴 것이 맞는지 묻기도 했다. 이런 글을 어떻게 쓰냐며 투덜거리기도 했다. 그러면서 스스로 어떤 글을 써나가게 될지 조금씩 감을 잡아갔다.

'초고 쓰기' 시간에는 먼저 컴퓨터실에서 전체적인 편집 틀을 맞추고 글쓰기를 시작하게 한다. 편집 틀은 인터넷 카페나 학교 홈페이지를 통해 예시 파일을 내려받게 안내한다. 그리고 전체 글을 머리말—본문—맺음말로 나누어 쓰도록 지도한다. 본문을 쓸 때에는 각 부분마다 소제목을 붙이도록 하는데, 소제목 붙이는 요령에 대해서도 안내하여 학생들이 개성이 드러나는 소제목을 붙여가며 글을 쓰게 한다. 잘 지은 소제목을 몇 가지 예시로 보여주는 것도 좋다.

수업시간에 쓰기 시작한 초고는 집에서 마무리해서 마감 시간에 맞춰 인터넷 공간(예: 네이버 카페, 밴드 등)에 올리게 하고, 출력물은 표지 없이 교사에게 내게 한다. 활동지에 썼던 내용들이 서평 초고에 잘 녹아들게 쓰도록 지도한다.

[수업 예]

① 활동지에서 생성한 내용을 바탕으로 한 편의 서평을 작성해봅시다. 글을 크게 3~5부분으로 나누고, 시작 부분에는 글의 전체 제목을, 나뉜 부분에는 각각의 소제목을 붙입니다.

○ 소제목 붙이기, 이렇게 해보자!
- 말하고자 하는 핵심 단어를 사용해 소제목을 붙여봅시다.
- 가장 인상 깊었던 대사 또는 문장을 소제목으로 사용해봅시다.
- 그 부분을 서술하며 강렬하게 떠올랐던 내 머릿속의 단어나 문장을 사용해봅시다.

● 소제목 붙이기, 이것만은 피하자!
- 열 가지 질문의 앞에 달린 키워드(예: 첫 느낌, 명장면 등)를 소제목으로 사용하지 마세요.
- '이 책을 읽고 느낀 점', '깨달음' 이런 식으로 소제목을 쓰지 마세요. 구체적으로 내용을 풀어 그 핵심 단어나 문장을 사용하는 것이 좋은 제목입니다.
- 추상적인 표현은 구체적인 표현으로 바꾸어, 딱 들었을 때 피부에 와 닿는 제목으로 써야 합니다.

---

② 학급 전체가 편집의 틀을 통일하고, 컴퓨터를 이용해 서평의 초고를 완성해봅시다. 완성 후 파일은 온라인 카페에 탑재하고 1부를 출력하여 제출합니다.

"평가를 주고받으면 글이 깊어진다"

먼저 친구들끼리 평가하는 '동료평가'를 실시한다. 학급별 4인 1조로 모둠을 구성하여 다른 학급 아이들의 서평을 모둠당 여덟 작품씩 나눠준다. 그리고 되도록 다른 학생의 평가 흔적이 적은 작품으로 최소 1인당 4편 이상의 서평을 평가하게 한다. 만약 개인적인 이야기 노출이 부담되는 학생이 많은 분위기라면 필명으로 자신을 숨길 수 있도록 한다.

서평 내용 중 감탄할 만한 좋은 구절에는 밑줄을 긋고 느낌표를, 앞뒤가 맞지 않고 이상한 구절에는 밑줄 긋고 물음표를 표시하게 한다. 그리고 서평의 글쓴이가 글 속에서 자신의 판단이나 평가에 대해 타당한 이유를 들고 있는지 확인하게 한다. 만약 그 근거가 부족하다면 '증명 필요'라고 적게 한다. 더불어 교사가 일일이 확인할 수 없는 맞춤법과 문맥을 서로 고쳐주게 하고 마지막에는 총평을 달게 한다. 총평은 구체적으로 쓰도록 안내한다. 잘 쓴 총평의 예시를 미리 아이들에게 보여주면 전체적인 총평의 수준이 올라간다.

아이들이 동료평가를 하는 동안 교사는 개별적으로 서평 초고에 대해 피드백을 해준다. 수업시간 내에 학급 전체 아이들을 대상으로 해야 하기에 한 학생당 2분을 넘지 않도록 한다. 만약 수업시간에 직접 피드백을 해주는 것이 부담스러운 경우에는 서평 첫 장에 간단한 메모를 통해 피드백을 하는 방법도 있다. 평가 기준을 바탕으로 서평 초고에서 발견되는 가장 부족한 내용을 두 가지씩 설명해준다. 두 가지 이상의 수정사항은 좌절감만 불러올 뿐 아이들이 제대로 감당하지 못한다.

[수업 예]

① 완성한 글을 친구들끼리 돌려보며 동료평가를 해봅시다. 감탄할 만한 좋은 구절에는 밑줄 긋고 느낌표를, 앞뒤가 맞지 않고 이상한 구절에는 밑줄 긋고 물음표를 표시해보세요.

② 글쓴이가 자신의 판단이나 평가에 대해 근거를 제시하여 증명하고 있는지 확인하세요. 판단을 하고 있는데 혹시 그 판단에 대해 증명을 하고 있지 않은 부분이 있는지 찾아보고, 그런 부분이 있다면 "증명 필요!"라고 적어줍니다.

> (예)
> 우리나라는 누구에게나 교육의 동등한 기회를 제공한다. 하지만 그 교육이란 게 실상은 교육이 아니다. 교육이란 이름의 세뇌랄까.
> → 이 부분을 보면, 우리 교육을 세뇌라고 주장합니다. 그런데 왜 그런지 이유를 이야기하지 않았어요. 이렇게 하면 안 됩니다. 어떤 판단을 내리면, 꼭 그것에 대해 증명하는 습관을 들이세요. 친구와 서로 글을 바꾸어서 읽고 어떤 부분에 증명이 더 필요한지 이야기를 들으면 도움이 됩니다.

③ 맞춤법의 오류, 문장 호응, 오타 등을 아는 범위 내에서 고쳐줍시다. 이 밖에도 아래와 같은 부분들이 발견되면 고쳐줍니다.

1) '~것 같다'는 정말 헷갈릴 때만 씁니다. 자기 판단을 분명하게 할 때는 이 말을 쓰지 않아야 글이 좋습니다.

2) '말줄임표(…)'는 줄일 수 있는 데까지 줄이세요. 이 부호는 어떤 말이 함축되어 있다는 뜻인데, 글을 쓸 때 함축 표시가 많으면 글이 편안하게 읽히지 않습니다. 채팅을 할 때야 호흡을 하고 있다는 표시가 되지만, 종이에 인쇄되는 글을 쓸 때는 이 표시를 되도록 안 써야 글이 매끄러워집니다.

3) 한국어는 '~의'를 적게 쓸수록 문장이 다채로워집니다. 글쓰기를 할 때 '~의'를 적게 쓰도록 합니다.

④ 글의 말미에 총평을 적어줍니다. 총평은 구체적으로 적어서 친구가 고쳐쓰기를 하는 데 실질적으로 도움이 될 수 있게 합니다.

(예)

1) 칭찬하고 싶은 점

자신의 생각이 구체적으로 잘 서술되었다.

자신의 경험이 생생하게 잘 드러났다.

자신의 꿈과 진로에 대한 열정이 잘 드러났다.

책에서 필요한 부분을 잘 인용했다.

문체에서 위트 있는 글쓴이의 개성이 잘 드러났다.

읽는 이가 이해하기 쉽게 잘 썼다.

세상의 문제와 자신의 생각을 잘 연결 지어 표현했다.

2) 개선했으면 하는 점

생각과 서술이 상투적이고 뻔하다.

문단 구분이 잘 되어 있지 않다.

자신의 생각보다는 줄거리 위주로 썼다.

어떤 이야기를 하려는지 잘 이해되지 않는다.

자신의 꿈과 진로에 대한 구체적 서술이 적다.

"세 쪽 서평 쓰기의 완성"

동료평가와 교사 피드백 후 '고쳐쓰기'를 진행한다. 고쳐쓰기가 된 최종 수정본을 다시 인터넷 공간에 올리고 표지 없이 출력해서 제출하도록 한다. 고쳐쓰기가 완성된 글만 최종 평가의 대상으로 삼는데, 그 과정에서 다른 친구들이 제출한 작품을 예시로 보여줄 수 있다. 예정된 기일 내에서는 얼마든지 고쳐쓰기가 가능하도록 한다.

고쳐쓰기는 글의 완성이다. 고쳐쓰기에 노고를 들이는 학생일수록 성장하는 속도가 빠르다. 그 발전의 과정을 지켜보는 것도 [서평 쓰기]의 또 다른 재미다.

[수업 예]

① 친구들과 선생님의 조언을 바탕으로 고쳐쓰기를 해봅시다.

② 스스로 다음과 같은 평가 기준을 확인하고 자신의 부족한 부분을 점검합니다.

> 책의 핵심을 잘 파악했는가?
> 책의 내용과 자신의 진로가 긴밀하게 연결되었는가?
> 자신의 생각에 대한 근거(경험)가 잘 드러났는가?
> 글의 구성이 짜임새 있고 흐름이 자연스러운가?
> 맞춤법, 띄어쓰기, 문장 호응은 정확한가?
> 전달하고자 하는 바가 정확하고 명료하게 표현되었는가?
> 분량에 맞게 작성했는가?

어떻게
평가할까?

●

[서평 쓰기]는 독서일지 작성 과정에서, 활동지를 통한 내용 생성 과정에서, 그리고 마지막에 제출한 서평 최종본을 대상으로 평가한다. 세 단계에서 관찰하고 평가한 결과는 수행평가에 반영할 수 있다.

먼저 2~10차시에 이루어지는 독서일지 작성은 독서의 과정을 살펴보는 과정평가다. 매시간 책을 성실하게 읽었는지, 그리고 그 내용을 독서일지에 충실하게 썼는지 살핀다.

11~12차시에 이루어지는 활동지를 통한 내용 생성 과정은 쓸거리를 충분히 만들어냈는지에 대해서만 평가하는 것이 좋다. 여기서 아이들의 활동 수행 정도를 구분해서 평가하는 것도 가능하나 그럴 경우 평가에 대한 부담이 지나치게 커져, 오히려 뒤에 따라오는 초고에 대한 피드백이 어려워질 수 있다.

마지막으로 서평 최종본에 대한 평가는 평가 기준에 따른 분석적 평가도 가능하지만 주로 A/B/C/D/E 5단계의 총체적 평가로 진행한다. 책의 핵심을 잘 파악하여 서술했는지, 책의 내용과 자신의 진로가 긴밀하게 연결되었는지, 자신의 생각에 대한 근거(경험)가 잘 드러났는지, 글의 구성이 짜임새 있고 흐름이 자연스러운지 등을 내용과 형식 측면에서 살펴본다.

[서평 쓰기]는 이렇게 독서일지, 내용 생성, 서평 최종본의 세 단계를 모두 평가하는 것이 바람직한데, 그래야 아이들이 독서 과정과 활동지 작성(글쓰기를 위한 내용 생성) 과정에도 공을 들이기 때문이다. 독서 활동이 충실해지고 내용 생성을 알차게 할수록 서평의 완성도가 높아지고, 최종본 미제출자의 수도 줄어든다.

평가 장면	평가 기준	확인
독서일지	책을 충실히 읽고 독서일지를 작성했는가?	
내용 생성	내용 생성을 충분히 했는가?	
최종 서평	책의 핵심을 잘 파악했는가?	
	책의 내용과 자신의 진로가 긴밀하게 연결되었는가?	
	자신의 생각에 대한 근거(경험)가 잘 드러났는가?	
	글의 구성이 짜임새 있고 흐름이 자연스러운가?	
	맞춤법, 띄어쓰기, 문장 호응은 정확한가?	
	전달하고자 하는 바가 정확하고 명료하게 표현되었는가?	
	분량에 맞게 작성했는가?	

묻고
답하기

●

Q 아이들에게 서평 쓰기를 시키면 인터넷에서 베껴오지 않는가?

인터넷에서 베끼게 되는 이유가 무엇인지를 살피면 해결 방안을 찾을 수 있다. 첫째, 책을 읽을 시간이 없어서, 또는 책을 읽지 않아서. 읽지 않은 책에 대해 서평을 쓰려면 베끼지 않고는 도리가 없다. 따라서 수업시간에 책 준비 상황을 챙기고 읽기 과정을 함께하면 표절 동기의 상당 부분이 사라진다. 둘째, 뭘 써야 할지 몰라서. 이는 구체적인 질문을 담은 활동지를 수업시간에 직접 쓰게 한 뒤 그걸 토대로 서평을 쓰게 하면 해결된다. 그러한 까닭에 서평에는 활동지에 담은 내용을 상당 부분 반영하게 해야 한다. 셋째, 막상 시작하는 것이 어려워서. '등산을 할 때 가장 힘든 코스는 자기 집 침대에서 현관까지'라는 말이 있다. 글쓰기 역시 마찬가지다. 따라서 수업시간에 컴퓨터실에서 다 같이 편집 양식을 맞추고 머리말을 쓰게 한다. 넷째, 자기가 베낀 걸 아무도 모를 거라는 생각에. 이는 동료평가와 교사의 피드백을 통해 걸러낼 수 있다. 자기 글을 다른 많은 친구들이 함께 돌려 읽는다고 생각하면 보는 눈을 의식하게 된다. 베 낀 문장은 묘한 이질감이 있어 글 속에 잘 어우러지지 못하는데, 그것이 일부분이라도 끝까지 고쳐오지 않으면 최하 점수를 받을 수 있다고 미리 일러둔다.

Q 동료평가를 할 때 아이들이 자신의 글을 남이 읽는 걸 부담스러워하지 않을까?

수업 초기부터 서평 초고는 동료평가를 통해 피드백을 받을 것임을 예고 한다. 미리 예고하는 것과 그렇지 않은 상태에서 갑작스럽게 자신의 글 을 공개하는 것은 받아들이는 쪽에서 큰 차이가 난다. 더불어 서평은 책 을 읽지 않은 독자의 입장에서 쉽게 읽히고 잘 이해되어야 좋은 글이기 에 자꾸 누군가에게 읽히고 조언을 듣는 과정이 꼭 필요하다고 이야기 해준다. 또 우리는 지성인들이므로 남이 어렵게 써낸 결과물을 보고 비 아냥거리거나 비난하는 조언을 달지 않는다고 말한다. 글의 주인이 자기 글을 되돌려 받았을 때, 도움은 못 받고 수치심만 느끼게 하는 댓글이 없 는지, 서로 총평을 다는 과정에서 살피게 한다. 모둠을 만들어 동료평가 를 함께 하므로 수위 높은 지적에 대해서는 서로 조심하는 분위기가 생 긴다.

Q 교사 개개인이 진로 도서 목록을 만드는 것이 가능한가? 저 많은 책을 언제 다 보고 살피는가?

진로 관련 책의 특성상 급변하는 직업 세계의 특징을 반영해야 하기에 매년 목록이 달라질 수밖에 없다. 또 학교 현장에서 진로 교육을 강화해 온 최근 몇 년 동안 그 분야 책들이 어마어마하게 쏟아져 나오기도 했다. 따라서 진로 도서 목록을 교사 개개인이 처음부터 새로 만들기는 현실적으로 버겁다. 우선은 이미 있는 도서 목록을 활용하고, 차차 본인이 몸담고 있는 학교의 아이들 수준에 맞는 책들을 덧붙여 자기만의 도서 목록을 갖춰가는 방식을 권한다.

Q 교사가 읽지 않은 책을 추천해도 되는가?

진로독서는 그 특성상 제공되는 도서 목록이 100권을 넘는다. 그래서 책에 대한 정보를 일일이 제공하고 추천해주는 것이 어렵다. 아이들도 그 책들을 교사가 다 읽어보지 못했을 것이라는 판단은 직감적으로 한다. 따라서 아이들에게 책을 고를 때 스스로 스마트폰이나 컴퓨터 검색을 통해 책에 관한 정보를 찾아, 그 안에 담긴 내용이 자신의 흥미를 끄는지 잘 살피라고 한다. 아이들은 자신의 직접적인 관심사와 연결되어 있다 보니 적극적으로 책을 찾는 편이다.

Q 진로에 대한 생각 자체가 없는 아이들이 있다. 그런 학생은 진로독서 후 서평 쓰기를 어떻게 지도하는가?

그런 아이들을 위해 도서 목록에 반드시 '미결정' 항목을 넣는다. 진로를 결정하지 못한 아이들에게는 직업 세계에 대한 전반적인 정보를 담은 책, 직업 선택 기준과 가이드를 제시하는 책, 삶을 어떤 방식으로 살아나가야 하는지를 알려주는 책, 우리 시대에 배울 만한 인물들의 인터뷰나 특강을 담고 있는 책을 권한다. 그것이 꼭 구체적인 진로를 정하는 데까지 닿지 못하더라도, 자신의 삶을 돌아보고 앞으로의 삶을 어떤 방향으로 기획하고자 하는 의지가 조금이라도 생겨났다면 그걸로 충분하다. 그러한 일련의 생각 과정을 서평에 담게 한다.

수업을
마치며

●

아이들을 상담할 때 꼭 빠지지 않고 묻게 되는 질문이 "장래 희망이 뭐
니?"였다. 그러면 상당수의 아이들이 "잘 모르겠어요"라고 대답한다. 그
러고는 그게 무슨 죄라도 되는 양 고개를 숙인다. 진로를 결정했다고 말
하는 아이들도 크게 다르지 않다. 준비해온 장래 희망을 꺼내놓으면서도
그것이 구체적으로 무슨 일을 하는 직업인지, 자신이 정말 좋아하는 일
인지, 할 수 있을 만한 일인지 확신이 없어 쭈뼛거린다. 자신이 아는 것
중 관심이 조금 생긴 것들을 가지고 이야기하다 보니, 이어지는 구체적
질문에는 이내 말문이 막혀버린다.

우리는 이 아이들에게 어떤 직업의 비전을 제시하고 있을까. 교사인
나도 세상에 얼마나 많은 직업이 있는지, 그리고 그 직업을 가지고 살아
가는 사람들이 실제로 어떤 일에 종사하고 있는지 아는 바가 많지 않다.
진로 수업 시간에 보여주는 몇 분짜리 동영상으로는 사람 사는 이야기를
온전히 전달하기 어렵다. 나는 그 역할을 책이 해줄 수 있을 것이라 기대

했다. 어떤 기준으로 '진로 희망'을 정해야 하는지, 이 시대 우리가 '일'을 대하는 자세는 어떠해야 하는지를 책을 통해 배울 수 있기를 바랐다.

이를테면《10대가 알아야 할 미래 직업의 이동》(박종서 외)은 급변하는 사회 속에서 직업 변화의 새로운 이정표를 제시한다.《세상을 바꾸는 천 개의 직업》(박원순)에는 미래에 필요한 신생 직업이 천 개나 등장한다.《김 제동이 만나러 갑니다》(김제동)에는 김제동이 피디, 가수, 정치인, 해녀 등 다양한 직업을 가진 사람들을 만나 나누는 이야기가 실려 있다.《그들도 아이였다》(김은우)에는 유재석, 손석희처럼 우리 시대 대표적인 인물 40 인의 '일'에 관한 다채로운 이야기가 담겨 있다.《나는 어떤 삶을 살아야 할까》(홍세화 외)는 하고 싶은 것도, 좋아하는 것도 없이 내 삶의 주인이 되 지 못해 머뭇거리는 청소년들에게 행복한 삶과 올바른 삶의 태도에 관한 조언을 들려준다.

이런 책들을 읽고 난 후 써낸 아이들의 서평 속에는 그야말로 다양한 빛깔의 '꿈'들이 녹아 있었다. 그런데 그중《디자이너가 말하는 디자이 너》라는 책을 읽고 난 후 한 아이의 반응이 재미있었다. 그 아이는 책을 읽고 난 후 디자이너가 하기 싫어졌다고 했다. 왜 그러냐고 물으니, 흔히 디자이너라고 하면 폼 나는 일을 할 거라고 생각했는데 책을 보니 완전 노가다라는 것. 그리고 책 속에 나오는 저자들마다 '디자이너를 꿈꾸는 사람들은 웬만하면 진로 희망을 다시 생각해보라'고 말한다는 것이었다. 그래서 나는 세상에 그런 '일'이 많다고 이야기해주었다. 직업에 대한 환 상을 가지고 있다가 막상 직장에 들어갔는데 그때 가서 진짜 실체와 대면하면 그게 더 괴로운 일이 아니겠는가. 이런 모습을 알고 있으면서도 그 일이 하고 싶다면 그게 진짜 '꿈'인 거라고. 단지 폼 나는 것만 기대했다면 그 '꿈'을 지금 버려야 할 때라고. 씩씩거리며 돌아간 그 아이는 결국 디자인과를 지원했다. 그때 나는 그 아이에게 디자이너라는 일이 '견디면서 동시에 누릴 수 있는 일'이 되기를 진심으로 바랐다.

어쩌면 공허하기만 한 "진로 희망이 뭐니?"라는 질문과 우리 삶 사이의 간극을 이 수업은 조금이나마 채워줄 수 있었을까? 징검다리 돌 하나를 이제 겨우 놓았을 뿐이지만, 가는 길이 고되지만은 않다.

경영학 콘서트에 빠진 세상

《경영학 콘서트》(장영재)를 읽고

일은 돈을 얻기 위한 수단이다. 현대 사회에서 돈 없이 살아가기란 불가능하므로 일은 안 하고 싶다고 안 할 수 있는 것이 아니다. 그러나 일을, 직업을 가진다는 것은 단순한 돈벌이 그 이상의 의미를 지닌다고 생각한다. 일은 우리에게 살아가는 원동력을 제공해준다. 또한 자기가 그 분야에서 열심히 함으로써 사회 구성원의 소임을 다하고 있다는 책임감과 성취감이 들게 하며 자기 자신을 계발하는 좋은 기회이다. 그러므로 나는 직업을 가짐으로써 비로소 사회의 일원이 되는 것이라고 생각한다. 그렇기 때문에 직업을 선택하는 것은 매우 중요한데, 나는 많은 직업들 중에서 기업경영컨설턴트를 선택했다. 그리고 '기업경영컨설턴트가 꿈인 사람이 경영을 제대로 몰라서 되겠나'라는 생각에 고른 것이《경영학 콘서트》라는 책이었다.

책에 대한 첫인상은 '어? 재미있겠다'였다. 경영학이라는 다소 딱딱한 학문에 콘서트라는 단어가 굉장히 어색해 보이면서 흥미로웠다. '경영학 콘서트'라고 하니 어쩐지 친숙함마저 들어 경영의 '경'자도 모르는 나에게 쉽게 알려줄 것 같다는 생각이 들었다. 글쓴이는 경영대학원 석사이면서 동시에 기계공학 박사이다. 우주항공학과를 졸업했음에도 불구하고 전혀 관련 없어 보이는 경영학에 관한 저서를 썼다는 것이 신기해서 더 흥미가 생겼다. 책 내용은 예상대로 굉장히 재미있는 얘기가 가득했다. 우리가 의식하고 있진 않지만 실생활 곳곳에 경영철학이 숨어 있다는 것을 작가는 알려주고 싶었던 것 같다. 또한 어렵고 복잡해 보이기만 하는 경영 방식을 실생활에 대입하면서 누구나 쉽게 경영학을 접할 수 있게 해주는 것이 이 책의 목적이라고 생각한다. 그리고 그 목적은 확실히 성공했다. 실제로 나는 그저 어렵고 경영학을 전공한 사람이나 논할 수 있는 것이 경영이라고 생각했는데 이 책에선 굉장히 쉽고 실감나는 사례를 제시해 나의 경영에 대한 이해를 도왔다. 책을 읽는 내내 경영이 이 복잡한 세상을 지배하고 움직이고 있다는 말에 공감했다. 더불어 나는 내 꿈에 대해 다시 한 번 진지하게 생각해보는 계기가 되었다.

나의 꿈을 소개합니다

어렸을 적 내 꿈은 화가였다. 그 당시에 그림 그리는 사람이면 무조건 화가라고 생각했었고 그림 그리는 것이 즐거웠기 때문이다. 크면서 글을 잘 쓴다는 말에 힘입어 작가도 고민했고 부모님의 기대에 부응해 교수도 생각해봤으나 금방 시들해졌다. 중3 때 직업에 대해 진지하게 생각하면서 평생 그림을 그리며 살고 싶은 마음에 게임 일러스트레이터로 진로를 정했지만, 알면 알수록 현실과 이상의 괴리감이 커지고 취미가 직업이 됨으로써 잃게 되는 것에 대한 두려움에 포기했다. 지금은 기업경영컨설턴트로 진로를 선택했는데 그러는 데에는 결정적으로 두 가지 계기가 있었다.

첫 번째는 일러스트레이터에 대한 꿈을 키워나갈 때 일러스트레이터들에게 회사의 외주를 연결해주는 곳에서 그들에게 제대로 된 수입을 지불하지 않는 일이 터진 것이 발단이 되었다. 제대로 된 계약서도 없이 나름 큰 회사에서 그들의 꿈을 이용하고 협박하는 것이 나로선 굉장히 충격이었다. 평소에도 일러스트레이터들의 열악한 환경에 안타까움을 느꼈던 나는 공정한 수익 배분과 개방적이고 사람을 생각하는 경영 방식을 가진 회사에 대한 소망이 생기게 되었다. 그래서 일러스트레이터의 꿈을 접은 후 내가 직접 경영진으로서 그들과 공감하고 소통하는 경영을 실천하고 싶다는 생각을 하게 되었다.

두 번째는 부모님이 계기였다. 아빠는 양식장 건설업을 하시고 엄마는 작은 장어 집을 운영하시고 있는데, 그로 인해 아빠는 출장이 잦으시고 엄마는 언제나 12시가 넘어서 집에 들어오셨다. 가끔 밤에 부모님이 일에 관련해서 이런저런 말씀을 하시는 것을 엿듣곤 하는데, 생각보다 수입이 안 날 때나 건설 수주액이 제대로 안 들어올 때 힘들어하시는 모습에서 안타까움을 느꼈다. 그러면서 내가 가게 운영에 관해 조언도 하고 도와드리고 싶다는 소박한 생각이 들었다. 물론 그땐 기업경영컨설턴트는 그런 개인 가게는 컨설팅하지 않는다는 사실도 몰랐지만 그것이 컨설팅에 관심을 가지게 된 계기가 되었다.

이 꿈을 좀 더 확고하게 만드는 데에는 고모가 영향을 주셨다. 고모는 컨설턴트가 꿈이라고 한 나에게, IT 관련 회사에서 일하고 계셨을 때 세계 최고의 컨설팅 회사라는 매킨지에서 컨설턴트가 왔었을 당시를 얘기해주셨다. 고모는 높은 지위가 아니었기에 그들과 대화를 하지는 못했지만 그때 그들의 당당하고 자존감이 넘치는 모습이 굉장히 인상적이었다면서 말씀해주셨다.

기업경영컨설턴트는 크게 두 가지 종류로 나눌 수 있는데, 전체적으로 조언해주는 전략 컨설턴트와 각 분야를 세부적으로 컨설팅해주는 오퍼레이션 컨설턴트가 그것이다. 그중에서도 내가 되고 싶은 것은 오퍼레이션 컨설턴트로, 평소 마케팅이나 인사 쪽에 관심이 있어서 그쪽 분야에 관한 컨설팅을 해주고 싶었다. 그러나 이 책을 읽고 재무 쪽에도 관심이 생겨 분야에 관련된 건 다시 재고해야 할 필요성을 느꼈다.

우리 삶 속에 숨쉬는 경영

책은 내가 진지하게 꿈에 대해 생각해보게 만들 정도로 흥미도 있으면서 경영의 의미를 실제 사례들을 통해 제대로 알려주었다. 특히 인상 깊게 읽었던 부분은 책에서 데이터마이닝 알고리즘에 대해 얘기하는 부분이었다. 그 책에선 예시로 인터넷 쇼핑몰인 아마존닷컴에서 소비자의 모든 구매 내역을 통해 개개인의 소비 취향과 관심사를 파악해 광고 메일을 보낸다고 언급했다. 이때 사용하는 기술이 데이터마이닝 알고리즘인데, 이 기술을 이용해 개개인에게 맞춤 추천 상품 리스트를 작성해 발송한다는 것이 특별하게 다가왔다. 비록 내가 아마존닷컴을 이용하는 건 아니지만 나도 쿠팡이나 11번가 같은 쇼핑몰에서 하루에도 몇십 통의 광고 메일이 오는데, 그냥 무심히 지나간 이런 것들이 사실 나를 위한, 개개인의 취향을 반영한 것이라고 생각하니 신기하고 놀라웠다. 사소하지만 이런 것들이 다 혁신적인 마케팅이라는 것을 깨닫고, 마케팅이란 것이 다른 게 아니었다는 생각이 들어 굉장히 인상 깊었다.

사실 알고 보면 우리 주변에는 우리가 일상적으로 여긴 것들이 다 기업의 경영이고 전략이 된다. 우리는 종종 영화를 볼 때 싼 가격으로 보기 위해 아침 시간대에 보곤 한다. 그것도 생각해보면 영화사들이 상대적으로 관람객이 적은 아침 시간대 가격을 싸게 하면서 고객을 더 유치시키려는 경영 전략인 셈이다. 또한 흔히 세트 메뉴라고 불리는 것들도, A를 시키면 B도 같이 시키려는 소비자의 구매 경향을 파악해 A와 B를 같이 묶어 싸게 판매해 단품을 구매하는 사람들도 눈길이 가게 만드는, 더 많은 이익을 내기 위한 행동이라 볼 수 있다.

또한 인상 깊었던 것이 선형계획법을 이용한 경영 방식을 설명하는 부분이었다. 나는 이때까지 경영이라고 하면 막연히 마케팅하면서 사람과 소통해 기업을 이끌어나가는 방법 정도로 생각했는데, 이 부분을 읽고 왜 문과에서 유일하게 이과 과목 중 수학을 중요시 여기는지 알 수 있었다. 경영의 목표는 한정된 자원으로 조직이 원하는 최대 목적을 달성하는 것이다. 이를 이루기 위해서는 수학적, 과학적 해결책이 필요하다. 실제로 이 선형계획법의 발견으로 제한된 자원의 활용 계획을 좀 더 효율적으로 짤 수 있게 되었으며, 최소한의 투자로 목표 산출을 이끌어낼 수 있게 되었다. 솔직히 난 수학을 싫어하고 왜 상경대학은 수학을 중요하게 여기는지 불만이었는데, 이걸 읽고 수학의 중요성과 더불어 열심히 공부해야겠다는 마음가짐을 가지게 해주는 계기가 되었다.

항공사의 고객 선별에 관한 내용도 인상 깊었다. 여기서 사업 목적의 고객들은 부의 창출을 위해 탑승하는 것이므로 비용에 덜 민감한 반면, 여행 목적의 고객들은 지출을 하러 탑승하기 때문에 금전적으로 더 민감하다고 이야기한다. 따라서 사업 목적의 여행자들에겐 더 많은 돈을 내게 하고 여행자들에겐 저렴하게 판다는 것이다. 또한 싼 좌석은 적은 수량으로 팔고 비싼 좌석은 모든 좌석을 살 수 있도록 열어놓음으로써, 최대한 많은 사람들이 고가의 좌석에 앉을 수 있도록 한다고 했다. 소비자 입장에서는 불평등해 보이고 억울할 수 있겠지만, 나는 소비자들의 심리를 이해하면서 최대의 이윤을 내기 위한 효율적이고 과학적인 기업의 경영 방식에 감탄했다. 비슷한 성향의 고객을 군으로 나눠 각각에게 적절한 서비스를 공급해 최대의 이윤을 내는 모습에서 나도 저렇게 효과적으로 기업을 이끌어나가고 싶다는 생각이 들었다. 이 부분을 읽고 나서 실생활의 사소한 것에서 '이건 왜 이 가격이지?', '이건 왜 이런 서비스로 제공하지?'와 같은 궁금증이 생겨났다.

나의 경영학 콘서트

이 책을 읽기 전까지 난 경영은 그저 어렵고 복잡한 것이라고 생각했다. 경영이란 말은 많이 들어왔지만 정작 그것이 무엇인지도 모르고, 경제보단 경영이 덜 계산적이고 사람 간의 관계와 소통을 중요하게 생각하지 않을까 하는 막연한 생각을 했다. 물론 이 책이 내가 진로를 결정하고 난 후 처음으로 읽은 전공 관련 책이라 그런지 몰라도, 나에게 이 책은 정말 경영이란 것이 이런 것이구나 하는 것을 절실히 깨닫게 해준 책이었다. 경영이 사람과의 소통만큼이나 계산적이고 수학적인 사고를 중요시 여긴다는 것을 알았고, 내 주변의 사소한 부분이 다 치열한 경영 전략을 가지고 움직이고 있다는 것이 신기했다. 책을 읽기 전엔 그저 막연히 경영컨설턴트가 꿈이었는데, 이 책을 읽고 나니 컨설턴트가 어떤 일을 해야 될지 더 확실히 알게 된 느낌이다. 그리고 그 전까진 그저 머리 아픈 돈 계산으로 치부해온 재무를 소비자를 끌어들이는 마케팅과 회사의 손익을 따져 계획을 세우는 분야로서 좀 더 관심을 갖게 되었다. 여러 가지 분야에 관심을 가지게 되면서 마케팅 쪽으로 치우친 내 진로를 재고해볼 필요는 있겠지만 오히려 경영에 대한 흥미를 더 가지게 된 것 같다.

책 겉표지 뒤에 이런 문구가 있다. '경제학에 머물 것인가, 경영학으로 나아갈 것인가?' 물론 경제나 경영의 우열을 가리려는 의미가 아니다. 나는 이 문장이 경제학과 경영학의 성격을 가장 잘 드러낸 것 같아서 많이 공감했다. 저 문장처럼 경영학은 경제학을 바탕으로 세상에 나아가는 학문이라고 생각한다. 세상은 너무나 복잡해지고 다원화되었다. 이럴수록 점점 경영의 중요성이 부각되는데, 이 책은 막연히 경영학과에 가고 싶다고 했던 나에게 정말 쉽게 경영을 알려주었다. 또한 책 속의 사례처럼 고객을 대하는 나의 모습을 생각하며 설레고 가슴 뛰게 만들어주었다. 책을 읽고 나서 본격적으로 경제 관련 책도 보고 하루에 30분씩 〈매일경제신문〉도 구독하고 있다. 부족하지만 경제 테스트도 보았고 겨울방학 때 가는 회사 기획 캠프도 신청했다. 현재는 1월달에 있을 청소년 경제 한마당을 위해 꾸준히 경제 공부를 하고 있다. 아직 갈 길이 멀지만 무언가 점점 알아가고 실천해나가는 즐거움을 오랜만에 느끼고 있다. 물론 파고들수록 어렵기도 하고 수학이란 난관에 부딪힐 때도 있고 내가 생각하던 것과는 많이 다를 수도 있다. 그러나 지금은 그저 노력하고 알아가며 즐기고 싶다. 나의 경영학 콘서트는 이제 막을 올렸으니까 말이다.

황은주(2학년)

서평 쓰기 2 : 과학독서

김현민

"과학과 우리의 삶을 연결하기"

'한 학기 한 권 읽기' 수업은 국어 교과에서만 필요한 것이 아니다. 과학, 사회, 역사, 그리고 음악, 미술, 체육과 같은 과목에서도 '한 학기 한 권 읽기' 수업은 매우 유효하다. 여기서는 과학 시간에 과학책을 읽고 [서평 쓰기]를 했던 사례를 소개하지만, 자연과학 책을 다루는 국어 수업, 국어-과학 또는 독서-과학의 융합 수업이나 주제 통합 수업에도 적용할 수 있다.

과학책을 쉽게 읽지 못하는 아이들이 많다. 사전지식이 필요한 경우가 많기 때문이다. 방정식을 이해하기 위해서 더하기, 빼기, 곱하기, 나누기의 원리를 먼저 알아야 하듯, 과학책을 읽을 때도 맥락을 이해하기 위한 단계가 필요하다. 대부분의 과학책은 그 분야 전문가가 쓰는데, 개념을 친절하게 설명해주는 책도 있지만 그 분야 사람들에게 통용되는 용어는 아무 설명 없이 그냥 지나가는 경우가 많다. 한 문장을 읽을 때 익숙하지 않은 단어, 모르는 용어가 계속 나오면 내용을 제대로 이해할 수 없다. 영어 문장을 해석할 때의 경험, 또는 토씨를 제외하고 모든 단어가 어려운 한자어로 된 문장을 읽은 경험이 있는 사람은 쉽게 공감할 것이다. 읽어도 읽는 게 아닌, 분명 한국말인데도 한국말로 읽히지 않는 신기한(?) 경험을 하게 된다. 이 상태로 수식이나 그래프까지 등장하면 그 파장은 책을 덮기에 충분하다.

이럴 때 '함께 읽기'는 큰 힘을 발휘한다. 함께 읽고, 설명하고, 질문하며 내용과 생각을 정리한다. 책의 내용으로 이야기를 주고받다 보면 자연스럽게 책과 연결된 세상 이야기와 경험을 나누게 된다. 언뜻 보면 수다를 떨며 노는 것 같지만 이 지점이 매우 중요하다. 과학과 기술을 삶과 연결하는 것은 원리와 개념을 정확하게 이해하는 것 못지않게 중요하다. 과학과 기술이 우리 생활에서 어떻게 쓰이는지, 우리가 사는 방식을 어떻게 변화시켰는지, 사회에는 어떤 영향을 주었는지, 무엇보다 오늘을 사는 우리에게 어떤 의미인지를 더불어 생각하는 시간이 필요하다.

태양과 달과 지구의 운동이 밝혀지기 전, 낮에 태양이 검게 변하면 사람들은 두려워했었다. 붉은 달이 떠오르거나 푸른색으로 변해도 사람들은 불안해했다. 가뭄이 오래되면 임금이 부덕해서 그렇다고 했다. 자연현상을 권력과 정치 또는 돈벌이에 이용한 사람들도 있었고, 유럽에서는 신(神) 중심의 세계관을 유지하기 위해 오용하기도 했다. 그러나 자연에 대한 과학적 발견과 설명은 사람들의 막연한 두려움을 없애주었고, 새로운 기술로 인류의 삶을 바꿨으며, 광활한 우주 속의 인간의 존재를 성찰하게 했다.

과학책을 함께 읽고 글을 쓰는 과정은 과학을 우리 삶과 연결하고 지식과 인식의 틀을 넓히는 경험을 하게 한다. 과학은 특정한 지식 그 자체가 아니라 생각하는 방법이기 때문이다. 아이들은 우리가 어떻게 살아야 하는지, 사회가 어떻게 변화해야 하는지를 선택하며 살아간다. 이를 위한 유용한 생각의 도구로서, 과학과 삶을 연결 짓는 경험은 현실을 객관적으로 이해하고 선택의 근거를 발견하도록 할 것이다.

수업을 시작하기
전에

●

과학책을 읽고 글을 쓰는 활동은 과학적 시각으로 우리 주변을 돌아보게
한다. 또한 지식과 정보의 객관성, 논거의 입증 과정과 타당성을 파악하
고 과학적 원리의 응용과 한계를 비판적으로 이해하는 과정이기도 하다.
또 책에서 읽은 내용에 대해 친구들과 대화를 나누면서 서로의 다양한
생각을 존중하는 태도를 기르게 된다.

유시민 작가는 《유시민의 글쓰기 특강》에서, "중·고등학교의 수행평
가 글쓰기부터 대입 논술, 기업 입사 시험의 인문학 논술, 대학생 리포트,
신문 기사와 사설, 칼럼, 블로그 글, 가전제품 사용설명서, 문화재 안내문,
공공기관의 보도자료, 사회 비평과 학술 논문, 대법원과 헌법재판소의 판
결문까지, 논리적인 글은 구조와 특성이 모두 같다"고 했다. '과학 글' 역
시 '논리적인 글'에 속하기 때문에 논리적 글쓰기의 기본을 따른다. 다만
다루는 내용이 엄밀한 연구를 통해 체계화된 지식이므로, 과학 원리와
개념이 연구의 결과를 벗어나거나 왜곡되지 않도록 해야 한다.

어떤 책을 고를까?

과학책은 대개 개념형 정보를 담고 있다. 그래서 책에서 다루는 개념과 용어가 익숙한 것일수록 아이들의 참여가 높다. 경험에 따르면 익숙한 것 70%, 낯선 것 30% 정도의 비율을 갖는 책이 선호도가 높았다.

효과적인 [서평 쓰기] 활동을 위해서는 단순히 백과사전처럼 과학 원리와 법칙을 나열한 책보다는, 자연 현상이나 과학기술에 대한 설명과 함께 저자의 관점이 담기거나 서로 다른 생각이 자연스럽게 나올 수 있는 책이 좋다. 자연과 사회, 그리고 자신의 경험을 연결 짓고 생각을 확장할 수 있을 때 서평의 질이 높아지기 때문이다. 그리고 우주, 빛, 생태, 미래, 로봇 등 특정한 주제별로 책 목록을 준비하면 교사는 특정 주제에 대한 깊이를 확보함과 동시에 수업 준비의 부담을 줄일 수 있다.

또 교사가 추천한 책 목록 중에서 아이들이 직접 고르는 방식이 성공률이 높다. 아이들에게 선택권을 주면 참여도가 높아지기 때문이다. 책에 대한 교사의 설명을 듣고 난 후 아이들이 스마트폰이나 컴퓨터로 책 정보를 검색하면서 마음에 드는 책을 고르면 좋다. 교사가 미리 책에 대한 정보를 출력하여 제공할 수도 있다.

책 목록은 다른 독서수업 방법과 마찬가지로 상·중·하로 수준이 서로 다른 책을 골고루 갖추는 것이 좋다. 그리고 한 학급의 학생 수가 30명일 경우, 4권씩 8종의 책(총 32권)으로 책 권수를 너무 빠듯하게 맞추는 것보다, 4권씩 12종의 책(총 48권)을 준비해 선택권을 넓혀주는 것이 좋다.

설명하고 질문하고 이야기하기

이 수업에서 가장 중요한 것은 책을 읽고 난 후 '설명하고 질문하고 이야기하기'다. 이를 효과적으로 하기 위해서는 먼저 함께 읽은 부분이 어떤 내용인지부터 제대로 파악해야 한다. 어떤 과학책은 생소한 용어가 많아 내용 파악이 어려운 경우가 있기 때문에, 책의 내용을 설명하고 들으며 충분히 이해할 수 있게 해주어야 한다. 모둠원 중 한 학생이 내용을 설명하고, 모둠원이 함께 책에 관한 내용을 이야기 나눈다. '설명하기'의 과정은 다음과 같다.

첫째, 읽은 부분의 내용을 요약한다.

둘째, 핵심 원리와 개념을 설명한다.

셋째, 그와 관계된 실물이나 예시를 제시한다.

넷째, 위에서 제시한 핵심 원리와 실물 등에서 연상되는 세상일, 또는 핵심 원리나 개념이 세상에 어떤 의미가 있으며 사회에 어떤 영향을 주고 있는가를 이야기한다.

대강의 흐름을 제시해주기는 하지만 꼭 이 순서대로 이야기할 필요는 없다고 알려준다. 이와 같은 방식으로 매시간 모둠원이 순번을 정해 돌아가며 설명한다는 규칙을 정하면 특정 학생이 계속 설명하는 것을 방지할 수 있다. 이때 내용이 잘 이해되지 않으면 해당 부분을 이해한 다른 친구가 설명을 이어갈 수도 있다고 안내해준다. 또 설명을 듣는 친구들은 이야기를 듣다가 궁금한 것이 있거나 이해가 되지 않는 것에 대해 자유롭게 질문할 수 있다고 안내한다. 질문을 해가면서 설명을 들으면 이 과정이 더 풍성해진다.

본격적인 수업에 앞서 1차시 정도 '설명하기' 활동을 함께 연습해보면 수업시간에 활기가 돈다. 평소 생각하지 않았던 문제에 대한 적절한 설명과 함께 사진이나 그림이 많은 책, 아이들이 궁금할 법한 질문들에 답하는 형식의 책이 좋았다.《과학 선생님도 궁금한 101가지 과학질문 사전》(의정부과학교사모임),《위험한 과학책》(랜들 먼로),《사이언스 빌리지》(김병민),《하루종일 우주생각》(지웅배)과 같이 아이들이 흥미로워하는 여러 가지 질문에 대하여 과학적으로 원리를 설명하고 상상력을 더해 풀어 쓴 책과, 지구 이곳저곳에서 일어나는 세상일을 살펴볼 수 있는《힐 더 월드》(국제아동돕기연합),《우리가 지구를 착한 별로 만들 거야》(마라 록클리프),《생명을 살리는 윤리적 소비》(정원각),《과학 리플레이》(가치를꿈꾸는과학교사모임)와 같은 책이 효과적이었다. 이때는 반 전체가 같은 책으로 진행해도 괜찮다. 책 안에 여러 이야기가 있어 그중 마음에 드는 것을 고를 수 있기 때문이다. 모둠을 이룬 아이들이 각각 한 꼭지씩을 읽고 서로 설명하는 방식으로 진행한다. 이 방법은 지필고사가 끝난 뒤 평가와 무관하게 진행해도 아이들이 잘 참여하는 독서활동이다.

아이들은 친구의 설명을 듣고, 질문하며 답을 하는 과정을 통해 내용을 깊이 이해할 수 있다. 그리고 모둠별로 이야기를 나누면서 책과 자신의 삶을, 그리고 책과 사회를 연결 지어 생각하는 연습을 하게 된다. 이는 과학의 원리와 법칙이 내 삶에 어떤 영향을 미치는가, 그리고 그것이 우리 삶에 어떤 의미를 갖는가를 알아가는 과정이기도 하다.

모둠원을 4인으로 구성하면 대화 과정에서 자칫 한 사람만 소외되는 경우가 생기는 것을 예방할 수 있다. 또 교실에서 수업을 할 경우 서로 마주볼 수 있도록 책상을 돌려 앉으면 모둠 자리를 쉽게 만들 수 있다.

읽기 [讀]	도서 선정	같은 책을 고른 4명이 한 모둠 이루기
	책 읽기	독서일지 작성하며 책 읽기
생각 나누기 [討]	대화하기	설명하기, 질문하고 대답하기
표현하기 [論]	쓰기	서평 쓰기

단계	개요	차시	활동 내용	비고
1	추천도서 목록 안내, 책 선정	1	• 주제에 따른 과학 도서 목록 제공	책 목록
2	독서일지 작성하며 책 읽기	2-10	• 기록하며 책 읽기 (30분) • 읽은 내용 설명하기, 대화하기 (20분)	독서일지
3	쓰기 1 : 내용 생성하기	11	• 질문에 따라 내용 생성하기	활동지
4	쓰기 2 : 초고 쓰기	12-13	• 활동지를 바탕으로 초고 쓰기 • 컴퓨터실에서 편집 틀 맞추고 머리말 쓰기	활동지
5	동료평가, 교사의 피드백	14	• 모둠 친구의 서평 동료평가 • 교사의 피드백	
6	쓰기 3 : 고쳐쓰기, 최종본 제출	15	• 피드백을 바탕으로 고쳐쓰기	

어떻게
수업할까?

●

**[1단계] 추천도서 목록 안내, 책 선정
(1차시)** **"같은 책으로 모둠 짜기"**

교사는 4권씩 준비한 10여 종의 책을 소개한다. 간단한 책 소개가 끝나면, 한 종류씩 책을 보여주며 읽고 싶은 사람은 손을 들게 한다. 손을 든 학생이 4명 이하면 그대로 책을 주고, 4명이 넘으면 가위바위보나 간단한 게임(이 책을 읽고 싶은 이유를 8글자로 말하기 등)으로 우선순위를 정한다.

책을 가져간 학생은 먼저 15~20쪽 정도를 읽으면서 이 책을 끝까지 읽을 수 있을지 가늠한다. 너무 어렵거나 자신이 생각했던 것과 내용이 다르면 남아 있는 다른 책으로 바꾼다. 모두가 책을 선택하면, 같은 책을 고른 아이들이 같은 모둠이 된다. 그런데 만약 중학생이거나 학급에 소극적인 아이들이 많다면, 모둠을 먼저 정하고 구성원이 합의해서 책을 결정하는 방식이 좋을 수 있다.

[수업 예]

① 장 지글러는 《왜 세계의 절반은 굶주리는가?》를 통해, 120억의 인구가 먹고도 남을 만큼의 식량이 생산되고 있지만 하루에 10만 명, 5초에 한 명의 어린이가 굶주림으로 죽는다고 밝혔습니다. 어떻게 하면 식량 문제가 해결될까요?

② 아래 글을 읽고, '더불어 사는 삶'을 지향하는 '적정기술'이 갖추어야 하는 조건은 어떤 것들이 있는지 정리해봅시다.

반도체와 신소재들의 발견 그리고 기술의 발전은 사람들에게 편안한 삶을 담보합니다. 하지만 슬프게도 이러한 혜택은 모든 사람에게 돌아가지 못하는 것이 사실이지요. 지구상에는 아직 기본적인 생활도 보장받지 못하고 살아가는 사람이 많습니다. 유니세프에 따르면 영양실조·저체중 상태의 5세 미만 어린이가 1억 100만 명(2011년 기준)이며, 지금도 전 세계 73억 명의 사람들 중 25퍼센트 이상, 4명 가운데 1명이 일몰 후 어둠 속에서 살아갑니다. 전기를 사용할 수 없기 때문이지요. 특히 중남미, 아프리카 지역이 그렇습니다.

대학생 제시카와 줄리아는 이 지역의 아이들이 틈만 나면 공놀이를 하는 것을 보았습니다. '공놀이를 하면서 생기는 에너지를 전기로 만들 수 없을까?' 생각합니다. 그리고 '사켓(Soccket)'이라는 이름의 발전 장치를 만들어 냅니다. 축구를 뜻하는 'soccer'와 플러그를 꽂는 전기 장치 'socket'의 합성어입니다. 이 사켓은 진동 감지 센서와 하이브리드형 발전 디바이스를 이용해 운동에너지를 전기에너지로 전환합니다. 사켓은 30분 공놀이를 하면 3시간 동안 사용할 수 있는 전기를 얻을 수 있습니다.

아프리카를 포함한 물이 부족한 나라의 아이들은 학교를 오가며 물을 길어옵니다. 어린이들은 물통을 머리에 이거나 들어서 운반하는데, 힘들고 불편할 뿐 아니라 바닥에 돌이 많이 깔려 위험합니다. 한스 헨드릭스와 피에트 헨드릭스 형제는 물통을 바퀴처럼 만들고 중앙에 구멍을 내어 줄을 넣고 끌고 다닐 수 있도록 물통을 디자인했습니다. 마치 알파벳 Q의 모양을 닮았다 하여 Q드럼이라고 이름을 붙였습니다. Q드럼에는 최대 50리터의 물을 가득 채울 수 있습니다. 가득 채웠을 때 무게는 54.5kg이지만, 사용했을 때 실제 느껴지는 무게는 4.5kg 정도에 지나지 않아 물을 쉽고 빠르게 운반할 수 있습니다.

이와 같이 기술과 디자인의 혜택으로부터 소외된 사람을 돕기 위해, 그들이 사는 환경에 적정한 제품을 만드는 기술을 '적정기술'이라고 합니다. 적정기술의 목적은 식량 문제, 질병 문제, 거주 문제, 위생 문제 등 빈곤층의 생명과 직결된 문제를 해결하는 것이 첫째요, 빈곤층 사람들이 자립할 수 있도록 하는 것이 둘째입니다. 디자인과 공학을 활용해 그들 문화와 삶에 맞는 필요한 기술을 제공해 보다 나은 삶을 살도록 돕는 것입니다. 적정기술은 사람의 체온이 느껴지는 따뜻한 기술이라 할 수 있습니다.

하지만 적정기술이 모두 성공하지는 못했습니다. 좋은 취지에서 개발되고 보급됐지만, 현지에 적용해보니 문제가 나타나 의도치 않게 피해를 준 경우도 있습니다. 플레이 펌프라는 제품입니다. 플레이 펌프는 놀이터에 있는 일명 뺑뺑이에 펌프를 결합해서, 아이들이 뺑뺑이를 타고 노는 동안 펌프가 작동하여 물을 끌어올려 물탱크에 저장하는 장치입니다. 물탱크에는 광고판을 만들어 기업에서 투자할 수 있도록 했지요. 이 플레이 펌프는 매일 몇 시간 동안 마실 물을 길으러 먼 길을 가야 하는 아프리카 여성과 아이들의 수고를 덜어주고, 상대적으로 깨끗한 물을 제공함으로써 보건위생 전반의 문제까지도 해결할 수 있으며, 광고비를 통해 유지비를 마련할 수 있습니다. 그래서 한동안 이 플레이 펌프는 적정기술의 모범 사례로 여겨졌습니다. 그래서 남아공, 모잠비크, 잠비아, 스와질란드 등 10여 개국에 1500개 이상이 설치됐습니다.

플레이 펌프에서 놀아본 아이들은 곧 놀이를 멈췄고, 아무도 놀지 않는 플레이 펌프는 펌프의 기능을 상실했습니다. 뺑뺑이가 재미있는 이유는 속도감인데, 펌프를 연결하여 물을 끌어올리려면 그만큼 힘이 필요해 놀이기구의 속도가 줄어듭니다. 게다가 무게도 무거워지지요. 제품을 만들기 전 치밀하게 계산하고 준비해야 하는 걸 배운 사례입니다.

만들어지는 제품과 기술이 사람들에게 어떤 영향을 줄 수 있을지 고민하는 자세가 필요합니다. 직접 해보지 않고 머리로만 되겠다 싶어서 하는 것이 아니라, 다양하게 관찰하고 생각할 뿐 아니라 사례들을 찾아보는 준비가 필요합니다. – 책 읽어주는 과학샘의 블로그 http://insight8808.blog.me

③ 더불어 살아가기 위해 내가 할 수 있는 일은 어떤 것들이 있는지 친구들과 이야기해봅시다.

④ 선생님이 제시해주신 도서 목록 중에서 읽고 싶은 책을 골라봅시다. 같은 책을 고른 친구들끼리 4명이 한 모둠이 됩니다.

"읽고 기록하고 이야기 나눈다"

앞으로 9차시 동안 책을 읽을 것이라고 안내한다. 통계적으로 한 차시에 아이들은 27~31쪽 정도를 읽으므로, 쪽수가 가장 많은 책을 기준으로 책 읽는 수업시간을 계산하되 살짝 빠듯하게 잡는 게 좋다. 예를 들면 290쪽 짜리 책은 290÷30=9.67이므로 9차시 수업으로 계획할 수 있다(책 읽는 수업시간을 충분히 확보하지 못한 경우에는 우선 8차시 수업으로 진행하는 계획을 세우고, 아이들의 책 읽는 속도를 살펴 1~2시간을 보너스로 제공하는 기술을 쓰기도 한다). 책 읽는 시간이 9차시라는 것을 알려줄 때, '선배들은 30분 동안 30쪽 정도 읽더라'는 정보를 함께 준다. 그러면 아이들은 책 읽는 시간이 빠듯함을 알아채어 책 읽는 시간의 긴장감이 소폭(?) 상승하는 효과가 나타난다.

50분 수업 중 30분은 집중하여 책을 읽고, 20분은 읽은 부분에 대해 설명하고 이야기를 나눈다. 모둠원 중 한 명이 내용을 요약하여 설명한 뒤, 모둠원 모두가 궁금한 것을 비롯하여 책 내용과 연결된 세상 이야기나 자신의 경험, 이해가 안 되는 부분을 서로 자유롭게 이야기 나눈다. 책을 읽는 동안에는, 이야기 나누기를 위해 자유로운 방식(그림, 마인드 맵 등)으로 기록하도록 하고, 친구의 설명을 듣거나 다른 친구의 이야기를 들을 때도 자유롭게 메모하게 하면 대화가 활발해진다. 책을 읽으며 메모를 해야 졸지 않고 집중해서 읽을 수 있고, 설명도 조리 있게 할 수 있다. 또한 이 기록은 나중에 서평의 재료가 되기 때문에 이 과정에 성실하게 참여하도록 독려한다.

'설명하기' 활동을 시작하기 전에, "3분 후에 설명하기를 시작합니다"
라고 알려주어 읽기를 마무리하도록 한다. 아이들마다 나름대로의 속도
가 있어서, 활동을 전환할 때는 다소 여유를 두고 아이의 속도를 기다려
줄 필요가 있다.

그리고 책 읽는 습관이 몸에 배이지 않은 아이들이 엎드려 자거나 소
란스럽게 하면 전체 수업이 흔들릴 수 있기 때문에, 이런 아이들을 위해
가볍게 읽을 수 있는 사진책이나 그림책, 동화책, 만화책 등을 준비했다
가 살며시 건네주어 수업에 참여할 수 있도록 한다.

[수업 예]

**선택한 책은 9차시 동안 읽을 것입니다. 모둠의 친구들과 한 시간에 읽을 분량을 정
해봅시다. 분량을 정했으면, 읽고 이야기를 나눠봅시다.**

읽은 날짜	책 제목	지은이	읽은 쪽수
20 . . . 교시			(~) 쪽
읽으며 기록	내용 메모		

	친구가 설명한 내용	
대화하며 기록	[생각 1] 내용과 연결된 세상 이야기나 자신의 경험	
	[생각 2] 이해가 안 되거나 더 알고 싶은 것	

"과학 원리의 이해를 넘어, 생각 확장하기"

책을 읽고 글을 쓴다고 하면 아이들은 대개 '독후감'이라고 생각해서 다음과 같은 형식의 글을 많이 써낸다.

"나는 수업시간에 ○○○선생님이 수행평가로 책을 읽으라고 해서 읽게 되었다. 그 내용은……(책 내용 요약, 대부분의 분량 채움)……책의 내용이 어려웠지만 유익하다고 느꼈다. 한 번쯤 읽어볼 만한 책이라고 생각한다."

또 몇몇 아이들은 '서평 쓰기'라고 하면 책의 내용과 형식을 분석하고 평가하는 전문적인 글은 쓰기 힘들다며 불평했다. 게다가 '과학책 서평'이라니! 아이들이 느끼는 부담에 공감하지 않을 수 없었다. 그래서 아이들에게는 '책 읽고 쓰는 과학 글쓰기'라고 소개한다. 과학책이라는 생각을 살짝 접고, 책의 내용을 바탕으로 자신의 생각이나 관련 경험, 느낌을 써보라고 안내했다.

'책 내용 중 인상적인 부분 + 신문, 인터넷, 영화, 스포츠로 접한 세상일 + 직·간접 경험'을 엮어서 자신만의 이야기를 풀어 쓰는 방식이라고 알려줬다. 예를 들어《김대식의 인간 VS 기계》를 읽었다면 인공지능의 발달사를 나열만 하고 그치는 것이 아니라, 인공지능의 발달에서 중요한 변곡점을 찾고 그것이 당시 사회에 미친 좋은 영향과 더불어 이전에 없던 어떤 문제들이 발생했는지 등으로 생각의 범위를 넓혀간다. 또한 책에 제시된 자율주행 자동차의 등장이 가져올 생활 변화와 우려되는 문제를 단순히 정리하기보다는, 저자가 이야기한 긍정적인 효과 이면의 모습,

자율주행 자동차의 도입 시기와 방법, 또는 예상되는 문제를 극복하기 위해 필요한 기술이나 제도·법령을 고민하여 자신만의 생각을 펼쳐간다.

글쓰기의 단계는 앞의 [서평 쓰기]와 같은 방식으로, '질문에 따라 내용 생성하기', '초고 쓰기', '고쳐쓰기'의 세 단계를 거친다.

먼저 '내용 생성하기'는 개요 작성 수업으로, 교사가 제시한 질문이 담긴 활동지에 자필로 쓴다. 지금까지 책을 읽으며 수업시간에 자유롭게 기록한 것을 바탕으로, 제시된 질문에 답한 후 개요를 작성한다. 이 수업은 앞서 진행된 9차시 동안 '설명하기' 활동을 하며 기록한 메모를 바탕으로 자신이 글로 쓸 내용을 선별하는 작업이다. 경우에 따라 이 수업은 다음 차시의 '초고 쓰기'와 함께 진행해도 되지만 따로 한 시간을 할애하는 것이 좋다.

글쓰기에 앞서 또래나 선배들이 쓴 글을 참고하게 예시로 보여준다. 15편 정도를 5부씩 넉넉하게 준비한다. 참고하고 싶은 학생만 읽어보되 2~3편 정도를 살펴보라고 안내한다. 또래가 쓴 글보다는 선배들이 쓴 글이 더 호응이 좋았다. 선배들의 글이라고 알려줄 때는 잘 쓴 글들 중에 너무 개인적인 이야기가 있는 경우는 제외했고, 여러분의 글도 나중에 후배들이 볼 수 있다는 말도 보탰다. 기본적으로 제출하는 글은 선생님만 볼 것이고, 공개할 경우에는 따로 양해를 구하겠다고 약속한다.

[수업 예]

책을 읽고 다음 질문에 답을 한 후 개요를 작성해봅시다.

㉠ 인상 깊은 내용 : 이야기가 전개되는 동안 인상적인 과학 원리나 내용을 적고 그 이유를 자세히 씁니다.

1.

2.

3.

㉡ 겪은 일 : 직·간접으로 경험한 일들 중 이 책의 내용과 연결 지을 수 있는 것을 찾아 풀어서 써봅니다.

㉢ 링크링크 : 다른 책, TV 프로그램, 뉴스, 신문 기사, 영화, 음악, 스포츠, 인터넷 등을 통해 접했던 다른 인물이나 사건 중 이 책의 내용과 연결 지을 수 있는 것을 찾아 써봅니다.

㉣ 문제 인식 : 책을 읽으며 알게 된 문제점들을 나열하고, 그 문제로 어떤 사람들이 어떤 영향을 받았는지 써봅니다.

㉤ 대안 제시 : 책을 읽으며 알게 된 문제를 해결하기 위해 자신이 실천할 수 있는 일들과 함께, 문제를 해결해나갈 방법을 구체적으로 생각해봅니다.

㉥ 왜 썼을까? : 글쓴이가 이 책을 통해 말하고 싶었던 것이 무엇일지 생각해보고, 그러한 의도가 잘 전달되었는지 평가해봅니다.

(개요)

결론 - 하고 싶은 말			
		핵심 내용	근거
본론 - 책 내용 - 관련된 세상일 (뉴스, 영화, 스포츠 등) - 관련된 직·간접 경험			
서론	내용		
	문제 제기		

118

[4단계] 쓰기 2 : 초고 쓰기 (12-13차시)

"글쓰기도 함께 해요"

'초고 쓰기'의 첫 시간에는 컴퓨터실에서 전체적인 편집 틀을 맞추고 글쓰기를 시작한다. 세 쪽 내외로 쓴 글을 마감 시간에 맞추어 인터넷 공간(예: 네이버 카페, 밴드)에 올리고, 출력물은 표지 없이 교사에게 제출하도록 한다. 학교 홈페이지나 교사가 사용하는 인터넷 공간에, 서평 양식과 선배들이 작성한 서평을 참고하도록 미리 올려두면 좋다.

만약 컴퓨터실 사용이 여의치 않을 경우, 양식을 활용하는 방법을 안내문으로 만들어 나눠주고 교실에서 자필로 쓰게 한다. 이렇게 함께 글쓰기를 시작해야 포기하는 학생이 적어진다. 완성한 글을 아이들이 직접 출력해 오도록 하는 것도 좋지만, 마감 시간을 정해두고 메일로 받아서 교사가 일괄 출력하는 것이 편할 때도 있다. 이때 '파일명' 규칙을 안내하면 교사의 수고를 줄일 수 있다.

[수업 예]

① 활동지에 쓴 내용과 개요를 바탕으로 한 편의 서평을 작성해봅시다. 글을 크게 3~5부분으로 나누고, 시작 부분에는 글의 전체 제목을, 나뉜 부분에는 각각의 소제목을 붙입니다.

② 선생님이 제시한 편집 양식에 맞추어 글을 완성합니다.

"논리적인 글쓰기란?"

모둠원이 쓴 서평을 서로 돌려가며 읽는다. 좋은 표현이나 공감되는 표현에는 밑줄을 긋고 느낌표를 한다. 그리고 앞뒤가 맞지 않거나 이상한 구절, 이해가 안 되거나 억지스러워 보이는 부분, 근거가 부족해 보이는 부분에는 밑줄을 긋고 물음표를 한다. 마지막으로 글의 전체적인 흐름과 논리, 맞춤법이나 문맥 등을 확인한 후 총평을 단다.

과학책을 읽고 쓰는 글은 '과학'이 바탕이 되는 '논리적인 글'이다. 과학은 경험적 사실을 근거로 보편성과 객관성이 인정되는 체계적인 지식이다. 과학을 대상으로 한 글쓰기 역시 체계적이고 합리적이어야 한다. 글의 시작부터 마칠 때까지 문단과 문단, 문장과 문장이 이어지는 전체적인 논리적 흐름이 가장 중요하다. 과학 글쓰기는 '논리적인 글' 쓰기와 그 맥을 같이하는데, 특히 다음과 같은 주의사항을 잘 지켰는지 동료평가에 최대한 반영해보도록 안내한다.

첫째, 한 문장에 하나의 개념(생각, 주장)만 담는다.

"고온의 별에서 방출된 빛이 (저온)별의 대기를 통과하면 대기를 구성하는 원소가 특정 파장의 빛을 흡수하기 때문에 여러 개의 검은 선이 나타나는 스펙트럼을 볼 수 있다. 이것을 흡수 스펙트럼이라고 한다."

— 김성진 외, 《통합과학》(미래엔, 2018, 20쪽)

2015개정교육과정 《통합과학》에 실린 '흡수 스펙트럼'에 대한 설명이다. 과학책을 읽다 보면 이 정도 긴 문장을 심심치 않게 발견할 수 있다. 과학 언어의 특성상 '주어'의 상태나 성격을 설명하거나 정의해야 하는 경우가 많다. 그 주어가 어떤 이유로 그러한 결과를 나타내는지 여러 가지 과정을 따라 설명하다 보면 문장이 길어진다. 또한 문장 안에서 논리 전개에 핵심이 되는 요소를 중심으로 위계가 생기는 경우가 있다. 이 상황이 반복되면 글이 어렵게 느껴진다. 최선을 다해 한 문장에 하나의 개념을 담는 연습이 필요한 이유다. 다음과 같이 교과서의 문장을 끊어서 써본다.

⇨ 고온의 별에서 방출된 빛이 (저온)별의 대기를 <u>통과한다</u>. 이때 대기를 구성하는 원소가 특정 파장의 빛을 <u>흡수한다</u>. 그 결과 여러 개의 검은 선이 나타나는 스펙트럼을 볼 수 있다. 이것을 흡수 스펙트럼이라고 한다.

둘째, 상상할 수 있도록 쓴다.

"그림 Ⅱ-23과 같이 외부 자기장을 가하기 전에는 물질을 구성하는 각 원자들의 총 자기장이 0이 되어 원자 자석이 없는 상태지만, 외부 자기장을 가했을 때에는 물질 내 원자 자석들이 외부 자기장의 반대 방향으로 자기화되는 성질을 반자성이라고 한다. 반자성을 띠는 물질을 반자성체라고 하며, 구리, 유리, 플라스틱, 금, 수소, 물 등이 있다." - 곽성일 외, 《물리 I》(천재교육, 2011, 112쪽)

'반자성'에 대한《물리I》교과서의 설명이다. 설명에 따르면 구리, 유리, 플라스틱, 금, 수소, 물 등은 반자성체이다. 그런데 반자성체 주변에 외부 자기장이 형성되면 어떤 현상이 나타나는지 쉽게 상상이 되지 않는다.

⇨ 강력한 자석을 구리, 유리, 플라스틱, 금, 수소, 물 등에 가까이 하면 밀려난다. 물질 내 원자 자석이 외부 자기장의 반대 방향으로 자기화되기 때문이다. 이런 성질을 반자성이라 하며, 반자성을 띠는 물질을 반자성체라 한다.

셋째, 우리말 어법에 맞게 쓴다.

실험 결과로 얻어진 자료에서	실험 결과로 얻은 자료에서
에너지 대책의 수립이 시급해졌다.	에너지 대책 수립이 시급하다.
적절하게 조절되어야 한다. ⇨	적절하게 조절해야 한다.
석유로부터 얻을 수 있다.	석유에서 얻을 수 있다.
피스톤에 힘을 가해	피스톤을 압축시켜

넷째, 개념에 맞는 정확한 표현을 사용한다.

열은 항상 뜨거운 물체에서 온도가 낮은 물체로 이동한다. ⇨	열은 항상 온도가 높은 물체에서 온도가 낮은 물체로 이동한다.
호흡이 일어나지 않는 위급한 상황	호흡을 하지 못하는 위급한 상황

다섯째, 인과관계를 정확히 밝힌다. 이때 어떤 행동이나 과정의 결과를 목적처럼 서술하는 목적론적 표현을 사용해서는 안 된다.[*]

나비는 천적을 위협하기 위해 날개에 눈 모양의 무늬를 가지고 있다. 기린은 높은 나무의 잎을 먹기 위해 목이 길어졌다.	나비는 날개에 있는 눈 모양의 무늬로 적을 위협한다. 기린은 긴 목 덕분에 높은 나무의 잎을 먹을 수 있다.

여섯째, 출처와 인용을 정확히 밝힌다. 자신의 생각, 추리, 예상을 뒷받침하는 근거가 명확해야 한다. 관련된 연구를 책, 논문, 인터넷으로 정확하게 확인하고, 자신의 생각과 밝혀진 과학적 사실을 구분한다. 그리고 확인한 내용의 출처와 인용을 정확히 표시한다.

아이들이 동료평가를 하는 동안, 교사는 모둠을 돌면서 한 학생당 두 가지 정도 피드백을 한다. 서평의 질을 판단하는 평가 기준에 따라 부족한 부분을 이야기해준다. 시간이 부족한 경우에는 두세 명을 함께 피드백한다. 공통으로 해당하는 부분이 있기 때문에 시간을 다소 줄일 수 있다. 공통 부분을 먼저, 개인 부분을 나중에 이야기한다.

---

[*]   김성수 외, 《과학글쓰기》, 사이언스북스, 118쪽.

[수업 예]

① 완성한 글을 친구들끼리 돌려보며 동료평가를 해봅시다. 감탄할 만한 좋은 구절에는 밑줄을 긋고 느낌표를, 앞뒤가 맞지 않고 이상한 구절에는 밑줄 긋고 물음표를 표시해보세요.

② 글쓴이가 자신의 판단이나 평가에 대해 근거를 제시하여 증명하고 있는지 확인하세요. 판단을 하고 있는데 혹시 그 판단에 대해 증명을 하고 있지 않은 부분이 있는지 찾아보고, 그런 부분이 있다면 "증명 필요!"라고 적어줍니다.

③ 과학 글쓰기의 주의사항을 지켰는지 확인합니다.

④ 다음의 평가 기준을 참고해서 총평을 적어줍니다.

주장이나 생각을 뒷받침하는 근거는 설득력 있는가?

근거와 자료의 출처를 밝혔는가?

과학 용어의 개념과 과학 원리는 정확한가?

과학 원리와 현실의 문제를 적절히 연결했는가?

실천 방안이나 대안을 제시한 내용이 적절한가?

글의 구성이 짜임새 있고 흐름이 자연스러운가?

전달하고자 하는 의미가 정확하고 명료하게 표현되었는가?

소제목은 적절하게 붙였는가?

맞춤법, 띄어쓰기, 문장 호응은 자연스러운가?

"성장의 과정을 보는 즐거움"

동료평가와 교사 피드백을 바탕으로 '고쳐쓰기'를 한다. 집에서 하는 과제로 진행해도 무방하다. 고쳐쓰기를 한 후 최종 수정본을 다시 인터넷 공간에 올리고 출력해서 제출하도록 한다. 경우에 따라서는 교사가 메일로 받아 한꺼번에 출력하는 것이 편할 수도 있다.

[수업 예]

친구들과 선생님의 검토 의견을 바탕으로 고쳐쓰기를 합니다.

어떻게
평가할까?

●

과학독서 후 [서평 쓰기]는 크게 세 단계에서 평가할 수 있다. 책 읽는 과정, 설명하기 과정, 그리고 최종적으로 제출된 서평을 대상으로 관찰하고 평가한다. 그리고 그 결과는 수행평가 중 서술형 영역과 논술형 영역으로 반영한다. 수업시간에 기록한 독서일지와 활동지·개요의 내용은 서술형으로, 최종 서평은 논술형으로 평가한다.

책을 읽는 시간에 책 읽기를 포기하고 잠을 자거나 다른 친구를 방해하거나 수업과 관계없는 일을 하는 것을 기록해두었다가 점수로 반영할 수도 있고, 학생생활기록부의 교과 세부능력에 정의적 영역으로 반영할 수도 있다. 2~10차시에 이루어지는 독서일지 작성은 책 읽는 과정과 설명하기 활동을 함께 살펴보는 과정평가다. 매시간 책을 성실하게 읽었는지, 그리고 그 내용을 독서일지에 충실하게 기록했는지를 살핀다. 독서일지는 설명하기 활동을 위한 준비 작업이자 서평의 재료가 되기 때문에, 매시간 제대로 기록하고 있는지 확인하는 것이 좋다. 단, 독서일지를 쓰느라 책 읽는 속도가 현저하게 느려지지 않도록 기록의 밀도를 살짝 느슨하게 해주어야 한다. 글의 흐름을 파악하는 정도면 충분하다.

11~13차시에 질문이 담긴 활동지를 작성하고 개요를 짜는 과정은 매 시간 기록한 독서일지의 내용 중 쓸거리를 선별하는 과정이다. 이때 아이들의 활동 수행 정도를 구분하는 것도 가능하나 그럴 경우 평가에 대한 부담이 지나치게 커져서, 오히려 뒤에 따라오는 서평 초고에 대한 피드백이 어려워질 수 있다. 활동지의 답변 내용보다는 개요의 내용에 주목해서 글의 흐름과 논리를 살피고, 근거가 타당한지를 확인한다.

마지막으로 최종 서평에 대한 평가는 A/B/C/D/E의 5단계로 총체적 평가를 한다. 그리고 고쳐쓰기가 끝난 뒤의 최종 결과물로만 평가한다. 처음 쓴 서평 초고가 수준이 낮더라도 고쳐쓰기 과정에서 노력하면 더 나은 점수를 얻도록 해야 아이들이 더 열심히 한다.

특히 '과학독서' 서평의 경우, 과학 원리와 현실의 문제를 적절히 연결하고 있는지, 실천 방안이나 제시한 대안이 적절한지, 과학 용어의 개념과 과학 원리를 오류 없이 제시하고 있는지, 주장이나 생각을 뒷받침하는 근거는 설득력 있는지, 근거와 자료의 출처를 밝혔는지 등을 중요하게 살펴야 한다.

평가 기준을 학생들에게 나눠주어 스스로 점검하고 동료평가에 활용하도록 한다.

평가 장면	평가 기준	확인
책 읽기 (모둠 활동)	책 읽는 시간에 성실하게 책을 읽었는가?	
	책을 읽고 이야기하는 활동에 적극적으로 참여했는가?	
	독서일지를 성실하게 기록했는가?	
활동지·개요 (내용 생성)	내용 생성을 충분히 했는가?	
최종 서평	주장이나 생각을 뒷받침하는 근거는 설득력 있는가?	
	근거와 자료의 출처를 밝혔는가?	
	과학 용어의 개념과 과학 원리는 정확한가?	
	과학 원리와 현실의 문제를 적절히 연결했는가?	
	실천 방안이나 대안을 제시한 내용이 적절한가?	
	글의 구성이 짜임새 있고 흐름이 자연스러운가?	
	전달하고자 하는 의미가 정확하고 명료하게 표현되었는가?	
	소제목은 적절하게 붙였는가?	
	맞춤법, 띄어쓰기, 문장 호응은 자연스러운가?	

묻고
답하기

●

Q 과학책은 읽기 어려운 경우가 많은데, 수업에 사용할 모든 책을 교사가 다 읽어야 할까?

수업에 사용하는 책은 교사가 먼저 읽어보는 것이 가장 좋다. 하지만 책을 다 읽는 것이 물리적으로 불가능하다면 책을 소개하는 자료나 서평을 참고하여 책의 흐름과 핵심을 파악하는 방법도 있다.

Q 과학책을 읽을 때, 학생이 과학 원리나 내용을 질문하면 어떻게 하나?

전체 아이들에게 공통 질문으로 제시해 아이들 스스로가 답해줄 수 있도록 하면 좋다. 아이들에게 직접 스마트폰으로 검색해보게 해도 좋다.

Q 과학책을 전혀 읽지 못하는 학생의 경우는 어떻게 하나?

과학책과 친해질 수 있도록 쉬운 책을 준비하면 좋다. 과학을 소재로 한 단편소설이나 그림책, 사진책도 좋다. 다만 고등학생의 경우는 초등학생을 대상으로 한 학습만화는 심리적으로 저항감을 주어 효과가 적을 수 있다.

Q 학생들에게 서평을 받을 때는 출력물로 받는 것이 좋은가?

학생들에게 결과물을 받을 때는 출력물을 받는 것이 좋지만, 파일로 받아 교사가 일괄 출력하는 것이 편할 때도 있다. 이때 미리 '편집 양식'과 '파일명'을 '제출일'과 함께 알려주면 교사의 수고가 준다.

수업을
마치며

●

전기와 스마트폰을 사용하지 않고는 하루를 살아내기가 어려운 시대이지만, 발전(發電)의 원리와 스마트폰의 구동 원리를 몰라도 사용하는 데는 불편함이 없다. 그러나 전기를 생산하는 과정, 전기가 발전소에서 우리 집까지 오는 과정은 모두 사람을 거치는 일이다. 우리의 편리한 생활 이면엔 누군가의 수고와 희생이 숨어 있다.

전기를 발전하는 방식은 여러 사람들의 생활과 근거지에도 영향을 미친다. 수력발전소, 화력발전소, 핵발전소, 태양광발전소 등 어떤 발전소를 어디에 짓느냐에 따라 발전소 일대의 환경이 바뀐다. 그 마을의 이미지는 물론 상권과 주민의 생활 기반이 달라진다. 이 과정에서 누군가의 희생이 있었고, 손해가 있었다. 또 어떤 이는 이득을 봤다. 우리가 발전의 원리와 기술을 알아야 할 또 다른 측면의 이유다. 많은 사람들의 삶을 바꾸는 '중요한 결정에 참여'하기 위함이다.

요즘 주목받고 있는 인공지능도 마찬가지다. 모두가 인공지능을 개발하는 연구자가 될 필요는 없지만, 인공지능이 우리 사회에 미칠 영향에 대해 함께 예측하고, 발생할 수 있는 문제를 차단하며, 긍정적인 사용 방법을 고민하여 그 개발 방향을 결정해야 한다. 넓은 의미에서는 함께 고민하며 이 과정에 참여하는 모든 이를 개발자라 할 수 있다.

과학책을 읽고 글을 쓰는 것은 세상일을 과학적으로 바라보고 각 단계를 합리적으로 생각하게 한다. 그동안의 과학기술이 세상일에 어떤 영향을 주었으며 우리의 삶을 어떻게 변화시켰는지 알아가는 과정을 통해, 우리 아이들이 앞으로 적용될 과학기술에 대해 함께 고민하며 결정에 참여하는 시민으로 성장하길 바란다. 과학을 한다는 것은 자연을 알아가는 과정일 뿐만 아니라 사람을 깊이 이해하는 과정이기 때문이다.

사람과 환경

《북극곰은 걷고 싶다》(남종영)를 읽고

나는 사람과 환경의 관계와 서로에게 영향을 끼치는 범위가 매우 크다고 생각한다. 사람들은 자연의 품에서 의식주를 얻었고, 자연은 사람으로 인해 죽어가는 동물들이 다시 살 수 있게 되거나, 종족 보존에 성공하거나, 한 발짝 보다 진화의 길로 나아가는, 불가능했던 가능성을 얻었다. 반대로 사람은 자연재해로 인해 피해를 입었지만, 사람으로 인해 죽어가거나 멸종해버린 생물들도 많았다. 이처럼 자연과 사람들은 서로 상호작용 하였고 그것은 지금까지도 이어져온다. 하지만 사람들의 과도한 토지 및 해양개발과 야생동물들의 털, 가죽, 고기 등을 얻기 위한 이기적인 욕심으로 현재 우리 지구의 자연은 대지 및 대기 오염, 지구온난화와 같은 크나큰 피해를 입고 있다.

그중 가장 대표적으로 드러나는 것이 지구온난화로 인해 변해가는 북극권의 환경이다. 북극곰은 지구온난화로 인해 녹아가는 빙하로 살아갈 터전을 잃어가며, 깊고 깊은 바다를 헤엄쳐 발 디딜 곳을 찾다 익사하는 경우가 대다수다. 카리부(냉대 기후 지역에 사는 사람들은 순록을 '카리부'라고 부른다), 바다표범과 하프물범, 고래 등의 멸종위기 동물들(지구온난화와 사람들의 학살이 시작되기 전까지는 그들은 멸종위기종이 아니었을 것이다)의 털가죽을 얻기 위한 사람들의 무자비한 학살이 이어져가고, 땅을 파자 솟아오르기 시작하는 검은 물, 석유를 손에 넣기 위한 무자비한 개발이 시작되자 북극권의 생물들은 살아갈 터전을 잃어가고 있다. 이대로라면 북극권의 동물들이 멸종하기까진 40년 정도밖에 걸리지 않을 것이라고 과학자들은 발표했다.

사람들이 자연에게 심각한 피해를 입히자 사람들에게도 또한 피해는 그대로 돌아오고 있었다. 그 예로, 위도상으론 온대 기후에 속하지만 기후 환경은 북극과 유사한 처칠이란 나라에선 자신들의 나라로 찾아오던 북극곰을 이용해 시행하던 관광 사업이, 빙하가 얼지 않고 북극곰들을 찾기 힘들어지자 처칠의 사람들은 관광 사업을 포기하고 북극해가 녹아 단축된 항로 경로를 무역항으로 개척해나갈지에 대한 고민에 빠졌다. 또한 투발루라는 섬은 지구온난화로 인해 점차 상승해가는 해수면 상승으로 자신들의 섬이 완전히 가라앉아 버릴 위기에 처해 있다. 이미 많은 주민들이 네덜란드로 이민을 떠났고, 그나마 그곳에 남아 있는 사람들은 기독교 신자들로서, 노아의 방주 이후 무지개를 보여주며 다시는 너희를 물로 멸망시키지 않겠다는 하나님의 말씀을 믿고 남아 있는 사람들이었다. 지구온난화에 대한 영향은 투발루나 처칠뿐만이 아니다. 자연의 도움을 받아 돈을 벌거나 생존할 수 있었던 나라의 사람들에게 피해가 고스란히 돌아오고 있던 것이다.

점차 이것을 눈치 채며 지구온난화의 심각성을 깨닫기 시작한 사람들은 이에 대한 피해를 줄이기 위해 조금씩 노력하고 있다. 그 예로 툰드라 기후의 지역에 살아가는 그위친 인디언들은 석유를 발견하게 되며 송유관 개발을 제안하는 사람들을 밀어냈고, 그들은 자연환경에 맞추어 자신들의 나라를 떠나고 돌아오는 카리부들을 도망가게 만들고 싶지 않다고 하였다. 하지만 반대로 에스키모 인디언들은 동물들의 멸종위기를 인지하지 않고 유럽인들로부터 들여온 총을 이용해 자신들의 전통문화를 지키겠다는 명목으로 더욱 무자비한 사냥을 계속해오고 있다. 이는 여러 환경단체와 동물단체의 비난을 사고 있으며, 더 많은 사람들에게 지구온난화와 북극권 동물들의 멸종위기의 현실을 알려주는 계기가 된다. 이처럼 자신들의 과오에 반성하지 않고 이기적인 개발과 사냥을 계속하게 된다면 북극권의 동물들뿐만 아니라 나중에는 북극이라는 곳이 사라져버릴 수 있다는 이야기는 충분히 실현 가능하다고 생각한다.

다음과 같은 이야기를 하며 사람은 자연뿐만 아니라 또 다른 사람에게도 영향을 끼칠 수 있다고 생각했다. 현재 상황에 만족하지 못하고 더 많은 지역을 향해서 발을 딛고 개발을 촉구하는 선진국들의 욕심은, 그곳에 사는 사람들과 동물들의 삶의 터전을 빼앗아갔다. 전에 말한 그위친과 에스키모와 같은 인디언들도 선진국 유럽의 영향을 받고 자신들의 고유문화를 거의 잃어가고 있는 추세라 더욱 자신들만의 전통과 문화에 절실해지는지도 모르겠다. 그것을 이해 못하는 것은 아니지만 에스키모들처럼 무자비한 물범 학살과 같은 일이 일어나선 안 된다는 걸 강조하고 싶다. 더욱이 선진국들이 더욱 강조하는 개발이란 것은 더 이상은 필요하지 않을 수도 있다는 생각을 하게된다. 사람들은 늘 자연에 사람의 손이 닿으면 황폐해진다고 했다. 지금 같은 푸른 식물들과 산속을 뛰노는 동물들을 지키기 위해선 우리 사람들은 더욱 환경을 생각하고 그들을 위해 무엇을 할 수 있는지를 끝없이 생각해야 한다고 느낀다. **윤나경(2학년)**

책 대화하기

송승훈

"좋은 책을 읽고 왜 그런 생각을 하니?"

학교에서 아이들과 책을 읽고 이야기 나누다 보면, 훌륭한 책을 읽고 훌륭한 생각을 하는 학생은 훌륭한 학생밖에 없다는 생각이 들 때가 있다. 일제 강점기에 독립운동을 하다가 고초를 겪는 사람들의 이야기를 다룬 책을 읽고 아이들 중 일부가 "적당히 살아야지. 괜히 나서다가 피해를 입었어. 가족에게 민폐야"라고 말하는 것을 듣곤 한다.

현재 한국 사회는 양극화가 심각한 사회문제인데, 그런 현실이 반영되어 어렵게 사는 사람들의 사연을 담은 책들이 여러 권 출판이 되었다.《벼랑에 선 사람들》(제정임 외),《아파서 우는 게 아닙니다》(박영희),《4천 원 인생》(안수찬 외),《인간의 조건》(한승태)과 같은 책들이다. 이런 책을 아이들이 읽으면 반응이 다 같지 않다. 아이들은 크게 세 부류로 나뉜다.

첫 번째는 어려운 사람들이 사는 이야기를 읽으며 미안해하고 윤리적 책임을 느끼는 아이들이다. 이 경우에는 독서가 긍정적이다.

두 번째는 가난한 사람들의 삶을 보고 공포를 느껴서 공부를 열심히 해야겠다는 반응을 보이는 아이들이다. 이것은 '나나 살자'는 태도인데, 사람이 보이는 반응으로서는 좀 아쉬운 것이다. '나나 살자'는 생각은 누구나 당연히 할 수 있지만, 교육은 '나나 살자'에서 '너도 같이 살자'까지 생각이 오게 하는 일이다.

세 번째는 형편이 어려운 아이들인 경우에 나타나는데, 어려운 사람들의 이야기를 보고 자기가 그렇게 될 것 같다며 풀이 죽는 아이들이다. 이들은 현실의 문제를 해결하고자 하는 의욕을 내지 못하고 현실에 압도당하고 마는 것이다. 이 아이들에게는 가난한 사람들의 삶이 담긴 책이 삶의 의욕을 더 떨어뜨리는 결과만 가져왔는지도 모른다.

같은 책이어도 동시에 모든 아이들에게 똑같이 교육적이지는 않을 수 있다. 책은 어떻게 읽느냐에 따라 사람에게 다르게 영향을 미친다. 그래서 어떤 방식으로 책을 읽는가를 따져서 살펴야 한다. 이 고민을 수업에서 풀어보려고 한 것이 [책 대화하기]이다.

수업을 시작하기
전에

●

책을 읽고 다른 사람과 이야기하면, 더 깊게 이해하게 된다. [책 대화하기]는 모둠별로 친구들과 대화를 나누고 기록한 다음, 그 내용을 보며 대화 과정을 점검하는 활동이다. 이 수업은 대화를 기록하기에, 책을 읽은 뒤 이루어지는 논의가 가볍거나 피상적으로 흐르는 것을 막고, 모두가 대화에 책임감 있게 참여하도록 유도한다.

책을 읽고 소통하면, 단순히 생각과 감상을 나누기만 하는 게 아니라 그 과정에서 새롭게 의미가 만들어지기도 한다. 아이들은 네 사람씩 모둠을 이루어 같은 책을 읽고 대화한 내용을 기록해서 논의가 형성되는 과정을 살핀다. 대개 아이들은 찬반 토론에 익숙한데, [책 대화하기]는 찬반 토론에 한정되지 않는다. 책 내용을 이해해가는 대화, 책에 담긴 가치 판단과 문제의식에 공감하는 대화, 책 내용과 세상일을 연관 지으며 비판적으로 생각하는 대화, 책과 관련된 자기 경험을 떠올리며 자신과 세상을 점검하고 성찰하는 대화가 이루어진다. 여기서는 소설로 수업한 사례를 소개한다.

어떤 책을 고를까?

[책 대화하기]에서는 고전뿐만 아니라 우리 시대의 삶을 다룬 책이 충분히 소개되어야 한다. 특히 최근에 나온 책일수록 인터넷에 떠도는 해설이 많지 않으므로 아이들이 자기 힘으로 책의 의미를 찾아야 해서 좋다. 이미 공인된 해석이 인터넷에서 쉽게 검색되면 아이들은 스스로 생각하지 않고 권위 있는 해석을 외워서 말할 수 있는 위험이 있다.

　[책 대화하기]의 대상을 소설로 할 때, 책의 종류가 장편소설이든 단편소설집이든 상관없다. 장편소설이면 통으로 읽고 하면 되고, 단편집이면 책 한 권을 다 읽은 다음에 한 편을 뽑아서 이야기를 나누면 된다. 그리고 단편집일 때는 한 작가의 작품집으로 해야 아이들이 이해하기에 좋다. '책 대화하기'를 위해 고른 한 편 이외의 작품을 더 읽으면 작가의 세계관과 경향을 이해하기 쉽다. 만약 여러 작가의 작품이 실린 선집이라면 주제 중심으로 묶은 책이어야 한다. 특정한 시기에 나왔다는 이유로 여러 작가의 작품을 한데 모은 책은 이해가 조금 어렵다.

　교사가 여러 권의 책을 제시하고 아이들이 그중에서 고를 때 성공률이 높다. 작품성이 있으면서도 아이들이 읽기에 어려움이 없고 아이들의 관심사를 담고 있는, 그 연령대에서 이야기가 활발하게 나올 만한 작품 목록을 제시해야 한다. 아이들에게 책 선택을 아예 맡겨버리면 독서 경험이 적은 아이들의 경우, 읽기는 쉽지만 문학성이 부족한 작품이거나 문학성은 높지만 소화하기 힘든 작품을 고르기 쉽다. 그렇게 되면 이후 활동이 내실 있게 되지 않는다.

교사가 제시하는 책이 몇 종인가에 따라서도 수업 분위기가 달라진다. 교사가 10~15종 정도로 책을 제시하면 아이들이 선택하기에 충분하다. 반면 책이 5종 이하면 교사의 부담은 적지만 아이들은 선택의 폭이 줄어들어 호응이 낮아질 수 있다.

학급 전체 아이들에게 같은 책을 읽도록 하지 않는 이유는, 사람마다 잘 읽고 대화가 되는 책이 다르기 때문이다. 취향, 관심, 기질, 욕망, 상처 입은 기억, 살아온 경험, 현재 겪는 어려움에 따라 사람마다 끌리는 책이 다르다. 제한을 두지 않고 자유롭게 이야기를 나누는 '책 대화하기'에서는 아이들이 마음에 드는 책을 고르는 방법이 괜찮다.

그러나 읽기 과정을 교사가 꼼꼼하게 챙겨주고 싶다면, 학급 전체가 같은 책으로 '책 대화하기'를 할 수 있다. 다만 이때 책 선택이 잘못되면 상당수 아이들이 수업을 지루해하니까 책을 잘 정해야 한다. 반 아이들끼리 동질성이 매우 강한 학교라면 같은 책으로 해도 성공을 한다. 또는 교사가 특정한 책을 깊이 있게 소화하고 있어서 아이들과 재미있게 수업할 수 있으면 같은 책으로 해도 된다. 같은 책으로 할 때는 교사가 굉장히 잘해야 성공한다.

평가 측면에서 같은 책을 읽어야 공평하지 않은가 묻는 경우가 있는데, 그렇지 않다. 사람마다 잘 읽을 수 있는 책이 다르기에, 학급 전체가 같은 책을 읽는 방식이 실제로는 오히려 더 불공평할 수 있다. 어떤 책은 독자의 성별에 따라 이해 수준이 다르고, 어떤 책은 학생의 과거 경험에 따라 이해하는 깊이가 달라진다. 어떤 책은, 이유는 알 수 없지만 특정한 학생이 잘 못 읽기도 한다. 아이들마다 자기가 잘 읽을 수 있는 책을 선택해야 각자가 더 높은 성취를 이룬다. 쉬운 책과 어려운 책을 선택한 학생은 그 정도만큼 차이를 적절히 고려해서 평가하면 된다.

책 준비는 학교도서관에서 빌리거나 개인적으로 사도록 한다. 학교도서관에 같은 책이 4권 이상씩 준비되어 있으면 그 책을 쓸 수 있다. 학교도서관에 책이 충분하면 아이들이 도서관에서 책을 직접 보면서 골라도 된다. 그리고 한 학년을 가르치는 교사가 두 명 이상일 때는 교사마다 추천도서 목록이 달라도 괜찮다. 교사에 따라 잘 가르칠 수 있는 책들이 다르기 때문이다.

아이들에게 제시하는 책을 교사가 다 읽지 않아도 된다. 도서관 수업에는 원래 교사의 지식 범위를 넘어서서 공부한다는 관점이 담겨 있다. 교사가 못 읽은 책에 대해 학생이 물어보면 어떻게 하나 걱정할 수 있는데, 그때는 학생에게 책의 줄거리를 이야기해달라고 해서 듣고 교사의 생각을 이야기해주면 된다. 남의 인생 이야기를 듣고 조언을 해주듯이 하는 것이다. 교사가 책을 읽고 이야기할 때보다는 설명이 충실하지 못하지만, 아이들의 선택권을 높이기 위해서는 교사가 읽지 못한 책을 권할 수 있다. 이때 교사는 책 내용을 일일이 알려주기보다는 책 읽는 방법을 알려주고, 아이들이 서로 소통하면서 의미를 생성해가는 과정을 돕는 안내자 역할을 한다.

왜 대화를 글로 기록할까?

그냥 책에 대해 이야기를 하라고 하면, 대화가 흐름을 타고 길게 이어지지 못하고 짧게 끝나기 쉽다. 그러니 먼저 아이들에게 책에서 이야깃거리를 찾아내서 대화하는 방법을 알려주어야 한다. 미리 수업시간에 교과서 안이나 밖의 글을 읽고 실제 대화를 연습해본다. 어떻게 말을 꺼내고 이야기를 이어가는지, 다른 아이들의 대화 기록을 보여주면 효과가 높다.

대화 내용은 글로 남기는데, 나중에 이 기록을 보면서 대화 내용을 곱씹으며 더 깊이 있고 응집성 있게 생각을 다듬기 위해서다. 대화만 하고 기록을 남기지 않으면 그 과정을 살피기가 어렵다. 참고로, 독서의 의미 생성 과정을 점검하거나 평가하는 데는 영상이나 녹음보다 글이 효율이 높다. 1시간 대화를 영상으로 녹화하면 그것을 보는 데는 1시간이 걸리지만, 글로 기록하면 10분이면 충분하다. 자신들이 주고받은 대화를 기록한 글을 보면서 아이들은 자기들의 의사소통 방식을 제대로 점검할 수 있다.

읽기 [讀]	도서 선정	4인 모둠별로 대화하기에 좋은 책 선택
	책 대화 방법 알기	책 대화의 사례 글을 보며 방법 알기
	책 읽기	책을 읽으며 이야깃거리 적기
생각 나누기 [討]	대화하기	모둠에서 이야기 나누며 기록하기
표현하기 [論]	점검하기	교사와 함께 대화 기록을 점검하기

단계	개요	차시	활동 내용	비고
1	모둠 구성과 책 선정	1	• 모둠별 책 선정	책 목록
2	책 대화 방법 알기	2-4	• 단편소설 읽고 대화 연습 • 책 대화를 기록한 글을 보며 기록 방법 알기	
3	책 읽기	5-10	• 책 읽으며 함께 이야기 나눌 거리 적기	
4	책 대화하기	11-14	• 모둠에서 이야기 나누며 대화를 기록하기 • 개인마다 역할 정해서 하기	
5	점검하기	15-17	• 대화 기록을 보며 완성도 높이기 • 교사에게 도움말 듣고 대화 기록 보완하기	

어떻게
수업할까?

●

[1단계] 모둠 구성과 책 선정 (1차시) **"한 사람 한 사람의 역할이 분명하게"**

공동 활동을 할 때는 한 사람 한 사람의 역할이 분명해야 한다. 사람마다 역할이 주어지지 않으면, 나서는 사람이 일을 도맡아 하게 되면서 불만이 생긴다. 구성원 각자가 자기 역할을 하면서 전체에 도움이 되도록 역할 설계가 필요하다. 그리고 아이들은 공동 활동에서 자신이 한 역할의 수행 수준에 따라 개별적으로 평가를 받는다.

모둠을 구성하는 방법에는 자율 구성, 무작위 구성, 교사의 지정 구성이 있다. 세 가지 모둠 구성 방법은 각각 장단점이 있기에 상황에 따라 알맞은 방법을 선택해야 한다.

자율 구성은 마음에 드는 친구들과 만나기 때문에 이야기가 잘되어서 좋다. 그래서 깊이 있는 대화가 오고갈 가능성이 높다. 하지만 모둠 구성 과정에서 소외되는 사람이나 모둠이 생길 수 있는 것이 단점이다.

무작위 구성은 번호순이나 앉은 자리나 제비뽑기로 하는 방식인데, 소외되는 사람이나 모둠 없이 모두가 같은 조건인 게 장점이다. 다만 소통이 편하지 않은 사람과 만나면 대화가 깊어지는 데 어려움이 있을 수 있다.

교사의 지정 구성은 아이들의 실력을 고려해서 교사가 모둠을 구성해 주는 방식인데, 모둠별로 수준 차이가 없는 점이 장점이다. 그런데 모둠 안에서 아이들 사이에 관계가 나빠졌을 때 교사 탓을 하며 아이들이 문제 해결에 소극적일 수 있는 것이 단점이다.

모둠은 4명으로 구성하고 모둠 내에서 각자 맡을 역할을 정한다. 이때 각자의 역할이 분명해야 전체 협력이 잘 이루어진다. 모둠 안에서 역할을 나누는 방법은 학교 상황에 따라 달라진다. 평준화 지역의 일반고처럼 아이들 사이에 수준 차이가 큰 상황과, 비평준화 지역이거나 특수목적고나 전문계고에서처럼 수준이 비슷한 아이들이 모여 있는 상황에서 잘되는 방법이 각기 다르다.

아이들의 수준이 다양한 환경에서는 역할을 '기록', '워드(입력)', '사진', '편집'으로 나눈다. 모둠 구성원이 각자의 적성을 고려해서 역할을 맡고, 자기 활동에 대해 개별 보고서를 낸다. 평가는 개인 점수와 모둠 점수를 각각 매긴다.

'기록'은 대화 내용을 그때그때 손으로 적고, '워드'는 그 기록 내용을 컴퓨터로 입력해서 전자 문서로 만든다. '사진'은 진행 과정을 사진으로 담고, '편집'은 워드가 작업한 문서의 완결성을 높여서 가치 있고 읽을 만한 글로 만든다. 여기서 '사진' 역할은 평소에 활동에 잘 참여하지 않는 학생을 위한 자리다. 즐겁게 사진을 찍어서 내기만 하면 되기에, 체제 내의 탈출구라고 할 만하다. '기록'은 성실함만 있으면 되고, '워드'는 컴퓨터를 좋아하는 학생이면 제 몫을 해낸다. '편집'은 역량이 뛰어난 학생이 맡는 역할이다. 아이들 수준의 편차가 큰 경우에는 이렇게 역할을 나누어두면, 역량 있는 한 친구만 있어도 모둠이 돌아간다.

비슷한 실력을 지닌 아이들이 모인 환경에서는 '기록1', '기록2', '기록3', '편집'으로 역할을 나누면 아이들 부담이 줄어들어서 좋다. 전체 대화 과정을 삼등분해서 각자 자기 분량만큼을 정리해서 내는 것이다. 세 친구가 정리한 보고서를 모아서 편집을 맡은 학생이 완결성 있는 최종 보고서를 쓴다.

절충형으로 '기록', '워드1', '워드2', '편집'으로 할 수도 있다. 실제 학교 교실은 상황이 다양하기에, 분위기를 봐서 교사가 방법을 유연하게 바꾸어야 한다. 모둠 구성원의 수를 4명으로 하면 역할이 분명해져 겉도는 아이들이 최소화된다. 두 사람이 자기 자리에서 책상만 돌려 앉으면 마주 보게 되어서 자리 배치도 쉽다. 학급의 학생 수에 따라 4명씩 딱 떨어지지 않을 때는 3명이나 5명으로 한다. 3명일 때는 '사진'을 생략하고, 5명일 때는 '기록'을 한 사람 더 늘린다. 의욕 있는 아이들이 많은 교실에서는 3명이 좋고, 의욕이 낮은 아이들이 많은 교실에서는 5명이 좋다.

실제 [책 대화하기] 수업을 해보면, 편집을 맡은 학생의 부담이 커서 교사가 주의해야 한다. 아이들이 역할을 나눌 때 보통은 가장 실력이 있는 친구에게 편집을 맡긴다. 편집이 최종 보고서를 쓰는 일이다 보니, 마지막에 완성도를 높이다가 혼자 일을 너무 많이 하는 수가 있다. 이 문제를 예방하는 데는 세 가지 방법이 있다.

첫째, 워드 역할이 완성도 있게 일을 해오게 한다. 대화 내용을 단순하게 컴퓨터에 입력하고 마는 게 아니라, 문서를 편집 양식에 맞추고 제목과 소제목을 달고 비문을 바르게 고치고 군더더기는 지우고 입말투 문장이 지루하게 읽히지 않도록 적절하게 압축하는 데까지 하게 한다. 그러면 편집을 맡은 학생의 부담이 많이 줄어든다.

둘째, 다른 모둠원들이 편집 담당에게 작업 파일을 일찍 넘겨주도록 챙긴다. 아이들이 최종 보고서 마감 날을 하루 이틀 남겨두고 워드 파일을 전달하는 경우가 있다. 그러면 편집 담당자가 최종 보고서를 작업할 시간이 없어서 밤을 새는 일이 생긴다.

셋째, 학생 4명의 역할을 '기록1', '기록2', '기록3', '편집'으로 하고, 기록을 맡은 학생 셋이 대화 내용을 각기 3분의 1씩 기록하고 워드 입력까지 해오게 한다. 이때 기록을 맡은 학생들의 개인 보고서는 최종 보고서 마감 날보다 최소한 나흘 전에 미리 교사에게 내도록 한다. 그래야 편집을 맡은 학생이 작업을 할 시간을 얻는다.

모둠이 정해졌다면 그 다음에는 책을 선정한다. '책 대화하기'에 좋은 책은 아이들이 이야기 나눌 거리가 풍부한 책이다. 자신의 경험과 연관지어서 할 이야기가 있으면 더욱 좋다. 사람마다 음식 취향이 다르듯 책에 대한 취향도 다를 수 있기에, 자신이 속한 모둠의 친구들이 함께 풍부하게 이야기 나눌 만한 책을 골라야 한다.

먼저 교사가 여러 종류의 책을 제시하고, 그중에서 아이들이 모둠별로 서로 의견을 나눠서 마음에 드는 책을 1순위부터 3순위까지 고른다. 아이들은 책 정보가 부족하기 때문에 스마트폰으로 책 정보를 검색하면서 마음에 드는 책을 고르게 하면 좋다.

그리고 다른 모둠과 책이 겹치지 않도록 조정한다(같은 작가의 책이 두 종 이상 있는 것은 괜찮다). 모둠끼리 서로 책이 겹치지 않게 하면 그만큼 다양한 작품이 아이들에게 읽히면서 교실의 지적인 분위기가 고양되는 장점이 있다. 그 대신 일부 아이들이 원하는 책을 고르지 못할 수 있다. 반면 모둠끼리 책이 겹쳐도 되게 하면 재밌어 보이는 작품에 선택이 몰리기도 하는데, 아이들이 원하는 책으로 한다는 점이 장점이고 무게 있는 작품이 아이들에게 덜 읽힌다는 점이 단점이다. 어느 쪽으로 해도 장단점이 있는데, 여기서는 서로 작품이 겹치지 않도록 하는 방법으로 설명한다.

두 모둠이 같은 책을 골랐을 경우, 모둠 대표끼리 가위바위보를 해서 이긴 쪽이 양보하도록 한다. 가위바위보에서 진 학생이 선택권을 갖게 하면, 대표로 나와 가위바위보를 한 학생에게 모둠 내부에서 비난이 가해지지 않기 때문이다.

모둠에서 책이 정해졌으면 책을 준비해 오게 한다. 학교에 있는 책으로 할지, 아이들이 개인적으로 준비해 와야 할지는 교사가 판단할 일이다. 아이들에게 책을 개인적으로 사 오도록 하는 것도 교육이다. 학창 시절에 책을 자기 손으로 사본 경험은 나중에 어른이 되었을 때 평생 독자가 될 가능성을 높인다.

[수업 예]

① 4명으로 모둠 구성을 해봅시다.

> ㉠ 자기가 속한 모둠 친구들의 이름, 이메일, 전화번호를 적어두자.
>
> ㉡ 모둠에서 한 사람씩 역할을 맡자.
>
> • 기록 : 대화하면서 그 내용을 손으로 기록
>
> • 워드 : 기록을 맡은 학생이 작업한 문서를 받아 컴퓨터로 입력, 대화를 녹음해서 활용할 수 있음
>
> • 사진 : 진행 과정을 사진으로 담고 설명
>
> • 편집 : 워드를 맡은 학생이 작업한 파일을 받아 완결된 글로 만듦

② 모둠에서 함께 읽을 책을 골라봅시다.

> ㉠ 마음에 드는 책을 세 권 정도 적어보자.
>
> ㉡ 우리 모둠에서 하기로 결정된 책을 적어보자.

이제 책을 읽고 대화하는 방법을 연습해본다. 대화도 연습이 필요하다. 아이들은 책을 읽어도 어떻게 이야기를 나눌지 그 방법을 잘 모르는 경우가 많다. 그래서 교사는 대화를 알아서 하라고 하지 말고, 그 방법을 아이들에게 알려주어야 한다.

먼저 교사는 한 시간 안에 읽을 수 있는 글 한 편과 함께 생각거리를 준다. 그러면 아이들은 글을 읽고 혼자 스스로 생각거리에 답을 쓴 뒤, 이에 대해 모둠에서 친구들과 이야기를 나눈다. 책을 읽고 대화를 나눌 때 어떤 순서로 말을 꺼내면 무난하게 진행되는지, 대화하는 방식은 교사가 안내한다. 모둠별 대화가 어느 정도 진행된 뒤에 교사가 대화 방법을 정리해준다.

소설을 읽고 어떻게 이야기를 나눌지 모를 때 대화가 겉돌게 된다. 아예 처음부터 무슨 말을 해야 할지 몰라서 힘들어 하는 아이들도 있다. 맨 처음에는 마음에 드는 한 문장을 한 사람씩 돌아가며 소리 내어 읽고, 왜 그 문장이 마음에 드는지를 설명하면 무난하게 대화가 시작된다. 그리고 소설 속 인물이 놓인 상황이 어떠한지, 그 상황에서 인물이 어떤 행동을 하는지를 살피면서 인물의 세계관을 밝혀간다. 작품 속에 나오는 내용과 비슷한 일을 영화나 드라마나 뉴스나 인터넷에서 본 적이 있으면 소설 속 상황을 현실과 관련해서 이해하는 데 도움이 된다. 소설 속에서 인물들은 각자의 세계관에 따라 선택을 하고, 그 선택에 따라 다음 사건이 전개된다. 만약 인물이 다른 선택을 했다면 그 다음은 어떻게 사건이 진행되었을지 상상해볼 수도 있다.

　인물의 선택을 평가하면서 나라면 어떻게 했을지 이야기하는 과정을 통해 아이들은 자기 자신의 가치관이 무엇인지 알게 된다. 자신이 내린 판단에 대해 친구들이 하는 평가를 들으면, 자신을 객관화해서 돌아보게 된다. 소설 속 인물과 비슷한 사람을 알거나, 소설 속 인물이 겪는 상황과 비슷한 경험을 해보았다면 그 이야기를 해도 좋다. 그러면 책 내용이 현실의 삶과 연결되면서 자신의 체험을 이야기하는 것처럼 대화가 생생해진다. 작가가 소설을 통해 세상 사람들에게 전하려는 내용이 무엇인지를 이야기하거나, 사람에 따라 이 작품이 어떻게 받아들여지고 세상에 어떤 영향을 미칠지, 누구에게 필요한 작품인지에 대해 이야기해도 좋다. 한 사람당 두 가지씩 궁금한 점을 쓰면 4인 모둠에서 모두 여덟 가지 궁금한 점이 나온다. 이를 이야깃거리로 삼아 이야기를 펼칠 수도 있다.

　그런 다음에 '책 대화하기'의 기록 사례를 보여주면 아이들이 금세 이 활동을 이해한다. 또래 친구들이 책을 읽고 이야기를 나눈 기록을 자료로 제시하고, 그 대화가 어떻게 이루어졌는지 살피게 하면 된다. 이 단계를 진행하는 동안 아이들은 모둠에서 정한 책을 준비해 온다.

[수업 예]

단편소설 한 편을 수업시간에 함께 읽고 아래 활동을 해봅시다.

① [개인 활동] 이 소설을 읽으며 다음 물음에 대답해봅시다.

ⓐ 소설 속 인물은 어떤 상황에 놓여 있는가?

　ⓑ 소설 속 인물은 그 상황에서 어떤 방식으로 행동하는가?

　ⓒ 소설 속 인물이 그렇게 행동하는 이유는 무엇인가?

　ⓓ 이 소설에 대해 궁금한 점을 두 가지만 적어보자.

② [모둠 활동] 모둠 친구들과 다음 순서에 따라 이야기를 나누어봅시다.

　ⓐ 마음에 와 닿는 한 문장을 찾아 소리 내서 읽고 그 이유를 이야기하자.

　ⓑ 소설 내용과 비슷한 일을 영화나 드라마 또는 현실에서 찾아보자.

　ⓒ 각자 두 가지씩 적은 궁금함에 대해 이야기 나누며 답을 찾아보자.

　ⓓ 작가는 무슨 이야기를 하고 싶어서 이 소설을 썼을까?

③ 다음은 책을 읽고 고등학생 네 명이 나눈 대화를 정리한 글입니다.[*] 이를 읽어보고, 아래 물음에 대답해봅시다.

　ⓐ 학생들이 어디에 초점을 두고 대화를 나누는가?

　ⓑ 학생들은 책 내용에 대해 어떤 식으로 이야기를 주고받는가?

　ⓒ 대화 중간에 내용을 정리하는 부분은 어떤 효과를 내는가?

　ⓓ 글 시작과 끝은 어떻게 했는가?

　ⓔ 해당 책을 읽지 않은 사람도 대화 기록을 보면서 이해가 가능한데, 그 이유는 무엇인가?

---

[*]　아이들에게 학생 사례 글을 함께 배부해준다. 176쪽 참고.

책 대화하기

수업시간에 최소 4시간에서 길게는 8시간 정도는 책을 읽는 게 필요하다. 여기서는 6시간 정도를 책 읽는 시간으로 두었다. 고등학생이라면 한 시간에 30쪽, 6시간이면 200쪽 정도를 읽게 된다. 수업시간이 아닌 때도 책을 읽으라고 계속 말을 한다.

아이들은 모둠별로 모여 책을 읽으며 마음에 와 닿는 문장에 표시를 하거나 적어둔다. 모둠별로 앉아서 책을 읽으면, 읽다가 궁금한 점을 옆 친구에게 물어볼 수 있어서 좋다. 소설 속에서 인물들이 어떤 상황에 놓여 있고, 어떤 사건이 일어나고, 인물의 선택에 따라 그 사건이 어떻게 진행되는지 살피면서, 무슨 이야기를 전하려고 작가가 이런 이야기를 썼는지 생각하며 읽도록 안내한다.

아이들이 책을 읽는 시간에 교사는 아이들 사이를 천천히 지나다니면서 어려움을 겪는 학생이 있는지 살핀다. 조용히 책을 읽으면 졸음이 와서 조는 아이들이 생긴다. 교사가 아이들 사이를 거닐어야 아이들이 잠도 깨고 책도 더 잘 읽는다. "그 책 어떠니? 읽을 만하니?" 하고 가볍게 아이들에게 일대일로 나지막하게 물어보아도 좋다.

책 읽는 시간이 거의 끝날 때쯤이 되면, 다음 단계인 '책 대화하기' 때 쓸 이야깃거리를 준비하게 한다. 이야깃거리를 미리 잘 준비해야 대화가 알차게 된다. 아이들은 지금까지 책을 읽으면서 느낌이 어떤지, 무슨 생각이 드는지 모둠 친구들과 돌아가며 이야기 나눈다. 단편소설집을 읽는 모둠은 그중 대화를 나눌 작품으로 한 편을 고른다. 교사는 아이들에게 궁금한 점이나 이야기할 만한 내용을 각자 10~20개 정도 쓰게 한다. 아이들은 이야깃거리를 찾는 데 서툴다. 그래서 생각을 쥐어짜서 필요보다 많이 적게 하고 그 안에서 이야깃거리가 될 만한 것을 찾게 해야 한다.

각자가 적은 이야깃거리를 모둠별로 모으고, 그중에서 함께 이야기하고 싶은 내용을 10~15개 정도 고른 뒤, 대화 흐름에 맞춰 이야기 순서를 정한다. 이렇게 이야깃거리를 준비해두어야 '책 대화하기'가 잘된다.

[수업 예]

① 모둠에서 선택한 책을 준비해서 읽습니다. 친구들과 이야기할 거리를 생각하며 읽고, 어떤 생각이 나거나 궁금한 점이 있으면 그때그때 적어둡니다.

② 이야깃거리를 준비합니다. 단편소설집을 읽었으면 이야기할 작품 한 편을 정해서 합니다.

> ㉠ 책을 읽으며 적어둔 조각글을 보면서, 각자 이야깃거리를 10개 이상 적는다.
> ㉡ 모둠 구성원들이 만든 이야깃거리를 모아두고, 그중에서 10개 정도를 고른다.
> ㉢ 대화 흐름을 고려해서 이야깃거리의 순서를 정한다.

"깊은 대화, 친구들과 눈을 맞추며"

책을 다 읽고 이야깃거리도 준비했으니, 이제 대화를 할 차례다. 대화는
네 시간 정도 하면 적당하다. 세 시간은 대화를 하고, 한 시간은 그동안
대화한 내용을 점검해도 좋다. 편집 역할을 맡은 학생이 사회자가 되어
진행하고, 기록을 맡은 사람이 기록할 준비를 잘했는지 확인한다.

처음에는 앞서 2~4차시 때 연습한 대화 방법에 맞춰 진행한다. 그리고
익숙해지면 대화 흐름대로 자유롭게 이야기한다. 이때 말하는 내용이 책
의 어느 부분과 연관되어 있는지 구체적으로 설명하면서 이야기하게 한
다. 그렇게 해야 평소 갖고 있는 생각이나 또래 사회의 통념을 벗어나 대
화가 깊어질 수 있다. 이 방법은 아이들의 대화가 뜬구름 잡거나 겉돌지
않도록 하기 위한 것이다.

기록을 맡은 학생은 대화 과정에서 오고가는 말을 손으로 쓴다. 워드
를 맡은 학생은 나중에 입력을 정확히 하기 위해 대화를 녹음하면 좋다.
사진을 맡은 학생은 틈틈이 중요한 장면을 사진으로 찍어둔다. 편집을
맡은 학생은 사회를 본다. 이때 대화를 기록하는 필기 속도에 맞춰 말을
천천히 하는 경우가 있는데, 그러면 대화가 불편해진다. 기록하는 사람
을 신경 쓰지 않고 말을 해야 대화에 집중이 되고 이야기가 자연스러워
진다.

대화가 매끄럽고 내용 있게 되려면 상대방을 배려하는 태도가 필요하
다. 말하는 사람은 듣는 친구들과 눈을 맞추도록 한다. 듣는 친구 역시 말

하는 사람과 눈을 맞추고, 상대방이 무슨 말을 하는지 진지하게 들으면서 자신이 할 이야기를 준비한다. 상대를 생각하며 대화에 참여해야 대화가 깊어진다.

한 사람이 말을 너무 많이 할 때, 특히 두 사람 사이에 논쟁이 붙어서 둘 사이에서만 말이 오갈 때 사회자는 판단을 해야 한다. 두 사람 사이에 오고가는 대화가 깊이가 있고 들을 만하면 그대로 두고, 감정이 상해서 서로 이기려고 비슷한 말이 계속 되풀이되는 상황이라면 이야기를 끊어야 한다. 말을 잘하는 사람만 말을 많이 하고 말을 잘 못하는 사람은 가만히 듣고만 있는 상황이어도 사회자가 나서야 한다. 일방적인 말은 대화가 아니다. 누군가 말을 더 많이 할 수는 있지만 지나치지 않도록 사회자가 적절하게 조정해야 한다.

대화가 마무리되면 대화 내용을 정리한다. 워드(또는 기록)를 맡은 학생이 대화 내용을 컴퓨터로 입력한 뒤, 제목과 소제목을 붙이고 보기 좋게 정리해서 출력해 온다. 이때 녹취한 내용을 그대로 모두 문서로 옮기면 분량이 많아져서 대화의 핵심을 제대로 파악하기 어려워진다. 적절하게 대화를 압축하고 군더더기를 덜어내면서 핵심 위주로 정리하는 게 좋다. 이 점을 염두에 두고 분량을 미리 정해두어야 한다. 기록을 혼자 맡아서 할 때는 A4 용지로 10쪽을 넘지 않게, 여럿이 기록을 나누어 맡아 할 때는 한 사람이 5쪽을 넘기지 않는 게 좋다.

편집 담당은 책을 읽지 않은 사람이 대화 기록만 읽어도 이해하는 데 문제가 없도록 중간 중간 책 내용을 적절히 소개해놓는다. 대화 기록이 재미있게 읽히도록 군더더기를 없애고 내용을 잘 압축해 재구성한다. 제목을 근사하게 붙이고, 머리말과 맺음말을 써서 덧붙인다. 대화 중간 중간에 정리하는 글을 써 넣어 마무리한다. 편집 담당이 제출하는 최종 보고서 역시 A4 용지 10쪽을 넘지 않도록 신경 쓴다.

글 제목은 책 제목을 그대로 붙이지 말고, 책을 읽고 이야기 나눈 대화의 내용과 주제에 어울리는 제목을 붙이는 것이 좋다. 그리고 소제목 역시 '읽고 나서 느낀 점'이나 '소설 대화가 끝난 뒤', '우리가 주인공이었다면'처럼 식상하게 붙이지 말고, 생생하게 붙여보도록 한다. 내용을 한눈에 알아볼 수 있으면서 참신한 제목이면 좋다. 대화 내용을 꼼꼼히 읽으면서 소제목으로 뽑을 만한 문장을 찾아내는 방법이 여기에 쓸 만하다.

글의 시작은 사람의 마음을 잡아끄는 힘이 있어야 한다. 어떤 아이들은 글을 시작하면서 '수행평가여서 한다'고 쓰는데, 그러면 글 읽는 맛이 떨어진다. 수행평가와 상관없이 글 자체로 완결성이 있게 써야 글이 제대로 된다. 모둠에서 책을 읽고 대화한 내용을 인상 깊게 소개하는 문장으로 머리말을 시작하면 좋다. 대화 과정에서 인상적인 한 장면을 사진처럼 포착해서 옮기면 세련된 문장이 된다.

대화를 글로 옮길 때는 신경 쓸 점이 있다. 입말은 보통 장황하고 문법에 맞지 않을 때가 종종 있어서 그대로 글로 옮기면 읽기 힘들다. 사람 머리만 한 솜사탕을 움켜쥐면 압축이 되어 한주먹에 들어오지만, 그렇게 압축해도 설탕의 양은 달라지지 않는다. 대화 기록을 편집하는 일은 솜사탕을 압축하는 일과 비슷하다. 분량은 줄이되, 그 안에 있는 뜻을 그대로 살려 밀도가 높은 글로 만드는 것이다.

주장이나 판단을 말한 부분은 그것을 뒷받침하는 근거가 있는지 살펴야 한다. 주장만 앞서고 근거가 부족하면 그 글은 설득력이 떨어진다. 또 성급한 일반화로 특정 집단에 대해 편견이 담긴 말을 하고 있지는 않은지도 점검이 필요하다.

글이 끝나는 마지막 다섯 줄에는 읽는 사람을 염두에 둔, 그들의 가슴에 느낌을 남기는 문장으로 마무리하면 좋다. 형식적으로 '읽고 나니 감동 깊었다', '서로 대화를 나누니까 많이 배웠다', '고마운 책이었다'라는 문장은 사족에 가깝다. 읽는 사람들은 감동을 느꼈다는 점을 알고 싶은 것이 아니라 어떤 감동이었는지 알고 싶은 것이다. 대화를 나누고 나서 깨달은 내용, 가슴에 남은 고민과 문제의식을 잘 요약해서 정리한다면 글이 끝날 때까지 읽는 사람의 눈길을 붙잡아둘 수 있다. 자기가 읽은 소

[대화 기록의 구성 사례]

머리말 : 독자의 시선을 끄는 인상 깊은 내용, 책 대화에서 기억에 남는 순간

본문1 : 책 내용 소개, 각자의 감상과 궁금한 점

본문2 : 인상 깊은 사건, 그때 인물들의 행동에 대한 각자의 생각

본문3 : 현재 사회에서 비슷한 일, 주변의 비슷한 경험

본문4 : 궁금한 점과 이야깃거리에 대해 대화

본문5 : 작가가 이런 이야기를 들려주는 이유

맺음말 : 이 책을 읽고 대화한 뒤에 드는 생각

설에서 작가가 어떻게 끝부분을 마무리했는지 눈여겨보며 그 방법을 찾아보면 좋다.

[수업 예]

① **각자가 맡은 역할을 하면서 대화에 참여합시다.**

> • 기록 : 손으로 대화 내용 적기
>
> • 워드 : 녹음하기
>
> • 사진 : 기록 사진을 생생하게 찍기. 연출된 느낌이 들지 않게 찍기
>
> • 편집 : 대화에서 초점을 맞출 부분을 생각해두기
>
> ※ 또는 기록1, 기록2, 기록3, 편집 역할로 한다.

② **다음 순서에 따라 이야기를 나누어봅시다.**

> ㉠ 마음에 드는 한 문장을 찾아 소리 내어 읽고 이유 설명하기
>
> ㉡ 책 속 인물이 놓인 상황 보기, 그 상황에서 인물의 행동 선택 살피기
>
> ㉢ 인물이 다른 선택을 했으면 사건이 어떻게 달라졌을지 생각하기
>
> ㉣ 책 내용과 비슷한 세상일, 사람, 경험 찾기
>
> ㉤ 모둠에서 정한 이야깃거리를 순서대로 이야기하기
>
> ㉥ 작가가 이 책을 써서 세상 사람들에게 무슨 생각을 전하려 했는지 이야기하기

③ 대화가 끝나면 다음 일을 해봅시다.

> ㉠ 모둠 구성원은 대화 기록을 보면서 자기가 한 말이 제대로 나와 있는지 확인한다.
>
> ㉡ 워드 또는 기록을 맡은 학생은 대화 기록을 컴퓨터에 입력해서 다음 시간에 한 부 출력해 온다.

"글 고치며 한 뼘 더 성장"

글은 고치면서 나아진다. 아이들은 자신들이 정리한 대화 기록을 보완하는 과정에서 많이 배운다. 대화 내용을 출력본으로 읽어보면서 논리에 안 맞거나 부족한 부분을 찾아 보완한다. 자신이 한 말이 제대로 표현되어 있지 않으면 본래 의도에 맞게 고친다. 지루한 부분이나 중요하지 않은 부분은 잘라낸다. 이때 새롭게 이야깃거리가 나올 수 있다. 그러면 대화를 더 진행하고 그 내용을 기록에 반영한다. 주고받은 내용을 보면서 어떤 부분의 생각이 달라졌을 수도 있는데, 그런 경우에도 대화를 더 진행해서 내용을 보완한다.

편집을 맡은 학생은 A4 용지 10쪽 분량으로 깔끔하게 정리된 보고서를 출력해 온다. 교사가 보고서를 읽고 의견을 말해주면, 학생은 그 내용을 반영해서 고쳐 온다. 교사가 모둠마다 10~15분 정도씩 이야기를 나누면 한 시간에 3개 모둠과 이야기를 나눌 수 있다. 교사의 지적사항은 세 가지를 넘지 않도록 해야 한다. 의욕이 넘쳐 빨간 펜으로 빽빽하게 글을 고쳐놓으면 아이들은 기가 죽어서 제 실력을 발휘하지 못한다. 맞춤법이나 띄어쓰기는 미리 인터넷의 맞춤법 검사 사이트를 통해 확인하도록 하고, 간단하게라도 가르치고 지나가야 한다.

교사가 글을 볼 때 초점을 둘 부분은 다음 세 가지다.

첫째는 주장 또는 판단을 타당한 이유를 들어 제시하고 있는가이다. 어떤 아이들은 왜곡된 통념에 기초해서 성급한 일반화로 특정 집단에 대한 편견을 아무런 근거 없이 드러낼 때가 있다.

둘째는 가치 있는 내용이 있는가이다. 아이들이 이야기는 많이 했지만 어떤 문제를 파고드는 면이 부족하면 대화 기록에 힘이 없고 잡담이 되어버린다. 대화 기록이 재미있으려면 탐색과 통찰, 성찰이 담겨야 한다.

셋째는 전체 구성이 자연스러운가 하는 점이다. 시작하는 말과 마무리하는 말이 있고, 책 내용을 적절히 소개하고, 대화를 중간 중간에 알맞게 정리해서 읽기 좋게 했는지를 살피면 더 좋은 글이 된다.

교사가 어느 한 모둠과 이야기할 때, 다른 모둠은 다른 반 아이들이 쓴 대화 기록을 읽으며 댓글로 의견을 달게 한다. 그래야 수업의 집중이 유지된다. 그러지 않으면 자칫 다른 모둠들이 그 시간에 어영부영 흐트러질 수 있다. 따라서 교사는 이 시간에는 다른 서너 반의 대화 기록을 가지고 들어가야 한다. 아이들 넷이 보고서 하나를 쓰므로, 서너 반의 보고서를 들고 가야 각자 한 부씩 대화 기록을 나누어줄 수 있다. 다른 반 아이들이 쓴 대화 기록을 읽고 댓글을 달 때는, '공감이 되는 부분'에 동그라미를 치고 좋은 점을 쓰거나, '말이 안 되는 부분'에는 네모를 치고 그 이유를 간단히 적도록 한다. 한글 맞춤법의 원리와 내용을 간단하게 몇 가지 알려주고 아이들에게 맞춤법과 띄어쓰기, 편집도 보게 한다. 다른 친구들이 쓴 보고서를 보면, 아이들은 그 논의 과정과 정리 방법을 보며 지적 자극을 많이 받는다.

[수업 예]

① 자기 모둠의 대화 기록을 보면서 다음 활동을 해봅시다.

> ㉠ 특히 공감이 되는 부분에 표시해보자.
>
> ㉡ 말이 자연스럽지 않거나 무슨 말인지 알 수 없는 부분을 찾아 고치자.
>
> ㉢ 지루한 부분이 있으면 그 부분을 빼자.
>
> ㉣ 결론이 불충분한 부분이 있으면 대화를 더 해서 결론을 내고 기록에 반영하자.
>
> ㉤ 대화에서 가치 있는 부분을 찾고, 그 논의가 형성되는 과정을 점검해보자.

② 아래 사항을 스스로 점검해보고, 우리 모둠의 대화 기록을 선생님께 보여드리고 의견을 들어봅시다. 선생님의 의견을 반영해서 대화 기록의 최종본을 완성해봅시다.

> 책 내용의 핵심이 드러났는가?
>
> 책의 내용과 연결하면서 대화가 생생한가?
>
> 대화 참가자들이 자신의 경험을 이야기했는가?
>
> 작가가 하려는 말이 무엇인지 살폈는가?
>
> 머리말, 맺음말이 식상하지 않고 느낌이 있는가?
>
> 글의 구성이 짜임새 있고 흐름이 자연스러운가?
>
> 대화 중간 중간에 정리하는 말을 썼는가?
>
> 맞춤법, 띄어쓰기, 문장 호응이 맞는가?
>
> 제목, 소제목을 적절하게 붙였는가?

③ 다른 모둠과 대화 기록을 바꿔서 서로 의견을 교환해봅시다. 공감이 되는 부분은 동그라미를 치고 '공감이 돼'라고 적고, 말이 안 되거나 자연스럽지 않은 부분은 네모를 치고 '말이 안 돼' 또는 '자연스럽지 않아'라고 적습니다. 상대방의 대화 기록에 댓글로 의견을 적을 때는 정중하게 적고 이유를 꼭 밝혀서 상대의 감정이 상하지 않도록 조심합니다.

④ 다른 모둠의 대화 기록을 참고해서 자신들의 대화 기록을 보완해봅시다.

어떻게
평가할까?

●

[책 대화하기]의 평가는 수행평가로 하는데, 개인 점수와 공동 점수를 각
각 매긴다. 개인 점수는 각자가 어느 정도로 협력에 기여했는지를 살피
고, 공동 점수는 최종 보고서로 평가한다. 개인 점수와 공동 점수를 함께
반영하는 이유는, 무임승차를 하거나 활동을 잘 못하는 친구를 방치하는
문제를 막기 위해서다. 개인 점수와 공동 점수의 비율은 5 : 5 정도면 무
난하다.

　아이들은 대화 과정에서 각자 자기 역할에 맞게 쓴 개인 보고서로 개
인별 평가를 받는다. '기록' 담당은 대화 과정을 손으로 기록한 종이를 사
진으로 찍어서 하나의 PDF 파일로 만들어 낸다(스마트폰으로 사진을 찍은 다
음 한글 프로그램에서 사진들을 붙여 넣으면 쉽게 한 개의 파일이 된다). '워드' 담당은
대화 기록을 컴퓨터로 입력한 파일을 내고 평가받는다. '사진' 담당은 대
화 과정을 찍은 사진과 그 사진에 대한 설명으로 평가받는다. '편집' 담당
의 평가는 워드 담당의 작업을 얼마나 완성도 있게 발전시켰는가를 본

다. 이와 같은 개인 보고서에 대한 평가는 대체로 성실하게 과정을 수행했는지를 살펴서 점수를 준다.

그리고 공동 점수는 최종 보고서를 대상으로 하는데, 이때도 개인마다 점수를 다르게 준다. 그러면 공동 활동에서 무임승차를 예방할 수 있다. 이를테면 다음과 같은 방법으로 할 수 있다.

최종 보고서 점수 = 개인 보고서 점수일 때, 공동 점수와 개인 점수는 같음

최종 보고서 점수 〉 개인 보고서 점수일 때, 공동 점수는 일부 감점

최종 보고서 점수 〈 개인 보고서 점수일 때, 공동 점수는 일부 가산점

최종 보고서는 맨 처음에 낸 보고서로 평가하지 않는다. 교사와 대화한 뒤 모둠에서 보완하여 고쳐서 낸 보고서로 평가를 한다. 처음 만든 보고서가 수준이 낮아도 교사와 대화하며 보완하는 과정에서 노력하면 더 나은 점수를 얻도록 해야 아이들이 더 열심히 한다.

최종 보고서는 여러 평가 항목을 전체적으로 고려해서 총체적 평가를 한다. 한 편의 글이 좋고 나쁨을 결정하는 변수는 여러 가지여서, 항목별로 분석 평가를 하면 오히려 오차가 크다. 글이란 여러 항목에서 골고루 점수를 얻지 못해도 어느 특정한 항목에서 뛰어난 성취를 거두어 수준이 높아지는 경우가 있다. 그런데 항목별 평가에서는 그런 상황이 고려되지 못하고 무난한 글이 더 낮게 평가를 받는 문제가 있다.

최종 보고서의 내용 측면은 책의 핵심이 드러나는지, 책의 내용과 연결

하면서 생생하게 대화하는지, 대화 참가자들이 자신의 경험을 이야기했는지, 작가가 하려는 말이 무엇인가를 살폈는지를 본다. 이 과정에서 아이들이 어떻게 각자 이해한 책의 내용을 서로 소통하며 더 깊고 풍부하게 만들어가는지를 보면서 비판적·창의적 사고 역량을 알아볼 수 있다.

형식 측면에서는 글의 구성이 짜임새 있고 흐름이 자연스러운지, 맞춤법과 띄어쓰기와 문장 호응이 맞는지, 제목과 소제목을 적절하게 붙였는지를 본다. 이 과정에서는 대화를 효과적으로 기록해서 다른 사람에게 전달하는 노력이 요구되기에 의사소통 역량을 살필 수 있다.

평가 등급은 3개에서 5개 사이로 할 수 있다. 3개 등급으로 할 때는 '잘함/보통/못함'으로 나누고 '잘함'을 30%, '보통'을 50%, '못함'을 20% 정도로 한다. 5개 등급으로 할 때는 3개 등급 분류의 앞뒤에 한 등급씩을 더 두어 '매우 잘함' 10%, '잘함' 20%, '보통' 50%, '못함' 10%, '매우 못함' 10%로 하면 된다. 그런데 교사가 처음부터 5등급으로 나누면 어려울 수 있다. 먼저 3등급으로 나눈 뒤에, '잘함'에서 일부를 '아주 잘함'으로 옮기고, '못함'에서 일부를 '아주 못함'으로 옮기는 방식을 추천한다. 상황에 따라 등급 비율은 조정이 가능하다. 학급별로 비율을 딱 맞추기보다는, 학급별 성취 수준에 따라 일정한 범위 안에서 더하거나 줄인다.

인터넷 카페에 학급별로 게시판을 만들어두고 모둠별로 모아서 과제를 올리게 하면 과제 분실 위험이 없고 관리가 편하다. 종이로 출력한 보고서는 모둠별로 최종 보고서 1개만 내고, 나머지는 전자 문서인 파일로 받으면 좋다.

평가 장면	평가 기준	확인
대화 기록에서 개인의 역할	대화를 손글씨로 성실하게 기록했는가?	
	대화 기록을 편집 양식에 맞게 워드로 입력했는가?	
	대화 과정을 생생하게 사진으로 담았는가?	
	대화 기록을 완결성 있는 글로 잘 만들었는가?	
대화 기록	책 내용의 핵심이 드러났는가?	
	책의 내용과 연결하면서 대화가 생생한가?	
	대화 참가자들이 자신의 경험을 이야기했는가?	
	작가가 하려는 말이 무엇인지 살폈는가?	
	글의 구성이 짜임새 있고 흐름이 자연스러운가?	
	맞춤법, 띄어쓰기, 문장 호응이 맞는가?	
	제목, 소제목을 적절하게 붙였는가?	

묻고
답하기

●

Q 교사가 각 모둠과 책 대화하기를 할 때 다른 아이들이 떠들까 걱정이다.

다른 반 아이들이 쓴 글을 주고 댓글 달기를 시키면 집중이 유지된다.

Q 아이들이 책을 좋아하지 않고 수준이 그리 높지 않은 학교다. 어떻게 해야 아이들에게 호응을 얻으며 책 대화하기를 할 수 있을까?

이런 학교에서는 학급 전체가 같은 책을 읽으면 실패하기 쉽다. 자기가 선택하지 않은 책에 대해 아이들은 흥미를 덜 보이기 때문이다. 자기가 읽고 싶은 책을 가져오게 하는 자유 선택의 방법도 실패하기 쉽다. 책을 읽어본 경험이 많지 않은 아이들은 자기에게 맞는 책을 제대로 고르지 못하는 경우가 많아서다. 교사가 아이들에게 15종 정도 책을 제시하면 좋은데, 고등학교라면 고등학생용 책 5종, 대학교 1~2학년 수준 5종, 중학교 2~3학년 수준 5종으로 구성한다. 독서 역량이 부족한 아이들을 위해 중학교 2~3학년용 책이 꼭 필요하다. 아이들에게 제시되는 책의 종류가 충분히 많으면 아이들도 책 읽기에 관심을 더 보이게 된다. 아이들의 독서 역량이 낮을수록 교사가 제시하는 책의 종수가 늘어나야 한다.

Q 책 대화하기 수업에서는 아이들이 생각거리와 이야깃거리를 직접 만들어서 이야기를 나누는데, 학생이 묻는 질문에 교사가 대답하지 못할까 걱정이 된다.

아이들이 묻는 물음에 교사가 모두 대답할 수 없다. 모두 답할 수 없다는 것을 당연하게 여겨야 한다. [책 대화하기]는 교사가 물음과 정답을 준비해서 제시하는 수업이 아니라, 아이들이 새롭게 무엇인가를 묻고 대답해 가며 역량을 키우는 수업이다. 질문을 생각해내고 친구들과 대화를 나누는 과정에서 아이들이 성장할 수 있다. 교사가 아이들의 모든 물음에 대답할 수 없다는 점을 미리 이야기하는 게 좋다. 그 순간에 할 수 있는 만큼만 대답하면 된다. 그리고 학생에게 그 질문에 답할 만한 다른 교사를 알려주거나, 도서관이나 인터넷에서 답을 찾는 방법을 알려준다.

Q 학생 희망에 따라 모둠을 만들게 했을 때 소외되는 학생이 덜 생기게 하는 방법이 있는가?

자유롭게 모둠을 짜면 마음이 맞는 친구들끼리 해서 좋지만 소외되는 학생이 생길 수 있다고 교사가 미리 말한다. 그러니 모둠을 짤 때 주변에 소외되는 친구가 있으면 그 모둠에서 한 사람 정도는 친구를 챙겨주면 좋겠다고, 만약 소외되는 학생이 나오면 전체 모둠에서 가위바위보를 해서 한 사람씩 뺀 다음에 소외된 학생을 그 자리에 넣고, 가위바위로 뽑힌 사람끼리 따로 모둠을 만들겠다고 또렷하게 말해두면 문제가 예방된다. 그리고 평가할 때 개인 점수가 있는데, 모둠 안에서 상대평가를 할 수도 있으니 잘하는 학생들끼리만 모이면 나중에 누군가는 낮은 점수를 받는다고 선의의 거짓말을 엄포용으로 해두어도 효과가 있다.

Q 아이들이 대화를 자연스럽게 하지 못하고, 종이에 자기 생각을 적은 것을 보고 읽을 때는 어떻게 해야 하는가?

교사가 이야깃거리를 모두 정해주고 활동지에 답을 미리 쓰게 한 다음에 활동을 시키면 그럴 수 있다. 하지만 아이들이 처음에는 말을 잘 못하기에, 교사가 이야깃거리를 제시해주는 것은 필요하다. 먼저 교사가 학생에게 종이를 보고 읽지 말고 친구 얼굴을 보고 대화하듯이 말하라고 안내한다. 그러면 절반 정도는 학생들이 교사의 말을 따르려고 노력하면서 이 문제가 어느 정도 풀린다. 그 다음에 교사가 알려준 이야깃거리를 어느 정도 이야기해서 대화 분위기가 만들어진 뒤, 아이들이 직접 만든 이야깃거리로 이야기를 나누게 하면 이 문제가 완전히 풀린다. 아이들이 만든 이야깃거리는 전형적이지 않고 독특한 것들이 있어서, 대화하면서 답을 찾을 수밖에 없다.

Q 수업시간에 대화 시간이 모자라다고 하는 학생에게는 어떻게 하는가?

수업시간 이외에 따로 모둠 친구들끼리 만나서 이야기를 나누어보라고 한다. 대화를 하다 보면 새로운 이야깃거리가 계속 나와서 수업시간에 이야기하는 것만으로는 부족할 수가 있다. 한 번 정도만 따로 만나도 아이들의 대화 성취는 눈에 띄게 높아진다.

수업을
마치며

●

"제가 이때까지 살아오면서 이렇게 길게 친구들과 진지한 이야기를 나눈
적이 없었어요."

졸업하고 나서 학교에 찾아온 학생이 한 말이다. 일상생활을 하면서
나누는 대화와 '책 대화하기'에서 나눈 대화가 다른 것이다. 보통 우리는
그냥 자기 생각을 말하고 상대의 말을 듣고 지나간다. 그런데 대화를 기
록하고 읽을 만한 글로 다듬다 보면, 생각을 어떻게 풀어내야 설득력이
생기는지 깊게 생각하게 된다. 아이들은 학교를 다니면서 친구들과 늘
이야기를 나누며 지내지만, 책 한 권을 읽고 그에 대해 서너 시간 대화를
나누며 이를 기록하고 교사와 함께 점검하는 것은 오래 기억에 남는 색
다른 체험이다.

친구들과 주고받은 대화의 기록을 살피다 보면 사람이 말을 할 때 어
떤 허점이 있는지 알게 된다. 그리고 대화를 주고받으면서 각자의 생각
이 어떻게 새로운 생각으로 발전해가는지도 알게 된다. 이렇듯 '책 대화

하기'는 사람이 어떻게 정보를 받아들이고 이해하는지, 함께 소통했을 때 어떻게 사람의 생각이 변화하고 발전하는지를 알게 해준다. 또한 혼자 책을 읽을 때는 하지 못하던 생각을 여럿이 함께 이야기 나눌 때 할 수 있음을 알게 된다. 왜 독서가 사회적 의사소통 활동인지를 확실히 몸으로 느끼게 된다.

무엇보다 자기가 했던 말을 곰곰이 되새겨보면서 가끔은 '내가 이 부분에서 친구의 말을 잘 못 알아들었구나' 반성하기도 하고, 자신이 멋진 말을 했을 때 친구들이 칭찬해주는 모습을 보고는 뿌듯해하기도 한다.

결국, 남는 건 그리움뿐

《비행운》(김애란)을 읽고 나눈 대화

김애란 작가의 《비행운》. 선생님께서 자길 믿으라며 강력 추천해주신 책이었다. 추천을 해주신 이유가 있겠지 하고 책을 읽었던 우리는 하나같이 괴상하고 끝이 좋지 않은 이야기들을 보고 왠지 속은 것 같은 기분이 들었다.

"나 개인적으로 〈그곳에 밤 여기에 노래〉 추천. 이거 남녀 간의 사랑 이야기라 뭔가 물음 만들 내용 많아 보이는데."

그런 이야기 중 물음을 만들고 대화할 만한 이야기를 고르던 중 〈그곳에 밤 여기에 노래〉라는 이야기를 선택해 물음을 만들면 어떻겠냐고 제안했다. 으리으리하고 특별한 이야기가 아닌 흔한 남자와 여자의 사랑 이야기였다. 그것만큼이나 대화할 거리가 있는 이야기도 적을뿐더러 사랑만큼 우리의 마음에 확 와 닿는 이야기도 없다고 생각했다.

미운 오리 새끼, 용대

〈그곳에 밤 여기에 노래〉는 집안에서 미움을 받는 주인공 용대의 이야기로 시작된다. 흔히 어느 집안에나 한 명씩 존재하는 천덕꾸러기 용대는 형이 어렵게 일자리를 구해줘도 툭하면 결근에, 말 한마디에 열 마디로 대꾸하고 문을 박차고 나가는 좋지 않은 행동을 보여주고, 다방 여자에게 보험금을 뺏기거나 술 먹고 오토바이를 타고 가다 논두렁에 고꾸라져버리는 등 고향에서 사고를 치고 다녀 친척들에게 멸시를 받는다. 그러다 결국 중요한 부동산 계약 하나를 날려먹고 가족이 집을 잃을 위기에 처해, 결국 가출을 하고 도시로 상경해 택시 일을 하게 된다. 집안에 한 명쯤 있을 법한 가문의 왕따. 아무리 따져봐도 잘난 점 하나 없는 그 사람이 이 이야기의 주인공인 용대이다. 우린 먼저 용대의 그 성격에 관해 이야기를 나눠보기로 했다.

다영 : 일단 용대는 어려서부터 가족의 수치, 가계의 바보, 가문의 왕따 등 주위의 홀대를 받았다고 했어.

모아 : 사실 홀대를 받은 것이 어찌 보면 당연한 일일 수 있어. 힘들게 일을 구해줘도 툭하면 결근에 말 한마디 하면 열 마디 대꾸하고 가게 문 박차고 나왔다니까. 거기에다 일할 때 뒤에서 앉아 놀기나 하고 말이야.

덕헌 : 어렸을 적에 뭔가 상처라도 받아서 성격이 삐뚤어진 건 아닐까? 보통 그런 이야기 많이 있잖아.

현섭 : 근데 그렇다고 보긴 어려운 것이, 보통 그런 가정에선 막내를 아주 예뻐하거든. 그리고 큰형과 작은형이 멀쩡하게 자란 것을 봐선 뭔가 가정에 문제가 있는 것 같지도 않았고 말이야.

다영 : 몇 년 전 추석 때 술 마시고 오토바이 몰고 산에 올라가다 논두렁에 고꾸라졌을 때 자신을 멸시하는 사람들의 눈을 보고도 아무것도 느낀 게 없었을까? 사실 그 정도까지 당했으면 보통은 부끄러움 같은 걸 느끼는 게 정상 아닌가?

모아 : 사실 사람들이 욕하는 걸 그렇게 들으면서도 별로 나아진 것이 없는 것을 보니 그 정도는 별로 뉘우칠 거리도 안 되나 봐.

다영 : 근데 보통 그런 상황이면 부끄럽다 그런 생각이 들지 않나?

현섭 : 아마 일상이라 그런 건 아닐까. 그런 일이 한두 번 있었던 일이 아니라 가족들도
　　　놀라지 않고 한심하게 쳐다본 거일걸.

대화를 진행하면서 동화 〈미운 오리 새끼〉가 떠올랐다. 형제들에게 멸시를 받았던 미
운 오리 새끼 같은 용대. 하지만 용대의 이야기는 자신을 바꾸려 노력하지 않고 결국
동화와는 달리 바뀐 것은 아무것도 없는 잔혹 동화의 주인공 같았다.

모아 : 나중에 중요한 계약을 망쳐서 집을 통째로 뺏겨버렸잖아. 그것도 용대 탓인데
　　　대체 가출은 왜 한 거야? 그렇게 욕을 먹고 멸시를 받아도 눈 깜짝도 안 하던 사
　　　람이 말이야.

현섭 : 아마 그런 단순한 것과는 급이 달라서 그랬을 거야. 사실 그 부동산 계약은 가족
　　　이 살 집에 관련된 중요한 문제였잖아? 근데 자기의 실수로 그 집을 날려버렸고
　　　만회하기엔 이미 늦었으니 더 이상의 비난을 피하고자 가출한 게 아닐까?

덕헌 : 지가 생각해도 그건 아니다 싶었나 봐.

모아 : 그렇게 욕을 먹어도 그러거니 하던 사람이 결국 자신을 향한 원망을 피하기 위
　　　해 가출을 했다니. 내 주변에 있다고 생각하면 답답해 죽을 것 같을걸.

다영 : 비난을 피하기 위해서였건 어쨌건 결국 고향을 떠나 상경해서 거기서 택시 일
　　　을 하게 되잖아. 앞 내용을 보아하니 일 하나를 계속 잡고 있을 성격은 아니었
　　　던 것 같은데, 어떻게 택시 일은 하게 됐대?

모아 : 아마 택시 일은 가게나 회사 일처럼 동료와 붙어 일하는 직종이 아니라, 말대꾸
　　　하고 화난다고 뛰쳐나갈 일이 별로 없어서 그런 게 아닐까?

덕헌 : 근데 택시는 손님을 태워 나르는 일이잖아. 이 이야기 보면 용대가 눈치 없이 손
　　　님들 이야기에 끼는 일도 자주 있었다고 하는데?

현섭 : 그러니까 분명 언젠간 손님들이랑 싸웠겠지 뭐. 아무리 집에서 원망 가득 사서
　　　쫓겨나도 그 성격이 어디 가겠어?

덕헌 : 상경 후 나름 근면하게 일을 했다고 하던데? 그럼 가족의 원망을 산 후 성격이
　　　좀 고쳐진 건가?

(중략)

그 남자, 그 여자를 만나다

소설에서 꼭 등장한다는 남자와 여자의 사랑 이야기. 바로 그 순간이다. 용대는 우연
히 중국에서 돈을 벌기 위해 밀항 온 조선족 여자 명화를 만난다. 자신에게 친절하게
대해주는 명화의 모습에 반한 용대는 명화의 사랑을 얻고자 일이 끝난 후 피곤함에 찌
든 명화를 데리고 이곳저곳 데리고 다니며 그녀에게 관심을 받으려 노력하고, 결국 프
러포즈를 결심하고 카페로 가지만 예상과 다른 분위기에 적응하지 못하고 그곳에서
나온다. 그 후 종로타워 꼭대기에 있는 레스토랑에서 "나와 삽시다"라는 멋없는 말과
함께 반지를 꺼낸다. 사실 여느 드라마같이 우아하고 세련된 사랑은 아니다. 뭐 하나
잘난 것 없는 가문의 왕따 용대. 그리고 외국인 노동자 인권이니 뭐니 해도 아직도 사
회적으로 멸시받는 조선족 여자 명화. 계급 없는 현대 사회라곤 해도 보이지 않는 계
급 속 하층민인 그들의 멋없는 사랑에 대해 우린 이야기를 나눠보았다.

다영 : 그러다 우연히 명화를 만나서 반했잖아.

덕헌 : 책에선 자세히 설명이 돼 있진 않았지만, 분명 우연히 식당에서 밥을 먹다 자신
　　　에게 친절한 명화를 보고 반했을 거야. 집안에서 홀대를 받으며 자랐으니까 아마
　　　자신에게 친절하게 대해주는 명화에게 충분히 호감을 느낄 수 있지 않았겠어?

다영 : 아무리 그래도 자신에게 아주 잠깐의 친절을 베푼 사람에게 그렇게 쉽게 빠질

수 있나?

현섭 : 집안에서 그렇게 홀대를 받았을 정도면, 또 용대의 성격을 봐서라도 고향에서도 그렇게 용대를 좋게 대하진 않았을 것 같거든. 그런 의미에서 아마 명화가 거의 처음으로 용대에게 친절했던 사람일 수 있으니까 끌릴 여지는 충분하다고 생각해.

덕현 : 근데 내 생각엔 용대에겐 그냥 영업 규정상 손님이니까 친절하게 대했던 것 같아.

다영 : 보통 그런 사랑은 쉽게 끝나더라.

덕현 : 솔직히 나도 그렇게 생각하긴 하는데, 어찌 됐건 자신에게 호의를 보이는 사람에게 끌리기 마련이니까.

다영 : 그럼 이제 용대의 짝사랑은 그렇다 치고, 왜 명화는 용대와 함께한 거야?

현섭 : 책에도 나와 있지만, 그날 명화는 피곤함에 찌들어 있는 상태였어. 그러다 함께 할 기회를 노리고 있던 용대의 눈에 띈 거야. 용대는 정말 이 여자에게 다가갈 좋은 기회라고 생각했겠지만, 명화는 그땐 아마 단순히 단골의 호의로 생각하고 받아들였을걸.

다영 : 어휴 짐승이네. (웃음)

덕현 : 보통 슬픈 짝사랑이 이렇지. 용대의 입장에서 보면 조금 안쓰럽기도 하네. 뭐 그래도 그런 식으로 계속 용대도 명화에게 호의를 베풀고, 둘이 맛집 등 여기저기 자주 다녔다고 했으니까 자연스럽게 명화도 용대와 친해질 수 있었겠지? 그런 의미에서 용대의 입장에선 어느 정도 성공한 것 같네.

모아 : 근데 타지 생활에 지쳐 그런 거라면 용대 말고 다른 남자에게 갈 수 있지 않았나?

현섭 : 솔직히 너한테 조선족 이성을 소개시켜주면 기분이 어떻겠어? 우리나라 말을

쓰긴 하지만 일단 타지인이고, 또 조선족 사람에 대해 사회적으로 인식도 좋지 않고 말이야. 거기다 불법 체류자인 명화에게 어떤 남자가 호의를 베풀려 하겠어. 그냥 식당에서 일하는 중국인 취급할 것 아니야.

다영 : 일반 도시 사람들이라면 그런 명화에게 쉽게 다가가려 하지 않겠네. 오히려 좀 저리 가쳤으면 했을걸. 뭐 그렇게 보면 아마 명화에게 호의를 보인 사람도 용대가 처음이었겠네?

현섭 : 그러니까 명화가 용대와 같이 다녔을 거야. 아무 이유 없이 명화가 10살 넘게 차이 나는 용대와 같이 다니진 않았을 테니까, 분명 명화도 용대에게 무언가 끌리는 게 있어서 같이 다녔던 것 같아.

덕헌 : 나 이런 거 만화에서 많이 봤다. 왜 그 찌질한 남자가 자기한테 친절하게 대해줬다고 그 남자가 계속 쫓아다니는 거 있잖아. (웃음)

우리 중 아무도 명화가 잘나서 용대가 반했다고 생각하진 않았다. 그저 자신에게 보인 순간의 호의에 호감을 느끼고 좋아하게 됐다고 생각할 뿐이었다. 마찬가지로 명화도 용대가 잘났거나 혹은 자신의 이상형이어서 끌리게 된 것이 아니라(사실 아무리 생각해도 외모를 떠나 10살 이상 차이가 나는 용대에게 끌린다는 것은 우리로선 잘 이해가 되지 않았다), 타지에 와서 피곤함에 지쳐 있던 명화에게 친절하게 대해준 사람이 오직 용대밖에 없었기에 호감을 가지게 되었다고 생각했다.

다영 : 그러다 용대가 명화가 원하는 곳으로 데려다준다고 했더니 명화가 카페에 가고 싶다고 했지. 왜 다른 곳도 아니고 카페를 가길 원했을까?

모아 : 뭐 불법 체류자이긴 하지만 어쨌거나 서른 살 초반의 여자고, 또 자기 나이와 비슷한 세련된 사람들이 많이 다니는 도시에서 일하고 있기도 하니 자연스럽게

그런 사람들이 하는 행동, 가는 곳을 지켜봤겠지. 그리고 자기도 그런 것들을 해 보고 싶다는 생각을 해봤을 거야.

다영 : 그럴 수 있겠네. 어쨌든 명화도 한창 멋을 부리고 싶은 나이대의 여자니까.

현섭 : 카페에서 명화가 자신의 이야기를 용대에게 털어놓았다고 했잖아. 난 여기서 제일 궁금한 점이, 보통 자신의 개인적인 이야기는 친한 사람들 이외엔 잘 안 하잖아? 근데 명화는 왜 이런 말을 용대에게 했을까?

덕헌 : 그냥 친해졌으니까 그런 거 아니야?

현섭 : 용대가 이런 이야기를 해도 되는 사람이라고 판단한 건가? 난 이 부분이 잘 이 해가 안 돼. 책에선 둘이 얼마나 자주 만나고 같이 다녔는지 자세하게 쓰여 있 지는 않았지만, 아무리 길어봐야 몇 개월 짧게 만난 것일 텐데, 그 시간에 명화 가 용대는 믿을 만한 사람이구나 이렇게 생각을 해버린다, 이 말이야?

다영 : 아까 말했듯 용대와 명화에겐 공통점이 있어. 서로가 자신에게 거의 처음으로 친절을 베푼 사람이란 말이야. 원래 자신에게 호의를 보인 사람에겐 쉽게 다가 가게 돼 있어. 거기다 둘 다 지쳐 있을 테니까 더욱 그랬을 거야. 그게 용대와 명 화를 급속도로 가깝게 만들어준 원동력은 아니었을까? 책에도 '어쩌면 명화도 외로운 객지 생활에 지쳐, 용대와 시간을 보내고 있는 건지 몰랐다'라는 말이 나 와 있잖아.

모아 : 근데 솔직히 조선족 불법 체류자라도 10살 이상 차이 나는 여자에게 이러는 거 범죄 아닌가?

덕헌 : 가끔 TV 보면 그런 부부들 이야기 많이 나오긴 하던데.

현섭 : 아니, 난 근데 솔직히 아직 그런 거 이해 안 돼. 동갑이 최고지.

용대와 명화가 서로에게 끌리게 된 계기도 사실 별거 아니었다. 단지 힘들었던 그들에게 친절하게 대해주었고 서로에게 힘이 되었던 까닭이었다. 이야기하다 보니 서로에게 호감을 느끼게 되는 것에 거창한 이유 같은 게 필요한 것은 아니라는 것을 새삼 느끼게 되었다.

모아 : 카페에서 용대는 명화에게 결혼하자고 하려고 했었잖아. 근데 왜 카페에서 뛰쳐나간 거야? 그날이 크리스마스여서 카페에서 빙고 게임 이벤트를 하긴 했지만, 그래도 그냥 그 이벤트에 참여하면 되지 않았을까? 상품도 걸려 있고 참여해도 손해인 이벤트는 아니었던 것 같은데 말이야.

현섭 : 그거지. 왜 보통 드라마 같은 걸 보면 프러포즈는 조용하고 분위기 있는 곳에서 하잖아? 어쩌면 용대도 그걸 알고 일부러 그런 카페를 선택한 걸지도 모르고. 그런데 느닷없이 무슨 이벤트를 한다 어쩐다 하면서 카페 분위기가 자신이 생각한 그런 프러포즈 환경과는 다르다는 것을 알고 혼란스러워진 거지. 그래서 결혼하자고 하려다 말고 그냥 나가자고 한 거일 거야.

다영 : 알았다면 그런 카페에 안 갔겠지?

모아 : 책에도 나와 있잖아. 소란스러운 곳에 괜히 왔나 후회된다고.

덕헌 : 솔직히 나 그런 이벤트 보면 상품이 탐나서 열정적으로 하게 되던데.

모아 : 사실 안 그런 사람 없을 거야. 근데 말했다시피 용대는 명화에게 프러포즈를 하러 왔고, 명화도 프러포즈를 받으리라 짐작은 하고 있었는데, 느닷없이 이벤트 한답시고 분위기가 소란스러워지니 혼란스러웠겠지. 그런 상황에선 상품이 눈에 들어올 리가 있나. 지금 결혼 하느냐 마느냐의 문제가 달려 있는데.

덕헌 : 그러니 결국 못 참고 카페를 나온 것도 이해는 되네. 사실 어떻게 보면 아직 준비가 덜 돼서라고 볼 수 있긴 하지만 말이야.

다영 : 둘 다일지도 모르지. 솔직히 크리스마스였고, 멋들어지게 차려입은 사람 사이

에서, 좋게 말하면 수수하고 그냥 대놓고 말하자면 촌스러운 사람 둘이서 프러
포즈를 한다고 생각해봐. 마치 최신 기계 장비 한가운데 놓인 싸구려 모니터 같
은 느낌이랄까?

현섭 : 근데 명화 말이야. '이제 막 프러포즈를 하려고 하는 남자의 초조를 헤아리며 그
의 결정을 예의 바르게 기다리고 있었다'라고 했는데, 그 말은 명화는 용대가 프
러포즈를 할 것을 어느 정도 예상하고 있었다는 말이네?

덕헌 : 카페에 가고 싶다고 한 건 어쩌면 노린 것일지도 모르지. 솔직히 크리스마스라
는 기념일에 홍대 근처에 있는 세련된 카페에 가서 남녀가 하는 것이 뭐가 있겠
어?

현섭 : 뭐야, 그럼 명화도 은근 기대하고 있었던 거였네.

덕헌 : 어쩌면 용대가 준비가 됐나 안 됐나 확인하는 것일지도 몰라.

프러포즈를 예상하고 그것을 기다리고 있었다는 것. 그리고 그것을 받아들일 준비가
되어 있었다는 것은 결국 명화도 용대에게 마음이 있다는 의미일 것이다. 어쩌면 명화
가 용대에게 카페에 가고 싶다고 한 것도 용대의 결정을 기다리고 또 기대했던 것일지
도 모르겠다.

모아 : 결국 프러포즈는 종로타워 꼭대기에 있는 레스토랑에서 했다고 했어. 아마 용
대가 생각했던 장소는 아니었을 거야. 분명 카페에서 해야 했는데 그러질 못하
니까 어쩌나 생각하다 어쩌다 옮긴 장소였을 거야.

덕헌 : 뭐 사실 어디서 했느냐가 그렇게 중요한 건 아니잖아. 중요한 건 어떻게 했냐 이
거 아냐?

모아 : "나랑 삽시다." 솔직히 애인한테 프러포즈 이렇게 하면 거절당하거나 결혼 후

한참 이 이야기로 말이 많을걸?

덕헌 : 그다지 근사하지도 않고, 용대는 나이가 많기도 하고 말이야. 근데 명화가 프러
포즈를 받아준 이유는 대체 뭐지?

모아 : 일단 호감이 있었으니까 받아줬겠지.

현섭 : 일단 집중해서 봐야 할 점이 명화가 한국 사람이 아니라 중국에서 돈 벌려고 온
조선족이란 사실이야. 아까 말했듯 보통 사람들은 조선족 사람을 그다지 좋지
않게 보잖아. 그런 명화에게 먼저 다가가서 호의를 베푼 사람이 용대 말고 또
있겠어? 그렇게 같이 다니다 보니 어느새 마음이 맞았을 수 있는 거야.

덕헌 : 근데 잘나지 않은 건 용대도 마찬가지잖아.

현섭 : 귀하지 않은 사람이라도 사랑은 하고 싶다. 가족에게 홀대받는 용대, 그리고 중
국에서 밀항 온 조선족 여자 명화. 이 둘의 사랑이 그런 것 같지?

다영 : 그냥 소설 제목을 '흔한 왕따들의 사랑'으로   해도 괜찮을 것 같네.

모아 : 아냐, 근데 현섭이 말이 맞는 게, 책 내용 중 한 달 동안 반지하에서 틈만 나면 안
고 살았다는 내용이 있잖아. 그게 곧 그 둘에게도 사랑이 필요했음을 의미하는
게 아닐까?

덕헌 : 그렇지. 아무래도 사람이니까. 사랑하고 사랑받고 싶은 것이 어찌 보면 당연할
거야.

현섭 : 그러니까 '흔한 왕따들의 사랑' 같은 제목은 좀 어울리지 않는 것 같아. 어쨌든
사랑하고 싶은 '사람'이잖아?

대화 중 문학 시간에 배운 소설 〈메밀꽃 필 무렵〉이 생각났다. 그다지 귀한 대접을 받
지 못하는 용대와 명화의 사랑은 마치 흔하게 널린 메밀꽃처럼 귀하지 않은 사람이라
도 사랑은 하고 싶다는, 간단히 말해 '너희들 사랑만 사랑이냐. 우리들 사랑도 사랑이

다!'라는 의미를 갖고 있다는 점에서 유사하다는 생각을 했다.

"이런 이야기는 행복한 결말로 끝나는 법이 없더라."

덕헌 : 근데 명화 죽잖아. 자기 병이 뭔지도 몰랐겠지, 본인은.

현섭 : 원래 암이라는 게 발병 초기엔 아픈지도 모르지. 그러다 말기가 되면 그때야 증
　　　상이 나타나기 시작하는 거고.

결혼한 지 몇 달 되지 않아 용대는 명화가 암이라는 사실을 알게 된다. 그들 부부는 병원비를 대기 위해 전세에서 월세로, 쪽방으로 옮겨 다닌다. 도움을 청하려 다가갔던 주변 사람들은 "그 여자 처음부터 뭔가 이상하지 않았냐. 비자도 없고 돈도 없고, 갈 데 없고 병드니까 너한테 붙은 거 아니야. 지금이라도 헤어져라" 같은 말을 듣는다. 처음에는 아니라고 부정했지만, 점점 듣다 보니 사실인 것 같다고 여긴 용대는 명화의 신음과 뒤척임에 지쳐갈 때 즈음 술을 마시고 명화의 목덜미를 움켜잡는다. 그리곤 온갖 쌍욕을 다 하다 생각한다. '이 나쁜 여자를 살리고 싶다.' 사랑은 그리 이루기도 어렵더니만 헤어지는 건 한순간이라니! 이야기를 읽다 보니 작가가 행복한 결말을 싫어하나 싶기도 했다.

　　용대는 명화가 죽은 후 진짜 그녀가 자신을 사랑했는지 여전히 궁금해 한다고 했다. 혹시 용대가 자신을 향한 명화의 사랑을 의심하는 것인지 그것에 관해서도 이야기를 해보았다.

모아 : 솔직히 좀 안타깝긴 하네. 그 원하던 사랑을 결국 얻었는데 그렇게 죽어버리다니.

덕헌 : 근데 대체 암인 건 어떻게 안 거야?

모아 : 피라도 토했겠지. 아니면 갑자기 아프다고 해서 병원 갔더니 의사가 "암입니다"

라고 말했거나.

덕헌 : 뭐지, 이 설정? 드라마인가? (웃음)

다영 : 용대가 명화 아픈 거 알고 엄청나게 욕했잖아. 그건 왜 그런 거지?

모아 : 자기도 화났나 보지 뭐. 명화의 마음을 사려고 얼마나 노력했는데, 위암이라면서 곧 죽을 운명이라니. 결혼하고 몇 달 후 암이라는 거 알았다니까, 사실 결혼한 지 얼마 되지도 않았는데 자기 부인이 죽는다고 하니 하늘이 무너지는 느낌이겠지. 우린 욕한 것 다음에 용대가 한 생각에 주목해야 해. '자길 속인 여자. 이용한 여자. 끝까지 순진한 척하는 여자. 이 나쁜 여자를 살리고 싶다.' 짠하지 않아? 욕은 그렇게 했으면서, 용대 마음속으론 결국 명화가 죽는 걸 절대 원하지 않는다 이 이야기야.

다영 : 근데 명화가 죽은 후 용대가 진짜 그녀가 자신을 사랑했는지 여전히 궁금해 한다고 그랬잖아. 그건 자신에 대한 명화의 사랑을 의심하는 건가?

현섭 : 그런 거 아닐까. 그 왜, 결혼한 지 얼마 되지도 않아 명화가 죽었잖아. 그게 마치 자신을 사랑하지 않아 먼저 떠난 것처럼 느껴진 거지.

다영 : 아니면 결혼 후 딱히 말로 애정 표현을 하지 않은 걸 수도?

덕헌 : 에이, 그래도 부부인데 했겠지. 내 생각엔 말로만 사랑한다 어쩐다 했던 여자가 자기보다 먼저 떠나가니까 슬픔이 밀려와서 그렇게 생각한 것 같아.

현섭 : 날 사랑한다면서 어떻게 먼저 떠날 수 있느냐 뭐 그런 말이지? 결국 '진짜 그녀가 자신을 사랑했는지 여전히 궁금해 한다'라는 말은 용대가 진짜 이 여자가 날 사랑했나 하는 것이 아니라 왜 날 두고 먼저 가버렸나 같은 말이라 이거네.

덕헌 : 일종의 그리움?

다영 : 나중에 택시에서 명화가 녹음해준 테이프를 틀고 따라하다가 엉엉 울었다는 것을 보면 확실히 그리워했다고 볼 수 있겠지.

현섭 : 어째 이런 이야기는 행복한 결말로 끝나는 법이 없더라.

《비행운》의 이야기 중 주인공이 잘되는, '결국 모두 행복하게 살았습니다'라는 끝을 맞는 것은 하나도 없었다. 하나같이 '열린 결말인데 어쨌든 등장인물이 불행할 것 같은 이야기'뿐이었다. 〈그곳에 밤 여기에 노래〉도 마찬가지였다. 상경해서 명화를 만나고 결국 행복하게 사나 싶더니 명화가 죽어 결국 혼자가 된다. 결국, 남는 건 그리움뿐이었나 보다.

반전 같은 건 없었지만

모아 : 이제 용대 이야기는 얼추 다 한 것 같다. 그럼 이제 각자 읽고 느낀 점 말해야 하지 않아? 한 사람씩 돌아가면서.

현섭 : 나 먼저 말할게. 일단 그렇게 가족들에게 욕을 먹으면서도 여전히 사고치고 다니고 성격도 변하지 않는, 그냥 뭐 완전 성격장애 같은 용대가 여자 한 명의 마음을 사려고 맛집도 데려가고 뭐 여기저기 같이 다니며 열심히 노력하는 것을 보니, 역시 누구에게나 사랑은 필요하구나라고 생각했어. 사랑하는 사람이 아니었다면 용대가 살면서 이렇게까지 무언가를 위해 노력하려고 했을까?

모아 : 난 보잘것없어 보이는 사람도 어쨌든 사람이고, 사람이기에 사랑하고 싶다는 것을 용대와 명화를 보며 느꼈어. 그 둘에게도 사랑이 필요했으니까 그렇게 적극적으로 맛집에도 가고 프러포즈를 하고 둘이 껴안고 어쩌고 했겠지.

다영 : 나는 용대가 명화와 데이트 다녔던 곳들 있잖아. 맛집이나 뭐 그런 곳. 용대랑 명화의 데이트는 화려한 찻집이나 레스토랑 뭐 그런 화려한 곳에서 이루어진 것이 아니고 소박하기 그지없었고, 프러포즈도 멋진 멘트나 화려한 이벤트 그런 게 아니라 멋없게 "나랑 삽시다" 이거 한마디 건넸잖아. 그럼에도 명화가 받

아준 것은 역시 데이트나 프러포즈 같은 것에서 중요한 건 크기가 아니라 상대
방이 나에게 마음이 있나 없나라는 것을 좀 느꼈어.

덕헌 : 난 이거 읽으면서 안타까움밖에 느껴지지 않는다. 그렇게 여자 마음 하나 얻으
려고 여기저기 같이 다니다 결국 결혼까지 했건만 암이라니. 좀 막장 같기도 하
면서 어떻게 좀 행복해지나 싶었는데 이런 일이 일어나니 작가가 주인공 행복
해지는 꼴을 못 보는 것 같기도 하고.

이렇게 김애란 작가의 《비행운》 중 〈그곳에 밤 여기에 노래〉에 대한 이야기를 모두 마
쳤다. 처음엔 모두 "〈그곳에 밤 여기에 노래〉에서 과연 작가가 우리에게 하고 싶었던
말은 무엇이었을까?"라는 질문을 끊임없이 되풀이했다. 사랑 이야기가 우리에게 가장
와 닿을 것이라는 이유로 선택한 이야기였지만, 아무리 생각을 해봐도 '남자가 비난을
피하고자 서울로 상경해 원하던 사랑을 얻었지만, 배우자가 죽어버리고 결국 혼자 남
겨져 어느 곳에도 설 자리 없는 운명을 맞이하게 된다'라는 이야기에서 대체 작가가
우리에게 무슨 말을 하려고 했는지 이해할 수 없었다.

　하지만 용대의 상황, 그리고 명화의 만남과 이별에 관해 이야기하며 어쩌면 작가는
천대받던 남자 용대와 조선족 여자 명화를 통해 동화처럼 '결국 모두 행복하게 살았답
니다'라는 반전 같은 건 없는 이야기지만 남들처럼 사랑받고 사랑하고 싶다는 것을 표
현하려 했던 것일지도 모른다는 우리만의 결론을 낼 수 있었다.

김모아, 안덕헌, 심다영, 이현섭(2학년)

인식의 지평을 넓히는

단단한 독서수업

질문으로 깊이 읽기

하고운

★★

"우주의 선물, 질문하는 힘"

"이 우주가 우리에게 준 두 가지 선물은 사랑하는 힘과 질문하는 능력이다."

- 메리 올리버,《휘파람 부는 사람》

책을 읽다 보면 자연스럽게 여러 가지 질문이 생기기 마련이다. 혼자 책을 읽으면 그 질문들은 머릿속에 떠올랐다 금세 사라지고 말지만, 수업시간에 친구들과 함께 책을 읽으며 그 질문들을 나누면, 질문 자체가 책을 이해할 수 있는 좋은 열쇠가 된다. 질문에 답을 하는 과정에서 처음 책을 읽을 때는 미처 생각하지 못했던 것들을 새롭게 깨닫게 되기 때문이다.

[질문으로 깊이 읽기]는 질문을 통해 책 내용을 더 깊이 이해하고자 하는 독서수업 방법이다. 소크라테스가 질문과 대화로 학습자를 깨우치게 했듯이, '질문하기'는 교육 현장에서 아주 오랫동안 사용돼온 방법이다.

하지만 이 수업이 기존의 질문 수업과 다른 점은, 교사가 질문을 제시하는 것이 아니라 아이들이 책을 읽으며 떠오르는 궁금한 점을 직접 질문하는 데 있다.

아이들과 함께 질문으로 책을 읽다 보면 신기한 일들이 벌어진다. 허무맹랑하다고 생각했던 질문이 그 책에서 가장 날카로운 질문이 될 수도 있고, 대수롭지 않은 질문에 답하는 과정에서 놀라운 해석이 나오기도 한다. 별것 아닌 것 같은 질문이 책의 핵심을 건드리는 질문이 될 때, 아이들의 눈빛과 자세가 바뀐다. 학급 아이들이 모두 "무슨 그런 질문을 하느냐"라고 친구에게 면박 줄 때, 교사의 "좋은 질문이다"라는 한마디는 수업의 공기를 바꾼다. 질문에 답을 하다 보면 알게 된다. 책에 대해서, 저자의 의도에 대해서, 그리고 나와 이 세상에 대해서.

아이들에게 "네 안에 니체가 있구나", "네 안에 공자가 있구나"라고 했던 동료 교사의 말처럼, 교사는 아이들 안에 있는 잠재력을 끌어내주는 사람이다. 아이들의 모든 질문에 귀 기울여 들어줄 때, 이 수업은 놀라운 발견으로 가득한 수업이 될 것이다.

수업을 시작하기
전에

●

[질문으로 깊이 읽기]는 모두가 함께 같은 책을 읽으며 책에 대한 '질문'을 만들고, 모둠 토론과 전체 토론으로 함께 질문에 대한 답을 찾아가는 수업이다. 이 과정에서 아이들은 집단지성을 이루어 질문을 해결하면서 책에 대해 주체적으로 해석하고 평가한다.

　이 수업은 사실 모든 책을 대상으로 적용 가능하지만, 여기서는 특히 문학작품(소설)으로 수업을 한 사례를 소개하고자 한다. 문학작품은 다른 글에 비해 함축적인 언어로 그 의미를 형성하고 있으므로, 질문을 통해 작품을 읽으면 그 이해와 감상이 더욱 깊어질 수 있다. 작품에 대한 겉핥기식 감상이나 기존의 해설을 정리하고 암기하는 지식 위주의 학습에 비해, 이 수업 방법은 아이들이 능동적인 읽기와 주체적인 해석을 스스로 할 수 있도록 체계적인 단계를 제시해준다. 그 과정에서 아이들은 인간과 세계에 대한 이해와 공감의 폭을 넓히고 깊이를 더할 수 있게 된다.

　'등장인물은 왜 이런 선택을 했을까', '작가는 왜 굳이 이곳을 작품의 배경으로 삼았을까' 등 작품 자체에 대한 질문을 비롯해, '나라면 이런 상황에서 어떤 선택을 했을까'처럼 작품과 독자를 연결하는 질문, '이 작품은 우리 사회의 어떤 모습을 고발하고 있는가'와 같이 작품과 세상을 연결하는 질문 등 아이들이 쏟아내는 질문은 그야말로 가지각색이다. 그런데 이 질문들은 정해진 해답이랄 것이 없는 열린 질문인 경우가 많아서, 그 답을 찾아가는 과정에서 매우 활발한 논의가 이루어진다.

[질문으로 깊이 읽기]는 크게 다음과 같은 과정으로 구성된다. 먼저 질문을 떠올리면서 작품을 읽고 난 뒤, 각자 만든 질문들을 모둠별로 공유하고 토론을 통해 해결한다. 그리고 모둠에서 해결하지 못한 질문은 학급 전체와 공유하여 전체 토론과 교사의 도움을 받아 해결한다. 또 여전히 해결하지 못한 질문이나 여러 가지 해석이 가능한 질문, 핵심 질문 중하나를 택해 질문에 대한 자신의 생각을 글로 쓰며 활동을 마무리한다.

어떤 책을 고를까?

학급 전체가 한 권의 같은 작품을 읽고 수업을 진행하기 때문에 무엇보다 도서 선정이 중요하다. 아이들의 흥미를 불러일으키지 못하면 이 수업은 실패하고 말기 때문이다. 모든 아이들의 흥미를 자극하는 작품을 찾기란 쉽지 않기 때문에 아이들의 성향을 잘 살펴서 책을 선정해야 한다. 발달심리학에서는 청소년기 아이들이 가장 관심을 보이는 주제로 학업, 친구, 사랑, 가족, 진로를 든다. 이러한 주제를 담고 있는 작품을 선정하면 실패할 확률이 낮다. 또 남학생과 여학생은 관심사나 취향이 서로 다를 수 있다. 남학생은 주로 모험을 하거나 반전이 있는 이야기를 좋아하며, 여학생은 관계 또는 내밀한 감정을 서술한 이야기에 더 집중하는 경향이 있다. 따라서 아이들의 성별도 잘 고려하여 작품을 선정하는 것이 좋다.

소설의 경우에는 아이들의 수준이나 성향에 따라 장편소설과 단편소설집 중에서 교사의 재량에 맞게 선택한다. 장편소설은 '한 학기 한 권 읽기'의 취지에 잘 맞고, 아이들이 전체적인 이야기의 흐름을 따라가며 흥미롭게 읽고 이야기할 수 있다는 점이 장점이다. 다만 호흡이 길기 때문에 끝까지 읽어내지 못하는 아이들이 생길 수 있고 작품 전체를 질문의 범위로 삼아야 하는 점을 고려해야 한다.

단편소설의 경우 길이가 짧기 때문에 세심한 부분까지 질문으로 설정해 소설을 하나의 구조물로 읽어낼 수 있다는 점에서, 이 수업 방법에 가장 잘 어울리는 텍스트라고 볼 수 있다. 그러나 단편소설 여러 편을 읽고 활동해야 한다는 점과, 소설 여러 편을 하나의 주제 아래 엮어서 읽어야 하는 점이 어려울 수 있으므로 이에 유의해야 한다. 나는 한 학기 동안 읽을 소설 목록을 정해서 미리 제본을 해두었더니 한 학기 내내 아주 편했다. 수업하기 좋은 단편소설들을 골라 타이핑을 해서 수업 자료 형식으로 묶는 것이다. 장편소설의 경우에는 책을 사거나 빌리면 되지만 단편소설은 출처가 제각각이니 처음에는 손이 조금 가더라도 제본을 해야 책을 읽는 느낌이 난다. 매시간 A4 용지에 복사를 해서 나눠줄 때도 있었지만, 프린트물의 특성상 소중하게 간직하기 힘들고 시험이 끝나면 쓰레기통으로 직행하기 십상이다(쓰레기통에 처박힌 프린트물을 볼 때마다 마음이 너무 아팠다). 제본이 여의치 않거나 어떤 소설이 좋은지 몰라 고민이라면 시중에 청소년용으로 나와 있는 단편소설 모음집으로 수업을 하는 것도 하나의 방법이다.

한편, 이 수업 방법을 활용해 시집을 깊이 읽는 활동 또한 가능하다. 특히 한 명의 작가를 선정해서 깊이 있게 이해하고 싶을 때 이 방법을 유용하게 활용할 수 있다. 아이들이 잘 알고 있는 시인이라 할지라도 정작 그 시인의 유명한 몇 작품만 알고 있을 뿐 제대로 시인의 시집을 읽어본 경험이 거의 없기 때문이다. 질문을 통해서 시집을 더욱 깊이 있게 읽을 수 있을 뿐 아니라, 시집을 읽는 수업 그 자체로서 아이들에게는 유의미한 문학적 경험이 될 수 있다.

어떤 질문을 할 수 있을까?

아이들이 소설을 읽고 할 수 있는 질문의 층위는 크게 네 가지 유형으로 구분해볼 수 있다.

첫째, 작품을 더욱 정확하고 세심하게 읽을 수 있도록 도와주는 질문이다. 이러한 질문들은 작품의 사실관계를 확인하면서 작품에 대한 이해를 돕는다. (〈타클라마칸 배달사고〉 수업 예: 95쪽에서 '병수가 전하려던 것'은 무엇인가? / 민소와 은수가 헤어지게 된 원인은 무엇인가?)

둘째, 작품 속에서 자세히 설명되지 않은 등장인물들의 행동의 의도나 배경 설정, 사건의 의미를 문맥을 살펴 추론하는 질문이다. 이러한 질문들은 작가가 소설을 쓴 의도나 주제와 맞물리면서 작품을 더욱 깊게 읽도록 하는 핵심적인 질문들이다. (예: 왜 작가는 소설의 배경을 도시화율 100%의 빈스토크로 했을까? / 왜 병수는 빈스토크가 바벨탑이 아니라고 하면서도 인정하고 있을까? / 은수는 왜 민소를 사랑하지도 않는데 그를 도와주었을까? / 편지 배달은 병수가 잘못했는데 왜 이 작품의 제목이 '타클라마칸 배달사고'일까?)

셋째, 작품의 내용을 우리 사회와 비교하거나 적용해보는 질문이다. 앞의 두 경우가 작품에 대한 내재적 접근이라면, 이 질문들은 외재적인 접근으로서 문학이 사회를 반영하고 또 변화시킬 수도 있음을 전제하고 제기하는 질문이라는 점에서 의의가 있다. (예: 빈스토크와 우리 사회가 닮은 점은 무엇이고, 다른 점은 무엇일까? / 사막에서 실종된 민소를 찾기 위해 300만 명의 사람들이 스스로 시간을 투자하는데, 왜 아직도 이 세상의 누군가는 굶어죽고 또 누군가는 전쟁의 공포를 느끼는가?)

넷째, 작품 속에서 논쟁적이거나 철학적인 주제를 찾고, 이를 논제의 형태로 제시하는 질문이다. 소설의 의미를 따지는 질문이 아니라, 소설은 질문을 위한 하나의 단서로 작용하고 새로운 주제를 창출한다는 점에서 앞의 세 유형의 질문과 완전히 다른 성격이라고 볼 수 있다. 작가의 의도가 아니라 독자의 생각을 물어보는 질문이기 때문에 아이들의 반응이 가장 잘 나타날 수 있는 질문이다. (예: 전체의 이익을 위해 개인을 희생할 수 있는가? / 사람과 사람 사이의 관계에서 가장 중요한 것은 무엇일까? 의도가 좋았지만 결과가 좋지 못한 경우에 타인 또는 사회적 질타를 마땅히 받아야 하는가?)

한편, 작품에 대한 이해 없이 그냥 질문을 만들라고 하면 엉뚱한 질문이 나올 수 있다. 질문을 만들기 전에 소설을 읽으면서 생각하거나 느낀 점들을 그때그때 정리하게 하고 인상적인 문장과 그 이유도 쓰게 한다(독서일지). 이렇게 혼자 곰곰이 작품의 의미를 곱씹어보고 난 후에 만드는 질문은 그 깊이가 다르다.

그리고 아이들이 책의 내용을 정리하기 어려워하는 경우에는 작품의 이해를 돕는 빈칸 채우기 학습지가 유용한 징검다리 역할을 한다. 학습지에 줄거리를 정리하거나, 인물·배경 등 작품의 전반적인 사항들을 요약하여 빈칸을 채워 넣게 한다. 그래야 읽기 능력이 떨어지거나 꼼꼼하게 책을 읽지 못하는 아이들도 작품에 근거한 질문 만들기와 해석이 가능하다.

읽기 [讀]	도서 선정	학급 전체가 함께 읽을 책 선정하기
	책 읽기	질문 생성하며 책 읽기
생각 나누기 [討]	논의하기	모둠별로 질문 공유하고 해결하기
		모둠에서 해결하지 못한 질문을 학급 전체에 공유하기 질문을 유형화하고, 단계적으로 해결하기
표현하기 [論]	쓰기	해결하지 못한 질문에 대해 자신의 생각 쓰기

단계	개요	차시	활동 내용	비고
1	질문 생성하며 소설 읽기	1-6	• 책 소개 • 소설 읽기 • 독서일지 쓰고 질문 2개씩 만들기	소설, 독서일지
2	모둠별 질문 해결하기	7	• 각자 만든 질문을 모둠별로 공유하기 • 모둠 토론을 통해 질문 해결하기 • 모둠활동지에 질문과 답 쓰기	모둠활동지
3	학급 전체 질문 해결하기	8-9	• 모둠별 질문을 학급 전체와 공유하기 • 모둠 토론·발표와 전체 토론을 통해 질문 해결하기	
4	질문에 대한 자기 생각 쓰기	10-11	• 핵심 질문 또는 해결되지 못한 질문 중 하나를 택하고 이에 대한 자기 생각 쓰기	활동지 (노트)

어떻게
수업할까?

●

**[1단계] 질문 생성하며 소설 읽기
(1-6차시)** *"질문에 집중하라"*

먼저 교사가 선정한 책에 대해 소개한다. 학급 전체가 하나의 소설을 읽고 함께 이야기를 나누어야 하므로 교사가 잘 이해하고 있는 소설을 선정하는 것이 좋다. 경우에 따라서는 책을 세 권 정도 들고 들어가 아이들이 투표하게 할 수도 있다. 책을 선정한 이유에 대해 간단하게 소개하면 아이들의 몰입도가 높아진다.

선정한 소설의 길이에 따라서 차시 구성은 달라질 수 있다. 단편소설의 경우에는 1~2차시 만에 다 읽을 수 있으나, 장편소설은 4~5차시 또는 분량에 따라 6차시 이상이 걸릴 수도 있다. 작품의 분량이나 난이도에 따라 적절히 차시를 조정하여 운영한다.

소설을 읽는 속도는 사람마다 천차만별이다. 내가 근무하는 과학고 학생들의 경우에는 성실한 학생들이 많아서, 단편소설의 경우 한 시간을 책 읽기 시간으로 주고 시간 내에 다 못 읽은 아이들은 과제로 각자 읽어오라고 했다. 하지만 책 읽기 속도가 전반적으로 많이 더딘 경우라면 읽는 시간을 충분히 주는 것이 좋다. 책을 빨리 읽는 학생이 있을 때는 미리 독서일지를 작성하게 하거나, 관련된 다른 소설들을 더 읽게 하면 된다. 단편소설의 경우 소설집에 실린 다른 작품까지 읽으면 작품에 대한 이해가 더 높아진다. 장편소설의 경우에는 교사가 같은 작가의 다른 소설을 미리 준비해가서 건네주면 잘 읽는다. 반면 다른 친구들보다 늦게 책을 읽는 아이의 경우에는 집에서 더 읽어올 수 있도록 한다.

그런데 묵독과 낭독 중에서 어떤 방법이 더 좋을까? 늘 고민하게 되는 문제다. 학급에 따라 묵독을 좋아하는 반이 있고 낭독을 좋아하는 반이 있는데, 주로 읽기 실력이 있는 아이들은 묵독을 좋아하는 반면 책 읽기에 익숙지 않은 아이들은 낭독을 더 좋아한다. 대체로 첫 시간은 묵독보다는 낭독을 진행하면 좋다. 글을 읽기 어려워하는 아이들도 낭독을 하면 다른 친구들과 같이 읽어나갈 수 있기 때문이다. 글에 관심을 갖게 되면 그 후로는 집중력이 생기므로 다음 시간부터는 묵독으로 읽어도 된다.

낭독의 단점은 책을 잘 못 읽는 학생(또는 목소리가 작은 학생)이 낭독을 할 때 아이들의 집중도가 떨어진다는 점인데, 미리 오디오북을 준비해 들려주면 낭독을 잘 못하는 아이들도 소외되지 않는다는 장점이 있다. 직접 교사나 학생의 목소리로 오디오북을 녹음하여 들려주면 옛이야기를 듣는 것처럼 편하게 책 내용에 집중할 수 있으며, 음량을 조절할 수 있다는 장점도 있다. 모든 학교에서 성공한 방법이므로, 낭독을 할 때는 오디오북으로 꼭 실험을 해보기를 권한다.

단편소설의 경우 한 편을 다 읽으면 독서일지를 쓴다. 독서일지 양식은 경우에 따라 조금씩 달라지지만, 기본적으로 인상적인 문장과 그 이유, 소설에 대한 생각과 감상을 쓰고, 필요하다면 소설의 줄거리 등도 기록하게 한다. 그리고 소설을 읽으면서 궁금한 점을 각자 2개씩 만들어 매시간 기록한다. 나는 독서일지로 국어 공책을 사용하는 방식을 선호하는데, 참을 수 없는 프린트물의 가벼움 때문이다. 물론 수업을 하다 보면 프린트물을 안 쓸 수 없지만, 각자 자신의 생각을 정리해나가는 공책이 있는 것과 프린트물로 정리하는 것은 조금 다르다. 프린트물에 비해 공책은 잃어버릴 염려가 훨씬 적고, 누적해서 계속 써나갈 수 있으며, 생각의 변화 또는 발전 과정을 자신의 눈으로 직접 확인할 수 있다. 그렇게 공책에 자신의 생각을 메모하고 정리하고 발전시켜나가는 능력을 키워주고 싶다.

'인상적인 문장'은 2개 이상 고르고, 그 이유를 각 3줄 이상씩 쓴다. 이때 분량을 정해주지 않으면 아예 쓰지 않으려고 하는 아이들이 있으므로 나는 어느 정도 분량을 정해주는 것에 찬성하는 편이다. 어느 정도 이상의 '양(量)'으로 글을 쓰면, 글의 '질(質)'이 높아지기 때문이다.

'생각과 감상'은 주로 선택사항으로 진행한 경우가 많았다(그러면 물론 안 쓰는 아이들이 대다수이지만, 몇몇 아이들은 꼭 이 부분까지 가득 채워 노트를 낸다). 왜냐하면 처음부터 과제가 너무 많으면 부담이 되고, 이미 인상적인 문장에 대한 이유를 쓰면서 자신의 생각이 나오기도 했기 때문이다. 그리고 가장 큰 이유는 '질문'에 집중하기 위해서인데, 수업시간에 함께 '질문'을 하고 해결한 다음에는 더 깊고 풍부한 생각을 하게 되므로 미리 생각과 감상을 강제할 필요는 없어 보인다.

무엇보다 이 수업의 하이라이트는 '질문'을 2개 이상 쓰는 데 있다. 아이들의 질문을 2개씩만 모아도 좋은 질문들이 꽤 많이 나온다. 답은 할 필요가 없고 그냥 소설을 읽으면서 궁금한 점을 쓰라고 하면 된다. 처음에는 책을 읽고 질문을 만들어내는 활동 자체를 어려워하는 아이들이 있을 수 있다. 이럴 경우에는 교사가 먼저 예를 제시하면 아이들이 쉽게 따라한다. 가장 쉬운 방법은 소설의 모든 국면에 '왜'를 붙여보는 것이다. 작품의 배경 설정, 인물의 성격, 인물의 대사나 행동, 작품의 결말 등에 '왜'를 붙이면 훌륭한 질문이 된다. (예: 왜 이 작품의 배경을 674층짜리 건물로 설정했을까? / 왜 은수는 민소에게 헤어지자고 했을까?)

소설의 특성에 따라서 별도의 과제를 내주기도 했다. 예를 들어 배명훈의 단편소설 〈타클라마칸 배달사고〉(《타워》에 수록)의 경우에는 역순행적 구성이기 때문에, 소설의 흐름을 잘 잡기 위해서 "사건을 장면별로 나누고, 각 사건에 번호를 매겨서, 시간 순서에 맞게 줄거리를 정리하라"는 과제를 냈다. 또 성석제의 단편소설 〈황만근은 이렇게 말했다〉(교과서 수록)의 경우에는 소설에 나오는 '황만근가'의 노래가사를 쓰고, 그 노래가사의 내력에 대해 정리하게 했다. 소설의 기본적인 내용을 이해하는 활동이 필요하기 때문이다. 이러한 활동을 한 후에 독서일지를 쓰면 내용의 질이 훨씬 높아진다.

[수업 예]

소설을 읽으면서 인상적인 문장과 그 이유, 그리고 책을 읽으면서 든 생각과 감상을
자유롭게 써봅시다. 또한 소설을 읽으면서 생긴 질문 거리를 2개 이상 기록해봅시다.

읽은 날짜	책 제목	지은이	읽은 쪽수
20 . . . 교시			(~)쪽
인상적인 문장과 그 이유			
생각과 감상			
책을 읽으면서 궁금한 점	• •		

"질문의 답은 작품에 근거해서"

4명씩 한 모둠이 되어 각자 만든 질문들을 모둠별로 공유한다. 겹치는 질문이 있을 수도 있고 그렇지 않을 수도 있다. 모둠활동지에 각 모둠원이 모은 8개의 질문(한 사람이 2개씩)을 사건의 순서에 맞게 1부터 8까지 배치하며, 각 질문에 중요도로 별점을 매기고(아주 중요한 질문 ★★★, 중요한 질문 ★★, 중요하지 않은 질문 ★), 질문을 한 학생의 이름도 같이 적는다.

활동지에 질문을 다 썼으면 순서대로 모둠별 대화와 토론을 통해 질문을 해결해본다. 교사는 계속 교실을 돌아다니면서 모둠 토론이 잘 되고 있는지 점검하고, 어려워하는 모둠에 도움을 준다. 이때 주의할 점은 모든 질문에 대한 답은 작품에 근거해서 찾아야 한다는 사실이다. 아이들이 단순히 자기 생각을 이야기하는 것이 아니라, 작품 속에서 근거를 찾아가면서 작품을 이해하고 질문에 대한 답을 찾아가도록 모둠을 순회하면서 계속 점검한다.

모둠 토론을 통해 해결한 답을 모둠활동지에 쓴다. 각자 몰라서 한 질문이기 때문에 8개 모두를 해결하기는 쉽지 않다. 모든 질문을 다 해결할수 없더라도 최대한 집단지성을 발휘하여 질문에 대해 진지하게 답해보게 한다. 모둠별 활동 시간의 여유나 아이들의 참여도 등을 고려하여 활동을 진행하고, 수업시간에 해결하지 못한 질문들을 점검한 후 모둠활동지를 교사에게 제출한다.

[수업 예]

각자 만든 질문들을 이야기의 흐름에 따라 순서를 재배치하여 정리한 후, 모둠 토론을 통해 우리가 만든 질문들을 해결해봅시다. 그리고 가장 좋은 질문 세 개를 뽑아 별표를 하고, 토론을 하고 나서도 답을 찾기 어려운 질문에는 물음표 표시를 해둡시다.

질문 1	질문: 답:	(출제자 :)
질문 2	질문: 답:	(출제자 :)
질문 3	질문: 답:	(출제자 :)
질문 4	질문: 답:	(출제자 :)
질문 5	질문: 답:	(출제자 :)
질문 6	질문: 답:	(출제자 :)
질문 7	질문: 답:	(출제자 :)
질문 8	질문: 답:	(출제자 :)

아이들의 질문을 학급 전체에 제시하는 방법에는 크게 두 가지가 있다.

첫째, 아이들이 직접 나와서 각 모둠에서 뽑은 질문들을 칠판에 쓰게 하는 방법이다. 모둠별로 한 명씩 나와서 지난 시간에 해결하지 못한 질문이나 반 전체와 공유하고 싶은 질문을 2개씩 쓴다. 칠판이 질문 저장소의 역할을 하게 되어 모두가 한눈에 학급 전체의 질문을 확인할 수 있다. 이 방법은 교사의 부담이 적을 뿐만 아니라, 아이들이 직접 질문의 우선순위를 정하기에 생생한 수업이 가능하다. 다만 질문을 해결할 시간이 부족할 수 있고, 수업의 흐름을 정확히 예측할 수 없다는 점을 고려해야 한다.

둘째, 교사가 아이들이 제출한 모둠활동지를 수업 전에 미리 검토하고, 겹치는 질문이나 중요한 질문들을 정리하여 학습지로 만들어 아이들에게 배부하는 방법이다. 아이들은 학습지를 훑어보면서 같은 작품을 읽고서 어떤 질문들이 나왔는지 확인할 수 있으며, 다른 아이들의 질문을 통해 작품을 보는 눈이 질적으로 확장되는 경험을 하게 된다. 이때 질문을 한 학생의 이름을 질문 옆에 같이 적어주는 것이 좋은데, 자신의 이름이 인쇄되면 아이들은 자긍심을 느낄 뿐만 아니라 훨씬 이 학습지를 생생한 자료로 여기기 때문이다. 이 방법은 중요하지 않은 질문을 걸러내고 교사가 수업의 방향을 미리 예상하고 전개해나갈 수 있다는 장점이 있으나, 수업 준비에 시간과 노력이 너무 많이 든다는 점에서 교사의 부담이 큰 방법이다.

이렇게 함께 해결해야 할 질문을 모두 공유했다면, 이야기의 흐름에 맞게 중요한 질문들을 순서대로 해결해나간다. 질문의 순서를 재배치할 때는 이야기의 흐름에 따르되, 질문의 층위를 고려해야 한다. 먼저 작품의 내용을 정확히 파악한 다음에야 작품의 주제나 작가의 의도를 추론할 수 있으며, 이 작업이 선행된 후라야 작품을 사회적으로 바라보는 등의 외재적 접근도 가능하기 때문이다.

특히 앞에서 언급한 첫 번째, 두 번째 층위의 질문들(내재적 접근)은 아이들이 토론을 통해 답을 찾아갈 수 있도록 몰입도를 높이는 질문이고, 세 번째, 네 번째 층위의 질문들(외재적 접근)은 텍스트를 통해서 사고력을 확장시킬 수 있는 질문이다. 따라서 첫 시간에는 첫 번째, 두 번째 층위의 질문들을 다루고, 세 번째, 네 번째 층위의 질문들은 그다음 차시에 다루는 것이 좋다.

교사는 사회자 역할을 하면서 아이들로부터 답을 이끌어낼 수 있도록 계속해서 질문하거나 학생의 답에 의문을 제기해야 한다. 그 과정에서 자연스럽게 첫 번째 질문에서 두 번째 질문으로 이어질 수 있으며, 각 질문들이 징검다리 역할을 하면서 서로 다른 질문들이 하나의 주제로 귀결될 수 있다. 이때 교사는 아이들의 답을 판결하는 평가자가 아니라, 더 좋은 질문을 이끌어낼 수 있게 도와주는 조력자의 역할을 해야 한다.

마지막으로, 질문을 모두 해결한 후 교사가 수업 중에 나온 이야기들을 간단하게 정리해준다. 아이들이 찾아낸 소설에서 핵심적인 부분들을 키워드로 정리해주고, 그걸 찾아낸 아이들에 대한 칭찬도 잊지 않는다. 혹시 수업에서 다루지 못한 중요한 지점이 있다면 교사가 이때 이야기해주는 것이 좋다. 아이들은 이미 작품에 집중한 상태이므로 교사의 해석 또한 의미 있게 받아들인다. 끝내 해결하지 못한 질문이 있다면 10~11차시의 글쓰기 과제로 제시한다.

[수업 예]

① 전체 토론을 통해 해결하고 싶은 질문을 2개만 뽑아서 칠판에 써봅시다. 우리 모둠에서 해결하지 못한 질문이나, 답을 찾았으나 반 전체와 공유하고 싶은 질문이면 더욱 좋습니다.

② 칠판에 적힌 다른 모둠의 질문들을 보고 비슷한 질문들끼리 묶어봅시다. 또 먼저 해결하면 좋은 질문과 나중에 해결하면 좋은 질문이 무엇인지 생각해보고, 순서에 따라 질문을 배치해봅시다. 왜 그렇게 생각하는지 이유를 말해봅시다.

③ 질문의 순서를 정했으면 전체 토론을 통해 각 질문들을 해결해봅시다.

"자신의 언어로 작품을 말하기"

지금까지 질문하고 토론한 내용을 바탕으로 작품에 대한 한 편의 글을 쓰는 시간이다. 작품 전체를 관통하는 중요한 질문이나, 마지막 시간까지 해결하지 못한 질문 중 하나를 택해 글을 쓰는 것이다. 즉, 아이들이 만든 질문 자체가 글쓰기 과제가 되며, 이에 대해 아이들은 작품의 내용, 수업 시간에 나눈 대화, 자신의 생각을 엮어 한 편의 글로 써낸다.

글쓰기는 수업시간에 해도 되고, 시간이 부족할 경우 따로 과제로 내주어도 된다. 국어 공책에 자신의 생각을 정리하는 짧은 글쓰기 과제로 제시할 수도 있고, 1시간 정도 수업을 빼서 수행평가로 진행할 수도 있다. 단순히 질문에 대한 자신의 생각을 쓰는 것이 아니라 소설 전체에 대한 비평문 쓰기, 또는 사회를 비판적으로 바라보는 논술문 쓰기 등으로 다양하게 변형하여 수업하는 것도 가능하다. 어떤 방식으로든 소설을 다 읽고 나서 자신의 언어로 글을 써보는 작업은 꼭 필요하다. 단순히 수업 시간에 질문을 해결하고 끝나는 것이 아니라, 작가의 의도에 대해 다시금 곰곰이 생각해볼 때 놀라운 통찰을 할 수 있기 때문이다.

[수업 예]

작품의 전체를 관통하는 중요한 질문, 또는 마지막 시간까지 해결하지 못한 질문 중 내가 글쓰기를 통해 해결하고 싶은 질문을 하나 선택하여 이에 답하는 글을 써 봅시다.

어떻게
평가할까?

10~11차시 글쓰기 활동의 결과를 수행평가로 반영할 수 있다. 작품에 근거한 해석인지, 작품의 전체적인 의도와 해석이 어울리는지, 작품에 대한 주체적인 해석을 하고 있는지를 중점적으로 평가한다. 또는 지필평가의 서술형 평가로 반영하는 방법도 있다. 서술형·논술형 평가 문항으로 수업시간에 다룬 핵심 질문 중 하나를 제시하고, 이에 대한 자신의 생각을 쓰게 하는 것이다.

글쓰기 평가는 '결과평가'이긴 하지만, 수업에 적극적으로 참여했을 때 좋은 글이 나올 수 있다는 점에서 수행 과정 전체를 반영하는 측면이 있다. 그리고 '과정평가'로서 모둠 토론과 전체 토론에 열심히 참여한 학생의 참여도를 점검해서 평가에 가산점을 부여하는 방법이 있다.

장편소설이 아니라 단편소설을 여러 편 읽는 수업일 경우에는 매번 글쓰기 과제를 수행해야 하므로 평가가 부담이 될 수 있다. 이때에는 분량을 제한해서 글쓰기 부담을 최대한 줄이고, 다양한 질문으로 아이들이 자신의 생각을 자유롭게 펼칠 수 있도록 하는 것이 중요하다. 그리고 과정평가·누적평가로 매시간 열심히 참여한 학생에게 높은 점수를 부여한다.

평가 장면	평가 기준	확인
책 읽기	책을 충실히 읽고 독서일지를 작성했는가?	
토론	질문을 2개 이상 만들었는가?	
	모둠 토론에 열심히 참여했는가?	
	전체 토론에 열심히 참여했는가?	
글쓰기	작품의 핵심 내용을 언급했는가?	
	작품의 내용과 관련지어 해석했는가?	
	자신의 주장(해석)에 대한 근거가 드러났는가?	

묻고
답하기

●

Q 아이들이 질문 만들기를 어려워하면 어떻게 하나?

교사가 먼저 예를 제시하면 아이들이 쉽게 따라한다. 가장 쉬운 방법은 소설의 모든 국면에 '왜'를 붙여보는 것이다. 작품의 배경 설정, 인물의 성격, 인물의 대사나 행동, 작품의 결말에 '왜'를 붙이면 훌륭한 질문이 된다.

Q 글쓰기 주제로는 어떤 질문이 좋은가?

앞에서 언급한 질문의 네 가지 층위 중에서 세 번째 유형, 즉 '작품의 내용을 자신이나 사회와 연관 짓는 질문'이 가장 적합하다. 첫 번째, 두 번째 층위의 질문, 즉 작품 자체의 이해를 깊게 하는 질문들은 어느 정도 답이 정해져 있는 데 비해, 작품에 대한 이해를 확장시켜 자신과 사회로까지 연결시켜보는 질문들은 문학작품을 더 주체적으로, 독창적으로 해석할 수 있는 가능성을 열어주기 때문이다. 다만 네 번째 층위의 질문(논쟁적이거나 철학적인 질문)을 글쓰기 주제로 삼는 것은 신중해야 한다. 소설의 내용과 무관하게 자신의 평소 생각을 쓰기 쉽기 때문에, 소설을 읽은 후의 평가 대상으로 삼기에는 어려움이 있다(예를 들어 '전체의 이익을 위해 개인을 희생할 수 있는가?'라는 질문은 작품의 맥락과 관계없이 답할 수 있는 질문이다). 이때는 작품 속 인물이나 상황을 예시로 들라고 하거나, 질문과 작품이 만날 수 있는 연결고리를 제시해야 한다는 조건을 주는 것이 좋다.

수업을
마치며

●

"작가의 심정을 감추면서 독자에게 미스터리를 준다. 분명히 얘기하지 않는 모호함, 이러한 모호함을 통해서 독자가 여러 겹의 이야기를 발견하게 한다. 이것이 곧 좋은 작품의 특징이다. 그런데 우리 문학 교육은 '주제가 무엇인가?'를 찾아내게 한다. 사실 주제는 중요하지 않다. 전 세계의 일급 작가들은 어떤 이야기를 하려고 글을 쓰는 것이 아니다. 설령 하고 싶다 하더라도 하고 싶은 이야기를 여러 겹의 다른 이야기로 겹쳐 놓아, 독자로 하여금 다양한 것들을 발견하게 한다. 그래야지만 작품이 시간을 견디면서 여러 세대, 독자들에게 사랑받을 수 있다. (…) 소설은 매번 읽을 때마다 다른 느낌을 준다. 소설을 읽고 그것을 자신의 삶에서 느끼고 공감할 수 있다면!"

언젠가 김영하의 팟캐스트를 듣다가 뜨끔, 했던 적이 있다. 나 역시 얼마나 많이 아이들에게 '주제 찾기'를 시켰던가. 그런데 [질문으로 깊이 읽기] 수업을 하고 나서부터는 좀 더 소설의 본질에 다가가는 수업을 하고 있다는 생각이 든다. 가끔 아이들과 질문에 대한 답을 찾아가다가 예상치 못한 답변에 모두가 소름이 돋는 듯한 순간을 경험할 때가 있다. 그럴 때 왠지 김영하 작가가 말한 '여러 겹의 이야기'가 이런 것이겠구나, 생각하게 된다. 질문으로 깊이 읽어가면서 아이들은 각자가 저마다의 이야기를 발견한다. 그 과정을 목격하는 것은 국어 교사로서 큰 기쁨이다.

나 역시 이 수업을 통해 비로소 소설이 '여러 겹의 이야기'를 지녔음을 알게 되었다. 작가가 허투루 소설을 쓰는 것이 아님을 알고는 있었지만 이렇게 치밀하게 구성할 줄은 몰랐던 것이다. 아니, 어쩌면 이는 작가의 치밀한 계산 때문이 아니라 아이들의 빼어난 해석 덕분인지도 모르겠다. 작가의 손을 떠난 텍스트는 온전히 독자의 몫이니 말이다.

처음에는 질문을 만드는 것에 익숙하지 못해 어려워했던 아이들도 이 수업을 여러 번 거치다 보면 자연스럽게 질문을 만드는 능력이 생긴다. 그리고 그 질문을 해결해가는 과정에서 느끼는 쾌감은 경험해본 사람만이 안다. 이 수업을 하면서 예전에 본 EBS 지식채널 〈시험의 목적〉이라는 영상을 머릿속에 떠올린다. 바칼로레아 철학 시험이 있는 날, 프랑스에서는 바칼로레아 시험 문제로 학생들뿐만 아니라 거리의 시민들, 연예인들, 정치인들 모두가 소리 높여 토론을 한다. '폭력은 어떠한 상황에서도 정당화될 수 없는가?', '특정한 문화의 가치를 보편적으로 판단할 수 있는가?', '정치에 관심을 두지 않고도 도덕적으로 행동할 수 있는가?' 스스로 생각하고 행동하는 건강한 시민을 만드는 핵심에 '질문'이 있다. 질문하는 인간만이 더 나은 세상을 꿈꿀 수 있으므로.

소설 제목 〈황만근은 이렇게 말했다〉(성석제)

내가 선택한 질문 우리는 왜 이 소설을 읽고 감동을 느끼는가?

이 작품을 읽었을 때 가슴이 답답하고 미어지는 느낌을 받았다. 이런 감동을 받은 작품이 몇 개 되지 않는데, 내용의 진행 순서를 다시 읽어보면서 왜 이런 느낌을 받았는지에 대해 알아보았다.

시작은 '황만근의 실종'으로 동네 사람들이 모여 황만근에 대해 떠들던 장면이다. 여기서 잡힌 황만근의 이미지는 동네를 실실 웃으며 돌아다니면서 어른들께 90도로 인사하는 〈은밀하게 위대하게〉 첫 부분에 나오는 바보 같은 모습이었다. 이후는 '황만근가'의 가사를 해석하며 황만근의 천박하고 우스꽝스러운 바보 같은 이미지를 떠올리게 한다. 조금 걷다가 넘어져 머리를 박고, 실실 웃으면서 일어나 다시 걷고, 짧은 발음으로 국수를 사는 그런 모습을 떠올리게 한다. 가사의 후반을 해석하면서 황만근이 겪어온 나쁜 일들(아버지의 이른 사망, 아내의 사라짐)을 설명하며 마지막으로 아내가 황만근에게 경운기 사용법을 알려준 후부터 본격적인 이야기(작가의 의도)가 시작된다.

황만근에게 경운기가 생겼다는 이야기를 하고서야 작가는 '아이나 장정의 품삯의 반을 받으며 남들의 두 배를 일했던 그에게 경운기가 생기고, 한 사람 이상의 대접을 받으며 행복하게 살았다'는 식으로 그의 품성을 숨긴다. '숨긴다'? 그렇다. 작가는 그의 성품을 작품 군데군데에 숨겨서 알아볼 수 없게 했다. 사실 작품을 꼼꼼히 살펴보면 "어머니가 고등어를 먹고 싶어 해서 사라졌다", "혼잣몸이 된 노인들에게는, 알고 그러는지 모르고 그러는지 더 자주 거름을 가져다 주었다" 등 떡밥을 던져놓았다. '알고 그러는지 모르고 그러는지'에서 바보스러운 모습으로 이를 숨겼고, 민 씨와의 대화에서 단순한 황만근의 생각을 괄호를 통해 민 씨의 생각으로 표현했다.

주목해야 할 점은 이뿐만이 아니다. 작가는 '황만근가'를 순서에 맞지 않게 해석했다. 이는 황만근의 본성을 그의 바보 같은 모습으로 숨겨 보이게 하지 않으려는 의도로 볼 수 있다. 즉, 우리로 하여금 황만근을 바보로 바라보는 마을 사람들의 시각을 가지게끔 작가가 만든 것이다. 이러한 시각에서 황만근의 진짜 사람 됨됨이를 차근차근 보여주고(남들이 꺼려하는 일에 나섬), 그것을 부각시키고(이장의 궐기대회 권유), 절정(민 씨와의 대화)에 도달한 뒤, 그의 죽음을 (그것도 다섯 줄 내로 무뚝뚝하게) 알린다. 이것을 도화선으로 작품의 앞에 심어진 떡밥과 우리에게 심어진 황만근에 대한 시각이 시한폭탄처럼 작용하여 그를 무시하던 마을 사람들이 느끼는 것과 똑같은 감정인 슬픔, 미안함, 죄책감이 느껴지게 하는 것이다. **손광호(1학년)**

소설 제목 〈서른〉(김애란)

내가 선택한 질문 작가는 우리에게 무엇을 전하려고 이렇게 슬픈 이야기를 지어낸 것일까?

강수인은 편지에서, 자신은 요즘 학원가를 다니는 아이들을 보며 '너는 자라 내가 되겠지… 겨우 내가 되겠지'라고 생각한다고 고백했다. 강수인도 독서실에서 열심히 공부하고 아르바이트하며 대학생활을 하던 때까지만 해도 자신이 그런 삶을 살 것이라고는 생각하지 못했을 것이다. 도대체 무엇이 강수인을 그런 삶으로 내몰았던 것일까? 밑의 세대들로부터 또 다른 제2의, 제3의 강수인이 나오지 않기 위해서는 무엇이 바뀌어야 하는 것일까? 저자는 우리에게 질문을 던지며 이 세상을 함께 바꾸자고 도움을 요청하고 있다. 소설 속에서 저자는 대학생이 예전에는 학생운동을 했고 현재는 다단계 판매를 한다는 정도의 차이가 있다고 했다. 즉 현재 사회문제의 시작은 대학생 때부터라는 것이다. 소설 속에 등장하는 많은 사람들이 대학을 들어감에 따라서 순식간에 빚쟁이가 되어버리고 만다. 과거에는 대학생이 '배운 사람'으로 통할지도 모르지만 현재는 그저 빚쟁이뿐일 수도 있다는 것이다. 우리 사회는 열심히 공부하면 꿈을 이룰 수 있다며 추상적인 미래를 제시한다. 하지만 현실은 과정을 보지 않고 누가 얼마나 노력했든지 신경 쓰지 않는다. 그저 일렬로 세워놓고 앞에서부터 필요한 숫자만큼만 가져가는 것이다. 스펙이라는 영어 단어가 기계 같은 물건의 사양이나 규격을 의미하듯이, 우리 또한 이 사회를 구성하는 하나의 스펙 좋은 부품이 된다. 그리고 마모된 부품을 교체하기 위해서 우리는 계속해서 가장 괜찮아 보이는 것을 뽑는다. 이런 악순환은 소설이 보여주는 다단계와 신기할 정도로 일치한다. 꿈으로 사람의 마음을 현혹하더니 굶주림으로 사람을 몰아붙이고 필요없으면 내쫓는 것은 무엇인가? 바로 우리 모두가 살고 있는 세상이다. 인간관계의 목적이 돈이 되고 사람이 무서워지는 세상 말이다. 그렇다면 이 세상에서 다단계 회사와 같은 주체는 무엇인가? 바로 우리들이라고 할 수 있다. 소설 속에 등장하는 인물들 중에는 그 누구에게도 함부로 그 죄를 묻기가 힘들다. 모두 살자고 하는 행동들이 아닌가? 하물며 현재 우리가 살아가는 세상은 민주주의 사회이다. 즉 우리가 가꾸어나가며 개개인이 이런 사회를 만들어버린 것이다. 때문에 소설을 통해서 저자는 우리 모두에게 편지를 보내고 있다. 이제 이 사회는 바뀌어야 하고, 그것을 할 수 있는 것은 우리 독자 개개인이며, 진정으로 우리가 원하는 것이 무엇인지 다시 생각해보자고 말이다. 우리가 그토록 원하는 꿈을 이루기 위해서는 어떻게 해야 하는지 기성세대에게, 그리고 사회를 이끌어나갈 학생들에게 묻고 있다. 물론 쉽게 답을 낼 수는 없지만 세상은 항상 먼저 문제를 제기함으로 인해 그것을 해결하고자 하는 노력으로부터 지금까지 발전되어왔다. 지금 당장은 어떠한 확실한 답을 내리지 못한다고 해도, 저자는 우리들에게 살아가는 동안 항상 그 답이 무엇일지 잊지 말고 생각해주기를 바라고 있다.

김통일(1학년)

주제별 책 읽고 발표하기

김현민

"말과 글의 근본은 생각이다"

"사람은 소통한다. 아니, 소통해야 사람이다. 말을 하고 글을 쓰는 동물이 사람이다. 자신을 표현하고 상대를 설득하기 위해 사람은 말을 하고 글을 쓴다. 말이 글을 낳았고, 글은 다시 말을 다듬었다. 쓰지 않고는 살 수 있지만 말하지 않고는 살 수 없다. 어쩌면 말은 의·식·주의 앞에 있다."

- 윤태영,《대통령의 말하기》

문자가 없던 시절부터 '말하기'는 기본적인 의사소통 방법이었다. 언어를 배울 때도 말하기부터 시작한다. 소통은 서로의 감정과 생각을 나누는 것이며, 대화에 참여하는 사람들 서로의 마음이 통하는 것이다. 수업시간의 대부분은 교사가 말을 한다. 아이들은 수업 중에 소통을 배울 수 있을까? 수업시간에 아이들이 좀 더 많이 말을 하도록 할 수는 없을까?

교실에서 아이들이 말을 한다는 것은 주도권을 갖는 것을 의미한다. 학생이 화자가 되는 수업을 진행하는 것이 쉽지는 않다. 다루어야 하는 교과 내용이 주어진 수업시간에 비해 너무 많다. 또한 아이들에게 말할 기회를 주면 서로 무슨 말을 해야 할지 몰라 '아무말 대잔치'가 되거나, 준비를 해오지 않아 기껏 할애한 시간이 버리는 시간이 되는 경우가 종종 발생하기 때문이다.

[주제별 책 읽고 발표하기]는 수업과 관계된 주제의 책을 읽으며 저자의 논리를 따라 사고력을 기르는 과정이다. 또한 발표를 통해 자신의 감정과 생각을 정리해서 표현하는 훈련이자 아이들을 수업의 주체로 세우는 한 방법이다.

> "말이든 글이든 원리는 같다. 언어로 감정을 건드리거나 이성을 자극하는 것이다. (…) 생각과 느낌을 소리로 표현하면 말이 되고 문자로 표현하면 글이 된다. 생각이 곧 말이고, 말이 곧 글이다. 생각과 감정, 말과 글은 하나로 얽혀 있다. 그렇지만 근본은 생각이다."
>   - 유시민,《유시민의 글쓰기 특강》

말은 생각을 담는 그릇이라고 했다. 이 말을 뒤집으면, 아이들에게 수업시간에 말할 기회를 주는 것은 생각을 빚는 시간을 주는 것과 같다. 자신의 관심사에 대해 깊이 탐구한 것들을 오롯이 말할 수 있는 기회를 주면 아이들은 '생각'을 한다. 스스로 발견하며 자라고, 친구의 모습을 보며 성장한다. 친구들과 함께하는 시공간에 머무는 것만으로 아이들은 많은 것을 배워간다. 수업시간에 아이들의 발표를 듣노라면 '한 사람은 하나의 우주'라는 말을 실감하게 된다.

수업을 시작하기
전에

●

[주제별 책 읽고 발표하기]는 각자 한 권의 책을 읽어가며 그 내용을 모둠 친구들과 공유하는 과정에서 자신의 앎을 확장하고, 그 결과를 학급 전체 아이들에게 발표하는 수업 방법이다.

학급 전체가 같은 주제로 진행하는 방법과, 모둠별로 각기 다른 주제를 선택하는 방법이 있다. 모둠원은 같은 주제를 다루는 다양한 관점의 책을 각각 읽고, 각자 읽은 내용을 설명하며 자신의 생각을 이야기한다. 이 과정에서 서로 질문하고 답하고 생각을 나누며 주제에 대해 더 깊이, 더 많이 알게 된다. 이는 우리 시대의 다양한 문제를 살펴보고 해결 방안이나 대안을 찾는 과정이 될 수 있다.

그런 뒤에 모둠별 독서 과정을 종합하고 내용을 체계화하여 학급 전체를 대상으로 발표한다. 아이들은 혼자 책을 읽을 때와 비교하여, 모둠원의 숫자만큼 책을 더 읽는 효과를 거둘 수 있어서 주제에 대해 폭넓게 학습하게 된다. 그리고 발표를 준비하고 실행하는 과정에서 학습의 결과를 종합하고 언어로 체계화하는 경험을 하게 된다.

이러한 경험은 아이들이 앞으로 살아가면서 마주하게 될 여러 가지 문제 상황에서 자기주도적으로, 동시에 협력적으로 대안을 찾는 힘이 될 것이다.

어떤 책을 고를까?

아이들의 수준과 관심에 맞게 책을 선택할 수 있게 하면 참여도를 높일 수 있다. 먼저 모둠별로 각기 다른 주제로 진행할 경우, 모둠 수보다 주제를 두세 개 더 정하고 책도 모둠 구성원보다 두세 종류 더 준비해 아이들이 선택하도록 배려한다. 예를 들어 4인 모둠 8개가 있다면, 10개 주제에 각기 책 6종, 모두 60권 내외의 책이 필요하다.

모둠에 상관없이 학급 전체가 한 주제로 수업을 진행할 경우에는 책의 권수를 학생 수보다 20퍼센트 정도 많게 준비하는 것이 좋다. 아무리 주제를 넓게 잡아도 하나의 주제에 40종 가까운 책을 모으기는 힘들다. 더욱이 아이들에게 적합한 책은 선택 범위가 더 좁아진다. 그리고 같은 책을 고르는 아이들도 있기 때문에, 10~13종의 책을 3~4권씩 준비하는 것이 좋다. 즉 한 학급에 학생이 30명이라면, 10종의 책을 선택할 경우 각 4권씩 40권, 13종의 책을 선택할 경우 각 3권씩 39권을 준비하면 된다.

그리고 주제를 정할 때는 자본주의, 환경, 평화, 인공지능 등 다소 넓은 범위로 정해야 책 선정에 어려움이 없다. 예를 들어 '전쟁과 평화'라는 주제를 정했다면 무기 발달에 관한 과학책, 전쟁사를 다룬 역사책, 인권을 다룬 사회과학 도서를 제시할 수 있다. 모둠별로 다른 주제를 선택하는 경우에는 아이들이 즐겁게 탐구할 수 있는 주제를 제시해야 자기주도적 학습이 활발히 일어난다. 예를 들면 '기원(Origin)'이라는 큰 주제를 주고 아이들이 자신의 진로나 관심에 따라, '인류의 기원', '음악의 기원', '음식의 기원', '빛의 기원' 같은 작은 주제를 선택하도록 한다.

발표는 우리의 힘

[주제별 책 읽고 발표하기]의 최종 목적은 발표하기다. 발표는 낭독과 다르다. 많은 아이들이 발표를 하라고 하면 준비한 원고를 '읽는다'. 그래서 "말하기는 상호작용이다"라는 사실을 아이들에게 수업이 진행되는 동안 틈틈이 주지시켜주어야 한다. 말하기란, 듣는 사람의 반응을 살피면서 그 반응에 따라 반복 설명, 예시, 비유, 강조 등을 통해 듣는 사람이 내용을 이해할 수 있도록 돕는 일이다.

원고를 읽지 않고 '말하려면' 내용을 충분히 알아야 한다. 특정 주제에 대해 종합적으로 이야기하기 위해서는 사안에 대한 다양한 관점을 폭넓게 이해하고 있어야 한다. 한 모둠에서 4명이 주제와 연관된 각기 다른 책을 읽고 각자가 읽은 책을 다른 친구에게 설명하면, 한 사람이 동시에 4권의 책을 읽는 효과를 얻을 수 있다. 이 활동의 효과를 제대로 누리기 위해서는 각자가 자신이 읽은 내용을 서로에게 충실하게 설명해야 한다.

이러한 '설명하기' 과정은 앞서 과학독서 후 서평 쓰기에서 이야기한 방법을 참고한다(104쪽).

설명하고 질문을 받는 활동을 하면서 최종 발표를 준비한다. 그리고 최종 발표는 주제에 대한 설명과 함께 자신의 생각, 경험, 사회적 의미, 문제점과 대안 등을 깊이 있게 발표하도록 한다. 단순히 읽은 내용들을 요약하는 것으로 그치지 않고 한층 깊은 사고를 통해 주제와 삶을 연결 짓도록 하기 위함이다.

읽기 [讀]	도서 선정	각기 다른 책을 고른 4명이 한 모둠 이루기
	책 읽기	독서활동지 작성하며 책 읽기
생각 나누기 [討]	설명하기	설명하기 / 설명 듣고 질의·응답
표현하기 [論]	발표하기	PPT 등을 활용하여 발표하기

단계	개요	차시	활동 내용	비고
1	추천도서 목록 안내, 도서 선정	1	• 주제에 따른 도서 목록 제공 • 도서 선정	도서 목록
2	독서활동지 작성하며 책 읽기	2-5	• 기록하며 책 읽기(30분) • 읽은 내용 설명하기(20분)	독서활동지
3	발표 원고 작성하기	6	• 수업 중에 기록한 독서활동지를 바탕으로 발표할 내용 작성하기	독서활동지, 발표 원고
4	발표하기	7-9	• 발표하기 • 성찰하기	발표 원고

어떻게
수업할까?

●

"수준과 취향에 맞게 책 선택하기"

처음부터 모둠별로 각기 다른 주제로 수업을 진행하면 수업을 준비하는
교사에게 부담이 된다. 교과와 연결된 주제를 선정하고, 선정한 주제에
따른 책을 골라내는 일에 적지 않은 품이 들기 때문이다. 그래서 교과와
연결된 하나의 주제를 시작으로 한 가지씩 주제를 늘려가기를 권한다.
여기서는 학급 전체가 한 가지 주제로 진행하는 과정을 소개한다.

학급 전체가 같은 주제를 다룰 때는 이 주제가 교과와 어떻게 연결되
는지, 어떤 의미가 있는지를 먼저 설명해주는 것이 좋다. 가령 교과를 통
해 '과학기술'에 대한 내용을 학습한다면, '모두가 누리는 과학기술'이라
는 주제를 제시하고, 과학기술의 발달이 우리 사회에 어떤 영향을 미쳤
으며, 어떤 문제를 발생시켰고, 이런 문제를 해결하기 위해 우리는 무엇
을 할 수 있는가를 물어 아이들의 진지한 참여를 유도한다.

모둠은 4인 1조로 구성한다. 폭넓은 대화를 하기 위해서는 마음 맞는 친구들끼리 모둠을 구성하는 것이 좋다. 다만 자율적으로 모둠을 구성할 때 소외되는 학생이 발생할 수 있음을 염두에 두어야 한다. 이럴 가능성이 높다고 판단되면 '비빔밥(샐러드) 만들기 게임'* 등으로 무작위로 모둠을 구성한다. 무작위로 모둠이 구성되는 경우 친하지 않거나 마음에 맞지 않는 친구들끼리 대화를 편하게 하지 못하는 경우가 간혹 있는데, 간단한 게임이 서먹한 분위기를 깰 수 있다.

한 종류에 4권씩 준비한 10여 종의 책을 학급 전체에게 간단하게 소개한다. 책 소개가 끝나면, 한 종류씩 책을 보여주며 읽고 싶은 사람은 손을 들게 한다. 손을 든 학생이 4명 이하면 그대로 책을 주고, 4명이 넘으면 가위바위보나 '책을 읽고 싶은 이유를 8글자로 말하기' 같은 간단한 게임 등으로 우선순위를 정해 책을 선택하도록 한다.

수준과 취향에 맞게 책을 선택할 수 있도록, 책을 가져간 학생은 20쪽 정도를 읽고 이 책을 끝까지 읽을지 결정하게 한다. 너무 어렵거나 생각했던 것과 내용이 다르면 남아 있는 다른 책과 바꿀 수 있는 기회를 준다. 이때 같은 책을 선택한 학생이 한 모둠에 있으면 모둠을 바꿔준다.

---

* ① 비빔밥(샐러드)에 들어가는 6가지(만들고자 하는 모둠 숫자) 재료를 학생들과 함께 정한다. ② 4박자(무릎, 손바닥, 왼손엄지, 오른손엄지)에 맞춰 비빔밥(샐러드)에 들어가는 재료를 돌아가면서 외치게 한다. ③ 같은 재료를 말한 학생끼리 모둠을 이룬다.

[수업 예]

① 핵에너지와 관련된 책을 골라 읽을 것입니다. 그 전에 '원자력발전'에 대해 알고 있는 것을 써보고, 친구들과 이야기해봅시다.

② 다음 글을 읽고, '핵발전'의 원리를 원자로의 종류에 따라 구분하여 정리해봅시다.

> 2011년 3월 11일 일본 후쿠시마를 쓰나미가 덮칩니다. 다음날부터 하루에 한 개씩 핵발전소가 터졌잖아요. 그러자 사람들이 우리나라는 안전하냐고 물었습니다. 그때 정부가 우리나라의 원자로는 일본의 그것과 구조가 다르다고 말했던 것, 기억하십니까? (중략)
>
> 핵발전의 원리는 이렇습니다. 원자로 안에서 핵분열이 일어나면서 엄청난 열이 발생합니다. 그 열로 물을 끓여서 나오는 증기로 터빈을 돌려요. 뜨거운 증기는 바닷물로 식혀서 물로 만든 다음 다시 원자로 안으로 집어넣어요. 그러고는 다시 끓여서 증기로 만듭니다. 이 과정을 반복하는 거예요. 물을 끓여서 증기로 터빈을 돌려 전기를 만드는 과정은 화력발전소하고 똑같아요. 다만, 연료가 다릅니다. 화력발전소는 석탄, 석유, 가스를 쓰지만, 핵발전소는 핵연료, 즉 우라늄을 씁니다.
>
> 원자로 안에는 약 4.5미터짜리 핵 연료봉이 300여 개 들어 있어요. 연료봉에는 분필처럼 생긴 우라늄 막대, 즉 가느다란 펠릿(pellet) 수백 개가 들어 있습니다. 여기에 불을 붙이면 핵반응이 시작됩니다. 그 과정에서 엄청난 에너지가 발생해요. 다 탄 연료봉은 1년 6개월마다 3분의 1씩 꺼냅니다. 꺼내서 20~30년 동안은 물에 집어넣어 식힙니다.
>
> 핵시설에 대해 좀 더 자세히 알아보겠습니다. 먼저 원자로를 살펴볼까요.

핵발전에서 가장 중요한 건 핵분열이 일어나는 원자로입니다. 핵분열이 발생할 때 엄청난 열이 발생한다고 말씀드렸는데요. 이걸 어떤 물로 식히느냐에 따라 경수로와 중수로로 나뉩니다. 경수(輕水)는 보통 물이고, 중수(重水)는 중수소와 산소가 결합해서 만들어진 물입니다.

경수로는 다시 가압형과 비등형으로 나뉩니다. 가압형은 물에 압력을 가해서 끓는점을 높인 물을 사용합니다. 물에 150~160기압을 가하는데 그러면 섭씨 300도가 돼도 안 끓어요. 이 물로 증기 발생기에 있는 물을 끓입니다. 거기서 나오는 수증기로 터빈을 돌리는 방식입니다. 물 끓이는 방식이 간접적이죠? 중탕 방식으로 물을 끓이는 겁니다. 압력을 가해 끓는점을 높인 물이 도는 1차 수로와 냉각수로 사용되는 2차 수로가 함께 도는 방식입니다. 우리나라의 원자로는 바로 이 가압형 경수로예요.

간접 가열 방식이니 효율성은 떨어지겠지만 상대적으로 안전성이 좋다고 할 수 있겠죠. 원자로의 냉각 회로와 증기 발생 회로가 분리되어 있어 사고로 원자로에 전원이 공급되지 않더라도 멈추지 않고 자연 순환이 이루어진다는 거예요. (중략)

반면 사고가 난 일본 후쿠시마 핵발전소는 비등형 경수로입니다. 원자로에서 가열한 증기로 직접 터빈을 돌리는 방식이지요. 지진이 나자 원자로와 연결된 파이프에 이상이 생긴 겁니다. 이 안에 있는 냉각수가 빠져버렸어요. 그러니 어떻게 되겠어요. 원자로 온도가 올라가겠죠? 1000도, 2000도, 3000도까지 올라갑니다. 엄청난 열에 원자로의 노심이 녹아버려요. 이걸 멜트다운(meltdown), 즉 노심 용융이라고 합니다. 녹아버린 핵연료는 지구상에서 담을 그릇이 없어요. 닿으면 뭐든 다 녹습니다. 용해된 노심이 20센티미터 두께의 강철 원자로를 뚫고 땅 밑으로 들어갑니다. 이걸 멜트스루

(melt through)라고 해요. (중략)

　1979년 미국 스리마일섬에서 핵 사고가 났을 때 일본인들이 뭐라고 했는지 아십니까? "우리는 원자로 구조가 달라서 저런 일은 절대 안 일어날 거야." 이렇게 말했어요. 스리마일섬의 핵발전소는 우리와 같은 가압형 경수로였거든요.

- 김익중,《10대와 통하는 탈핵 이야기》중
제2강 〈'원자력발전' 아니고, '핵발전'이 맞습니다〉

③ 핵을 이용한 발전 방식의 장점과 문제점을 친구들과 이야기해봅시다.

④ 핵에너지와 관련된 책을 4차시에 나누어 읽을 것입니다. 선생님이 제시해주신 도서 목록 중에서 읽고 싶은 책을 골라봅시다.

"따로 또 같이, 함께 읽으니 효과 만점"

앞으로 4차시 동안 책을 읽을 것이라는 것을 안내해주고, 모둠별로 한 차시당 읽을 분량을 정하도록 한다. 이때 고등학생의 경우 30분에 27~31쪽 정도를 읽더라는 통계를 알려준다. 책 읽는 시간을 충분히 줄 수 없을 때는 목차를 보고 핵심을 파악할 수 있는 부분, 흥미로워 보이는 부분을 먼저 읽어도 좋다고 알려준다.

50분 수업 중 30분은 책을 읽고, 20분은 읽은 내용을 모둠 친구들에게 설명하는 활동을 한다. 산술적으로는 모둠원이 4명인 경우 한 사람이 5분 정도의 시간에 자신이 읽은 부분에 대해 설명하게 된다. 학업 성취도가 좋은 지역이거나 말하기를 좋아하는 아이들의 모둠은 시간이 부족할 수 있다. 시간을 탄력적으로 운영하기도 하지만 가능하면 5분의 시간을 지켜달라고 요청한다. 활동의 밀도를 높일 수 있는 기회이기 때문이다. 평소 책 읽고 대화하는 활동이 익숙한 아이들이 많은 학교라면 3인 모둠으로 구성해도 좋다. 반면 학업 성취도가 낮거나 20분의 시간이 길어 아이들이 뭘 해야 할지 잘 모르는 경우에는 설명하는 시간을 15분으로 줄여주어도 좋다.

자신이 읽은 내용을 주어진 시간에 제대로 설명하기 위해, 책을 읽으면서 필요한 내용을 그때그때 자유롭게 기록하게 한다. 또, 다른 친구의 설명을 들을 때도 자유롭게 기록하게 한다. 설명을 듣고 궁금한 점에 대해 자유롭게 질문을 주고받으면 내용이 더 깊어지고 풍성해진다.

[주제별 책 읽고 발표하기]의 핵심은 책을 읽고 자신이 이해한 내용을 설명하는 활동이다. 한 주제에 대해 각기 다른 책을 읽은 4명이 한 모둠에서 설명하기 때문에 4권을 읽는 효과가 나타난다. 이때 매시간 자신이 읽은 부분의 내용과 함께 자신의 생각이나 세상일을 함께 설명하되, 책의 내용과 너무 멀어지지 않도록 신경 써야 한다.

[수업 예]

다른 책을 고른 친구들끼리 4명이 한 모둠이 되어 책을 읽고, 서로 읽은 내용에 대해 설명하고 궁금한 점을 묻고 답해봅시다.

읽은 날짜	책 제목	지은이	읽은 쪽수
20 . . . 교시			(　～　) 쪽
개념 설명을 위한 기록	(자신이 읽은 책에 대해 기록)		
친구가 질문한 내용	(자신이 설명한 것에 대해 친구들이 질문한 내용을 기록)		

친구1의 설명	(친구1이 읽은 책에 대해 설명하는 내용을 들으면서 기록)
친구2의 설명	(친구2가 읽은 책에 대해 설명하는 내용을 들으면서 기록)
친구3의 설명	(친구3이 읽은 책에 대해 설명하는 내용을 들으면서 기록)

"발표 준비를 위한 시간"

지금까지 작성한 기록과 친구들의 질문을 바탕으로 각자 3분 정도 분량의 발표 원고를 쓴다. 먼저 A4 3쪽의 원고를 쓴 후 내용의 흐름을 살펴 1.5~2쪽으로 줄인다. 이번 단계는 한 차시밖에 되지 않지만 매우 중요한 시간으로, 모든 아이들이 원고 작성에 적극 참여해야 발표를 포기하는 학생이 생기지 않는다. 발표 원고에는 해당 주제와 관련해서 자신이 하고 싶은 말, 연관된 우리 시대의 문제 또는 그와 유사한 상황에 처해 있는 사람들의 이야기, 해결 방법이 들어가도록 한다.

아이들이 원고를 작성하는 동안 교사는 모둠을 골고루 돌아보면서 소외되거나 참여도가 떨어지는 학생이 없는지 살핀다. 도움을 청하거나 도움이 필요해 보이는 아이들에게는 적절한 도움말을 해준다. 원고가 완성되면 모둠 친구들끼리 돌아가며 읽고 서로의 의견을 말하면서 내용을 보완하면 좋다. 그리고 실제 발표하듯이 연습을 해보면서 시간 안배를 하게 한다. 발표 때 원고를 그대로 읽지 않고 자연스럽게 말할 수 있을 정도로 연습한다.

[수업 예]

수업시간에 작성한 독서활동지를 활용하여 3분 정도 분량의 발표 원고를 써봅시다. PPT 등 발표를 위한 보조 자료를 활용할 계획을 세웁니다.

"발표와 경청"

지난 시간에 준비한 발표 원고에 따라 세 차시 동안 발표를 진행한다. 발표 시간은 한 사람당 3분 정도가 적당하다. 여기서 중요한 것은, 발표 원고를 그대로 보고 읽지 않도록 하는 것이다. 이는 발표 내용을 자신의 언어로 만들었다는 것을 의미한다. 또한 다른 친구들, 즉 청중과 눈을 맞추며 상호작용할 때 발표의 효과가 커진다. 발표자가 익숙한 PPT, 프레지, 차트 등의 발표 자료를 준비해올 수도 있고 자료 없이 그냥 말로만 발표를 할 수도 있지만, 중요한 것은 발표자가 읽은 책의 내용을 주제에 맞게 얼마나 자신의 언어로 전달하는가에 있다. 테드(TED)나 페임랩(FameLab)에서 또래 아이들이 발표하는 영상이나 선배들의 발표 장면을 두세 편 예시로 보여주면 아이들의 발표 태도가 많이 좋아진다. 선배들의 영상을 보여주고 발표를 진행할 때가 가장 분위기가 밝았다.

발표자 못지않게 듣는 사람의 자세도 중요하다. 친구들이 발표하는 동안 경청해줄 것을 미리 당부한다. 이때 동료평가를 진행하면 자연스럽게 발표를 듣는 데 집중할 수 있다. 동료평가를 진행할 때는 점수를 기록하는 방식보다는 발표를 듣고 잘한 점과 인상 깊은 점을 간단하게 작성하는 방식으로 진행하는 것이 더 좋았다. 독서 활동을 하면서 형성된 서로 협력하는 분위기가 '점수를 기록'하면서 경쟁하는 분위기로 바뀌는 경우가 종종 있었기 때문이다. 발표 내용을 들으면서 포스트잇이나 메모지에 의견이나 질문, 총평을 기록해서 발표가 끝나면 발표자에게 전달한다. 그러면 발표자는 객관적으로 자신의 발표 내용을 돌아볼 수 있다. 그리고 학생의 발표에 따라 자연스럽게 질의·응답이 진행될 때도 있는데, 계획된 것은 아니지만 아이들의 사고의 폭과 지식의 영역이 확장되는 귀한 시간이므로 자연스럽게 받아들인다.

교사는 발표 내용을 중심으로 총평을 한다. 이때 냉정한 비판보다는 애정 어린 격려와 평가의 말이 발표자와 다음 발표를 준비하는 아이들에게 힘을 실어준다는 점을 잊어서는 안 된다.

[수업 예]

① 앞에서 준비한 원고를 바탕으로 읽은 책에 대해 발표해봅시다.

㉠ 친구의 이야기를 경청합니다. 이해되지 않는 부분은 질문으로, 잘 표현한 부분은 칭찬의 말을 포스트잇이나 메모지에 적어둡니다. 이때 다음의 평가 기준을 참조할 수 있습니다.

> 주장·설명하는 내용은 정확한가?
> 책 내용과 관련하여 현실의 문제를 잘 연결시켰는가?
> 자신의 판단에 대한 구체적 생각이나 사례(경험)가 잘 뒷받침되었는가?
> 대안이나 실천 방안으로 제시한 내용이 적절한가?
> 자신이 발표할 내용을 이해하고 있는가?
> 전달력 있게 이야기하는가?
> 듣는 이와 교감하는가?

ⓛ 친구의 발표가 끝나면, 발표한 친구에게 적어둔 질문과 칭찬을 건네줍니다.

② 발표를 마친 학생은 친구들이 써준 내용을 토대로 발표를 성찰해봅시다.

어떻게
평가할까?

●

[주제별 책 읽고 발표하기]는 책을 읽고 설명하는 과정, 발표 원고 준비, 그리고 발표와 최종 발표 원고를 평가할 수 있다. 세 과정에서 관찰하고 평가한 결과는 수행평가에 반영한다. 수업시간에 기록한 독서활동지는 서술형 영역으로, 발표 원고는 논술형 영역으로 반영할 수 있다.

　2~5차시에 이루어지는 '설명하기'는 독서의 과정을 살펴보는 과정평가다. 사실 모둠별로 진행되는 이 과정을 한 명의 교사가 온전히 관찰할 수는 없다. 교사는 모둠 사이를 순회하며 서로에게 충실하게 내용을 설명하는지 분위기를 확인하면서 잠깐씩 모둠의 대화에 참여한다. 책 내용에 관한 질문, 핵심을 생각하도록 하는 질문, 세상과 연결하는 질문을 통해 모둠별로 진행되는 대화 내용의 질을 점검한다. 또 독서활동지의 기록을 살펴 친구들에게 설명할 내용과 다른 친구에게 들은 설명이 충실하게 기록되어 있는지 확인한다.

　6차시에 이루어지는 발표 원고 작성은 글의 완성도보다는 말하고자 하는 내용이 분명한가에 대해서만 평가하는 것이 좋다. 완성도에 대한 평가는 발표를 마친 후 최종 원고를 대상으로 한다. 발표를 하면서 자신이 말하고자 하는 내용이 명확해지게 되는데, 그것을 반영할 기회를 제공하는 의미가 있다.

마지막 7~9차시의 발표와 발표 원고에 대한 평가는 평가 기준에 따른 분석적 평가도 가능하나 주로 A/B/C/D/E의 5단계 형태로 총체적 평가를 한다. 수업시간에 했던 발표를 다시 들을 수는 없기 때문이다. 원고의 최종본은 과학과 사회 그리고 자신의 삶(경험)을 적절히 연결시키고 있는지, 과학 용어의 개념과 과학 원리를 오류 없이 제시하고 있는지, 주장

평가 장면	평가 기준	확인
책 읽기	책 읽는 시간에 성실하게 책을 읽었는가?	
	독서활동지를 성실하게 기록했는가?	
	책을 읽고 이야기하는 활동에 적극적으로 참여했는가?	
발표하기	주장·설명하는 내용은 정확한가?	
	책 내용과 관련하여 현실의 문제를 잘 연결시켰는가?	
	자신의 판단에 대한 구체적 생각이나 사례(경험)가 잘 뒷받침되었는가?	
	대안이나 실천 방안으로 제시한 내용이 적절한가?	
	자신이 발표할 내용을 이해하고 있는가?	
	전달력 있게 이야기하는가?	
	듣는 이와 교감하는가?	

이나 생각을 뒷받침하는 근거는 설득력 있는지, 발표할 내용을 이해하고 있는지, 전달력 있게 이야기하는지, 듣는 이와 교감하는지를 내용과 형식 측면에서 살핀다. 그리고 이 평가 기준을 아이들과 공유하여 자기 점검이나 동료평가의 근거로 활용하게 하면 좋다.

묻고
답하기

●

Q 학생이 발표하기를 거부하거나, 발표를 하다가 더 이상 말을 못하는 경우는 어떻게 하나?

여러 사람 앞에서 말하기를 매우 어려워하는 학생이 있다. 이런 학생은 말하기 자체를 평가하기보다, 노력의 정도나 성장의 정도를 평가에 반영하는 것이 좋다. 또한 발표 원고를 받아 평가하는 방법도 있다.

Q 왜 모둠별로 같은 책을 읽지 않고, 다른 책을 읽나?

발표하기 활동은 교실에서 상호작용이 가장 활발하게 일어나는 활동이다. 공감이 중요하기 때문에 한 주제에 대해 다양한 관점에서 여러 입장을 폭넓게 이해하고 있어야 한다. 특정 주제와 연관된 각기 다른 책을 읽고 각자 읽은 내용을 서로 설명하면 동시에 4권의 책을 읽는 효과가 있다.

Q 책 읽기 활동이나 발표 준비를 소홀히 하고 발표 시간에만 청산유수로 발표하는 학생은 어떻게 하나?

발표는 발표대로, 다른 평가 요소는 각 기준에 맞게 평가하는 것이 좋다.

Q 발표 원고 작성과 PPT 등의 발표 도구를 만드는 것은 같은 작업을 형식을 달리해서 두 번 하는 것 같다. 학생들이 부담스러워하지 않을까?

발표를 위해 준비한 도구는 점수화하지 않는다고 미리 말해둔다. 발표 도구에 너무 정성을 많이 들일 경우 오히려 말하기가 소홀해지기 때문이다. 다만 매우 인상적인 발표 도구는 학생생활기록부의 과목별 특기사항에 적어준다.

수업을
마치며

●

교실에는 다양한 아이들이 있다. 그 다양한 아이들 중에는, 꼭 있다. 조용하고, 유심히 살피지 않으면 눈에 잘 보이지 않는 아이가. 또 있다. 무기력해서 아무것도 하지 않는 아이. 종종 아무것도 하지 않으려는 아이로 오해하는 경우가 있다.

책 수업을 하면 잠을 자는 아이가 줄어들고, 몇 가지 사항을 신경 쓰면 대부분의 아이가 잘 참여하기는 하지만, 모든 아이들이 기대하는 대로 따라주지는 않았다. 무기력한 아이는 좀처럼 변하지 않았다. 올해도 유독 마음에 걸리는 아이가 있다. 수업시간에 이야기하는 어떤 주제에도 꿈쩍하지 않고, 그 어떤 활동에도 참여하지 않으며, 수행평가 제출도 하지 않은 아이.

그 아이가 발표하는 날이다. 책 읽는 시간의 대부분을 잠 들어 있던 아이가 발표를 위해 앞으로 나오는 찰나의 시간 동안 여러 생각이 스쳐갔다. 아이가 아무 말 없이 우물쭈물하면 어떤 반응을 보여야 하나…. 아무

일 없었다는 듯, 평가 기준에 따라 낮은 점수를 부여하는 것으로 그치면 방관자가 될 것 같고, 아이의 무기력을 강화하는 것 같아 죄책감이 든다. 학생을 지도하는 '교사의 책무' 뒤에 숨어 있는 솔직한 마음은 '두려움'이다. 모두가 해야 하는 과정에 한두 명의 예외가 생기면 전체가 흔들리는 걸 경험적으로 알고 있기 때문에 느끼는 감정이다.

아이가 발표 자리에 섰고 나를 바라본다. 교실은 순간 정적을 유지한다. 학급의 아이들도 그 아이가 무엇을 하는지, 그리고 선생님은 어떤 반응을 보일지 주목한다. 아이가 입을 열고 말을 한다. 1년 내내 수업에 잘 참여하지 않았던 아이가 자기가 속한 모둠이 선택한 주제에 관한 이야기를 해냈다. 대~박. 학급의 아이들이 발표하는 아이를 주목한다. 사진과 동영상도 찍었다. 그것으로 한 해의 수고가 보상받은 기분이다. 평가 기준에 비추었을 때 아이의 발표는 미숙했지만 학급에서 가장 큰 박수를 받았다.

수업을 마치고 그 아이가 가장 늦게 과학실을 빠져나가며 "저 잘했죠?" 하고 물었다. "그래, 잘했어. 솔직히 놀랐고, 멋있었어. 발표할 만했지?"

"사실은, 안 될 것 같았어요. 수업시간마다 선생님이 모둠별로 시키는 게 귀찮고 싫었는데, 그냥 친구들이랑 있다 보니까 되더라고요. 책은 안 읽었는데, 친구들이 설명해주니까 그건 들려서 '해볼까?'라는 생각이 들었어요."

아이를 통해 정말 '함께 읽기는 힘이 세다'를 느꼈다. 책을 읽는 게 쉬운 일이 아니다. 연습과 훈련이 필요하다. 관심이 있어 선택한 책이 아닌 경우엔 더 어렵다. 과제 때문에 읽어야 하는 책은 더욱 더 그렇다. 발표도 어려운 일이다. 하물며 책 읽고 발표하기라니. 아이는 투박하게 말했지만, 자꾸 '그 어려운 걸 친구들과 함께 해냅니다' 하고 들렸다. 무엇이 되었든 뭔가를 친구들과 함께 할 수 있는 시간과 공간을 마련해, 기회를 주고, 선택권을 주며, 표현할 기회를 제공하는 것만으로도 아이들은 어려운 걸 해낸다.

한국은 왜 핵 발전을 고집하는가?

《탈핵학교》(김익중 외)를 읽고

우리나라는 정책적으로 핵 발전을 지지하고 있습니다. 그러나 2014년 현재까지, 크고 작은 핵 발전 관련 사고가 이미 수차례 발생했습니다. 또한 핵에너지는 친환경적이지 않고 비경제적인 에너지라는 것을 저는 이미 9차시의 책 읽기 수업을 진행하면서 배울 수 있었습니다. 이러한 내용들을 정부나 전문가들이 모르고 있다는 것은 사실 말이 되지 않습니다.

그렇다면 정부는 왜 핵 발전을 이토록 지지하는 것일까요? 이것에 관해 제가 조사해온 몇 가지 주장들을 소개시켜드리려고 합니다.

첫 번째 주장, '관성'

첫 번째 주장으로는 '관성'이 있습니다. 여기서 말하는 관성이란 시스템이 한번 만들어지면 그 스스로 그 속성을 유지하고 강화시키려는 속성인데요. 정부가 원자력 발전을 차세대 산업 성장 동력으로 선정한 후, 현재의 핵 기술은 발전 정도가 상당히 성숙해져 있습니다. 즉, 이미 핵 발전과 연관되어 있는 시스템과 사람들이 너무 많아진 것입니다. 따라서 보수적 성격을 띠고 있는 현 정부는 관성에 의해 현재 핵 발전을 고집하려고 하게 되는 것입니다. 실제로 핵 발전과 관계된 기관, 정부 부서, 학회, 기업과

법제들의 목록입니다(자료2-2). 모든 시스템을 다 적지도 못했는데 이렇게나 많습니다. 핵 발전을 계속하려는 관성도 그만큼 크다는 것을 의미합니다.

두 번째 주장, 핵무기

두 번째로 소개시켜드릴 주장은 "정부가 핵 발전을 지지하는 것은 핵무기 때문이다"라는 주장입니다. 이 주장의 근거는 크게 네 가지가 있습니다. 첫째, 핵무기와 핵 발전은 상당히 밀접한 관계를 갖고 있다는 것입니다. 현 핵 발전 시스템에서 반응 속도를 제어하는 제어봉과 냉각수를 제거하고, 원료의 우라늄 농도를 높이면 바로 핵폭탄이 됩니다. 대외적으로 발전을 하면서 언제든지 핵무기를 만들 수 있는 것이지요. 둘째, 현재 핵무기를 보유하고 있는 북한과 대치하고 있는 상황에 있는 우리나라로서는 핵무기 보유에 대한 유혹을 떨쳐버리기 상당히 어려울 수도 있다고 여겨집니다. 셋째, 핵 발전의 또 다른 원료인 플루토늄은 핵폐기물 재처리를 통해 얻을 수 있습니다. 그러나 1970년대 발효된 핵무기 비확산 조약에 의해 재처리는 금지되었고, 현재 플루토늄을 만들어낼 수 있는 유일한 명목은 핵 발전의 원료로 사용한다는 것밖에 없습니다. 실제로 박근혜 대통령은 미국에 우리나라가 핵폐기물을 재처리할 수 있도록 해달라고 요청했고(자료3-2), 그 제안은 받아들여져 우리나라는 제한적으로나마 핵폐기물을 재처리할 수 있게 되었습니다(자료3-3). 사실상 핵폐기물의 재처리는 핵 원료로 사용하기에 전혀 합리적이지 못합니다. 재처리 비용이 상당하며, 핵분열 생성물 때문에 재처리 후 사용할 수 있는 원료도 사실상 없습니다. 이러한 핵폐기물의 재처리를 허가를 받았다는 것은, 플루토늄의 생산에 그 목적이 있다고 간주할 수 있습니다. 우리나라는 1975년 〈워싱턴포스트〉지와의 회견에서 "만일 미국의 핵우산이 철거될 경우 한국은 스스로의 안전을 보장하기 위해서 핵무기 개발을 포함하는 모든 조치를 연구하겠다"라고 말함으로써 핵무장에 관한 공식적인 자세를 표명했었습니다. 넷째, 우리나라가 우라늄보다 매장량이 많고 증식이 용이하며 핵폐기물도 비교적 적은 토륨이라는 물질을 원료로 사용하려 하지 않는다는 점에서도, 우리나라가 단순히 발전뿐만이 아니라 핵폐기물 자체에도 목적을 두고 있고 나아가 핵무기에도 목적을 두고 있다고 간주할 수 있습니다.

세 번째 주장, 사적 이익

세 번째 주장은 "핵 마피아들의 사적 이익 때문에 핵 발전을 계속하고 있는 것이다"라는 주장입니다. 핵 발전은 핵무기와 밀접한 관련을 가지고 있기 때문에, 그와 관련된 자료나 기록들은 극비로 관리됩니다. 이러한 폐쇄성 때문에, 핵과 관련된 비리들은 훨씬 쉽고 은밀하게 거대한 이익을 챙길 수 있습니다. 실제로 핵 발전과 관련된 비리들은 하나하나 드러나고 있습니다. 한 독립방송이 최근 그 편린을 보여주었습니다. 후쿠시마 핵발전소 사고 이후에도 우리 신문과 방송은 원전의 안전과 경제성을 강조해왔는데 이들 언론사가 한국수력원자력으로부터 협찬금을 받고 광고성 기사·프로그램을 내보내온 것으로 드러났다고 합니다(기사). 또한 지난 6월 원자력발전소의 심장인 원자로의 안전과 직결되는 주요 부품부터 위급시 작동해야 하는 보조 부품까지 납품업체로 빼돌려졌고, 외양만 새 것처럼 바꿔 다시 납품된 일이 있었습니다. 이 모든 것은 원전 직원들과 납품업체 간의 모종의 거래로 이루어졌고, 그 과정에는 향응이 제공되며 수천, 수십억의 금품이 오고 갔다고 합니다(기사). 지금까지 알려진 원자력 마피아는 청와대-원자력발전소-현대중공업-두산중공업의 정관계 및 경제부의 고위층들이 있습니다. 핵 발전 사업을 계속 진행시켜나갈 힘이 있는 이런 고위층들로 이루어진 '핵 마피아'들 입장에서는 엄청난 이익을 챙길 수 있는 이 사업을 중지하고 싶진 않을 것입니다.

제가 조사해온 주장들은 관성, 핵무기, 사적 이익, 이 세 가지가 있습니다. 정부가 어떤 이유에서 핵 발전을 지지하는지 아직은 확실히 밝혀진 것이 없지만, 분명한 것은 정부가 핵 발전을 지지하는 의도가 결코 순수하지만은 않다는 것입니다. 정부의 진실되지 않은 주장을 맹목적으로 믿지 말고, 작게는 우리의 건강을 위협하고 크게는 생태계를 위협하는 핵 발전에 대해 바르게 알고, 이것이 과연 진정으로 우리에게 필요한가라는 생각을 진지하게 해보았으면 합니다. 감사합니다. **김미현(가명, 2학년)**

누구를 위한 언론인가?

《안젠데스까, 안전합니까》(이이다 데쓰나리 외)를 읽고

국가에게 국민이란?

이런 소제목을 붙이게 된 이유는 현재 일본이나 우리나라에서 하고 있는 일들에 대해서 이야기하고 싶어서입니다. 제가 생각하는 좋은 국가는 국민들이 좀 더 편안한 삶을 살 수 있도록 도와주고 국민들의 목소리에 귀를 기울여주는 것이라고 생각합니다. 그러나 현재 우리가 살고 있는 지금의 국가는 좋은 국가라는 평가를 받지 못하고 있습니다. 국민을 위해서가 아니라 자신의 이익만을 위해서 일하는 사람들이 많아졌기 때문에 이런 평가들이 나오는 것 같습니다. 또 이런 사실들을 숨기기 위해서 무엇보다 객관적인 사실을 보도해야 하는 언론 매체들을 매수하는 일들까지 저지르고 있습니다. 이렇게 된다면 국가에서 퍼뜨리는 거짓 정보가 진실인 것마냥 국민들에게 인식이 됩니다. 이것은 미래의 일이 아니라 현재에도 일어나고 있는 문제입니다. 이런 문제점들을 언론에 초점을 맞추어 조사해보고 어떻게 하면 이 일들을 막을 수 있는지 알아봅시다.

국민은 국가의 꼭두각시?

먼저 일본에 대한 이야기를 해보겠습니다. 혹시 하인리히 법칙을 들어보신 분이 계신가요? 하인리히 법칙이란, 어떤 큰 사건이 일어나기 전 그 사건과 같은 원인으로 일어난 작은 사고들이 발생하는 것입니다. 적게는 29번부터 많게는 300번까지 일어나기도 한다고 합니다. 그렇기 때문에 이러한 작은 사고들을 잘 해결한다면 큰 사고의 발생을 막는 데 도움이 될 것입니다. 하지만 일본은 이런 작은 사고들을 숨기고 또 숨겼습니다. 후쿠시마 사건이 일어나기 전에 이미 여러 대의 원전기에서 작은 사고들이 있어났음에도 불구하고 일본은 대처는커녕 그 사고들을 숨긴 채 그냥 넘어갔습니다. 만약 일본에서 이 사고들을 숨기지 않고 당당히 대처를 했다면 후쿠시마 사고와 같은 끔찍한 사건을 막을 수 있었을지도 모릅니다.

또 들려드릴 이야기는 일본에 후쿠시마 원자력발전소 사고가 있은 후의 일입니다. 일본은 세계 유일의 피폭 국가입니다. 일본 정부는 그 사실을 알고 있으나 역설적으로 국민들은 방사능의 위험성이나 자신들이 처한 상황이 얼마나 심각한 상황인지 인식하지 못하고 있습니다. 그 이유는 무엇일까요? 바로 언론들 때문입니다. 그들은 국민들에게 현재 안전하다고 이야기하고 있습니다. 지금 일본은 방사능 수치 기준을 국제 안전 수치 기준보다 10배 더 높게 발표하고 이 안전 수치 이하는 안전하다고 말하고 있습니다. 이 수치를 모든 학교에도 적용시켜 학생들은 방사능이 피폭된 곳에 방치되고 있습니다. 방사능은 유전자를 변형시키기 때문에 피폭되었을 때 위험성이 어른들보다 아이들에게서 10배 정도 높게 나타납니다. 이런 사실들을 알고 있음에도 불구하고 그 아이들을 방치해두는 것이 과연 바람직한 일일까요?

이번엔 한국에 대한 이야기를 해보겠습니다. 후쿠시마 사고가 일어난 후에 스위스, 이탈리아, 덴마크, 독일과 같은 선진국에서는 탈핵을 위한 대책들이 결의되었습니다. 물론 그 전부터 탈핵을 위한 노력이 있었지만 이번 후쿠시마 일이 동기가 되어 탈핵을 결정하게 된 것입니다. 하지만 우리나라는 탈핵에 대한 생각이 없습니다. 우리나라 정부는 국민들에게 "우리나라는 핵 발전을 국가 경제의 원동력으로 삼겠습니다" 혹은 "우리나라의 원자력발전소는 매우 안전하고 후쿠시마에 있었던 발전기는 실제로 우리나라의 것보다 안전성이 낮았습니다"라고 발표합니다. 원자력발전소에 대해 전문 지식이 없는 국민들은 이렇게 이야기하는 언론들을 믿고 원자력이 안전하구나라는 생각을 갖게 됩니다.

그렇다면 탈핵을 선언한 다른 나라들은 어떻게 탈핵이라는 어려운 결정을 내릴 수 있었을까요? 이탈리아의 경우에는 총리가 원전을 세워야 한다고 강력하게 주장을 했지만 주민투표 결과 95%의 반대로 이 주장은 무효화되었습니다. 또 덴마크는 시민합의회의라는 단체가 있어 시민들이 전문가들을 불러 핵발전소 설립에 관한 찬반 논쟁을 듣고 반대편의 손을 들어 탈핵을 결정하게 되었습니다. 이 두 나라 외에도 탈핵을 선언한 나라들을 보면 모두 국민들의 노력이 가장 크다고 할 수 있습니다. 우리나라도 언론에 의해 좌지우지되기보다 국민들이 힘을 합쳐서 국민들 스스로가 만들어나가는 국가가 되어야 한다고 생각합니다.

해결 방안

우리가 이런 문제점들을 해결하기 위해서는 국가와 국민이 손을 잡고 협력하여 문제를 해결해야 합니다. 이 문제는 결국 국가와 국민 모두에게 피해를 가져다줄 것이기 때문입니다. 먼저 국가는 언론기관에 개입해서는 안 됩니다. 이것은 매우 원초적이고 1차원적인 이야기지만 이런 기본적인 것이 지켜지고 있지 않기 때문에 지금의 상황이 일어나고 있다고 생각합니다. 가장 기본적인 것이 가장 중요하다고 생각합니다.

또 국가는 지금 하고 있는 일이 잘못되었음을 인식하고 그 일들이 자신들의 앞길도 어둡게 만들고 있다는 사실을 인식하고 안전한 정책을 펴야 한다고 생각합니다. 그 안전한 정책 중 하나로 자연에너지를 적극 활용했으면 좋겠습니다. 스웨덴에서는 소비자가 직접 전기를 선택해서 사용할 수 있습니다. 즉, 원자력 발전을 이용해서 생산한 전기와, 자연에너지를 사용하여 생산한 전기 중 직접 선택해서 구매할 수 있는 제도입니다. 이렇게 하면 자연에너지의 부족한 연구 비용과 초기 설립 자금도 보충할 수 있고, 점점 원자력 발전에 대한 의존도 낮아질 것입니다. 또 우리나라에서 사용할 수 있는 자연에너지 중 활용이 가장 빨리 될 수 있는 것은 태양열 에너지라고 생각합니다. 왜냐하면 건물 위에도 건설할 수 있으므로 가장 빨리 보급화될 수 있는 방법이라고 생각합니다.

국민들은 인식을 개선해야 합니다. 특히 우리나라 사람들의 인식은 더 많이 바뀌어야 합니다. 유럽은 국가에 대해 비판하는 것이 자유롭지만 아직 우리나라에서는 그러한 일들이 쉽게 일어나지는 않습니다. 예를 들면 파업, 시위, 집회 등이 있습니다. 우리나라에서는 이런 일들이 부정적으로만 인식되고 있습니다. 그렇지만 제 생각에는 이런 것들이 국가와 국민이 함께 발전하는 데 큰 역할을 할 수 있을 것 같습니다. 왜냐하면 국가는 이런 것들을 통해 자신의 잘못을 깨닫게 되고 국민들의 의식수준은 향상될 수 있을 것이라고 생각하기 때문입니다. 또 이런 진실들을 알리기 위해서 노력하는 과학자들이나 사회운동가들을 배척하지 말고 우리가 나서서 그들을 도와주어야 합니다. 전문적인 지식 없이 시위를 하는 것과 그것의 부당함을 논리적으로 꼬집으면서 시위를 하는 것은 다르다고 생각합니다. 그래서 일반 시민들이 과학자들과 협력한다면 큰 성공을 이룰 수 있을 것이라고 생각합니다.

마지막으로 제가 하고 싶은 말은 군군신신부부자자(君君臣臣父父子子)라는 《논어》〈안연편〉에 나오는 말입니다. 이 말의 뜻은 임금은 임금답게 신하는 신하답게 어버이는 어버이답게 자식은 자식답게 행동하라는 뜻입니다. 이 말 뜻처럼 국가는 국가답게 국가의 일을 열심히 하고, 국민은 국민답게 국민들의 일에 최선을 다한다면 좋은 국가로 발전할 수 있을 것 같습니다.

이은혜(2학년)

쟁점이 있는 독서토론

임영환

"토론의 묘미는 듣기와 질문하기"

독서교육 현장에서는 책을 읽고 생각을 나누는 활동을 넓은 의미로 '독서토론'이라고 불러왔다. 흔히 토론을 토의와 비교하여 좁은 의미로 논쟁형 토론(debate)만을 지칭하는 경우도 있지만, '독서토론'은 문답, 토의, 논쟁 등이 복합적으로 함께 존재하는 경우가 많기 때문에 일반적으로 토론(debate)과 토의(discussion)를 둘 다 포괄하는 개념으로 보고 있다.

여기서 소개하는 '독서토론'도 단순한 논쟁형 토론이 아니라 책을 읽고 생각과 느낌을 나누고, 질문을 생성하고, 이를 바탕으로 모둠 토의를 하고, 그중 중심적인 주제를 뽑아서 토론을 하고 글을 쓰는 일련의 독서 활동 과정 전반을 포함한다. 내가 연구에 참여했던 서울시교육청의 '서울형 토론 모형'(2014)도 이 모형을 참고하여 개발한 것이다.

이 모형의 가장 큰 특징은 아이들 스스로 토론할 질문을 만들고 이를 바탕으로 학급 전체가 같이 토론할 만한 토론 주제를 뽑는다는 점이다. 이때 전체 토론 주제로 토의형 주제가 선택되면 토의형 토론으로, 논쟁형 주제가 선택되면 논쟁형 토론으로 진행할 수 있는데, 나는 실제 수업을 하면서 이 두 가지를 다 사용한다. 토의형 독서토론과 논쟁형 독서토론을 운동으로 비유하자면, 전자가 달리기나 헬스, 등산처럼 몸을 깊이 있게 발전시킬 수 있지만 심심한 경향이 있는 기본 운동이라면, 후자는 축구나 배드민턴, 테니스 같은 치열함과 재미가 있는 경쟁적인 운동과 비슷하다. 독서토론도 학급의 상황과 아이들의 기질에 따라 책을 읽고 생각과 느낌을 나누거나 다양한 질문들을 만들어 발전시켜나가는 토의형 토론이나 좀 더 활동적이고 경쟁적 요소를 가진 논쟁형 토론 중에 선택해볼 수 있다.

토의형 토론의 경우 이 책의 앞에서 소개한 [책 대화하기]나 [질문으로 깊이 읽기]와 유사한 부분이 많으므로 여기서는 논쟁형 토론에 초점을 두고 소개하고자 한다.

논쟁형 토론이란, 서로 대립적인 두 견해가 명확히 담긴 주제에 대하여 토론자들이 타당한 근거와 논증을 제시하여 의견을 개진하고, 자신의 논리가 상대방의 논리보다 낫다는 것을 입증하는 과정이다. 논쟁형 토론은 재미와 치열함이 있는 반면 자칫 지나치게 경쟁적으로 흐르거나 사고를 이분법적으로 단순화시킬 우려가 있다. 그러나 합리적으로 자신의 의견을 제시하고 제대로 상대의 의견을 경청하는 자세를 통해 서로의 논리를 합리적으로 따져보는 연습을 하면 비판적·논리적 사고력을 키울 수 있다. 이는 잘못된 논리나 불합리에 휘둘리지 않고 자기의 의사를 표현할 줄 아는 민주시민으로서의 자세에 바탕이 된다.

가령《내 이름은 공동체입니다》(장성익)를 읽고 '개인주의와 공동체주의가 공존하는 방법'이나 '공동체 생활을 통해 실현할 수 있는 진정한 행복은 무엇일까?' 같은 주제로 토의형 토론을 하기도 하지만, '우리 사회에서 공동체 생활이 꼭 필요한가?', '개인주의와 공동체주의 중 더 우선되어야 할 것은?', '공동체를 중시하며 개인을 존중하는 것이 과연 가능한가?' 같은 주제로 논쟁형 토론을 하기도 한다. 또한《위대한 시작》(고도원)을 읽고 '꿈을 빨리 찾는 것이 좋은가?', '이루기 힘든 꿈은 포기해야 하는가?' 등 진로에 대한 다양한 이야기를 모둠별로 나누기도 하고, 학급 분위기에 따라서는 '자신이 원하는 진로와 안정적인 진로 중 어떤 진로를 선택해야 할까?' 같은 쟁점으로 토론하기도 했다.

그리고《죽은 시인의 사회》(N.H. 클라인바움)의 '카르페 디엠(지금 살고 있는 현재 이 순간에 충실하라)'이나《마시멜로 이야기》(호아킴 데 포사다)의 '미래를 위해 현재의 즐거움을 절제하자'라는 주제를 놓고 '미래와 현재의 가치'에 대해 같이 이야기해보면 하나의 주제를 놓고 이야기하는 것보다 더 깊은 사고를 이끌어낼 수 있다. 사실 이런 효과는 신문 읽기에서도 잘 나타나는데, 같은 주제를 서로 다르게 서술한 두 개의 신문 사설을 읽는 것이 하나의 사설만 읽는 것보다 사고력을 키우는 데 더 효과적인 것과 비슷한 이치다.

논쟁형 토론을 할 때는 조심해야 할 것이, 아이들에게 토론의 목적이

상대를 무조건 이기는 것이 되어서는 안 됨을 설명해야 한다. 서로의 논리를 겨루면서 다른 사람의 말에 귀 기울이고 자신의 생각을 더 깊이 있게 다듬고 잘못된 부분이 있다면 바로잡아갈 수 있는 합리적이고 열린 자세가 필요함을 강조해야 한다.

독서토론반을 오랫동안 운영하면서 간혹 졸업하는 학생들에게 어떤 능력이 향상되었느냐고 물어본 적이 있다. 이때 가장 인상 깊었던 답변이, 듣는 능력이 향상되었다는 답변이었다. 자신의 의견을 말하려면 상대의 의견을 듣고 그 핵심을 파악할 수 있어야 하는데 토론 과정에서 듣는 능력이 향상되었다는 것이다. 재밌다는 생각을 했었다. 내심 '비판적 지성'이나 '유창한 표현력' 등을 예상했는데 생각지도 못한 '듣는 능력'이라니.

그런데 토론 교육을 할수록 토론의 묘미는 듣는 능력과 이를 바탕으로 적절하게 상대 의견에 질문하는 능력이라는 생각이 든다. 토론이란 일방적으로 자기 의견만 말하는 것이 아니라 서로의 논리와 이치를 따져가는 상호 소통의 과정인데, 여기서 가장 중요한 것이 상대 의견을 제대로 듣고 질문하는 능력이기 때문이다. 그래야 상대 의견에 대응하는 자신의 의견을 낼 수 있고, 이런 과정을 통해 논리와 이치를 따져보는 제대로 된 토론이 형성되는 것이다. 이런 부분이 중요하다는 인식을 하고 독서토론을 시작하면 좋겠다.

수업을 시작하기
전에

●

[쟁점이 있는 독서토론] 수업은 아이들이 함께 책을 읽고 모둠별로 생각과 느낌을 나누면서 토론거리를 만든 뒤, 그중 대표 논제를 추출하여 토론하고 글을 쓰는 수업 방법이다. 이때 학급 전체가 같은 책을 읽을 수도 있고, 모둠별로 같은 책을 읽을 수도 있다. 여기서는 학급 전체가 같은 책을 읽고 토론을 하는 수업 모형을 소개한다.

수업의 과정은 대략 다음과 같다. 먼저 모둠을 구성하고 짧은 글을 통해 질문 만들기와 토론 연습을 해본 뒤, 본격적으로 책을 읽으며 생각과 느낌을 나누고 토론거리를 정하는 모둠 토의를 한다. 그리고 그 내용을 정리하여 모둠별로 발표하고, 발표한 내용 가운데 한 가지 주제를 정해서 학급 전체가 토론을 한다. 마지막으로 그 내용을 바탕으로 개별적으로 글쓰기를 한다. 공통과목인 국어 및 기타 선택과목에서 3주 11차시로 수업을 구성할 수 있는데, 실제 수업에서는 도서의 분량이나 난이도, 교과서 수업의 필요성 등을 고려해서 융통성 있게 구성할 수 있다.

어떤 책을 고를까?

학급 전체가 같은 책을 읽고 진행할 경우에는 책 선정시 아이들의 수준과 흥미와 관심, 교육적 성과 등을 중요하게 고려해야 한다. 또 아이들과 나눌 생각거리나 이야깃거리가 많아야 한다. 예를 들어《여덟 단어》(박웅현)라는 책은 자존, 본질, 고전, 견(見), 현재, 권위, 소통, 인생 같은 소주제가 화두처럼 제시되어 있고,《위대한 시작》(고도원)도 꿈, 진로, 몸과 마음, 관계 맺기, 스피치, 읽기와 쓰기 등 소주제가 다양하여 아이들이 함께 이야기 나눌 부분들이 많아서 주제를 만들기가 비교적 수월했다. 대상 도서 몇 권을 정해 아이들과 미리 협의할 수도 있고 교사가 미리 정해서 진행할 수도 있는데, 여기서는 교사가 선정하는 것으로 진행한다.

만약 논쟁형 토론으로 하겠다면 쟁점이 명확한 주제를 다룬 책이 좋겠으나, 생각보다 그런 책이 많지는 않다. 그래서 나는 주로 생각할 거리가 많은 책을 선택하여 그 과정 속에서 쟁점적인 주제가 나오거나 아이들이 논쟁형 토론을 선호하는 분위기면 그 방향으로 진행하고, 그렇지 않고 토의형 주제들이 주로 나온다면 원탁 토론 같은 토의형 토론으로 진행했다. 그러므로 너무 쟁점에 초점을 두기보다는 아이들이 책을 읽고 서로 생각을 나누는 것에 초점을 두고 진행하기를 권한다.

책 구입은 아이들이 직접 구입하게 하였다. 토론을 하려면 아무래도 책을 들고 다니면서 읽어야 하기 때문에 개별 구입이 가장 좋다. 다만 도서관에 협조를 요청해 토론용 도서를 여러 권 비치해두는 것도 도움이 된다.

토론을 위해서는 어떤 질문이 좋은 질문일까?

실제 수업을 진행하면 처음에는 아이들이 논제 생성이나 토론을 어려워하기 때문에 쉬운 글로 먼저 질문을 만드는 연습을 해볼 필요가 있다. 교사가 미리 논제를 만들어서 예시로 보여주면 좋다. 아이들은 책 읽는 과정을 충분하게 확보해주면 생각보다 논제의 원형이 되는 질문이나 토론거리를 잘 만들어낸다. 처음부터 논제를 만들어내라고 하기보다 친구들과 같이 토론하고 싶은 질문을 만들어보라고 하면 자연스럽게 만들어지는데, 이때 어떤 질문이 토론하기 좋은 질문인지 설명해주면 좋다.

대표적으로 아이들에게 소개할 만한 질문의 유형 몇 가지를 소개한다.

열린 질문과 닫힌 질문

· **닫힌 질문** : 예와 아니요, 또는 A나 B와 같이 단답형으로 대답할 수 있는 질문이다. 명확한 결론이 나오지만 대화의 폭이 좁아진다. (예: 우리 학교 이름은 무엇이니? 너는 학교를 좋아하니?)

· **열린 질문** : 정답이 없고 여러 방향으로 생각할 수 있는 질문이다. 대화의 폭을 넓힐 수 있다. (예: 우리가 학교를 가는 이유는 뭘까요? 개인주의와 공동체주의 중에 우리 사회에 더 필요한 것은?)

토론은 당연히 열린 질문으로 해야 한다. 물론 닫힌 질문은 내용을 기억하고 이해하는 과정에서 필요하지만, 아이들이 닫힌 질문에 머물지 않고 열린 형태의 질문을 만들어서 토론으로 나아갈 수 있도록 지도한다.

사고의 과정에 따른 질문 유형

책을 읽고 질문을 만들 때는 사고의 과정에 따라 질문 층위가 나뉠 수 있음을 이해하면 좋다. 수업에서 내용 이해를 위해 주로 사용하는 사실적·분석적 질문들은 대개 사실을 확인하거나 단순한 추론적 사고를 바탕으로 한다. 반면 토론용으로 사용하는 질문들은 깊이 있는 추론적 사고, 비판적이고 창의적인 사고를 바탕으로 한 질문들을 중점으로 해야 한다.

· **사실을 확인하거나 내용을 분석하는 질문** : 책 내용을 확인하거나 흩어진 정보를 결합해서 답할 수 있는 질문이다. 책 내용을 상기하거나 깊이 있게 이해할 때 사용하면 좋다. 답이 정해진 닫힌 형태의 질문이 많아서 수업 내용 확인이나 독서 퀴즈용으로는 좋지만 토론용으로는 부적합하다. (예: 이 작품의 주요 사건은 무엇인가? 저자는 자신의 주장을 위해 어떤 근거를 제시했나?)

· **내용을 판단하거나 삶이나 사회에 적용하는 질문** : 저자의 생각과 자신의 생각을 비교해보거나 책 내용을 우리 삶과 사회에 적용해볼 수 있는 질문이다. 책에서 명시적으로 답이 주어지지 않기 때문에 자신의 깊이 있는 추론적, 비판적, 창의적 사고를 사용해야 한다. 주로 '왜?', '과연 그러한가?', '어떻게?' 같은 의문사를 붙여주면 좋다. 주로 가치 판단이나 본질적인 것을 묻는 열린 형태의 질문이므로 토의형 토론 주제로 좋다. (예: 주인공이 왜 그런 행동을 했을까? 이 문제의 해결책은 무엇일까? 저자의 주장은 과연 내 경험과 비교하면 타당한가? 과연 주인공의 그런 행동은 올바른가?)

논쟁적 질문

논쟁적 토론을 하고 싶다면 질문의 형태를, 서로 다른 두 견해가 명확히 대립되는 논쟁적 질문으로 해야 한다. 주로 갈등이 담긴 내용을 질문 형태로 만든 것으로 쟁점의 지점이 분명하다. 저자의 입장과 그 반대 입장을 같이 제시하면 보통 논쟁적 질문이 되는데, 가령 저자가 공동체주의적인 입장이라면 '공동체주의와 개인주의 중에 더 중요한 것은?'과 같이 반대되는 견해를 함께 제시하는 것이다. 이를 좀 더 구체적인 현실 상황 속에서 만들어보면 더 생동감이 있다. 가령 최근 동계올림픽 이슈와 관련하여 '아이스하키 남북 단일팀을 찬성해야 하나?(선수 개인의 이익 vs 국가적 차원의 평화 추구)' 같은 질문의 경우가 그 예이다. 이때 질문에 담긴 두 견해는 어느 정도 균등한 여론을 지녀야 한다.

그리고 질문의 형식은 '~할 것인가 말 것인가', '~해야 하는가 하지 말아야 하는가', '~이 좋은가 ~이 좋은가', '~한 것과 ~한 것 중 무엇을 선택해야 하는가' 등과 같이 두 입장이 명확히 드러나야 한다. (예: 공공의 질서 유지와 사회적 정의가 충돌할 때 어느 쪽을 우선에 두어야 할 것인가? 사형제도를 유지해야 하는가 폐지해야 하는가?)

일반적인 논쟁형 토론과 유사한 찬반 토론의 경우 주로 긍정문 형태의 논제가 제시되는데(예: 사형제도는 폐지되어야 한다), 좀 더 명확하게 찬반 토론으로 하려면 위와 같은 논쟁적 질문을 긍정문 형태의 논제로 바꾸면 된다(CEDA 토론[*]이나 국회 찬반 토론 등처럼 정해진 형식과 절차를 지닌 찬반 토론의 경우는 반드시 긍정문 형태의 논제를 제시해야 한다). 찬반 토론 논제의 경우 보통 현실 개혁적이고 표현은 구체적이며 토론 결과가 사람들에게 영향을 미치는 것을 좋은 논제로 평가한다.

질문 생성을 어려워하면 어떻게 해야 할까?

아이들은 질문의 예시를 제시하고 질문 유형을 설명하면 대체로 질문을 잘 만들지만, 그렇게 하고도 질문 생성을 어려워한다면 질문 만드는 연습을 브레인스토밍이나 게임 형식으로 해보면 좋다.

먼저 모둠별로 큰 전지를 펼쳐놓고 책을 읽은 후 떠오르는 아이디어들을 자유롭게 내놓게 한다. 처음부터 질문 형식을 만들기 어렵다면 연관 단어들을 써보게 한다. 책과 상관없이 학교생활이나 아이들의 관심 분야에서 자유롭게 질문 아이디어를 만들어보라고 해도 좋다. 처음에는 누가 어떤 아이디어를 내더라도 비난하거나 무시하면 안 된다. 이때 나온 단어들을 다양하게 조합하면서 문장 형태를 만들고, 그것을 질문으로 변형해보게 한다. 가능하면 많은 질문을 만들고 그중에서 논제를 골라내는 전략이 좋다. 이를 모둠별 대항전처럼 게임 형식처럼 해도 좋다. 가장 좋은 질문을 만든 모둠에게 가산점이나 상품을 주자. 그래도 적절한 질문

---

*   교차 조사형 토론(CEDA). 주장과 반박만으로 이뤄진 기존 토론 형식에 상호 질문을 넣어서 발전시킨 형식이다. 각 팀은 2명으로 이뤄지며, 각 토론자는 입론, 교차 질의, 반론을 한 번씩 한다. 형식과 절차를 중요시하는 아카데미식 토론의 대표격으로, 각종 토론 대회에서 많이 사용한다.

이 만들어지지 않을 때는 교사의 도움이 필요하다.

　모둠별로 토론 주제가 정해지면 이를 발표하는 시간을 갖고, 학급 전체의 의견을 수렴해서 전체 토론 주제를 정한다. 그리고 그 주제에 대한 자료 찾기 등 미리 토론 준비를 할 수 있도록 안내를 하면 원활한 토론에 도움이 된다. 여기서는 많은 학생이 참여할 수 있는 학급 전체 토론 모형을 제시했지만, 대표 학생들을 뽑아서 패널 토론 형식으로도 진행할 수 있다. 학급과 학생들의 상황에 맞게 다양하게 응용이 가능하다.

읽기 [讀]	모둠 구성, 토론 연습	모둠 구성, 간단한 글로 논제 생성과 토론 연습
	도서 선정, 책 읽기	도서 선정, 독서일지 작성하며 책 읽기
생각 나누기 [討]	모둠 토의, 전체 토론	모둠 토의와 논제 정하기, 전체 토론
표현하기 [論]	쓰기	토론 후 글쓰기

단계	개요	차시	활동 내용	비고
1	모둠 구성과 토의·토론 연습	1-2	• 모둠 구성 • 논제 생성, 토의·토론 연습	연습용 글, 교과서
2	책 읽기	3-6	• 책 읽으며 독서일지 작성 • '모둠 토의 개요서' 작성	책, 독서일지, 모둠 토의 개요서
3	모둠 토의, 토론 주제 정하기	7-8	• 모둠별 토의, 모둠별 주제 정하기 • 모둠별 발표, 학급 전체 토론 주제 정하기	책
4	전체 토론	9-10	• 전체 '토론 개요서' 작성 • 토론	토론 개요서
5	설득하는 글쓰기	11	• 설득하는 글쓰기	쓰기용 자료

어떻게
수업할까?

●

[1단계] 모둠 구성과 토의·토론 연습 (1-2차시) **"짧은 읽을거리로 논제 만들기 연습"**

수업의 첫 단계는 모둠을 구성하고 모둠 토의와 전체 토론 연습을 하는 것이다. 아이들에게 책을 읽고 질문을 만드는 방법, 토의·토론의 방법을 알려주기 위해 두 차시 정도 짧은 읽을거리로 미리 연습을 하면 도움이 된다. 이때 흥미 있고 쉬운 신문 칼럼 같은 것을 이용하면 좋다.

각자 지문을 읽고 질문을 만들어 모둠 토의를 하면서 모둠별 대표 질문을 선정한다. 이때 논제 생성 연습을 하고 어떤 논제가 토론에 적당한지 파악하도록 한다(질문 생성 전략은 앞에서 소개한 것들을 참고한다). 이를 교과서의 토론 관련 단원과 연계해서 토론에 대한 기본적 이해를 도운 뒤 진행할 수도 있다. 토론 대회 영상 같은 인터넷상의 토론 영상을 같이 시청하는 것도 도움이 된다.

모둠은 4~6인으로 구성하는 게 좋다. 모둠이 구성되면 '사회'와 '기록'

을 정하고, 나머지 모둠원의 역할은 융통성 있게 결정한다. 4명이 기준이라면 보통 '사회' 1명, '기록' 1명, '도우미' 1명, '칭찬이' 1명으로 구성한다. 각자 역할이 정해지면 사회자가 중심이 되어 모둠 토의를 진행한다. 모둠 활동의 경우 사회자의 역할이 중요하기 때문에 사회자 교육을 따로 하면 좋다. 교사는 미리 각 모둠의 사회자를 불러 모둠 토의 진행 방법을 간단히 설명한다. 다음 사항은 기본적으로 알려주는 게 필요하다. 전체 학생들에게도 필요한 부분은 알려준다.

① 서로 존중하는 자세 : '너 해봐'가 아니라 '○○○토론자님, 발표해봅시다'라는 서로 존중하는 자세.

② 토의 분위기 조성 : 같이 토의를 해보자는 진지하고 밝은 분위기를 만들거나 쟁점을 살려서 토의 분위기를 살리는 몫이 사회자의 리더십에 달려 있음을 강조한다. 사회자의 리더십을 깨고 분위기를 해치는 학생 때문에 모둠 토의가 힘들 경우, 교사가 뒤에서 도와줄 필요가 있다.

③ 토의 규칙 설명 : 모둠 토의는 원탁 토론을 변형하여 총 3라운드로 진행한다('모둠 토의 개요서' 참조). 첫 번째 라운드에서는 책에서 인상적인 구절과 그 이유, 두 번째 라운드에서는 책 읽고 떠오르는 느낌이나 생각, 경험, 그리고 책의 내용을 자기 삶이나 우리 사회에 적용해서 생각해본 부분에 대해 이야기를 나눈다. 마지막으로 세 번째 라운드에서는 친구들과 함께 토론하고 싶은 질문과 그 이유에 대해 이야기를 나눈 뒤 서로 논의를 통해 모둠 대표 질문(논제)을 뽑는다. 모둠 토의의 상세 내용은 별도

로 기록하지 않고, 사회자나 모둠에서 선정된 논제를 제시했던 모둠원이 대표 논제와 선정 이유를 정리해서 발표를 한다.

④ 토의는 질문과 답변이 오고가는 대화의 과정 : 단순히 각자 의견을 개진하는 것이 아니라 질문과 답변이 오고가는 대화의 과정이 되도록 사회자가 적절하게 유도할 것을 강조한다. 각자의 발언이 끝나면 자연스럽게 다른 모둠원들의 질문이나 반응이 나올 수 있게 해야 한다.

⑤ 경청의 중요성 : 모둠원의 발언을 중간에 끊지 않는 것을 원칙으로 한다. 물론 사회자가 진행상 끊을 수도 있지만 같은 토론자끼리는 서로의 말을 끊지 않고 발언이 끝날 때까지 기다려주는 자세가 중요함을 강조한다. 특정 사람에게 너무 시간이 많이 걸리면 발언 시간을 1~2분 정도로 제한할 수 있다.

⑥ 발언자에 소외되는 사람이 없도록 골고루 발언 기회를 주고, 시작할 때는 적극적인 친구부터 발언하게 하는 것이 좋다. 발언 시간이 어느 한쪽으로 지나치게 치우치지 않도록 한다.

⑦ 인신공격성 발언이나 감정적 발언을 자제시키고 토의가 지나치게 격앙될 때는 분위기를 정리해서 다시 차분하게 진행되도록 이끌어야 한다.

[수업 예][*]

① 이 글과 관련하여 다음 활동을 해봅시다.

> 어리석은 질문도 세상을 진보케 한다.
>
> - 송우혜, 동아일보 칼럼(2011. 12. 9.)
>
> 어떤 사람이 지도자로 사회의 발전과 행복에 공헌하고 그 이름이 큰 글자
> 로 역사에 남는가. 인류의 스승으로 불리는 분들을 보면 몇 가지 공통점이
> 있다. 그들은 우선 살아 있는 인간미를 갖추고 있었다. 자신의 생각과 사상
> 을 더 완벽하게 완성시키기 위해 끊임없이 노력했다. 그들의 사상을 후세에
> 전한 뛰어난 제자들을 두었다. 뛰어난 지도자들은 여러 장점이 쌓여서 그
> 총화로서 그런 인물이 된 것이지만 여기서는 그런 장점 중에서 특히 '자신
> 의 말에 남이 어떻게 반응하는가' 하는 점에 대해서 그들이 갖고 있었던 자
> 세를 생각해보겠다.
>
> 이 문제는 공자를 볼 때 매우 선명하게 살펴볼 수 있다. 직접 명확하게 언
> 급해놓은 발언이 전해지고 있기 때문이다. 공자의 제자 중에서 가장 우수했
> 던 안회는 실천력이 대단했지만 이해력도 어찌나 뛰어났는지 '하나를 들으
> 면 열을 안다'고 일컬어진 인재였다. 공자조차 그런 면에서는 자신이 안회
> 만 못하다고 분명하게 인정했을 정도였다. 그런데 놀랍게도 공자는 그런 안
> 회를 두고 "안회는 나를 돕는 자가 아니다. 내가 하는 말에 기꺼워하지 않음

---

[*]   실제 수업에서는 아이들에게 지문과 함께 학습지 양식만 주었으나, 독자의 이해를 돕
기 위해 아이들이 학습지에 적어 넣은 사례까지 함께 제시한다.

이 없다"고 토로했다.

공자의 '공자됨'을 가장 명확하게 보여준 것이 바로 그 구절이라고 생각한다. 그가 끊임없는 자기 성찰과 단련을 통해서 자신의 사상을 더 완전한 것으로 향상시키고자 했던 신실한 노력과 의식의 핵심이 바로 그 구절에 담겨 있다. 자신이 하는 말마다 즉각 알아듣고 그 말에 담긴 진리를 이해하고 기꺼워하는 뛰어난 제자가 있다는 것은 큰 축복이다. 웬만한 스승들은 그런 제자가 있다는 것에 크게 기뻐하면서 그렇지 못한 못난 제자들을 답답하게 생각할 것이다. 그러나 공자는 그렇지 않았다. 스승인 자신과 뛰어난 제자 사이에 형성된 관계가 지닌 매우 중요한 한계와 약점을 명확하게 알아본 것이다.

자신의 말을 모두 잘 알아듣고 그대로 받아들이는 제자를 상대로는 그 말을 하는 선에서 이야기가 끝난다. 그러나 자신의 말을 제대로 이해하거나 납득하지 못한 제자들은 질문이나 반문(反問)을 하거나 비판하고 나섬으로써 공자로 하여금 보충 설명을 하거나 부연 설명을 하게 만들었다. 그런데 공자는 바로 그런 과정을 거치면서 자신의 생각의 범위나 사상의 틀이 더 견고해지고 보다 넓고 크게 확장되고 선명해지며 명확해지는 것과 자신의 미흡한 점이나 오류를 확인하고 시정할 수 있음을 인식한 것이다.

그래서 하나를 들으면 열을 알아들어서 질문이나 반문이 전혀 없이 전적인 지지와 찬사를 보내는 뛰어난 제자보다는, 하나를 듣고 그 하나조차 제대로 이해하지 못해서 못난 질문이나 반문을 내놓는 어리석은 제자가 자신의 사상을 더 넓고 크고 강력하게 발전시켜 나아가는 데 진정한 도움이 되는 존재임을 선명하게 인식한 것이다.

이러한 이치는 사람 사는 세상의 모든 면에 그대로 적용된다. 요즘 우리

사회에서 가장 문제가 되고 있는 '정치인들과 국민 간의 소통 문제'에 대입해보면 실상이 더 선연하게 드러난다. 국민의 반대가 많은 정책의 경우 우선 정치인들은 지금은 국민이 제대로 이해하지 못하지만 시간이 지나면 자신이 한 일의 정당성과 필연성이 입증되리라는 소신이 강해서 '소통 부족'에 대한 아쉬움이 별로 없는 듯하다.

그러나 생각의 방향을 바꿔보면 전혀 다른 그림이 나온다. '생일에 잘 먹자고 열흘 굶으니 죽더라'는 속담이 있지만, 당장은 오해를 받아도 나중에 시간이 흐르면 인정받을 수 있다는 신념으로 지금의 불화와 분열을 도외시한다는 것은 '보다 큰 정치'를 죽이는 일이다. '소통으로 서로 이해하고 화합하는 정치를 하는 것'이야말로 '정치'가 국민에게 줄 수 있는 진정한 행복이고 기쁨이며 가장 중요한 가치에 해당하기 때문이다.

카이스트의 이광형 교수는 "질문을 많이 하고 토론을 하면 새로운 생각을 많이 하게 된다. 그리고 칭찬을 받으면 자꾸 반복하고 싶어진다. 이와 같이 반복하게 되면 습관이 되고 저절로 창의성이 늘어난다"라고 하였다. 나는 '질문' 뒤에 오는 것, 곧 질문받는 자가 질문을 잘 소화할 때 진정한 발전이 이루어짐을 말하고자 한다. 우리 사회가 계속되는 질문 내지 반론과 그에 대한 신실한 대응을 통해서 날로 더욱 크게 진전해야 할 것이다.

⊙ 위 글을 읽고 각자 다음의 '모둠 토의 개요서'를 작성해봅시다.

모둠 토의 개요서	
학교 반: 번호: 이름:	
제목	칼럼 : 어리석은 질문도 세상을 진보케 한다.
글쓴이	송우혜
[1차 라운드] 인상적인 부분 (마음에 드는 부분), 이유는?	안회는 나를 돕는 자가 아니라는 공자의 말이 인상적이었다. 자신의 사상을 그대로 받아들이기보다 그곳에서 질문하고 반문하는 인재를 귀하게 여기는 공자의 태도는 유교라는 뛰어난 사상을 그가 어떻게 만들게 되었나를 짐작하게 하고, 시대를 앞서간 선각자의 뛰어남을 엿보게 한다.
[2차 라운드] 느낀 점, 떠오르는 생각이나 경험, 자기 삶이나 세상 과 연관해서 생각 해본 내용	초등학교 때는 질문을 많이 했는데 어느 순간 친구들도 그렇고 나도 질문을 하지 않게 된 것에 대해 생각해보게 되었다. 수업 분위기나 다른 친구들의 눈치를 보면서 튀는 것에 대해 부담을 느끼는 것이 서로 수업시간에 질문을 하지 못하게 하는 것 같다.
[3차 라운드] 토론하고 싶은 거리, 질문(논제), 그 이유	모든 사람이 선한 것이 아닌데 소통하는 사회가 꼭 긍정적으로 발전하게 될까? 이유 : 우리 사회가 소통의 문제가 해결되면 다 잘될 것처럼 이야기를 많이 하는데 사회에는 나쁜 사람들도 많기 때문에 이런 의문이 들었다.

ⓒ 모둠끼리 모여서 위에 쓴 내용들을 나누고 공통 토론거리를 뽑아봅시다. (모둠에서 사회자를 뽑아서 모둠 토의를 진행합니다.)

논제와 이유	모둠원 1	진정한 소통이란?
	모둠원 2	우리 사회에 소통이 부족한 이유는?
	모둠원 3	우리 사회에 소통과 토론을 살릴 방법은?
	모둠원 4	모든 사람이 선한 것이 아닌데 소통하는 사회가 꼭 긍정적으로 발전하게 될까?
모둠 공통 논제와 이유		모든 사람이 선한 것이 아닌데 소통하는 사회가 꼭 긍정적으로 발전하게 될까? 이유 : 소통으로 해결될 수 있는 가능성에 대해 토론해보고 싶다.

② 모둠별로 대표가 나와서 자신의 모둠에서 나온 토론거리(논제)와 그 이유를 이야기해봅시다.

논제	모둠 1	모든 사람이 선한 것이 아닌데 소통하는 사회가 꼭 긍정적으로 발전하게 될까?
	모둠 2	질문과 토론 같은 소통하는 문화를 대중화시키는 것이 가능할까?
	모둠 3	어리석은 질문이라도 너그럽게 받아주고 대답해주어야 하나?
	모둠 4	하나를 들으면 열을 아는 제자와, 이해력은 떨어지지만 질문이나 반문을 하는 제자 중 누가 더 나은 것일까?

	모둠 5	우리나라는 왜 상대 의견에 대한 존중이 부족할까? 원인과 해결책은?
	모둠 6	우리 사회에 부족한 대화와 토론을 살릴 방법은?
학급 대표 논제		모든 사람이 선한 것이 아닌데 소통하는 사회가 꼭 긍정적으로 발전하게 될까?

③ 정해진 학급 논제를 바탕으로 각자 다음의 '토론 개요서'를 작성하여 학급 전체 토론을 해봅시다.

토론 개요서	
학교 반: 번호: 이름:	
논제	모든 사람이 선한 것이 아닌데 소통하는 사회가 꼭 긍정적으로 발전하게 될까?
주장	소통은 사회를 긍정적으로 발전하게 한다.
근거 1	소통은 사람들 사이의 오해와 편견을 없애기 때문에 사회 발전에 도움이 된다. **왜냐하면**, 사회 발전을 가로막는 많은 갈등들은 집단과 집단 간의 편견과 오해에서 비롯되기 때문이다. **예를 들어**, 동계올림픽 단일팀에 대해 살펴보자. 많은 젊은 사람들은 국가가 일방적으로 선수 개인의 이익을 침해해서 공정하지 않다고 생각한다. 정부도 이런 부분에 대해 충분한 설명이 없었다. 즉 소통 부족이 이런 갈등을 만든 것이다. 정부가

	국민들에게, 단일팀을 만들 때 이것이 우리 한반도의 평화를 위해서 얼마나 중요하고 원래 아이스하키 팀이 출전 자체가 출전 순위에 없었는데 단일팀이라는 전제로 참여하게 되었다는 점 등을 충분히 설명했다면 이런 갈등은 줄어들었을 것이다. 이런 것처럼 소통은 서로에 대한 이해를 넓혀서 사회적 갈등을 줄여주기 때문에 사회 발전에 도움이 된다.
기타 근거	

● 예상되는 반론 : 사회 구성원들이 모두가 선한 것이 아니고 오히려 공동체의 이익보다 개인의 이익을 우선하는 경우가 많다. 따라서 그들과의 소통이 오히려 사회 발전에 걸림돌이 될 수도 있다. 본인들에게 이익이 되지만 사회적으로 피해를 줄 수 있는 인기 영합적인 선심성 정책 같은 것이 대표적이다.

● 나의 재반론 : 인기 영합적인 선심성 정책과 소통을 동일선상에 볼 수 없다. 소통을 한다고 대중의 인기에 맞출 필요는 없다. 오히려 그것이 우리의 미래에 도움이 된다면 적극적으로 소통하면서 설득하는 것이 맞다. 그런 면에서 소통은 단순하게 상대에게 맞추는 것이 아니라 상대와 더불어 더 나은 진리, 해결책, 지혜를 추구하는 과정이라 봐야 한다.

상대에게 던질 질문들	마음에 들지 않는 상대라고 소통하지 않는 것이 바람직한가? 그런 태도가 공동체 전체에게, 미래에 어떤 영향을 미칠 것인가? 부정적 영향을 미치지 않겠는가?
토론 소감, 평가	친구들의 의견을 들으면서 내 생각의 폭을 넓힐 수 있어서 좋았다.

"학급 상황과 학생들의 조건에 맞는 책 읽기를"

이제 읽을 책을 선정한 뒤 수업시간에 책을 읽는다. 학급 전체가 같은 책을 읽으면서 매시간 독서일지를 작성한다. 책 읽는 시간 동안 교사는 독서 분위기를 만들고 아이들의 물음에 답을 해준다.

책의 분량과 난이도에 따라 차시는 조정할 수 있다. 짧은 책이면 1~2시간에도 다 읽을 수 있지만 보통은 4차시 정도 소요된다. 난이도가 높거나 분량이 많다면 시간이 더 필요하다. 그럴 경우 교과서 진도를 나가는 수업 중에 10~20분을 따로 분리해서 읽어도 된다. 그리고 아이들이 책을 다 읽으면 앞에서 짧은 글로 연습한 바와 같이 각자 '모둠 토의 개요서'를 작성한다.

선정된 책의 주제가 여러 개로 이루어져 있다면 책 읽는 중간에 모둠 토의와 전체 토론을 해볼 수도 있다. 실제《위대한 시작》으로 수업할 때, 책을 두 부분으로 나눠서 두 시간 읽고 한 시간 모둠 토의, 한 시간 전체 토론으로 '책 읽기—토의—토론' 세트를 두 번 진행했다. 학급 상황과 학생들의 조건에 맞게 융통성을 발휘하여 수업을 구성할 수 있다.

[수업 예]

지난 시간에 했던 토의·토론 연습을 바탕으로 이번에는 한 권의 책을 읽고 진행할 것입니다. 선생님이 제시한 책을 읽고 다음의 활동을 해봅시다.

① 독서일지 쓰기(매시간 반복) : 매시간 책을 읽고, 읽은 내용에 대해 아래와 같이 기록해봅시다.

읽은 기간	읽은 쪽수
20 년 월 일 ~ 20 년 월 일	(~)쪽
인상적인 문장이나 부분, 그 이유	
그 외 읽으면서 든 생각이나 느낌	

② 책을 다 읽고 다음의 '모둠 토의 개요서'를 작성해봅시다.

모둠 토의 개요서		
학교 반 : 번호 : 이름 :		
책 제목		날짜 :
저자		읽은 분량 : 쪽

282

[1차 라운드] 인상적인 부분 (마음에 드는 부분), 이유는?	
[2차 라운드] 느낀 점, 떠오르 는 생각이나 경험, 자기 삶이 나 세상과 연관 해서 생각해본 내용	
[3차 라운드] 토론하고 싶은 거리, 질문(논제), 그 이유	

쟁점이 있는 독서토론

이제 모둠 친구들과 함께 책을 읽은 느낌과 책 내용을 토의하는 수업시간이다. 각자 작성한 '모둠 토의 개요서'를 바탕으로 라운드 방식의 모둠 토의를 진행한다. 라운드 방식은 라운드별로 중점 활동이 있기 때문에 모둠 활동을 원만하게 진행하는 데 도움이 된다. 이렇게 진행된 모둠 토의 후 각 모둠은 전체 토론에 부칠 자기 모둠의 논제를 결정하게 된다.

토론거리는 책에서 확장되어 나온 인간의 모든 삶, 세상의 모든 것이 주제가 될 수 있겠지만, 아이들이 흥미를 가질 수 있고 직간접적인 경험과 책 내용이 연결되는 지점에서 정해지는 것이 좋다. 그래야 더욱 몰입을 잘하기 때문이다. 그리고 논쟁형 토론으로 하고자 한다면 두 가지 대립되는 견해가 비등하게 존재하는 주제가 좋다.

모둠 토의 후에는 각 모둠별로 대표 논제를 발표한다. 교사는 각 모둠에서 발표한 논제를 칠판에 적어 전체 논제를 일목요연하게 비교해볼 수 있도록 한다. 모둠별 발표가 끝나면 논제에 대한 전체 의견을 나눈다. 이때 각 모둠별로 제시한 논제가 중복된 것은 없는지, 하나로 합칠 것은 없는지를 살피고, 학급 전체 학생들의 의견을 모아서 최종적으로 전체 토론 주제를 정한다. 주제가 정해지면 반 전체가 정해진 논제로 토론 준비를 시작한다. 이때 논제가 논쟁형 주제로 정해지면 논쟁형 토론으로, 토의형 주제로 정해지면 원탁 토론 같은 토의형 토론으로 진행한다.

[수업 예]

① 앞에서 작성한 '모둠 토의 개요서'를 바탕으로 모둠별 토의를 해봅시다.

② 모둠 토의를 바탕으로 공통 토론거리를 뽑아봅시다.

	모둠원 1	모둠원 2	모둠원 3	모둠원 4
논제와 이유				
모둠 공통 논제와 이유				

③ 모둠별로 대표가 나와서 자신의 모둠에서 나온 토의 내용, 논제와 그 이유를 발표해봅시다.

	모둠 1	모둠 2	모둠 3	모둠 4	모둠 5	모둠 6
논제와 이유						

④ 어떤 모둠의 논제가 토론하기 좋은지 이야기를 나눈 다음 의견을 수렴하여 학급 대표 주제를 정해봅시다.

**"내면의 끓어오르는 생각과 느낌을
논리적으로 표현해보는 즐거움"**

이제 전체 토론을 하는 수업으로, 두 차시에 걸쳐 진행한다. 토론은 논제에 대한 자신의 주장과 이를 뒷받침하는 근거를 구체적으로 제시하는 논리적·설득적 말하기 과정이다. 그래서 본격적인 토론을 하기에 앞서 자기 주장의 근거를 찾아서 정리하고, 상대방의 근거에 대해서 어떻게 반박할 것인지 꼼꼼하게 준비하는 과정이 필요하다. 그러므로 토론의 준비 과정에서 반드시 작성해야 하는 것이 '토론 개요서'다.

본격적인 토론 준비는 '토론 개요서'를 작성하는 것으로 시작한다. 토론 개요서는 토론 논제의 성격을 파악하고, 토론 과정에서 나올 핵심적인 용어를 찾아 이해하며, 토론 속에서 전개될 구체적인 쟁점이 무엇인지 알아보거나 쟁점에 따른 자신의 주장과 그 근거를 준비하고 상대에게 던질 질문을 준비하는 것이다. 즉 논제에 대해 각자 자신의 생각을 간략하게 정리해보는 것으로, 토론을 위한 설계도 역할을 한다. '논제─주장─근거─예시─예상 반론─예상 반론에 대한 재반론─상대에게 던질 질문─최종 생각 정리'의 기본적 구조를 가진다.

이때 인터넷이나 도서관을 이용하면서 논제와 관련된 자료를 찾아보게 하는 것도 좋다. 토론의 시작은 논제에 대한 이해에서부터 이루어지므로 읽었던 책, 배경지식, 추가 조사 등을 통해 논제에 대한 이해가 선행돼 있으면 토론에 유리하다.

토론은 학급 전체에 동등하게 발언 기회가 주어지는 집단 토론이나 대표를 뽑아서 효율적으로 진행하는 패널 토론 등으로 할 수 있는데, 어떤 형식으로 할지는 학급의 상황과 아이들의 조건에 맞춰 판단해야 한다.

논쟁형 토론을 집단 토론으로 할 경우, 학급 전체를 두 가지 대립되는 견해로 나눠서 진행한다. 첫 시간에는 논제에 대해 각자 자신의 입장을 정하고, 토론 개요서를 작성하면서 토론 준비를 한다. 그리고 다음 시간엔 본격적인 토론을 하는데, 이때 책걸상을 서로 마주 보도록 두 진영으로 나눠서 자리 배치를 하는 것이 좋다. 중간에 생각이 바뀌면 자리를 이동할 수도 있다.

이 토론 방식의 강점은 학급 전체가 참여하기 때문에 분위기만 잘 살리면 생동감 있고 대중적인 토론이 될 수 있다는 점이다. 그러므로 토론의 시작을 그 주제에 관심이 많은 학생, 또는 평소 말을 잘하거나 자기 주장에 강한 의지를 보이는 학생들에게 먼저 입론* 발표를 시키면 좋다. 이후 서로간의 질의를 포함한 자유 토론을 거쳐 마지막 최종 변론으로 마무리를 한다. (각 진영의 입론 → 자유 토론 : 서로 질문과 답변, 반론, 재반론 등 → 각 진영 최종 변론)

집단 토론이 부담스럽다면 각 입장마다 학생 2~3명을 대표로 뽑아서

---

*   '입론'이란, 토론에서 논제에 대한 주장과 근거를 제시하며 자신의 입장을 밝히는 것이다. 입론은 보통 서두, 본론, 결론으로 나누어 구성한다. 서두에서 자신의 주장을 한마디로 간략하게 소개한 뒤, 본론에서 그 근거들을 하나씩 제시하고, 결론에서 다시 한 번 자신의 입장을 정리해서 이야기한다. 여기서는 주로 자유 토론 형식을 다루었기 때문에 전형적인 입론 형식보다는 가볍게 자신의 토론 개요서에 있는 내용을 먼저 말한다는 의미로 사용했다.

패널 토론을 할 수도 있다. 이때 패널로 뽑힌 학생들은 대립된 두 견해의 입장을 대변하는 일종의 대표가 된다. 그리고 학급의 나머지 학생들은 배심원이 된다. 토론의 형식은 각 입론 발표에 질의를 많이 하는 CEDA 방식을 간소화해서 할 수도 있고, 자유 토론 형식으로 서로 입론하고 중간에 일정 시간 동안 자유롭게 질문과 답변, 반론을 펼치다가 마지막에 서로의 주장을 정리하는 방식으로 자연스런 토론을 할 수도 있다. 나머지 학생들은 배심원 역할이 되어 두 팀을 평가하거나, 토론 과정이나 후에 질문을 하거나 토론 소감을 말하는 형식으로 참여할 수 있다.

마지막으로, 토론할 때 유용한 몇 가지 팁을 아이들에게 알려주면 좋다. 논제에 따른 주장을 정하고 근거를 제시할 때는 '왜냐하면'이라는 단어를 사용하면 논리적 설득력이 강해진다. 또 근거를 뒷받침하는 예시의 경우는 '예컨대'라는 단어를 사용하면 사실에 입각해 토론을 풀어내는 능력이 좋아진다. 마지막 정리 단계에서는 '그래서'라는 말로 정리해주면 좋다.

[수업 예]

각자 토론 개요서를 작성한 후 토론을 해봅시다.

토론 개요서	
학교 반 : 번호 : 이름 :	
논제	
주장	
근거 1	왜냐하면, 예를 들어,
기타 근거	
예상되는 반론 : 나의 재반론 :	
상대에게 던질 질문들	
토론 소감, 평가	

"글쓰기 마무리로 토론이 빛난다"

마지막으로, 모둠 토의와 전체 토론을 바탕으로 글쓰기 수업을 진행한다. 토론 이후 자신의 생각을 정리해보는 시간이다. '구슬이 서 말이라도 꿰어야 보배'라는 속담이 있듯이, 이제까지의 수업이 아무리 알차게 진행되었어도 마무리 단계에서 아이들이 제대로 글쓰기를 하지 못하면 결국 각자의 성취로 남기 어렵다. 글쓰기를 통해 자신의 생각이 한 단계 성숙해지고 확장되는 성취감을 느끼도록 도와줘야 한다. 토론 이후 이렇게 주장과 적절한 근거를 가지고 논리적으로 자기 생각을 표현해보는 경험은 아이들에게 자신감을 준다. 교사들의 평가를 위해서도 이 과정은 도움이 된다.

[수업 예]

토론한 내용을 바탕으로 자신의 생각을 정리하는 글을 써봅시다. 일반적으로 글에 들어가야 할 항목들은 아래와 같습니다.

- 토론 과정에서 인상적이었던 내용이나 토론자의 발언, 그 이유
- 논제에 대한 자신의 이해와 설명
- 자신의 주장과 근거들, 그에 대한 설명과 예시
- 토론 과정을 거치면서 변화하거나 정리된 자신의 생각
- 토론을 통해 새롭게 알게 된 점, 깨달은 점, 느낀 점

어떻게
평가할까?

●

[쟁점이 있는 독서토론] 수업의 평가는 독서일지, 모둠 토의, 전체 토론, 글쓰기를 평가한다. 개인별 평가인 글쓰기, 독서일지, 전체 토론(과정평가)에서 개인별 편차를 두고, 모둠 평가(과정평가)는 모둠 토의 과정과 모둠별 발표 정도로 기준을 간략히 해서 상·중·하로 개괄적 평가를 한다. 너무 세부적인 기준을 세우면 교사가 토론에 집중하기 어렵다.

읽기에 대한 평가는 책을 열심히 읽고 독서일지를 충실하게 작성했는지를 상·중·하 정도로 평가한다. 그리고 전체 토론의 경우는 학급 명렬표를 가지고 발표자의 참여도와 논리성을 점검하면서 평가할 수 있다. 글쓰기는 근거의 적절성, 전체적 논리성, 논제에 대한 사고의 깊이를 평가한다. 모둠 토의는 모둠원들의 토의 활성화 정도(토의 내용의 질), 발표 내용의 충실성을 평가한다.

학생생활기록부에는 토론의 경우 토론 평가표(참고자료)에 점검한 것을 바탕으로 학생의 토론 참여도와 논리성 위주로 기록한다. 책 읽기는 독서일지 평가를 바탕으로, 글쓰기는 평가 결과를 바탕으로 기록한다. 토론 과정이나 글쓰기 등에서 인상적이었던 학생의 경우, 수업 후 따로 관찰일지 등에 기록해놓으면 차후 정리하기가 좋다. 학생들이 활동한 내용은 학생생활기록부의 교과 세부능력 및 특기사항 또는 과목별 독서활동에 기록해주어 학생의 잠재적 능력과 재능을 독려하고 발굴해낼 수 있도록 한다.

평가 장면	평가 기준	확인
책 읽기	책을 충실히 읽고 독서일지를 작성했는가?	
모둠 토의와 발표	모둠 내에서 토의가 활발하게 이루어졌는가?	
	질 높은 토의가 이루어졌는가?	
전체 토론	주장에 설득력이 있고 근거는 타당한가?	
	토론에 적극적으로 참여했는가?	
글쓰기	주장에 설득력이 있고 근거는 타당한가?	
	논제에 대해 정확히 이해하고 깊이 있게 사고했는가?	
	글의 구성이 짜임새 있고 흐름이 자연스러운가?	
	전달하고자 하는 바가 정확하고 명료하게 표현되었는가?	
	맞춤법, 띄어쓰기, 문장 호응은 정확한가?	
	분량에 맞게 작성했는가?	

[참고] 토의·토론 평가표

1) 모둠 토의와 발표 평가표(모둠 평가)

책 제목 :									
일시 : 20 년 월 일 (요일) 교시						장소 :			
학급 :						심사자 :			
단원 :									

	모둠	모둠 토의 과정의 의사소통 정도			발표 내용의 충실성			총점	등급	관찰 기록 (적극적인 학생, 인상적인 발언자, 사회자, 기록자, 발표자 등)
		잘함 (4점)	보통 (3점)	부족 (2~1점)	잘함 (4점)	보통 (3점)	부족 (2~1점)			
1										
2										
3										
4										
5										
6										
7										

〈안내〉

1. 모둠 난에 학급 모둠을 기입한다.
2. 평가 항목은 토의 과정과 내용을 평가한다. 토의 과정은 모둠 토의 과정에서 얼마나 적극적인 의사소통이 일어나는지를 관찰 평가하고, 토의 내용은 발표를 통해 평가한다.
3. 서술평가 난에 관찰 기록을 남기면 추후 생기부 작성에 도움이 된다. 특히 모둠 토의시 적극적인 학생과 사회자, 기록자의 이름을 남기면 좋다.

〈전체적인 평가〉

2) 전체 토론 평가표(개별 평가)

책 제목 :								
일시 : 20 년 월 일 (요일) 교시							장소 :	
논제 :							심사자 :	

	토론자 이름	논리성 (주장의 설득력과 근거의 적절성)			토론 참여도			전체 등급 (A~C)	서술평가
		잘함 (4점)	보통 (3점)	부족 (2~1점)	잘함 (2점)	보통 (1점)	부족 (0점)		
1									
2									
3									
4									
5									
6									
7									
:									

〈안내〉
1. 학생 토론자 난에 성명을 가나다 순으로 기입한다. 학급 명렬표를 사용하면 편리하다.
2. 평가 항목은 논리성을 발표 내용 요소, 참여도를 태도 요소라 할 수 있다.
3. 토론 평가는 합산하여 종합 평가를 A, B, C로 하고, 서술평가 난에도 관찰 기록을 남기면 추후 생기부 작성에 도움이 된다. 특히 토론시 적극적인 학생과 인상적인 발언을 한 학생의 이름을 남기면 좋다.

〈전체적인 평가〉

묻고
답하기

●

Q 책을 읽고 논제를 만드는 것이 힘들지 않은가?

토론에 중점을 두려면 어느 정도 논제가 쉽게 나올 만한 책을 선별하여 읽혀야 한다. 책을 온전히 읽는 과정을 확보하면 학생들은 스스로 궁금한 부분, 토론하고 싶은 주제들을 잘 만들어낸다. 논제의 바탕이 되는 질문 만들기를 어려워하면 학생들에게 질문 유형을 설명해주거나 질문 만들기 게임, 브레인스토밍을 활용한다. 학생들이 만들어낸 주제 가운데 의미가 있는 주제인지, 토론이 활성화될 수 있는 주제인지를 고려해 가능성이 높은 것을 뽑아서 토론을 하면 된다. 논쟁형 토론을 하려면 하나의 주제 안에 상반된 두 입장이 어느 정도 균형 있게 대립되어야 한다. 토론거리인 논제를 뽑는 일은 책 읽는 과정을 충실히 하는 것에서 시작한다.

Q 전체 토론이 잘 되지 않는다. 어떻게 해야 하나?

학생들이 논쟁형 토론을 어려워한다면 먼저 간단한 논제로 토론 연습을 미리 해보는 것이 좋다. 아이들이 토론 방법을 잘 모른다면 인터넷에 있는 토론 대회 영상을 보여주는 것도 좋다. 인터넷에는 다양한 토론 영상이 많은데 보통은 초·중·고 토론 대회 영상을 많이 활용한다. 개인적으로는 TV에서 방송했던 '대학 토론 배틀'을 활용했다. 또 토론시 처음에는 주제에 대해 적극적인 학생들 위주로 발언을 시작하면 집중하는 분위기가 형성된다.

토의나 토론의 성패의 절반 이상은 준비 과정에 달려 있다. 독서는 일종의 준비 과정이라 할 수 있는데, 책을 읽으면서 주제와 관련해 충분히 생각해 올 수 있기 때문이다. 토론의 논제가 정해지면 미리 주제에 대한 자료를 찾거나 생각할 시간을 주는 것이 좋다. 그리고 학생들이 '토론 개요서'를 충실히 작성해놓아야 토론이 잘 된다. 논제에 대한 이해, 자기 주장 세우기, 적절한 근거와 예시 찾아보기, 상대의 예상되는 반론 생각해보기, 그에 대한 재반론으로 논리 구조를 만드는데, 이때 단순히 자신의 의견을 나열하는 것이 아니라 서로가 충분히 듣고 질문하고 반론을 하는 의사소통의 과정이어야 함을 주지시킨다.

Q 토론이 중심인데 왜 모둠 토의를 하는가?

모둠 토의를 거쳐 논제를 뽑으면 학생들의 의견을 수렴하는 과정을 거치게 되어 토론이 더 생동감 있게 진행되기 때문이다. 또한 토론에서 부족할 수 있는 독서 후 생각이나 느낌을 나누는 내면화 과정을 모둠 토의를 통해 얻을 수 있다. 여건상 이런 과정을 통해 논제를 정하기 어려운 경우는 교사가 미리 논제를 준비하여 제시하거나, 개별 학생들이 논제를 제시하고 그중에서 뽑아서 할 수도 있다.

Q 초심자들에게 적합한 토론 방식은 무엇인가?

토론 수업이 잘 안 되는 이유는 대부분 지나치게 형식에 얽매이기 때문이다. 정해진 특정 형식으로 토론해야만 토론이고 나머지는 토론이 아니라는 이론 중심의 강박증이 토론 수업을 어렵게 만든다. 독서 후 토론 수업을 즐기려면 특정 주제에 대해 학생들과 편하고 자유롭게 이야기를 나눈다는 생각을 가지고 진행해야 한다. 초심자라면 대표를 뽑아서 하는 패널 토론이 좀 더 쉽다. 우수하고 적극적인 학생들이 참여하기 때문에 깔끔하고 안정적으로 진행된다. 나머지 학생들은 배심원으로 참여시키면 된다. 그러나 좀 더 재밌고 활발한 토론의 재미를 느껴보려면 학급 전체를 참여시키는 전체 토론을 과감히 시도해보기를 권한다.

수업을
마치며

●

최근 꿈과 진로를 주제로 《위대한 시작》을 학급 전체가 같이 읽고 미래 직업에 대해 진지하게 토론했던 적이 있다. 모둠마다 여러 주제가 나왔다. '자신의 흥미보다는 다른 사람에게 도움이 되는 직업을 선택해야만 하는가?', '하고 싶은 일과 잘하는 일 중 어떤 일을 택하는 게 좋을까?', '자신의 꿈을 이루기 위해 무엇이 필요한가?', '이루기 힘든 꿈은 포기해야만 할까?', '꿈은 과연 빨리 찾을수록 좋은 것인가?', '꿈을 중간에 바꾸는 것과 한 가지 꿈을 정해 그것에만 몰두하는 것 중 무엇이 더 나은가?', '꿈을 찾아주기보다 입시 공부를 먼저 시키는 우리나라의 교육은 올바른가?' 등등.

당시 학급 대표 주제로 '안정된 직업과 자기가 하고 싶은 직업 중 무엇을 택해야 하는가?'가 정해졌는데, 각자 자신의 미래를 그리며 논쟁적 설전을 펼쳤던 것이 인상적이었다. '한번 사는 인생, 자기가 원하는 길을 가야 한다'는 이상주의적인 학생들과, '자신의 주변 사람들의 삶을 위해서라도 안정적인 직업을 선택해야 한다'는 휴머니스트적인 현실파들의 설전…….

평소 수업시간에 자는 아이들도 서서히 달아오르는 토론 열기에 하나둘씩 관심을 가지고 지켜보는 모습을 보았다. 흔히 요즘 젊은이들이 공무원 같은 안정적인 직업에만 몰린다며 도전의식이 없다는 비판이 많지만, 이런 토론 모습을 보면 그런 도전의식의 부재는 우리 사회가 그들에게 생존의 두려움이라는 무거운 짐을 안김으로써 청년다운 패기를 펼칠 분위기를 안 만들어주었기 때문이 아닐까라는 생각이 들었다. 방송에서도, 주변 어른들도 빵보다 꿈을 선택하라고 쉽게 말하지만, 우리 사회는 그들에게 그런 여건을 제대로 만들어주고 있는 것일까? 실패에 가혹하고 재기가 어려운 사회, 도전보다는 안전을 선택해야만 살아갈 수 있는 사회가 오늘의 현실 아닌가.

미래 가족의 안위까지 생각하며 안정적인 직장을 이야기하는 친구들의 논리는 진정성과 설득력이 있었다. 또한 이에 맞서 뜨거운 가슴으로 자신이 원하는 삶을 갈구하는 친구들은 젊은이다운 열정을 뿜어내며 점점 주위 아이들의 마음을 움직였다. 전자에 평소 착실한 친구들이 많았다면, 후자는 평소에도 열정적인 성향을 가진 아이들이 중심이었는데, 그들이 말하는 '인간의 행복이란 자신이 원하는 삶을 살 때 얻을 수 있다'라는 주장은 보는 이에게 뜨거운 감동 같은 것을 느끼게 해주었다.

토론의 결과는 어땠을까? 밀고 밀리는 치열한 접전이었지만 어느 한쪽의 논리로 쉽게 결론이 나지는 않았고 그렇게 시간이 끝났다. 결론이 뭐냐? 선생님은 어느 쪽이냐? 이렇게 묻는 아이들도 있었지만, 내가 생각하는 토론은 어떤 결과나 결론을 내기보다 그 과정이 중요한 것이다.

물론 아이들에게 어느 쪽이 더 토론을 잘했는지 물어보고, 그 이유도 물어본다. 그 과정에서 자신들의 토론 과정의 장단점, 논리의 적절성, 토론 과정의 협동성, 듣는 태도에 대해 서로 피드백을 받을 수 있다. 내용 중 되새길 만한 내용이 있다면 정리해주거나, 서로 받아들일 부분이 없는지 묻고 합의할 부분을 찾는 과정을 만들어봐도 좋다. 토론은 결과보다는 과정이고 의미이다.

그 외에도 토론을 통해 아이들의 좀 더 인간적인 고민들을 느껴보는 경험도 좋았다. 박웅현의 《여덟 단어》를 읽고 '인간은 무엇을 위해 살아야 하는가', '돈은 과연 행복의 가장 큰 기준일까', '자존감이 없으면 우리는 과연 행복할 수 없나' 같은 주제로 이야기를 나눌 때는 평소 수업에 집중하지 않던 아이들도 진지하게 집중하는 모습을 보였다. 평소 알기 어려웠던 아이들 내면의 감춰졌던 마음결을 느낄 수 있는 진실한 소통에 교사로서 잠시나마 행복했다.

이렇게 토론 과정에서 아이들이 스스로 생각하는 잠재된 능력이 깨어나고, 자기 내면의 끓어오르는 생각과 느낌을 논리적으로 표현해보는 즐거움을 느껴보고, 생각이 잘 표현이 안 될 때 답답함을 느끼며 더 분발하는 계기가 되는 경험이 중요하다. 자기 생각의 한계나 문제점에 대한 반론을 받으면 또 스스로의 생각에 대해 성찰해볼 기회가 되며, 나보다 나은 생각을 펼치는 친구의 모습을 보며 이렇게도 생각할 수 있구나 하고 지적 자극을 받기도 한다. 이런 과정에서 나는 아이들이 스스로 더 깊어질 수 있는 사람, 세상에 나가서 불의하고 불합리한 논리에 휘둘리지 않고 당당하게 자신의 생각을 표현할 수 있는 사람, 자신과 다른 생각을 경청하고 인정하고 그 차이를 좁혀갈 수 있는 시민이 되길 바란다.

이런 토론을 통해 평소 나누기 힘들었던 서로의 생각과 마음을 살펴보면서 자극을 받았다는 아이들이 많았다. 일단 재밌다는 아이들이 많았고, 일부는 자기 삶을 되돌아보는 계기가 되었다고 했다. 또 일부는 책을 읽고 토의와 토론을 거치면서 자신의 꿈과 미래에 대해 다시 관심을 가지게 되어 삶과 학습에 동기 부여를 받았다고 한다.

독서교육은 기본적으로 개별 독서나 모둠별 독서가 맞다고 본다. 한 학급 아이들 모두의 기질이나 수준, 관심사나 흥미 등에 만족스러운 책은 존재하지 않기 때문에 모두가 같은 책을 읽는 것은 자칫 독서의 흥미를 반감시킬 수 있다. 하지만 독서교육의 범위를 넓혀보는 자유로운 시도라는 측면에서, 한 권의 책으로 다 같이 이야기를 나눠보는 경험 또한 강렬하고 의미가 있다. 그 내용과 주제가 모두의 관심 영역이라면 더욱 그렇다. 물론 이 방식이 항상 성공적인 것은 아니다. 또 같은 책을 읽는 것에 불만인 아이들도 있다. 그럼에도 이 수업을 인상적이었다고 이야기하는 아이들도 많았다.

책을 읽고 하는 활동이 꼭 토론이어야 할 필요는 없다. 모둠끼리 이야기를 나누고 그것을 다시 학급 전체가 나누거나, 책에서 나온 다양한 질문을 가지고 소소하게 친구들과 이야기를 나눠볼 수도 있다. 개인적으론 그런 활동도 무척 좋아한다. 그러나 확실한 것은, 한 권의 책에서 나온 공통 관심사로 학급 전체가 같이 몰두하는 광경 또한 교사와 학생 모두에게 상당히 매력적인 경험이라는 점이다.

주제 탐구 보고서 쓰기

임영환·김진영

"인간이란 취향 그 자체다"

도무지 수업 내용에는 관심이 없는 아이들 중 어떠한 특정 분야에 대해서는 정통한 아이들이 있다. 한 분야에 마니아나 전문가 이상으로 빠져든 사람을 '오타쿠'라고도 하는데 이 아이들이 역동적으로 살아서 넘실거리는 수업을 한번 만들어보고 싶었다. 학교 현장에서 아이들의 관심 분야라고 하면 너무 자주 진로와 연결 짓는다. 그것이 진로 희망과 연결될 때 학습과 연계되고 진학에 유의미하다고 생각하기 때문인데, 그럼 직업으로 삼지 않을 흥미는 갖지도 말라는 것인가라는 생각이 들어 불편했던 적이 있다.

"인간이란 취향 그 자체다"라는 톨스토이의 말처럼, 사람은 자기가 좋아하는 게 무엇인지 알고 그걸 할 수 있을 때 가장 사람다워진다. 취향이나 기호가 한 사람의 결을 만든다. 그 결을 더 깊이 있게 하는 '한 학기 한 권 읽기' 수업이 [주제탐구보고서 쓰기]다.

[주제탐구보고서 쓰기]는 기실 책 한 권만 읽지는 않는다. 자신의 흥미와 관심사에 따라 탐구하고자 하는 주제('애견 미용'에서 '판타지 소설의 역사'까지 어떤 것이든 가능하다)를 정한 후 주제도서 한 권을 선택한다. 그 책을 완독하며 책에 나와 있지 않은 추가 질문을 나름대로 만들어나간다. 그 질문을 해결해나가기 위해 또 다른 정기 간행물을 찾아 읽거나 인터넷 정보를 검색한다. 이는 하나의 주제에 대한 유사한 관점의 여러 텍스트 또는 상이한 관점의 여러 텍스트를 읽는 주제별 통합 독서(syntopical reading)가 요구되는 활동이다.

특별히 관심 있는 분야가 없는 아이도 있다. 그런 아이들은 자신이 원하는 직업의 세계에 대해 탐색해볼 수도 있고, 아니면 최근 이슈가 되는 사회적 사안에 대해 주제를 정해볼 수도 있다. 사소하고 불필요하다고 생각하는 '관심'이 역사 속에서 어떤 전환점이 되는 사건이나 계기를 가져오는 동력이 되기도 한다. 주제 찾기는 자신의 머릿속에 가장 자주 들락거리는 단어를 찾는 마인드맵의 과정을 통해 해볼 수 있다.

[주제탐구보고서 쓰기]는 이렇게 정한 주제를 가지고 주제도서와 참고도서 읽기, 인터넷 검색을 통해 수집한 정보를 바탕으로 보고서를 쓰는 수업 방법이다. 이 활동을 하면서 아이들은 하나의 주제에 천착하여 관련 지식과 정보를 체계적으로 수집해야 하는데, 이 과정에서 자신이 알고 있는 것과 모르고 있는 것을 정확하게 가늠할 수 있고, 그에 따른 자신의 생각을 풀어내면서 관심 분야에 대한 이해를 확장할 수 있다. 여러

단계를 통한 교사의 징검다리가 필요한 수업 방법으로, 아이들 개개인의 보고서 부담을 줄이고자 한다면 비슷한 관심사를 가진 아이들을 묶어 모둠별로 활동하게 해도 좋다.

수업을 시작하기
전에

●

[주제탐구보고서 쓰기]는 아이들이 관심 있는 주제를 선정해서 관련 책들을 읽고, 그 과정에서 수집한 지식과 정보를 바탕으로 탐구보고서를 쓰는 활동이다. 책 읽기부터 정보 수집, 자신의 의견을 글로 쓰기까지 전체적으로 품이 많이 드는 활동이므로 아이들과의 공감대가 형성된 2학기에 진행하는 것이 좋다.

여기서 교사는 아이들의 주제 선정부터 책 선정, 개요 짜기까지 적절한 시기에 개입했다가 티 나지 않게 빠지는 일이 중요하다. 활동을 할 때는 고되지만 완성하고 나면 그 어떤 활동보다도 지적 성취가 있어 아이들이 뿌듯해한다.

[주제탐구보고서 쓰기] 수업 모형은 범교과적으로 활용할 수 있다. 여기서는 17차시로 계획하였지만 각 학교나 학급의 상황에 맞게 가감한다. 난이도가 높은 수업 방법인 만큼 수업 단계에 대한 자세한 안내가 필요하다. 안내하고 또 안내해도 뭘 어떻게 하라는 건지 이해하지 못하겠다

는 아이들도 많았다. 보고서 예시를 들고 다니면서 그런 아이들을 만날 때마다 예시를 보여주며 다시 설명해주었다.

어떤 책을 고를까?

각자 주제를 먼저 정한 뒤 관련 도서를 찾아보게 하거나, 아이들에게 도서관에서 여러 가지 책을 살펴보면서 주제를 찾도록 하는 방법이 있다. 아이들의 조건과 성향에 따라 편안하고 잘할 수 있는 방법을 자유롭게 선택하도록 한다.

책을 고를 때는 아이들의 수준과 흥미, 교육적 성과를 중요하게 고려한다. 주제에 초점을 두다가 너무 어려운 책으로 정할 경우 보고서 쓰기 자체가 어려워진다. 교사는 아이들이 골라온 책을 보면서, 아이들 스스로 소화할 수 있는 책인지 꼭 살펴야 한다. 전공 서적의 경우 수준이 너무 높아서 읽기 어려운 경우가 있는데, 부분적으로라도 이해가 된다면 시도해 보게 한다.

책을 읽는 도중이라도 아이들이 제대로 읽어내기 힘든 책이라고 판단되면 바꿔야 한다. 또 읽는 도중 더 나은 책을 찾으면 그 책으로 바꾼다. 주제에 딱 맞는 책을 찾았다 해도 의외로 책의 수준이 아이들에게 맞지 않을 수 있다. 그렇기에 주제도서와 참고도서를 정하는 기준은 되도록 넓게 잡아야 한다.

주제도서로 정한 책은 끝까지 완독하는 것을 원칙으로 한다. 다만 책에서 다루는 범위가 너무 넓거나 수준이 높은 책일 경우, 필요한 부분만 발췌독을 하는 것도 허락했다. 그리고 참고도서는 발췌독 위주로 하게 했다.

주제는 어떻게 찾을까?

[주제탐구보고서 쓰기]는 '한 학기 한 권 읽기' 수업 방법 중에서도 난이도가 높은 편에 속한다. 처음 보고서 주제를 잡는 일에서부터 많은 아이들이 막막해한다. 그럴 때는 예시를 보여주는 것이 가장 좋은 방법이다. 교사가 평소 관심 있어 하는 주제를 칠판 한가운데에 적고 마인드맵 형식으로 중심 주제에서 소주제로 가지를 뻗어나가며 자유롭게 사고하는 과정을 보여준다.

그리고 선배들의 보고서 사례를 통해 보고서의 틀을 대략적으로 알려주는 것도 좋다. 예시 보고서를 열 개 정도 선정한 뒤 다섯 부씩 복사해 교실에 가지고 들어가 서로 돌려보게 한다. 보고서에는 중심 주제와 소주제들이 담기게 되는데, 이를 어떤 체계로 배열하면 좋은지, 머리말과 맺음말은 어떤 식으로 쓰면 되는지 함께 살핀다. 더불어 주제별로 선배들이 어떤 책들을 주제도서로 선정했었는지 몇 가지를 소개해주는 것도 좋다.

아이들이 자신의 중심 주제를 잡으면 그 주제가 구체화할 수 있는 것인지, 학생의 관심사나 처한 조건에 맞는지, 연구 가치가 있는지를 교사가 살펴준다. 마인드맵으로 처음 마련한 소주제는 책을 읽는 과정에서 끊임없이 수정해나갈 수 있다. 중심 주제를 정한 뒤 주제도서를 선정하고 책을 읽는 과정에서 생겨나는 질문들을 토대로 소주제들을 확정한다. 소주제들은 중심 주제와 관련해서 구체적으로 탐구하고 싶은 영역들로 이루어진다.

읽기 [讀]	주제와 도서 선정	탐구 주제와 주제 관련 도서 선정
	책 읽기	수업시간에 책 읽으며 독서일지 쓰기
	자료 찾기	자료 찾기
생각 나누기 [討]	목차 짜기, 검토	목차 정하고, 의견 나누기
표현하기 [論]	보고서 쓰기	보고서 쓰기, 고쳐쓰기

단계	개요	차시	활동 내용	비고
1	주제와 도서 선정	1-2	• 탐구 주제와 관련 도서 선정	도서관
3	책 읽기	3-9	• 책 읽으며 독서일지 쓰기	도서관 또는 교실
4	자료 찾기	10-11	• 다양한 자료 찾기	컴퓨터실
5	개요 작성하기, 교사 검토	12-13	• 개요(목차) 작성하기 • 교사가 검토하기	
6	보고서 쓰기	14-16	• 주제탐구보고서 쓰기	컴퓨터실
7	보고서 보완하기	17	• 친구들의 의견 듣고 보고서 보완하기	

어떻게
수업할까?

●

[1단계] 주제와 도서 선정 (1-2차시) ▶ **"주제가 먼저인가, 책이 먼저인가"**

[주제탐구보고서 쓰기] 수업의 첫 단계는 아이들의 주제 선정으로 시작한다. 먼저 임시 주제를 정하고, 선정한 주제와 관련된 도서와 자료가 있는지 조사한 후에 주제를 확정한다. 중심 주제에서 세부적인 소주제로 들어가면서 더 구체적인 주제로 다가갈 수 있도록 하기 위해 사각형 퍼즐 모양의 표 양식을 활용하였다. 또 '뇌 구조 그리기'나 마인드맵을 활용하여 관심사에 대한 생각을 이끌어낼 수도 있다.[*]

주제를 정하지 않은 상태에서, 마음에 와 닿는 책을 먼저 정해서 읽으며 주제를 찾는 방식도 괜찮다. 책을 읽으며 궁금한 것, 더 알고 싶은 것, 자기 삶과 연관된 점, 사회에 주는 의미를 생각하면서 주제를 떠올린다.

---

[*]   백제현 외,《고등학생 소논문 쓰기 워크북》, 나무생각, 2016.

주제와 책은 어느 것을 꼭 먼저 정해야 하는 것은 아니다. 책을 먼저 읽든 주제를 먼저 정하든, 조건과 상황에 맞게 해야 주제 선정이 순조롭게 이뤄진다.

'한 학기 한 권 읽기'의 [주제탐구보고서 쓰기] 수업이 일반적인 주제 탐구보고서 쓰기와 다른 점은, 탐구 주제와 관련된 한 권의 책을 읽고 이를 바탕으로 온전한 사고 체계를 경험하게 한다는 데 있다. 주제 관련 도서를 선정할 때는 학교도서관을 이용하거나 인터넷 검색을 활용한다. 그리고 주제와 관련해서 적절한 책이 없을 때는 주제를 바꿔야 한다. 주제를 정하고 도서를 선정하는 과정에서 교사의 코멘트는 꼭 필요하다. 교사가 일방적으로 지정해주거나 반대로 아이들에게 전부 맡겨서는 안 되며, 이 과정이 잘되어야 수업이 성공적으로 진행된다.

주제를 선정할 때 교사가 사례를 보여주면 좋다. 주제는 한 번에 정해지지 않는다. 교사와 서로 상의하면서 주제를 정해야 한다. 교사는 학생 스스로가 즐겁게 쓸 수 있고 자신에게 도움이 될 만한 주제를 선정하도록 도와준다.

아이들이 정한 탐구 대상이 처음에는 단순 소재일 수 있다. 가령 '동물'에 관심이 많은 아이라면 동물 중에서 어떤 동물에 관심이 많은지 구체화시켜보게 한다. 동물 중에서 개에 대해 관심이 많다면 자연스럽게 사회 문제나 관심사를 연관시키도록 도와준다. '우리나라 유기견의 실태'라든지, '개고기와 문화상대주의' 등이 예가 된다. 만약 관심사가 '리더십'이라면 '축구 감독들의 리더십', 관심사가 '대중문화'라면 '세계에 알려진

K-팝의 모습' 등등. 이런 식으로 고등학생 수준에서 조금 구체화시키면 소재는 주제가 된다. 이 수업의 목적은 어려운 주제를 해결하는 데 있는 것이 아니라, 관심 분야의 정보를 수집하고 관련 서적을 꼼꼼하게 읽어보는 것, 그리고 그에 따른 자신의 생각을 풀어내는 데 있다.

[수업 예]

① 주제탐구보고서는 내가 무엇에 대해 쓸 것인가를 정하는 것이 중요합니다. 평소 관심 가는 주제, 탐구하고 싶은 주제를 떠오르는 대로 나열해봅시다. 막연하다면 평소 흥미를 가지고 있는 분야, 좋아하는 교과, 내가 꿈꾸는 진로 분야를 고려합니다.

'나'에서 출발하는 탐구 주제 찾기

◎ 중심 주제를 정할 때 고려할 것
- 내가 요즘 좋아하고 흥미 있어 하는 것은 무엇인가?
- 최근 사회에서 일어나는 일 가운데 관심 있는 일은 무엇인가?
- 내가 더 공부하고 싶은 분야는 무엇인가?
- 내가 미래에 하고 싶은 일은 무엇인가?

◎ 주제를 정할 때 고려할 것
- 중심 주제의 어떤 부분에 대해 알고 싶은가?
- 중심 주제와 관련한 나의 경험이나 들은 이야기가 있는가?
- 중심 주제와 관련하여 TV나 인터넷, 책에서 본 이야기가 있는가?

◎ 중심 주제 예시

- 10대의 성에 대한 생각
- 고양이의 의사표현 방식
- 공부를 즐겁게 하는 법
- 전기 차의 모든 것
- 친환경 에너지의 미래
- 신의 존재 여부
- 가공 식품의 위험성
- 청소년의 인터넷 중독
- 우리나라 쓰레기 재활용의 현주소
- 기업의 사회적 책임

② 자신이 스스로 즐겁게 탐구할 수 있고 또한 탐구할 만한 가치가 있다고 생각하는 주제를 하나 뽑아봅시다.

선정 주제	(예) 여성혐오와 페미니즘
선정 이유	(예) 최근 여성혐오 관련 범죄가 큰 파장을 일으키고 있어, 페미니즘이란 무엇인지 더 공부해보고 싶었다.

③ 주제에 대해 자신이 아는 것과 알고 싶은 것을 브레인스토밍 해봅시다.

1	2	3

	1	2	3
4	4	5	6	6
	7	8	9

7	8	9

자신의 관심 분야 또는 직업 등을 전체 표 중 가운데인 '5'에 쓴다.

그런 다음 5에 적은 주제와 관련하여 떠오르는 것들을 소주제로 잡아 1, 2, 3, 4, 6, 7, 8, 9에 쓴다. 이 소주제들은 다른 표에서 다시 중심이 된다. 소주제를 둘러싼 하위 항목들도 자유롭게 채워보도록 한다.

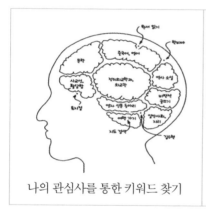

나의 관심사를 통한 키워드 찾기

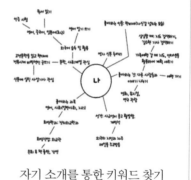

자기 소개를 통한 키워드 찾기

④ 브레인스토밍을 통해 떠올린 것들을 바탕으로 주제와 관련하여 자신이 가장 조사하고 싶은 내용(소주제)을 3가지 이상 정해봅시다. 이 내용들은 보고서 본문 각 부분의 소주제이며 목차 역할을 하게 됩니다.

주제와 관련하여 조사하고 싶은 내용(소주제) (예) 여성혐오와 페미니즘	
첫째 소주제	(예) 대한민국 여성혐오의 실태
둘째 소주제	(예) 페미니즘의 의미
셋째 소주제	(예) 페미니스트가 되어야 하는 이유

⑤ 주제 관련 서적을 한 권 선정해봅시다.

선정 도서	제목 : 저자 : 출판사 :
선정 이유	

"매시간 독서일지를, 다 읽고 독후감 개요서를"

이제 책 읽기를 집중적으로 하는 단계다. 책이 정해지면 일곱 차시에 걸쳐 수업시간에 책을 읽고, 매시간 독서일지를 작성한다. 학급 상황이나 학생들의 조건, 책의 분량과 난이도에 따라 차시 조정이 가능하다. 아이들은 책을 읽는 과정에서 교사와 이야기를 나누며 주제에 대한 이해를 넓힐 수 있다. 일반적인 독서일지와 다른 점은, 앞으로 주제탐구보고서를 쓸 때 자신이 조사하고 싶은 내용을 독서일지를 쓰는 과정에서 찾아간다는 점이다. 이렇게 작성된 독서일지를 바탕으로 자료 조사를 하면서 아이들은 보고서 전체의 목차를 짜는 작업을 하게 된다.

이번 단계의 수업을 도서관에서 진행한다면 이 기간에 자료 수집을 함께 한다. 도서관에서 고른 책은 대출하여 방과 후에도 책 읽기를 계속 할 수 있게 한다. 책 읽기의 마지막 시간에 독서일지를 검사한 뒤 책 전체의 내용을 정리할 수 있는 독후감 개요서를 쓰게 한다. 책을 읽으면서 주제와 관련해 자신이 조사하고 싶은 내용, 새롭게 알게 된 내용, 꼭 기록하고 싶은 내용, 책 속에 담긴 저자의 문제의식과 그 해결 방안, 저자의 생각에 대한 자기 견해, 책의 내용과 관련된 자신의 경험, 더 생각해볼 문제, 추가로 주제와 관련해서 조사하고 싶은 것을 쓴다.

[수업 예]

① **독서일지 쓰기** : 매시간 책을 읽고, 읽은 내용에 대해 아래와 같이 기록해봅시다.

읽은 기간		읽은 쪽수
20 년 월 일 ~ 20 년 월 일		(~)쪽
요약		
보고서 주제와 관련해서 새롭게 알게 되었거나 꼭 기록해야 하는 부분(책의 쪽수 표시)		
추가 의문점이나 조사해야 할 내용		

② 저자가 이 책을 통해 말하고 싶었던 것은 무엇일지 생각해봅시다.

③ 책을 다 읽고 다음의 독후감 개요서를 작성해봅시다.

독후감 개요서		
학교 반: 번호: 이름:		
책 제목		날짜 :
저자		읽은 분량 : 쪽

주제와 관련하여 책에서 새롭게 안 부분 세 가지 이상	
• 책을 읽고 주제와 관련해서 자신의 생각을 정리 • 저자의 문제의식에 대한 자신의 견해 • 자기 경험, 세상과 연관해서 생각해본 내용	
책을 읽고 주제와 관련해서 추가로 조사하고 싶은 것 세 가지 이상	

주제탐구보고서 쓰기

"신뢰할 만한 양질의 정보를 찾아라"

이 수업에서 생각을 확장하고 정보를 수집하는 출발은 '책'이지만, 이에
더해 추가적인 정보 수집이 필요하므로 컴퓨터실에서 수업을 진행한다.
아이들에게 자료를 검색하라고 하면 대개 지식검색이나 신뢰성이 부족
한 인터넷 뉴스 정보에 의존한다. 따라서 자료를 검색할 수 있는 다양한
사이트를 소개하여 양질의 정보를 접하도록 안내한다. 자료를 활용할 때
는 반드시 그 출처를 밝히도록 하고, 인용한 자료의 출처를 기록하는 방
법도 설명하는 것이 좋다. 주제에 따라서 설문조사나 인터뷰가 들어가면
더 풍부하고 입체적인 보고서가 됨을 알려준다.

[수업 예]

보고서 주제와 관련하여 필요한 자료들을 찾아봅시다. (제목, 출처, 쪽수 등 표시)

ⓐ 보고서 주제와 관련된 도서관 자료 (책 제목, 저자)

ⓑ 보고서 주제와 관련된 신문기사와 잡지 자료 (제목, 출처)

ⓒ 보고서 주제와 관련된 인터넷 자료 (제목, 인터넷 주소)

ⓔ 보고서 주제와 관련된 영상 자료 (제목, 출처)

ⓜ 전문가, 학부모, 동급생, 선후배 등 다른 사람의 의견 (인터뷰, 설문의 방법을 활용)

※주요 정보원[*]

• KINDS : 국내 최대의 뉴스 전문 검색 사이트로 한국 언론계 모두가 공동으로 참여해 만든 한국언론진흥재단의 서비스다.

• KOSIS : 국가통계포털은 국내, 국제의 주요 통계를 데이터베이스로 구축하여 이용자가 편리하게 통계 자료를 이용할 수 있도록 통계청이 제공하는 서비스다.

• KIPRIS : 특허정보넷은 특허청이 보유하고 있는 특허, 실용신안, 디자인, 상표, 심판 등의 국내외 지식재산권 관련 정보를 데이트베이스로 구축한 것이다.

• 국가법령정보센터 : 법제처에서 운영하고 있으며 우리나라의 현행 법령, 행정규칙, 자치법규, 조약, 판례, 헌재결정례, 심판례 등에 대한 법률 정보를 제공한다.

---

[*] 백제현 외,《고등학생 소논문 쓰기 워크북》, 나무생각, 2016. (DBpia와 RISS, 네이버 전문정보, 구글 학술검색 등은 우수한 정보검색원이지만 학생들에게는 조회 권한이 없으므로 목록에서 제외했다.)

※각주에 참고문헌 기록하기 (한글 프로그램에서)

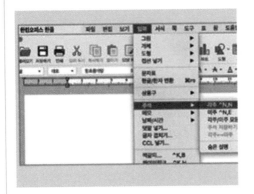

1. 인용한 문장의 맨 마지막에 마우스 포인터를 둔다.

2. '메뉴〉입력〉주석〉각주'를 클릭한다.

3. 주석 표기 방법에 따라 참고문헌을 작성한다.

 • 단행본 : 저자명(출판 연도), 책 제목, 출판사

 • 학위논문 : 저자명(출판 연도), 논문 제목, 학위수여기관

 • 학술지 : 저자명(출판 연도), 논문 제목, 학회 이름, 권(호), 수록된 쪽

 • 신문 : 기자 이름(발행 연월일), 기사 제목, 신문사명

 • 인터넷 자료 : 웹사이트명(작성 연도), 자료 제목, 사이트 주소

이제 두 차시에 걸쳐 보고서의 개요(목차)를 작성하고 이를 교사가 검토하는 시간이다. 보고서의 설계도라 할 수 있는 목차를 만들지 못하면 제대로 된 글을 쓰기가 힘들다. 이제까지 주제와 관련된 책을 읽고 자료를 조사하면서 자신이 알게 된 내용, 더 궁금한 내용, 탐구하고 싶은 내용들을 정리했는데, 여기서 어떤 내용은 주제가 되고, 어떤 내용은 주제를 찾아가는 과정의 일부분이 된다. 이때 적은 내용을 적당한 구성으로 배치해서 소제목을 뽑으면 이것이 목차가 된다. 보고서 본문을 쓸 때는 이 소주제들을 따라가면 된다.

개요를 짜기 전에 아이들에게 보고서 작성법에 대한 기본 안내가 필요하다. 활동지(개요 양식)를 배부하여 보고서의 전체 구성이 '서론, 본론(3개의 소주제로 구성), 결론'으로 이루어짐을 안내한다. 그리고 한 편의 완결된 보고서가 되려면 구체적으로 어떤 내용들을 넣을지 생각해보게 한다. 보고서의 각 단계에 들어가야 할 주요 내용은 다음과 같다.

서론에서는 주제에 대한 소개, 주제 선정 이유, 탐구 주제의 의미, 본론에서 전개할 자신의 탐구 방법을 소개한다.

본론에서는 각 소주제별로 자신의 탐구 내용을 전개한다. 소주제는 보고서의 목차라고 할 수 있는데, 목차 전개의 논리는 다양할 수 있다. 대상을 대등하게 나열하는 병렬적 구성, 실태—원인 분석—개선 방안 등의 연역적 인과 구성, 특징을 분석하거나 비교하는 귀납적 인과 구성, 시간의 흐름에 따르는 시간적 구성, 공간 질서에 따르는 공간적 구성, 작은 명제에서 큰 명제로 가는 확산적 구성, 큰 명제에서 작은 명제로 가는 점층적 구성, 주장과 근거들로 이뤄진 설득적 구성이 그것이다.

결론은 본론에서의 탐구 과정을 요약하고, 그 과정에서 느끼고 깨달은 내용, 자신의 생각을 정리하여 적는다.

끝으로 참고자료는 꼭 그 출처를 명시하여 적도록 한다.

아이들이 짠 목차에 대해 되도록 교사는 일대일로 검토를 해주고, 흐름이 안 맞거나 글쓰기가 어려워 보이는 경우 그에 대한 의견을 이야기해준다. 아이들은 교사가 다른 학생을 일대일로 지도하는 동안 친구들과 의견을 나누며 자신의 목차를 다듬는다.

[수업 예]

조사한 자료들을 바탕으로 보고서 개요를 작성해봅시다.

보고서 제목	
서론 요약 (주제에 대한 소개, 주제 선정 이유, 본론 내용 안내 등)	

본론 요약	소주제 1	
	소주제 2	
	소주제 3	
결론 요약 (조사하면서 느낌 점, 주제에 대한 최종 생각 등)		

**"자신이 탐구한 주제의 의미는
꼭 정리한다"**

이제 세 차시에 걸쳐 보고서를 작성한다. 먼저, 기본적인 보고서 작성 방법을 알려주고 양식을 제시한다. 주제에 따라 다양한 보고서 방식을 응용할 수 있다. 조사한 자료들은 단순 복사해서 붙이기보다는 자신의 생각이나 해석을 덧붙이게 한다. 자료의 한 부분을 자신의 논리에 부분적으로 인용하거나, 자료를 요약 정리해서 보고서에 넣는 것도 좋다. 보고서 곳곳에 자신의 견해가 들어가게 하는 것이 중요하다. 책 속에 나타난 저자의 문제의식과 입장에 대한 자신의 의견을 써보고, 보고서의 주제를 자기 삶이나 세상과 연계해서 생각해보게 한다. 그리고 '자신이 탐구한 주제가 가진 의미'는 꼭 정리하게 한다.

매시간 그날 꼭 써야 할 분량을 정해주고, 어디까지 완성했는지 챙기는 것이 좋다. 미리 만들어놓은 인터넷 카페나 밴드에 그날의 완성분을 올리고 서로 확인하게 해야 보고서 작성 시간이 늘어지지 않는다.

[수업 예]

지난 시간에 작성한 보고서 개요와 이제까지의 자료 조사를 바탕으로 주제탐구보고서를 써봅시다.

지난 시간에 완성한 보고서를 4부씩 복사하여 교실에서 수업을 진행한다. 4인 1조로 모둠을 구성하여, 그동안 친구가 쓴 글을 함께 읽고 잘된 부분과 고쳤으면 하는 부분을 서로 공유한다. 보고서를 쓴 학생이 먼저 자신의 글에서 고민이 되는 부분과 마음에 드는 부분을 말한 다음, 나머지 모둠원들이 부족한 부분과 잘된 부분을 말해주는 것으로 진행하면 좋다. 자료 조사를 충분히 했는지, 글의 구성이 짜임새 있는지, 전달하고자 하는 바가 정확하고 명료하게 표현되었는지를 중심으로 살펴보게 한다. 친구들에게 피드백 받은 내용은 기록해두었다가 수정하게 한다. 더불어 친구가 쓴 글을 보면서 보고서에 참고할 만한 글쓰기 아이디어가 있으면 자기 보고서에 반영한다.

[수업 예]

다 쓴 보고서를 친구들과 돌려 읽으며 서로 보완할 점을 말해줍시다. 친구들의 의견을 듣고 최종 보고서를 완성해봅시다.

어떻게
평가할까?

●

평가는 주제탐구보고서가 주가 된다. 보고서는 책을 읽고 탐구한 자신의 최종 사고 결과물이기 때문이다. 보고서는 탐구 주제에 대한 이해도와 사고의 깊이, 탐구 내용의 충실성을 바탕으로, 상·중·하 정도로 질적인 수준을 판단해서 평가한다. 그리고 읽기 단계는 책을 열심히 읽고 독서일지를 충실하게 작성했는지 확인하는 정도로만 평가한다.

평가 장면	평가 기준	확인
책 읽기	책을 충실히 읽고 독서일지를 작성했는가?	
주제탐구보고서	탐구 주제에 대해 정확히 이해하고 있는가?	
	주제에 맞는 자료 조사를 충분히 하고, 그에 따른 탐구 내용이 깊이 있게 담겼는가?	
	전달하고자 하는 바가 정확하고 명료하게 표현되었는가?	
	글의 구성이 짜임새 있고 흐름이 자연스러운가?	
	맞춤법, 띄어쓰기, 문장 호응은 정확한가?	
	분량에 맞게 작성했는가?	

묻고
답하기

●

Q 주제탐구보고서의 주제를 정하는 것을 아이들이 힘들어하지 않는가?

당연히 어려워한다. 이때는 먼저 '나'에 대한 질문들로 시작하는 것이 좋다. 스스로 어떤 관심이나 흥미가 있는지, 자신의 꿈은 무엇인지, 자기 인생을 놓고 탐구하고 싶은 한 가지 질문은 무엇인지, 아이들 스스로 자신에 대해 생각하다 보면 자신이 정말 탐구하고 싶은 것을 찾아가는 힘이 생긴다.

평소 흥미와 관심을 가지고 있는 것들에 대해 먼저 스스로 적어보게 한 다음, 그중 탐구할 만한 가치가 있고 본인이 감당할 수 있는지를 따져보면서 선정 범위를 좁혀나가게 한다. 이때 인터넷 검색을 통해 해당 주제와 관련된 책이나 참고자료가 있는지도 알아봐야 한다. 이와 반대로, 읽고 싶은 책이 있는 학생은 책을 먼저 선정하고 그 책에서 주제를 잡아가는 방식으로 할 수도 있다. 교사가 마인드맵의 과정을 통해 탐구 주제를 정하는 예시를 먼저 보여주는 것이 좋다.

Q 평소 아무런 관심사가 없다고 하는 아이들에게는 어떻게 도움을 줄 수 있는가?

학생과 이야기를 나누며 흥미가 생길 만한 주제를 찾도록 돕는 과정이 필요하다. 교사가 최근의 사회적 이슈나 몇 가지 흥미가 생길 만한 주제들을 먼저 제안해보는 것도 좋다. 또는 아이들 4명을 모둠으로 앉게 해 주제를 찾게 하면 조금 더 쉽게 주제가 정해지기도 한다.

Q 아이들이 인터넷 자료를 그냥 베껴서 내는 것은 아닌가?

보고서의 질은 자신이 정한 주제를 제대로 탐구하여 깊이 있게 조사하고 연구했는지에 달려 있다. 자료 조사가 기본이지만 조사한 자료들을 자신의 생각에 따라 종합하고 결론으로 이끌어내는 것이 중요하다. 조사한 자료들을 통째로 보고서에 넣기보다는 자신의 글 속에 적절한 부분을 뽑아서 인용하도록 지도한다. 인터넷 자료를 쓸 때는 공신력 있는 단체나 기관인지 출처를 확실히 확인하게 한다. 또 참고문헌을 다는 방법을 안내하고, 인용 표시 없이 남의 자료를 가져오면 그것이 한두 줄이라도 문제가 된다고 알려준다. 주제탐구보고서는 자료를 활용한 자신의 분석, 이를 통한 결론 도출이 핵심임을 안내한다.

Q 주제탐구보고서와 '한 학기 한 권 읽기'를 결합한 이유는?

종합적인 사고력과 문제 해결력을 키우는 데 하나의 주제를 깊이 탐구하는 것만큼 효과적인 교육 방식을 찾기 힘들다. 이런 주제 탐구의 장점과 '한 학기 한 권 읽기'가 결합하면 주제탐구보고서도 풍성해지고 주제에 대한 사고의 깊이도 더할 수 있다. 더불어 주제도서로 삼은 책의 목차를 통해 자신이 쓰고자 하는 주제탐구보고서의 목차를 어떻게 짜면 좋을지 궁리해볼 수도 있다. 관심 분야의 독서를 통해 앎의 지평을 넓혀가는 재미, 더불어 이를 탐구보고서의 형태로 정리해보는 경험은 특별한 지적 쾌감을 선사한다.

수업을
마치며

●

무엇인가를 좋아하고 그에 깊이 빠지는 것은 인류 고유의 특징이다. 인간의 사소한 관심에서 종종 새로운 기술적 혁신이 생겨나고 문화가 풍요롭게 꽃핀다. 이로부터 주요한 역사적 사건의 발단이나 한 시대를 풍미하는 새로운 키워드가 탄생하기도 한다. 기호와 취향은 각기 다른 인간을 만들어내는 핵이다.

[주제탐구보고서 쓰기]를 통해 아이들 각자의 취향을 읽을 수 있었다. 요즘 이 아이가 가장 빠져 있는 주제가 음악인지, 연애인지, 판타지 소설인지. 아이들은 저마다 자신이 빠져 있는 주제를 잡아 그 분야의 연구자가 되었다. 석사 과정을 밟는 대학원생마냥 도서관에서 한쪽에 책을 주욱 쌓아두고 참고도서를 찾기도 했고, 여기서 저기로 인터넷 서핑을 하며 관련 기사를 모으기도 했다. 친구들을 찾아다니며 인터뷰를 하고, 관련 과목의 선생님을 찾아가 의견을 구했다.

하지만 솔직히 말하건대, [주제탐구보고서 쓰기]의 과정은 무척이나

고됐다. 보고서를 쓰기까지 과정이 지난했고, 또 교사가 피드백을 해줘야 하는 과정은 왜 이리도 많은지. 주제를 정하는 데서부터 주제도서를 선정하고 개요를 짜는 데까지, 어느 한군데 속 시원히 아이들 스스로 해내는 구석이 없었다. 이 주제로 보고서를 쓸 수 있을까요, 관련 책이 있을까요, 이 책은 읽을 만할까요, 소주제로 이것도 괜찮을까요, 이 소주제들을 어떻게 배열할까요……. 끝임없이 질문이 쏟아져 나왔다. 질문을 하지 않고 있는 아이들은 잘하고 있겠지 생각하다가 뒤통수를 맞기도 했다.

하지만 아이들은 그 과정에서 조금씩 자랐다. 인정받지 못하던 자신만의 세상. 수업시간에 당당하게 그것을 즐기고 마음껏 탐구할 수 있어 즐거워했다. 비슷비슷한 주제들이 상당히 많이 나올 거라고 생각했지만 막상 그렇지 않았다. 같은 주제에 대해 쓰는 아이가 한 반에 두 명을 넘지 않았다. 그리고 아이들은 끝까지 완주하여 완성한 자신의 탐구보고서를 매우 자랑스러워했다. 스스로 그런 결과물을 낼 수 있다는 사실에 놀라기도 했다. 그 내용들을 꾹꾹 눌러 학생생활기록부에 기록하면서, 아이들이 평생 이렇게 자신이 좋아하는 일을 연구하며 살면 좋겠다는 꿈을 꿨다.

차별 없는 성(性)을 위한 외침, 페미니즘

《나쁜 페미니스트》(록산게이)를 읽고 [주제 : 여성혐오와 페미니즘]

2016년 5월 17일 새벽 1시 20분경, 강남역에서 20대 초반의 여성이 묻지마 살인 사건으로 목숨을 잃었다. 가해자인 34살 남성은 평소 여성에게 무시를 받았다 생각하여 그것의 보복으로 무작위 살인을 한 것이다. 여기서 피해 여성은 단지 '여성'이라는 이유만으로 영문도 모른 채 살해당했다.

이 사건은 SNS 등지에서 굉장한 파급을 일으켰는데, 추모의 물결 사이로 우리가 이제껏 크거나 작게 항상 느껴왔으나 정작 지각은 하지 못했던 '여성혐오'의 문제를 수면 위로 떠오르게 한 것이다.

이후 사건의 전말과 여혐 문제에 관한 치열한 논쟁 가운데 게임사 넥슨에서 페미니즘 티셔츠를 입었단 이유로 성우를 퇴출시킨 것과, 만화 전문 사이트인 레진코믹스의 작가들이 성우 교체 사건에 대해 비판하고 성우를 옹호하자 회원들이 이에 반발해 대거 탈퇴하는 등의 사건이 잇달아 발생하며 여혐 문제는 더욱 불거지게 되었다.

여혐 문제가 온라인상(넘어서 오프라인까지)에서 본격적으로 제기되자 한편에선 페미니즘을 외치는 목소리 또한 커지고 있다.

이렇듯 여성혐오와 페미니즘이 큰 사회 이슈로 진입하게 된 현 시점에서, 나는 짐짓 모른 척 피해왔거나, 줄곧 느끼긴 했으나 정립하지 못했던 여성혐오와 페미니즘에 대해 탐구해보려 한다.

미소지니, 여성혐오란 무엇인가

"여성혐오(女性嫌惡, misogyny) 또는 여성증오(女性憎惡)는 여성에 대한 혐오나 멸시, 또는 반여성적인 편견을 뜻한다. 이는 성차별, 여성에 대한 부정과 비하, 여성에 대한 폭력, 남성우월주의 사상, 여성의 성적 대상화를 포함한 여러 가지 방식으로 나타나며, 고대 세계에 관한 신화뿐만 아니라 여러 종교신화(설화) 속에서도 발견된다. 또한 많은 서양 철학자들과 사상가들이 여성혐오적이라 묘사된다."

– 〈위키백과〉, '여성혐오'

우리나라의 경우 조선 후기부터 유교와 성리학을 기반으로 한 가부장제, 남아선호사상, 남존여비사상 등으로 여성 인권이 상당히 취약했고, 그 뿌리 깊은 잔재는 아직도 우리의 정신 속에 남아 있다. '암탉이 울면 집안이 망한다', '여자는 사흘을 안 때리면 여우가 된다', '여자 웃음소리가 담장 밖을 넘어가면 안 된다' 등등 당시의 여성혐오적인 사상이 아예 속담으로 전해 내려오고 있는데, 아직도 이러한 속담들은 끊임없이 구전되고 있다.

이 말은 즉, 대한민국에서 나고 자란 아이들은 어려서부터 저러한 선조들의 이야기를 무의식적으로 들으면서 크게 되고 그만큼 온갖 성차별과 여성혐오에 대해 둔감해진다는 것이다. 민감성이 없다는 것은 무슨 의미인가? 바로 우리가 살면서 피부 가까이서 겪게 되는 여성혐오에 대해 '원래 그래야만 하는 것'이라고 착각을 하게 되는 것이다. 분명 뭔가 기분은 불쾌한데 내가 여자니까 '원래' 그런 것이고 이건 당연한 것이라고, 남녀 할 것 없이 모두 그렇게 생각하게 된다.

이 때문에 현재 대한민국은 예전에 비해 나아졌다 한들 여성 인권은 여전히 취약한 상태이며, 그에 따라 여성혐오도 굉장히 빈번하게 일어나는 국가 중 하나이다.

당장의 예를 들어보겠다. 가까이 있는 TV를 켜보자. 운동복을 광고하는데 여성의 가슴과 엉덩이를 강조하고, 그 여성을 본인들만의 잣대로 평가하며 찬양하는 남성들이 비춰진다. 드라마를 보니 남주인공이 여주인공의 손을 낚아채며 아무 동의 없이 강제로 키스를 하는데 그 모습은 굉장히 로맨틱하게 연출된다. 가요 프로그램에선 여자 아이돌이 상당히 선정적인 옷을 입고 춤을 추면서 여성을 의존적이고 수동적으로 표현한 노랫말의 노래를 부른다. 예능에선 나이 마흔 남짓한 남성 MC가 방금 그 여자 아이돌에게 얼굴은 어디를 만졌느냐, 성형을 한 게 아니냐고 묻다가, 애교를 피워보라는 요구를 하고, 여자는 시집만 잘 가면 된다는 얘기를 던진다.

SNS를 켜보니 ○○대 여자화장실 몰카 같은 것이 돌고 있고, 한국 여성을 '오빠, 오빠'거리면서 명품을 뜯어가는 거머리 비슷한 존재로 일반화시키거나 이에 김치녀, 된장녀란 거룩한 타이틀을 붙여준다. (요즘엔 파스타 전문점이나 스타벅스에 들르는 여성 또한 김치녀라 칭한다.) 또 '여친 참교육'이란 이름으로 여자친구를 폭행하는 영상에 '사이다'라며 통쾌해하는 사람들이 보인다. 어느 글에선 '갖고 싶은 여친'이라는 제목 아래 순종적인 여자, 기가 센 여자, 김치녀, 성괴녀 등등 그들이 일반화시킨 한국 여성의 여성상을 쭉 열거해놓곤 그에 순위를 매긴다.

인터넷 기사에선 피해자 여성을 ○○녀라 칭하면서 남성은 40대 가장, 20대 취업준비생, 30대 대기업 직원 등으로 나타낸다. 댓글을 보니 '그렇게 여자가 조신히 다녔어야지' 하는 여론이 절대적이다.

당장 눈앞에 보이는 것들만 적어도 이만큼이다. 여기서 범위를 더 넓히고 따지고 들어가게 되면 아마 한도 끝도 없으리라 믿어 의심치 않는다.

이렇듯 국내의 수많은 사회, 문화적 매체엔 우리도 미처 의식하지 못하는 여성혐오적 인식이 과다하게 녹아들어가 있으며 우리는 너무도 쉽게 이것에 노출되어 있다. 이러니 당연하게도 남성은 물론이고 여성 또한 여성혐오에 대해 둔감해지고 은연중에 여성혐오를 하게 된다. 결국 여성혐오는 또 다른 여성혐오를 낳게 되고, 이것이 무한히 악순환되다 극단적으로 말하자면 우리의 의식 수준이 아예 현 수준에 갇혀버리는 폐단이 일어날 수도 있다. 이것은 앞으로 우리가 심각하게 경계해야 할 것 중 하나이며 내가 말하고자 하는 바이기도 하다.

용어를 알아야 보인다, 페미니즘

위와 같은 여성혐오가 시도 때도 없이 일어나는 반면, 여러 작은 커뮤니티에서 여성들이 페미니즘 아래의 명목으로 들고 일어나기 시작하자 사람들은 '페미니즘'이란 것에 대해 관심을 갖기 시작했다.

그러나 정작 실질적인 변화란 우리에게 '페미니즘'이란 언어만이 대두되었을 뿐이다. 말하자면 페미니즘이란 게 있는데, 어디선가 들어는 봤으나 정확히 이게 뭔지도 모른다는 것이다. 나는 여기서 이 페미니즘이란 것이 대체 무엇인지 파헤쳐 보도록 하겠다.

"페미니즘(feminism), 이하 성평등주의 및 젠더이퀄리티. 여성과 남성의 권리 및 기회의 평등을 핵심으로 하는 여러 형태의 사회적·정치적 운동과 이론들을 아우르는 용어. 여성해방사상으로 성차별에 대해 시정을 요구하는 모든 사상·운동을 말한다. 예를 들면, 남녀동등권 또는 여권신장운동 등이 있다. 페미니즘은 근대의 사상으로서 시작되었다. '인간은 모두 평등하다'는 사상의 침투로 비로소 '모두' 속에 여성이 포함되어 있지 않다는 것의 부당성을 문제화할 수 있었기 때문이다. 따라서 페미니즘은 기본적으로 '남자와 동일한 평등'을 지향한다."

　　　　－ 네이버 지식백과 '페미니즘(feminism)'(《21세기 정치학 대사전》, 한국사전연구사)

페미니즘이란 언어 자체에 대한 해석에도 각각의 주관적인 견해가 존재하는데, 몇몇 사전에선 페미니즘이 여성해방론, 여성주의라고 표기되어 있다. 나의 경우 이에 동의하지 않는 게, 아래에서도 얘기하겠지만 페미니즘은 단순히 일반적이고 전형적인, 직설적으로 말하자면 백인 이성애자 여성의 입장에서만 바라보는 것이 아닌, 모든 여성의 평등을 지향해야 한다고 생각한다. 즉 젠더, 사회적인 성의 평등을 바라보아야 한다고 생각하기 때문에 페미니즘=성평등주의=젠더이퀄리티를 주장하는 바이다.

우리는 왜 페미니스트가 되어야 하나

그렇다면 대체 왜 우리가 페미니즘에 관심을 가져야 할까?

가장 먼저, '성평등 의식 함양에 따른 여성의 실질적 불평등, 성범죄 해소 및 완화'를 들 수 있다.

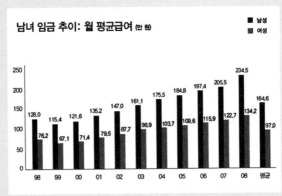

한국노동연구원,〈한국노동패널조사〉(금재호,《월간 노동리뷰》2010년 9월호)

위의 표를 보면 알 수 있지만, 여성과 남성의 임금 격차는 시간이 지나도 전혀 해소되지 않고 있음을 보인다. 아래 성범죄 관련 그래프 또한 시간이 지나도 전혀 줄지 않고 있다.

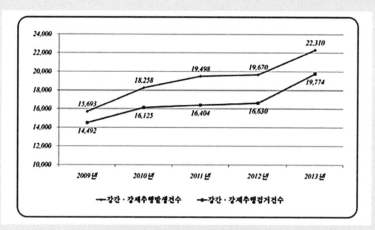

주요 지표범죄의 발생 추이, 경찰청

이에 대한 대책으로 국가 차원에서 관련 법을 개정하는 것도 방법이겠으나, 이렇게 오랜 시간이 지나도 전혀 줄지 않고 오히려 증가하고 있다는 것은 사회적, 개인적 차원에서의 의식 또한 중요하다는 것을 말하고 싶다. 여성과 남성의 수직적인 관계로부터 발생한 대부분의 불평등과 사건사고는 성평등 의식이 고조됨에 따라 해소, 완화될 것이라 본다.

두 번째로 여성 인권의 후퇴 = 민주주의의 후퇴를 얘기하고 싶다.

여성 인권이 극심하게 후퇴한 나라 이슬람을 예로 들자면, 이슬람의 경우 여성의 지위가 남성의 소유물이나 남성보다 하위의 개념으로 자리 잡고 있다. 그런데 과연 이 나라의 여성들이 민주주의의 주체로서 활동할 수 있을까? 여성 또한 엄연한 국민인데 남성과 여성의 수직적인 관계 아래서 제대로 된 민주주의가 이뤄질 것이며, 남성의 그늘 아래 가려진 여성의 인권을 인권이라 부를 수 있을까? 나는 이에 물음표를 던지고 싶을 뿐이다. 여성이 남성과 동등한 지위와 위치에 설 수 있을 때 비로소 완전한 민주주의가 이뤄질 수 있다고 생각한다.

마지막으론 여성의 활발한 사회, 경제, 정치적 활동 구축을 위해서이다.

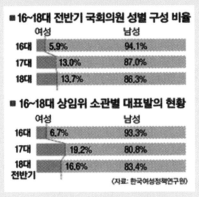

서울신문

위 표를 보면 남성 의원에 비해 여성 의원은 굉장히 적은 편이며, 국회만이 아니라 모든 면에서 여성의 사회적 진출은 항상 남성에 비해서 더디고 수도 적다. 그러나 첫 번째에서 얘기했던 대로 성평등 의식이 발전할수록 여성의 사회적 진출은 지금보다 훨씬 수월해질 것이며 그 수도 많아질 것이다.

《나쁜 페미니스트》를 읽고, 내가 내린 결론

사실 처음부터 주제를 페미니즘으로 할 생각은 없었다. 왜냐하면 나도 페미니즘에 관해서 귀동냥으로 들은 것이 전부였고 제대로 안다 싶은 것도 없었기 때문에 이를 주제로 선정하는 데 꽤 망설였고, 이에 대해 쓰는 지금도 솔직히 조금 벅찬 감이 있다. 그러나 요즘 한창 여성혐오 사건사고가 지뢰마냥 펑펑 터지는 마당에 나도 대한민국의 여성으로서, 왠지 묘하게 당하고 산다는 느낌도 불쾌하고 그냥 아무것도 모른 채로 잠자코 살면 안 되겠다는 생각이 문득 들어 덜컥 이 주제로 정한 것이었다.

책의 경우 도서관에서 빌린 것도, 내가 직접 검색해서 찾은 것도 아닌 친구의 추천으로 읽게 된 책이었다. 더구나 도서관에 없던 책이라 정말 간만에 내 돈을 주고 책을 사게 되어 과연 이게 정말 괜찮은 책일까 기대 반 의심 반으로 책장을 넘겼다.

처음 '나쁜 페미니스트'라는 제목을 보자마자 '왜 나쁜 페미니스트지? 뭔가 과격한 짓을 일삼는 급진적 페미니즘 책인가?' 하면서 약간의 거부감을 느꼈으나, 책이 말하고자 하는 '나쁜' 페미니스트란, '부족한, 미숙한'의 뜻으로 쓰인 Bad였다. 다시 말해 '완벽하게 훌륭하지는 못한 페미니스트'를 뜻하는 것이며, 이 책은 사회가 요구하는 정치적으로 올바른 페미니즘에 대한 거부이기도 하면서 규범화된 페미니즘에서 벗어나 자신만의 페미니즘을 갖는다는 뜻을 전해준다.

난 페미니즘이라는 것에 대해, '만약 내가 페미니스트라면 난 그때부터 여성의 지위를 깎아내리는 모든 것을 부정하면서 살아야 하는 건가?' 하는 어렴풋한 의심과 두려움 어딘가의 감정을 갖고 있었다. 때문에 페미니즘이란 걸 그리 좋게만은 받아들이지 않는 사람 중 한 명이었고, 항상 '저렇게까지 할 필요가 있는 건가'라는 생각을 지니고 있었다. 그러나 이 책은 그런 부분에 대해 굉장히 솔직하면서도 정직하게 쓰여 있었고 '온전히 나는 나 자신으로 남고 싶을 뿐이다'라며 스스로를 나쁜 페미니스트라고 명명한 것이다.

또한 이 책의 저자는 흑인 퀴어 여성으로서 페미니즘은 유색인종 여성, 퀴어 여성, 트랜스젠더 여성들도 함께 포함시켜야 한다고 주장한다. 살면서 외국 한번 나가본 적 없이 한국에서 다 똑같은 동양인만 보며 우물 안 개구리로 살아온 나로선 내 생각을 더 넓은 범위까지 넓혀준 좋은 전환점이었다.

이 책은 페미니즘의 교과서 같다. 물론 내가 말하고 싶은 건 어떤 규범화가 아니다. 이 책은 페미니즘에 대한 유동적인 사고와 넓은 포용력에 대해 제시해주었고 페미니즘에 대해 완전 초보인 나는 그것을 어렵지 않게 받아들이고 거부감 없이 배워야겠다고 생각했기 때문이다.

이 글을 통해 이 책을 광고하고 싶은 의도는 없었으나 모두가 이 책을 읽어주었으면 좋겠다. 페미니즘은 내가 여성으로서 살고 있는 세상을 이해하게 하고, 우리가 원하는 것이 무엇인지 인지하고 그것을 세상에 외칠 수 있게끔 길을 제시해준다. 물론 나는 아직도 페미니즘에 대해 이 책을 읽은 것과 몇 개의 기사를 조금 본 것만 빼면 여전히 아는 게 없고 여기서 더 깊이 공부를 할 필요가 있다.

세상 사람들 모두가 깊이 정통한 페미니스트가 될 필요는 없다. 이 책이 제시하는 것처럼, 그리고 나처럼 페미니즘에 대해 약간의 관심을 가지고 다들 부족한 페미니스트, 나쁜 페미니스트가 되어 최소한 젠더 안에선 모두가 평등한 세상이 되길 바란다.

김정오(1학년)

상상력과 공감을 일깨우는

창조적 독서수업

시 경험 쓰기

김진영

★

"시는 읽는 사람의 것"

"천만에! 시집 두어 권 선물했다고 내 시를 표절하라고 허락해준 줄 알아. 게다가 자네는 내가 마틸데를 위해 쓴 시를 베아트리스에게 선사했어."

"시는 쓰는 사람의 것이 아니라 읽는 사람의 것이에요!"

- 안토니오 스카르메타, 《네루다의 우편배달부》

시가 매력적인 이유는 우리 삶의 뜻밖의 순간을 건져 올린다는 것, 익숙했던 삶의 패턴을 비틀어버린다는 것, 내가 언어화할 수 없었던 내 삶을, 그리고 너의 삶을 떠올리게 한다는 것. 그렇게 시는 독자에게 온 순간 읽는 사람의 것으로 다시 태어난다. 한 권의 시집은 얇디얇지만 그 무게 값이 가볍지 않은 이유다.

하지만 학교 현장에서 배우는 시는 시인의 것도, 시를 만나는 아이들의 것도 아니었다. 양쪽 누구도 원하지 않는 분석적 방법의 시 교육이 교육 현장에 단단하게 뿌리를 내린 것은 오래된 일이다. 교과서 속에 실린 짧은 시 한 편에는 그보다 더 많은 해설이 따라오고, 해설이 필요 없게 쓰인 시는 '가르칠 것이 없다'는 이유로 수업에서도 홀대받았다. 시는 읽는 아이들의 감성에 가 닿기도 전에 빠르게 움직이는 필기구의 끝에서 제값을 하지 못했다.

시에 색깔 펜으로 남의 해설을 달지 않는 것, 시를 공책에 꾹꾹 눌러 베껴 쓰고 그 곁에 내 이야기를 풀어놓는 것. 어쩌면 너무나도 간단하고 당연한 이 독서 활동은 먼 길을 돌지 않고 시를 바로 만날 수 있게 한다. 사람에게는 가지각색의 이야기와 사연이 있기에, 한 편의 시와 엮어 만나는 아이들의 경험은 애잔하고 찬란하다. 그 이야기들을 읽어나가다 보면 아이들과 시가 제대로, 접선했구나 싶어 유쾌하다.

[시 경험 쓰기]는 아이들이 부담 없이 시집을 만지작거리며 시와 만날 수 있게 해주는 수업이다. 짧은 차시에 걸쳐 교사가 수업하기에 용이하고 아이들도 흥미로워하는 방법이다.

수업을 시작하기
전에

●

문학의 중요한 기능 중 하나는 작품을 통한 자기 성찰에 있다. [시 경험 쓰기]는 공감되는 시를 찾아 읽고 그와 관련된 자신의 경험을 한 편의 수 필로 풀어내는 활동이다.

아이들은 교사가 가져온 시집들 중 마음에 드는 시집을 골라 읽고 첫 시간에는 자신의 짝과 어울리는 시의 구절을, 두 번째 시간에는 담임 선 생님과 어울리는 시의 구절을 찾고 이유를 써본다. 옆자리에 앉은 친구 는 누구보다 자주 보는 사이로 가까이에서 관찰할 수 있는 대상이다. 더 불어 담임 선생님은 친구와는 다른 위계의 사람이면서도 교실 안에서 자 주 마주치는 대상이다. 수업 상황에 맞게 짝과 담임 선생님을 친구나 가 족 같은 다른 대상으로 바꾸어도 좋다. 아이들은 최종적으로 나의 경험 과 관련 있는 시를 고르고 이를 바탕으로 자신의 경험을 진솔하게 풀어 내게 된다. [시 경험 쓰기]는 학업 성취 수준이 낮거나 시를 좋아하지 않 는 남학생들까지도 수업에 적극적으로 참여하게 하는 수업 방법이다.

어떤 책을 고를까?

도서관에 있는 시집을 150권가량 뽑아 대출한 후 아이들에게 제시한다. 시집의 수준은 다양한 것이 좋으나, 시집 읽기를 어려워하는 아이들을 배려해 쉽게 읽을 수 있는 시집들을 따로 20권가량 신경 써서 준비할 필요가 있다. 이 수업의 성패는 시 읽기를 거부하는, 읽기 능력이 다소 떨어지는 아이들에게 어떤 시집을 권하는지에 달려 있다. 도서관에 있는 시집을 무작위로 가져가 아이들에게 제공할 수도 있지만, 학교도서관에서는 별다른 고민 없이 특정 출판사의 시집 시리즈를 전부 들여놓는 경우도 있으니 아이들이 무리 없이 읽어낼 만한 시집을 미리 신청해 구매를 부탁해놓는 것이 좋다.

태어나서 한 번도 시집을 읽어보지 못했다는 아이들이 늘 학급의 대다수였다. 게다가 '시집 읽기'라 하면 시작부터 지레 거부감을 표현하는 아이들이 있다. 그런 아이들을 위해 창비에서 출간된 청소년 시선집은 쉽고 편해서 많은 시집들 속에서 빛을 냈다. 특히 남학생들은 그중에서도 복효근 시인의 《운동장 편지》, 이장근 시인의 《파울볼은 없다》를 좋아했다. 같은 또래의 친구들이 쓴 시를 엮어 만든 구자행 선생님의 《기절했다 깬 것 같다》, 《버림받은 성적표》, 배창환 선생님의 《36.4℃》, 《뜻밖의 선물》, 이상석 선생님의 《있는 그대로가 좋아》 같은 시집들도 인기가 좋았다. 특히 공고 아이들이 쓴 김상희 선생님 외 《내일도 담임은 울 삘이다》는 제목부터 아이들의 환호를 사는데, 학교에서 사고 치기 좋아하는 아이들이 자신들의 이야기 같아 잘 읽는다. 《난 빨강》을 쓴 박성우 시인은 아이들이 좋아하는 대표적 시인이기도 하다. 제목처럼 본능을 자극하는 지점이 많아 아이들의 호기심을 끈다. 《국어 시간에 시 읽기》시리즈도 아이들이 좋아할 만한 시들을 엮어 만들었기에 권했을 때 실패하지 않는다. 단원고 아이들의 시선을 받아 우리 시대의 시인들이 옮겨 적은 《엄마, 나야》도 뼈아프게 읽힌다.

시집을 처음 만나는 데서 더 나아가 깊이 있는 삶의 성찰을 위해서는 무게감이 있는 시집들도 꼭 필요하다. 김기택, 김사인, 나희덕, 도종환, 문태준, 이시영, 박노해, 손택수, 임길택, 이성복, 정끝별, 정호승, 정희성, 함민복 등 시인들의 시집은 아이들 가지각색의 경험과 어울려 한 편의 둔중한 울림으로 되돌아온다.

해석이 아닌, 진솔한 삶의 이야기를 쓰라

이 수업의 성패는 공감되는 시를 고르고 그에 관련된 스스로의 경험을 생생하게 잘 풀어냈는가에 달렸다. 시를 가지고 경험을 쓰라고 하면 아이들은 추상적인 감상을 풀어놓거나 어설픈 해석을 하려 드는 경우가 많다. 하지만 [시 경험 쓰기] 수업에서 요구하는 것은 시에 나타난 이야기, 느낌 등과 관련한 자신의 진솔한 삶의 이야기를 구체적으로 써 내려가는 것이므로, 본격적으로 글을 쓰기 전에 다른 아이들이나 교사가 쓴 모범 사례를 제시할 필요가 있다.

읽기 [讀]	도서 선정	개별적으로 마음에 드는 시집 고르기
	책 읽기	수업시간 내 집중하여 읽기
표현하기 [論]	쓰기	쓰기 1 : 짝의 얼굴 보고 떠오르는 시와 그 이유 쓰기
		쓰기 2 : 담임 선생님과 어울리는 시와 그 이유 쓰기
		예시 글 보며 잘된 '시 경험 쓰기' 글의 요건 살피기
		쓰기 3 : 자기 경험과 연결 지을 수 있으면서 공감되는 시 고르고, 관련된 시 경험 쓰기

단계	개요	차시	활동 내용	비고
1	시집 고르기와 쓰기 1	1	• 마음에 드는 시집을 골라 자유롭게 읽기 • 짝의 눈을 30초간 바라본 뒤 짝에게 어울리는 시 구절 고르고 그 이유 쓰기	
2	시집 고르기와 쓰기 2	2	• 마음에 드는 시집을 골라 자유롭게 읽기 • 눈을 감고 담임 선생님의 얼굴과 목소리를 떠올린 뒤 담임 선생님과 어울리는 시 구절 고르고 그 이유 쓰기	
3	잘된 글의 요건 살피기	3	• 교사가 준비한 학생의 예시 글을 세 편가량 읽고 잘된 '시 경험 쓰기' 글의 요건 살피기	
4	시집 고르기와 쓰기 3	4-5	• 마음에 드는 시집을 골라 읽고 그중 자신의 경험과 연결되면서 공감되는 시 두 편을 공책에 옮겨 적기 • 두 편 중 한 편을 골라 연관된 자신의 경험 쓰기	

어떻게
수업할까?

●

[1단계] 시집 고르기와 쓰기 1 (1차시) "**친구와 닮은 시 찾기**"

우선 학교도서관에서 대출한 시집을 150권가량 아이들에게 제시한다. 그중 마음에 드는 시집을 네다섯 권 골라, 자리로 가지고 들어가도록 한다. 가져간 시집을 15~20분 동안 자유롭게 읽게 한다.

아이들이 시집을 읽는 동안 교사는 아이들 사이를 돌아다니며 시집 읽기에 어려움을 겪는 아이들에게 미리 준비해둔 읽기 쉬운 시집을 권한다. 아이들의 눈높이에 잘 맞는 시집들을 권해주면 시집이 도무지 재미없다고 말하던 아이들도 대체로 시집 읽기에 집중하게 된다.

그렇게 모든 아이들이 시집을 읽는 15~20분이 지나고 나면 교사는 아이들에게 영화 〈이티〉에 나오는 것처럼 손가락을 짝과 서로 마주 대라고 한다. 그 상태로 서로 30초간 눈을 보라고 한다. 눈을 떼는 사람이 어느 한 사람이라도 있으면 다시 30초간 얼굴 보기를 하게 하겠다고 이야기한다. 30초간 서로 마주보기를 할 때는 먼저 눈을 풀 시간을 주고, "자, 이제 시작합니다" 하고 준비를 한 다음에 하면 더 효과가 있다.

30초가 은근히 길다. 서로 눈을 마주보고 있자니, 남학생과 남학생이 마주보고 있기도 어렵고 여학생과 남학생이 마주보는 일은 더 쑥스럽다. 마주보는 30초 동안에는 서로 아무 말도 하면 안 되고, 눈을 얼굴 이외에 다른 곳으로 돌려도 안 되고, 눈을 감아도 안 된다. 그러면 상대의 느낌이 흩어지기 때문이다. 30초가 지나고 나서 교사가 "이제 30초가 지났다"고 하면 사방에서 우아- 하는 소리가 터져 나온다. 30초간 서로 눈과 얼굴을 마주보는 체험은 꽤 강렬하고 그 이전에 해보지 않았던 체험이어서 아이들이 후아- 하고 숨을 막 내쉰다.

이때 교사가 "자기한테 있는 시집 네다섯 권에서 옆 짝꿍과 느낌이 비슷한 시의 구절을 두세 줄 찾아보세요"라고 말한다. 시간은 5~7분 정도 주면 된다. 시간이 다 되면 교사는 아이들에게 발표를 시킨다.

발표를 시킬 때는 규칙을 꼭 얘기한다. 발표가 분위기 있게 이루어지게 하기 위해서다.

"발표하는 사람은 교사의 얼굴을 보면 안 됩니다. 자기가 선 자리에서 가장 다수를 향해서 이야기하세요. 발표하는 사람이 발표할 때, 옆 사람은 일어나서 자기 얼굴을 보여줍니다. 사람들이 시 구절을 들으면서 얼굴을 같이 보며, 저 시 구절이 어울리는가 생각하게요."

아이들이 웃는다. 규칙을 이어서 더 설명한다.

"발표자가 말할 때는 일어나서 자기가 뽑은 시 구절만 분위기 있게 읽으세요. 그런 다음에 누구의 어느 시인가를 이야기하고, 왜 그 시 구절이 자기 짝과 어울리는지 이유를 이야기해주세요."

발표하는 사람이 일어나서 두런두런 군더더기 이야기를 하면 분위기가 살지 않는다. 자리에서 일어나자마자 가장 먼저 시 구절을 소리 내어 읽고 그 다음에 이유를 이야기하도록 교사가 챙기는 일이 꼭 필요하다.

발표가 진행되면 은근히 재미가 있다. 가끔 웃음도 터진다. 시간적으로 모두가 발표를 할 수는 없기에 아이들에게 가위바위보를 시킨다. 맨 앞 줄에 있는 아이들이 모두 일어나서 가위바위보를 하고, 이긴 학생이 있는 줄의 세로 줄에 있는 아이들이 모두 발표를 하게 한다. 시간이 남으면 교실 창가 쪽 아이들을 모두 일으켜 세운 뒤 가위바위보를 하게 해서 이긴 학생의 가로 줄에 앉은 아이들 모두를 발표하게 한다.

[수업 예]

짝을 보고 생각나는 시 구절을 찾아 옮겨 적어보고, 그 시를 고른 이유를 써봅시다.

1차시 수업 때와 마찬가지로 2차시에서도 아이들에게 시집을 고르도록 하고, 15~20분 읽는 시간을 갖는다. 그리고 아이들에게 눈을 감고 1분 동안 담임 선생님을 생각하게 한다. 담임 선생님의 얼굴, 담임 선생님의 목소리, 그 목소리가 주는 느낌과 선생님이 풍기는 분위기를 함께 떠올려 보라고 한 뒤, 방금 떠올린 담임 선생님과 어울리는 시의 구절을 찾게 한다. 미리 나누어준 A4 용지에 그 구절을 옮겨 적게 하고, 그 구절을 고른 이유를 서너 줄 짤막하게 적게 한다.

발표자 선정은 아무나 눈에 띄는 학생에게 전화번호의 맨 뒷자리 두 개 숫자를 물은 뒤에 그 두 수를 더해서 나오는 번호의 학생을 지목한다. 그 학생이 발표를 끝내면, 발표한 학생의 생일을 묻고 그 생일의 월과 일을 더하거나 빼서 발표자를 정한다. 계속 이런 방식으로 발표자를 정해서 발표를 이어간다. 담임 선생님과 어울리는 시 구절을 발표하게 하면 은근히 긴장감이 감돈다. 담임 선생님이 좋아할 만한 시 구절을 발표한 학생에게는 동의를 구한 뒤 담임 선생님께 헌정하는 것도 좋다.

[수업 예]

담임 선생님과 어울리는 시 구절을 찾아 옮겨 적어보고, 그 시를 고른 이유를 써봅시다.

"잘된 글은 달라도 달라, 무엇이?"

시와 관련된 자신의 경험을 쓰게 될 것임을 미리 공지하고, 또래 아이들이 쓴 '시 경험 쓰기'의 예시 글을 세 편 정도 함께 읽는다.

예시 작품을 통해 잘된 '시 경험 쓰기' 글의 요건에 대해 이야기를 나누어본다. 글쓴이의 경험과 제시한 시가 서로 연결이 잘 됐는지, 경험이 구체적이고 생생하게 글 속에 담겼는지, 글쓴이의 솔직한 감정이 꾸밈없이 드러나고 있는지, 읽는 것만으로도 글 속의 상황이 머릿속에 잘 그려지는지, 글이 쉽게 잘 읽히는지, 글을 읽은 후 여운과 감동이 느껴지는지를 함께 살펴본다.

모둠별로 마음에 드는 글을 고른 후 그 글이 잘되었다고 생각하는 이유를 모아 발표하게 한다.

[수업 예]

① 다음 제시된 글들 중 마음에 드는 작품을 골라보고 그 이유를 써봅시다.*

---

* 　실제 수업에서는 3편 정도의 예시 글을 제시하였지만, 여기서는 한 편만 수록한다.

시 경험 쓰기

(예시 글 1)

반성 100
김영승

연탄장수 아저씨와 그의 두 딸이 리어카를 끌고 왔다.
아빠, 이 집은 백 장이지? 금방이겠다, 머.
아직 소녀티를 못 벗은 그 아이들이 연탄을 날라다 쌓고 있다.
아빠처럼 얼굴에 껌정칠도 한 채 명랑하게 일을 하고 있다.
내가 딸을 낳으면 이 얘기를 해 주리라.
니들은 두 장씩 날러. 연탄장수 아저씨가 네 장씩 나르며 얘기했다.

작년 겨울이었다. 유난히도 춥던 1월의 주말 저녁. 하는 일도 없이 하루 종일 뒹굴뒹굴 굴러다니던 나는 한참 전부터 엄마가 장 보러 마트에 함께 가자고 하시는 말씀을 듣는 둥 마는 둥하고 있었다. 귀찮은 걸 제일 싫어하는 내가 황금 같은 주말 저녁에 밖에 나가자는 말을 반갑게 들을 리 없었다. 하지만 엄마가 기어이 같이 가자고 하시는 바람에 마지못해 따라 나서긴 했지만, 이만큼이나 나온 입을 어찌하진 못했다.

가까운 마트에서 장을 본 뒤 우리 아파트 단지 앞에 다 왔을 때였다. 여전히 안 나올 걸 나왔다며 뾰로통해 있던 나를 엄마는 나름대로 달래주기 위한 묘책을 내셨다. 엄마는 아파트 단지 앞에 있는 호떡 가게로 나를 잡아 끄셨다. 사실 내가 호떡을 좋아하긴 하지만 먹을 걸로 금방 풀리면 꼴이 우스워질 것 같아 안 먹겠다고 툴툴거렸다. 그런데 작게 말한다는 것이 그 호떡 장수 아저씨께 들렸었나 보다. 나에게 멋쩍게 웃으시면서 뭐 때문에 심통이 났냐고 하시는 거였다. 나는 괜히 민망해져서 가만히 있을 수밖에 없었다. 붙임성 좋으신 엄마가 그 호떡 가게로 나를 잡아 끄시면서 따끈따끈한 호떡으로 3,000원어치를 싸달라고 하셨다. 그러면서 우리는 여기서 먹고 가자고 하셨다.

아무 말 없이 호떡 하나를 종이에 집어서 물고 있는데 그때에서야 보이는 사람들이 있었다. 그 아저씨 옆에서 앞치마를 두르고 추운 겨울에 소매를 걷어붙이고 있는 두 명의 내 또래 여자아이들. 둘이 똑같이 생긴 걸로 보아 쌍둥이인가 보다 했다. 서울 시내 한복판에 있는 유명한 호떡집이라면 모를까 정식 가게도 아닌 포장마차에 아르바이트생이 두 명씩이나 있을 리 없다는 생각을 했기 때문이다. 도저히 이해가 안 가는 상황이라 뭘까 하고 생각에 빠져 있는데, 엄마가 마침 아저씨께 두 아가씨들은 따님들이냐고 물으시는 것이었다. 아저씨는 흐뭇한 웃음으로 대답을 대신하셨다. 그 인상 좋은 웃음으로 내 쌍둥이 딸들이라면서 고등학교 2학년이라고 하셨다. 하나는 진건고에 다니고 하나는 청학고에 다닌다고.

나는 순간 충격에 멍해질 수밖에 없었다. 고등학교 2학년이면 나랑 동갑이란 소리! 한참 감수성 예민하고 남의 눈 의식할 나이에 아빠가 하시는 호떡 가게에서 앞치마까지 두르고 일을 하고 있었던 것이다. 순전히 내 생각인지는 모르겠지만 나로서는 도저히 상상도 할 수 없는 일이었다. 엄마와 아저씨가 말씀을 나누시는 동안에도 그 두 쌍둥이 딸들은 한 시도 쉬지 않고 무엇인가를 끊임없이 하고 있었다. 사람들에게 돈도 거슬러 주고 호떡 뒤집개로 야무지게 호떡도 뒤집으며 열심히 맡은 임무를 다 하고 있었다. 해맑게 웃으며 손님들에게 "또 오세요~" 하는 인사까지 잊지 않고서. 정말 입을 벌리고 쳐다보지 않을 수 없는 광경이었다.

예상은 했지만 그 말을 듣고 우리 엄마는 입이 닳도록 그 아이들에게 칭찬을 하셨다. 어린 나이에 효도한다고, 저렇게 착한 딸을 둘씩이나 두셔서 좋으시겠다고. 갑자기 쥐구멍에라도 숨었으면 하는 내 심정을 더 부추기는 말이었다. 얼굴이 빨개진 걸 간신히 가렸다. 사실 누구에게나 아버지란 사람은 세상에서 가장 큰 존재일 것이다. 그렇지 않음을 깨달았을 때 사람들은 나름대로 투정을 하고 소심해진다. 그 시기가 바로 지금 우리들의 시기라고 생각한다. 그 두 아이는 과연 어떤 마음으로 그곳에 나와 있던 걸까. 속마음까진 알 수 없지만 그 아이들의 표정에서는 한 치의 부끄러움도 찾을 수 없었다. 같은 또래의 아이들한테 이런 표현을 쓰긴 민망하지만, 정말 존경한다는 말이라도 해주고 싶었다. 아저씨의 표정에서, 그리고 두 딸들의 표정에서 행복이라는 단어를 볼 수 있었다.

엄마가 가끔씩 길거리를 지나가다 이런 가게를 보면 나에게 물으실 때가 있었다. 엄마가 우리 동네에서 붕어빵 장사를 한다면 네가 나와서 도와줄 수 있겠냐고. 나는 그때마다 쪽팔리게 어떻게 그러냐고 버럭 화를 낸 적이 한두 번이 아니다. 따끈한 호떡 한 봉지를 들고 집으로 오던 그날, 나는 아무 말도 하지 않았다. 이 시를 보는 순간 문득 그때의 화끈거림이 떠올랐다.

조은영(3학년)

② 잘된 '시 경험 쓰기' 글의 요건에 대한 자신의 생각을 써봅시다.

4차시에는 1, 2차시 때와 똑같이 시집을 150권가량 들고 들어가서 처음부터 오늘 할 일을 공지한다. 가장 공감이 되면서 자신의 삶과 연관이 되는 시를 두 편 찾아 A4 종이에 옮겨 쓰게 한다. 시가 너무 길면 중간을 생략해도 되겠지만, 가능하면 시 전문을 모두 옮겨 적도록 한다.

4차시에는 발표가 없다. 아이들은 시집을 뒤적거리며 자기 경험과 관련된 시를 찾는다. 교사는 아이들 사이를 천천히 걸으며 잘 하고 있는지 가만히 살피고 티 나지 않게 챙겨주는 일이 필요하다. 무심하게 아이들을 내버려두면 시간 안에 시를 못 찾아서 다음 시간이 어려워지는 아이가 생기고, 반대로 교사가 너무 나서면 아이들이 기억 속으로 들어가는 과정을 방해받을 수 있다. 수업 끝나는 종이 치면 아이들이 시를 옮겨 쓴 종이를 걷는다.

그리고 5차시에는 지난 시간에 옮겨 적은 두 편의 시 중 한 편을 뽑아 그와 관련된 자기 경험을 글로 쓰게 한다. 아이들에게 경험을 쓰라고 하면 남들에게 보여줄 만한 특별한 경험만을 떠올리려고 해서 쓸거리가 없다고 여길 수 있다. 그러므로 누구에게나 있을 법한 경험, 사소하다고 여기는 경험도 자신의 언어로 생생하게 담아내면 특별해질 수 있다고 이야기해준다.

그리고 요즘 아이들은 손으로 긴 글을 쓰는 것이 익숙하지 않아 손으로 적게 하면 시간이 많이 걸리므로, 학교 상황이 허락된다면 컴퓨터실로 데려가 글을 쓰게 한다. 미리 준비해서 올려둔 예시대로 편집 양식을 맞추고, 표지 없이 제출하게 한다. 미리 만들어둔 국어 수업 카페나 밴드에 올리게 하면 파일이 남아 보관에 좋다.

[수업 예]

① 공감이 되면서 자신의 삶과 연관이 되는 시를 두 편 찾아 써봅시다.

② 위에서 골랐던 시 중 한 편을 고르고 그 시와 관련된 떠오르는 경험을 써봅시다.

어떻게
평가할까?

●

[시 경험 쓰기]는 1, 2차시의 '시 선택 후 이유 쓰기' 활동과 5차시의 '시 경험 쓰기' 결과물을 대상으로 평가한다.

1, 2차시에서는 아이들이 짝이나 담임 선생님과 어울리는 시를 찾고 그 이유를 제시했는지 여부를 평가에 반영한다. 교사는 되도록 수업시간 중에 아이들의 활동 여부를 확인하여 학생별 결과를 기록해둔다. 아이들의 활동 정도를 구분하여 평가(상/중/하)하는 것도 가능하겠으나, 오히려 평가에 대한 부담이 지나치게 커져 역효과를 볼 수도 있다. 그러므로 1, 2차시에서는 활동 여부만 확인하는 것으로 하고, 주된 평가는 마지막에 낸 글쓰기 결과물로 한다.

5차시에 쓴 글에 대해서는 내용과 형식 측면에서 아래의 평가 기준에 따라 총체적 평가를 한다. 이때는 아이들이 자신의 경험과 관련이 있는 시를 골랐는지, 자신의 경험을 구체적이고 생생하게 드러냈는지, 그리고 글의 구성이 자연스럽고 표현이 정확한지를 기준으로 평가한다. 평가 등급은 A/B/C/D/E의 5단계로 할 수 있고, 그 비율은 학급별 성취 수준에 따라 일정한 범위 내에서 조정이 가능하다.

　시에 관한 추상적인 생각이나 느낌, 자신의 구체적인 경험이 배제된 채 시의 해석만을 담고 있는 글은 좋은 '시 경험 쓰기'가 될 수 없다. 시에서 연상된 자신의 경험을 생생하고 구체적이게 서술하는 것이 중점임을 알게 한다.

평가 장면	평가 기준	확인
시 선택 후 이유 쓰기	자신의 짝에게 어울리는 시를 찾고 그 이유를 들었는가?	
	담임 선생님께 어울리는 시를 찾고 그 이유를 들었는가?	
시 경험 쓰기	자신의 경험과 관련되는 시를 잘 골랐는가?	
	자신의 경험이 구체적이고 생생하게 잘 드러났는가?	
	글의 구성이 짜임새 있고 흐름이 자연스러운가?	
	맞춤법, 띄어쓰기, 문장 호응은 정확한가?	

묻고
답하기

●

Q 수업시간에 시집을 읽게 하면 아이들이 잘 읽는가?

시집은 소설에 비해 이야기가 약해 아이들이 쉽게 집중하지 못한다. 보통 시집을 나누어주면 아이들의 집중 시간이 20분을 넘지 못한다. 그러므로 처음에는 시집을 가져가 그냥 20분가량을 읽게 하고, 그 이후에 오늘의 할 일(예: 짝에게 어울리는 시 고르기)을 제시한다. 그러면 또다시 집중해서 시집을 읽을 수 있는 원동력이 생겨난다. 이때 아이들이 분위기를 잡고 시를 읽을 수 있도록 잔잔한 경음악이나 바닷소리 같은 효과음을 틀어주는 것도 좋다.

Q 이 수업을 하면 어떤 점이 좋은가?

교과서에서 만나는 정형화된 시의 모습과 해석에서 벗어나 편안하게 시를 대할 수 있는 기회가 아이들에게는 거의 없다. 그런 아이들에게 이 수업은 시집을 직접 손에 들고 만지작거리며 부담 없이 시도해볼 수 있는 시 수업이다. 4~5시간의 짧은 시간이지만 이 수업이 끝나면 아이들은 적게는 수십 편, 많게는 수백 편의 시를 읽으며, 시를 자신의 삶과 멀지 않게 느끼게 된다. 이는 다시 교과서나 참고서에서 시를 대할 때에도 좀 더 편안하게 시와 만나게 하는 효과가 있다.

Q 시집은 왜 150권이 필요한가?

아이들은 마음에 드는 시집을 매시간 각각 4~5권씩 골라 읽게 되는데, 책의 권수가 150권 정도는 되어야 모든 아이들이 매번 다른 시집을 뽑아 읽을 수 있다.

Q 떠오르는 시를 찾는 대상이 왜 꼭 짝이거나 담임 선생님이어야 하는가?
짝이나 담임을 싫어하거나 사이가 안 좋은 경우도 있지 않을까?

아이들은 추상적인 안내보다는 구체적인 안내를 더 편안해한다. 그래서 대상을 자유롭게 선택하도록 하는 것보다는 한정된 예시를 지정해주는 편이 좋다. 짝은 학교에서 가장 많은 시간 얼굴을 대면하는 존재다. 그러한 까닭에 밀착된 관찰도 더 쉽다. 시집을 읽는 동안 옆 친구를 바로 힐끗힐끗 바라볼 수 있다는 이점도 있다. 물론 그 대상이 반드시 짝이어야 할 필요는 없다. 밀착된 관찰이 가능한 가장 친한 친구나 형제, 부모와 같은 가족도 좋다.

담임 선생님도 마찬가지다. 짝이나 친한 친구처럼 위계가 수평적인 사람이 아니면서 바로 떠올릴 수 있고, 관찰이 가능한 대상으로 정하는 게 좋다. 이를 담임 선생님으로 설정한 이유는 학급 내에서 담임에 대한 동일한 공감대가 형성되어 있기 때문에 그 대상의 특징을 잡아내 시를 고르기가 쉽기 때문이다. 담임이 아니라면 '자신의 삶에서 가장 많은 영향을 받은 인물'과 같이, 어느 특정한 인물이 아니라 그 범위만을 설정해주는 것도 하나의 방법이다.

Q 과제물은 어떤 형태로 받는가?

인터넷 포털 사이트에 미리 과제 카페를 만들어놓고 학급마다 게시판을 두고 글을 올리게 하는데, 그곳에 미리 편집 양식을 올려둔다. 글씨를 작게 하고(9포인트) 2단으로 편집하게 하면 한 페이지에 시 전문과 경험이 모두 들어갈 수 있어 보기에 좋다.

Q 이 수업에서는 '고쳐쓰기'가 필요하지 않은가?

글쓰기 수업에서는 모두 고쳐쓰기가 필요하다. 친구들이나 교사의 피드백을 통한 고쳐쓰기 과정을 거치지 않으면 아이들의 글쓰기 실력은 성장하지 않는다. 하지만 [시 경험 쓰기]는 글의 특성상 개인의 가족사나 아픈 기억 등 내밀한 이야기가 많이 쏟아져 나온다. 그래서 글을 친구들끼리 돌려서 읽고 피드백을 하는 데 상당한 부담이 따른다. 만일 고쳐쓰기를 할 예정이라면 교사가 읽고 피드백을 해주는 과정만 넣거나, 아이들에게 동료평가를 할 예정임을 미리 공지하고 동의를 얻는 게 좋다.

수업을
마치며

●

"선생님, 이게 시 맞아요?"

아이들이 시집을 맨 처음 받아들었을 때 하던 말이 생생하다. 한 줄짜리 시도 있냐고, 또는 이렇게 글이 많은데 시가 맞느냐고. 각 반마다 신기하게도 모두들 이 말을 가장 먼저 했다. 아이들은 교과서를 통해 시를 초등학교에서 6년, 중학교에서 3년, 고등학교에서 2년째 배우는데, 실제 시집을 펼쳐보니 자신이 이때까지 알던 시와 시집에서 만나는 시가 많이 달랐다는 이야기다. 교과서로 하는 학습이 어떤 문제가 있는지 여러 생각을 하게 된다.

[시 경험 쓰기]의 1, 2차시 수업은 '시 경험 쓰기'로 들어가기 전 몸풀기를 하는 단계다. 아이들에게 시집 한 권을 다 읽어본 적이 한 번이라도 있느냐고 물으면, 한 학급에 두세 명을 제외하고는 손을 드는 아이가 없었다. 따라서 두 시간 동안 시집을 만지작거리며 짝꿍에게 어울리는 시 찾기, 담임 선생님에게 어울리는 시 찾기는 시와 통(通)해보는 최초의 시도

이다. 인류가 외계와의 첫 접촉을 시작하는 것처럼.

그래서 나는 첫 시간에 짝꿍과 영화 〈이티〉에 나오는 것처럼 검지손가락을 서로 마주대고 30초간 눈을 응시하게 하는 것이다. 30초라는 시간은 서로 눈을 응시하고 서로에게만 집중하기에는 무척이나 긴 시간이다. 시계가 더디게도 움직인다. 초침 소리가 꼴깍꼴깍 침 넘어가는 소리와 함께 귓가에 들려오기도 한다. 서로 오롯이 얼굴을 마주보고 눈을 바라보는 체험은 꽤 강렬한 영감을 준다. 그 느낌을 가지고 시와의 첫 접선을 시도한다.

1, 2차시 수업에서 아이들이 찾아낸 시 구절들은 대부분 재치 있는 구절들이다. 재미있는 시가 선정된다는 뜻이 아니라, 시의 그 구절과 떠올리는 사람을 나란히 놓으면 묘하게 어울려 "아~ 맞아! 맞아!" 하며 박장대소를 터뜨릴 만한, 공감의 영역을 지닌 부분들이 포착된다는 뜻이다. 시의 절묘한 표현을 낚아채 내 주변의 사람들과 엮어보는 것. 내가 시의 구절을 보고 떠올리는 대상을 학급 친구나 담임 선생님으로 정하는 이유다. 학급 친구들 모두가 공감할 수 있는 이야기이기 때문이다. 1, 2차시에서 친구들의 발표를 통해 시의 재미를 맛보고 공감할 수 있어야 아이들은 시집을 본격적으로 읽어보고 싶은 욕심이 생긴다.

문학작품을 자신의 삶과 나란히 놓는 작업은 내가 아이들과 함께하는 문학 수업에서 가장 가치 있다고 여기는 수업 방법이다. 문학작품을 통해서 내가 살아가고 있는 세계의 모습을 들여다보는 것, 내 주변인들의 모습과 그들의 가치를 떠올려보는 것, 특정한 경험 속에서 나의 생각이 어느 지점에서 멈추었고 더 나아갔는지를 곰곰이 되돌아보는 것. 나는 문학작품 감상을 학교에서 배우는 이유도 여기에 있다고 믿는다.

[시 경험 쓰기]를 통해 아이들의 속내를 참 많이도 읽었다. 학교에서 매일 담배 피우고 오토바이 타다 걸려서 철없는 놈이라고 생각했던 아이는, 부모님께 미안하면서도 이 욕망을 멈출 수가 없는 부끄러운 자신의 모습을 시 속에서 만난다. 또, 아르바이트를 하면서 손님들에게 무시당하고 사장에게 지청구 먹으면서도 고분고분한 자신이 학교에서 친구들과 선생님들에게는 그렇게 하지 않는 게 이상하다는 생각을 한다. 요즘 따라 자꾸만 어른들 말에 토 달고 싶고, 시키는 건 다 반대로 하고 싶었는데 시 속의 주인공도 나와 같은 감정을 느끼고 있다. 소심한 성격 탓에 미용실에서 미용사 누나에게 "알아서 해주세요"라고 말해놓고는 다 밀려나간 머리에 울고 싶었던 내 자신이 바보 같다…. 시는 아이들의 삶과 나란히 놓이면서 새로운 가치를 부여받는다.

[시 경험 쓰기]는 4~5시간 만에 시집을 다 읽고 활동을 끝낼 수 있는 부담 없는 방법으로, 긴 독서 활동에 막연한 두려움을 가지고 있는 선생님들이 독서교육을 시작해볼 때 권한다.

온달

도종환

그는 늘 최전선에 있었다

후주 무제 쳐들어올 때는 비사들에 있었고

신라와 맞설 때는 죽령으로 달려갔다

그는 왕의 신임을 받는 부마였지만

궁궐 편안한 의자 곁에 있지 않았다

그는 늘 최전선에 있다가

최전선에서 죽었다

권력의 핵심 가까이에서 권력을 나누는 일과

권력을 차지하는 일로 머리를 싸매지 않았다

높은 곳 쳐다보지 않고 아래로 내려갔다

안락하고 기름진 곳으로 눈 돌리지 않고

목숨을 걸어야 하는 험한 산기슭을 선택했다

그때 궁궐 한가운데 있던 이들

단 한 사람도 기억하지 못하지만

천 년 넘도록 우리가 온달을 기억하는 건

평강공주의 고집과 눈물 때문 아니다

시 경험 쓰기

가장 안온한 자리를 버리고
참으로 바보같이 가장 험한 곳
가장 낮은 곳 향해 걸어갔기 때문이다
살면서 우리가 목숨 던져야 할 곳이
어디인지를 알았기 때문이다

1987년 7월 마지막 날 나는 처음 세상을 봤다. 아빠는 보이지 않았다. 물론 엄마 옆에
도 있지 않았다. 나를 따뜻이 안아주지 못했던 아빠는 우리 가족의 생계를 위해 해외
어선을 타고 있었다. 온달이 늘 위험한 최전선에 있었듯이 그는 우리 가족을 위해 바
다 새들과 출렁이는 파란 물밖에 보이지 않는, 낭만 있는 바다가 언제 무서운 괴물로
변할지 모르는 그런 곳에서 쉬지 않고 일을 했다.

　유난히 나는 아빠와 성격이 정반대다. 아빠가 나와 반대되는 생각을 가지고 있을 때
마다 나는 마음속으로 이런 생각을 먼저 가지고 있었다. '아빠가 나를 이해 못하는 것
은 아빠와 내가 어렸을 때부터 이야기를 많이 못해서일 거야.' 나는 알게 모르게 아빠
탓을 먼저 하고 있었다. 점점 나와 아빠 사이는 멀어져만 가고 있었다. 저녁 늦게까지
컴퓨터를 하고 있다가도 아빠가 오는 소리가 들리는 것 같으면 자는 척을 했고 아빠와
인사하는 것조차 힘들었다. 그러다 보니 말투도 변했다. 아빠가 무엇을 물어보면 틱틱
거리기만 할 뿐이었다.

　아빠와 말 한마디 나누는 게 바늘에 실 꿰기보다 힘들어지고 있을 무렵, 엄마는 그
런 내 모습이 안타깝고 괘씸해 보였는지 나를 다그쳤다. 나는 그때 나를 혼내는 엄마
도 이해하지 못했다. 끝까지 나는 나에게 좀 더 잘해주지 못한 아빠 책임이라고 생각
했다.

　어느 날 텔레비전에서 〈행복한 세상〉이라는 방송을 하고 있었다. 채널을 돌리려고

했는데 왠지 묘한 느낌이 들어 화면을 쳐다보다 갑자기 마음이 미어졌다. 내 눈에선 눈물이 고이기 시작했다. 마음이 아팠다. 아버지에 대한 이야기였는데, 가난해서 아버지를 원망하다 아버지가 일하시는 모습을 보고 깨닫는 그런 내용이었다.

곰곰이 생각해보았다. 우리 아빠는 어떤지. 늘 쉬지 않고 일을 하는 아빠는 내 행동에 화가 나지 않았는지. 아니 짜증이라도 나지 않았는지. 하루 동안 쉬지 않고 일을 하고 집에 오면 짜증도 나고 힘도 들 텐데, 힘이라고는 손톱만큼도 되어주지 않는 딸이 밉지 않았는지. 이 생각을 하니까 내가 믿고 있었던 내 생각이 답이 아니라는 생각이 들었다. 심장이 터질 것같이 아팠다. 내 심장을 주먹으로 친 것같이.

집을 나와 우리 가게로 갔다. 엄마와 아빠는 열심히 일하고 계셨다. 식당 안에는 손님으로 가득 차 있었다. 땀을 물수건으로 닦아가며 일하시는 아빠의 모습을 보니 서러웠다. 눈물을 꾹꾹 눌러 담았다. 손님이 나가면 "안녕히 가십시오" 크게 인사하는 아버지. 손님보다 아버지가 더 위대하다고 생각할 수도 있는데, 아버지는 조금이라도 남겨둘 수 있는 자존심까지 버리고 고개 숙여 인사를 했다. 주저앉아서 울고 싶었다. 아니 뛰어 들어가서 잘못했다고 말하고 싶었다. 하지만 그러지 못했다. 나는 무거운 발을 질질 끌고 오기도 힘든데 내 무거운 마음과 눈물까지 안고 집으로 돌아왔다.

집에 오자마자 엉엉 울었다. 머릿속에선 영화 필름이 스치듯 아빠에 대한 일들이, 내가 무관심하게 스쳤던 일들이 생각났다. 새벽에 어깨가 축 처져서 들어오는 아버지는 나와 동생을 보면 축 처졌던 어깨를 곧게 펴시고는 했다. 힘들지 않은 것처럼 우리를 반기는 아버지의 모습과 아파도 아프다는 말 한마디 하지 않는 아버지, 그래도 아픈 거 티 다 나는데 병원에 가시라고 해도 마다하시고 가게로 가시는 아버지의 모습. 그런 아버지의 모습은 생각하지 않고 있었다는 게 참 미련스럽게 느껴졌다.

온달은 왕의 신임을 받는 부마였지만 궁궐 편안한 의자 곁에 있지 않았다. 목숨을 걸어야 하는 험한 산기슭을 선택했다. 아버지 역시 가난하게 사는 것은 아니었지만 그

시 경험 쓰기

는 편안하게 살지 않으려고 했다. 힘든 삶을 선택했다. 온달이 안락하고 기름진 곳으로 눈을 돌리지 않았던 것처럼, 아버지는 편안한 가정과 여가생활을 버리고 가족을 위해 선택한 곳, 자신은 하인과 같고 손님은 왕으로 모셔야 하는, 자존심을 버리고 고개를 숙여야 하는 그런 곳에서 힘든 내색 하지 않고 일을 하셨다.

내가 천 년 넘도록 아버지를 기억하려는 것은 이제야 아버지의 위대함을 깨달아서가 아니다. 못난 나를, 자식이라고 할 수도 없는 나를 이해해주고, 지켜봐주고, 조그마한 미동도 없이, 눈에 보이지 않는 먼지만큼도 변하지 않은 채 나를 기다려주시던 마음. 내가 아버지를 오랜 시간이 걸려서라도 내 힘으로 아버지의 위대함을 그렇게라도 깨닫게 해주어서다. 온달을 천 년 넘게 우리가 기억하고 있는 것처럼.　　**주지현(3학년)**

부녀
김주대

아르바이트 끝나고 새벽에 들어오는 아이
추운 발소리를 듣는 애비는 잠결에 귀로 운다

〈부녀〉라는 시는 아이가 아르바이트를 끝내고 새벽에 들어와 아버지가 이를 슬퍼한다는 내용이지만, 나는 반대의 상황이다. 어머니가 밤늦게까지 일을 하고 내가 잠들어 있을 때 돌아오신다. 나는 조금 예민해서 잠을 자다가 문소리가 나면, 혹은 누군가 나의 옆에 다가오면 잠을 깨는데, 매일 밤 어머니가 돌아오시면 자다가 일어나서 "엄마 왔소?" 하고 말장난을 친 뒤 다시 잠에 든다.

내가 초등학생 때는 혼자 자는 걸 무서워해서 형이 내가 잘 때까지 옆에서 기다리거나, 아니면 TV를 틀어놓고 TV 바로 앞에서 잠이 들었다. 누군가가 옆에 있어주기를 바랐던 것 같다. 내가 그렇게 TV 앞에서 자고 있으면 어머니는 밤늦게 들어오셔서 날 끌어안고 침대에 눕혀주셨다. 이제는 습관처럼 TV를 켜고 잠이 든다. 이제는 형이 군대에 갔다. 그러니 학교 끝나고 집에 가면 아무도 없다. 익숙해져서 자취하는 기분이 들기도 하지만 어떤 날은 '우리 집도 조금은 떠들썩했으면' 하는 생각을 한다.

어머니는 이혼을 해서 혼자서 나와 형을 키운다. 일을 쉬실 때가 아니면 아침 그리고 밤늦게, 이렇게 두 번밖에 못 보는 것이다. 그래서 매번 '어머니한테 잘해드려야지, 속 안 썩여야지' 하고 생각을 한다. 그렇지만 어머니의 잔소리를 들으면 내가 생각했던 것과는 다르게 어머니께 화를 낸다.

이 글을 쓰면서 부모님이 이혼하기 전 생각도 하게 되었다. 그때는 한 침대에서 나와 엄마, 그리고 형이 같이 잤다. 그러면 아버지가 새벽에 들어와 술을 마시고 난리를 치고 그걸 말리는 어머니의 목소리를 매일 듣게 되었다. 이제는 1년에 한 번 정도만 아버지를 만나러 가는데, 아버지는 술을 마신 상태로 혹은 맨 정신으로도 미안하다고 가끔 하신다. 옛날 일을 생각하면 용서할 수 없고 아버지가 엄청 싫지만, 세월이 지나면서 마음을 고쳐먹은 아버지가 싫지만은 않다. 지금은 재혼을 하셨고 매달 꼬박꼬박 돈을 모아 생활비를 보내주시는데 내 용돈도 함께 보내주신다. 앞으로는 너무 미안해하지 마시고 행복하게 사셨으면 좋겠다. 어머니는 아직도 아버지를 싫어하는 것 같지만 옛날보다는 많이 괜찮아졌다고 한다.

이렇게 나에게 '문소리'는 아버지 때문에 공포였고, 어머니 때문에 미안함이었다. 여전히 나는 어머니가 오시면 "아이고, 다녀오셨소 마마"라고 장난을 친다. 아니면 자는 척을 하다가 벌떡 일어나 깜짝 놀래켜드린다. 그런데 이제는 너무 많이 해서 어머니도 눈치를 채신다.

나중에는 내가 커서 이 시처럼, 일을 하고 돌아와서 주무시는 어머니를 내가 내려다

볼 수 있었으면 좋겠다. 김광민(2학년)

거룩한 식사

황지우

나이 든 남자가 혼자 밥 먹을 때
울컥, 하고 올라오는 것이 있다.
큰 덩치로 분식점 메뉴 표를 가리고서
등 돌리고 라면발을 건져 올리고 있는 그에게,
양푼의 식은 밥을 놓고 동생과 눈 흘기며
숟갈 싸움하던 그 어린 것이 올라와,
갑자기 목메게 한 것이다.

몸에 한 세상 떠 넣어 주는 먹는 일의 거룩함이여
이 세상 모든 찬밥에 붙은 더운 목숨이여
이 세상에 혼자 밥 먹는 자들 풀어진 뒷머리를 보라
파고다 공원 뒤편 순댓집에서
국밥을 숟가락 가득 떠 넣으시는 노인의,
쩍 벌린 입이 나는 어찌 이리 눈물겨운가

나의 마음을 울린 시는 바로 황지우 시인이 쓴 〈거룩한 식사〉이다. 혼자 밥을 먹는 노인의 외로움과 슬픔을 나타낸 시이다.

나는 평소에도 길에서 주무시는 노인들과 혼자 사시는 노인들을 보며 슬픈 마음이 들었다. 누구든지 혼자 있으면 외로운 법이고 더군다나 혼자 밥을 먹는 것은 쓸쓸한 일이다. 그 노인들이 무슨 생각을 하며 밥을 먹을까 생각해보기도 했다.

나는 중학교 3학년 때 학교에서 의무적으로 봉사활동 시간을 5시간 채워야 했다. 5시간은 절대로 작은 시간이 아닌 것 같다. 그 시간을 보람차게 보내고 봉사활동을 했다는 느낌을 받을 수 있는 봉사활동을 생각해보았다. 마침 나의 집 주변에 혼자 사시는 노인들이 모여 있는 아파트가 있고 그곳으로 봉사활동도 갈 수 있다고 들어서 매주 토요일 아침에 1시간 정도씩 가서 일을 도와드렸다. 이야기도 들어드리고 바닥 청소와 설거지 등을 하였다.

할머니는 나를 기특하게 여기시는지 나를 보며 미소를 보냈다. 그리고 하루는 나에게 와서 내 손에 2,000원이란 돈을 쥐여주었다. 고생한다고, 맛있는 거 사먹으라고. 엄마가 보기 전에 빨리 받으라고 그랬다. 나는 어찌할 줄 몰라 가슴이 콩닥콩닥 뛰었고 한편으로는 심장 한쪽이 울컥했다. 큰돈은 아니었지만 엄마가 용돈을 주실 때와는 확실히 다른 느낌이었다. 또 다른 날은 설거지를 하면서 혼자 밥을 드시니까 외로울 것이란 생각도 들었다. 숟가락과 젓가락은 언제나 한 쌍이었다. 그리고 보니 왜 혼자 사시는지도 몰랐다. 하지만 그 이유가 뭐가 됐든 슬픈 사연이 있을 것이다. 하지만 지금은 바쁜 일정으로 못 가게 되었다. 건강하게 오래 사셨으면 좋겠다.

나는 정말 값진 경험을 한 것 같다. 기회가 된다면 다시 가보고 싶다. 나도 언젠간 홀로 사는 노인이 되겠지. 그때쯤 이 마음을 완전히 공감할 수 있을 것 같다. 나는 할머니, 할아버지와 밥을 거의 안 먹는다. 특별한 날, 명절, 어떤 분의 생신일 때 다 같이 밥을 먹는다. 다 같이 먹는 게 가장 행복한 것 같다.

이주한(2학년)

시 영상 만들기

하고운

"물고기를 잡아주는 것이 아니라 바다로 데려가기"

[시 영상 만들기] 수업은 원래 인천의 김병섭 선생님이 생각해낸 수업 방법이다. 선생님은 국어 시간에 매번 쓰러져 자는 아이들을 보면서 좌절을 거듭했다. 어떻게 하면 수업시간에 자는 아이가 없을까? 아이들이 자지 않을 만한 수업엔 뭐가 있을까? 아이들은 소설에는 꽤 흥미를 보였지만 시 수업을 할 때면 더 많이 잤고, 대부분의 아이들은 '시'라는 말만 들어도 질겁을 했다. 그래서 선생님은 아이들이 시 수업을 좋아했으면 하는 마음으로 여러 가지 수업을 시도해보다가 시 영상 만드는 수업을 계획하게 된다. 아이들에게 친숙한 방식인 영상언어를 시 수업에 가져온 것이다. 시를 읽고 나름대로 해석한 후 그걸 영상언어로 남겨보자, 그 과정에서 아이들이 시와 친해지게 해보자, 그렇게 시작된 [시 영상 만들기] 수업은 아이들을 조금씩 살아나게 했다.

처음 [시 영상 만들기] 수업을 접하고 우리 학교에서도 한번 해보자고 동료 선생님들께 제안했을 때, 선생님들은 영상 만들기라는 생소한 수업 방식을 조금 꺼려하셨다. 아마 두려움이 더 강했을 것이다. 선생님들도 영상언어를 잘 모르고 동영상을 제작할 줄 모르는데 어떻게 이 수업을 하느냐는 우려였다. 하지만 이 수업을 진행해보면 안다. 교사들은 동영상 편집 프로그램을 직접 다룰 필요가 전혀 없다. 아이들은 교사보다 영상언어에 훨씬 친숙하며, 동영상을 자유자재로 만들고 편집한다. 특히 요즘은 휴대폰으로도 영상 편집이 손쉽고, 인터넷에는 다양한 영상 편집 프로그램이 무료로 배포되어 있다. 교사의 역할은 물고기를 잡아주는 것이 아니라 바다로 데려가는 것이라고 누가 말했던가.

처음에는 결과물이 어떻게 나올지 걱정을 하던 선생님들도 아이들이 만든 시 영상을 보면서 큰 감동을 받았다. 선생님들은 그동안 몰랐던 아이들의 다른 매력과 재능을 발견하게 되었고, 그 학생을 다시 보게 되었다. 아이들은 시 영상을 만들면서 서로 더 친해졌고, 자기들끼리 스스로의 힘으로 하나의 작품을 완성했다는 데서 엄청난 뿌듯함을 느꼈다. 학생이 주인이 되는 수업, 바로 [시 영상 만들기] 수업이다.

수업을 시작하기
전에

●

"사전에 영상으로 제작된 시를 보여주니까 아이들은 어떻게 해야 하는지 단박에 알더라고요. 시를 선정하는 단계부터 모둠별 토론을 하고 역할을 분담하도록 한 것이 모두가 참여하는 수업이 된 원동력이었던 것 같아요."

"작품 해석을 바탕으로 대본을 짜고 영상으로 제작하는 단계를 모두 수업시간에 실시하여 누군가에게 역할이 집중되는 것을 막을 수 있었어요."

"아이들 입장에서는 능력의 차이는 있다 해도 역할에 맞게 각자의 활동에 충실함으로써 하나의 작품이 완성되는 기쁨을 느낄 수 있었죠."

"완성된 작품을 학급에서 상영하여 함께 평가하며 서로 배울 수 있고 평가의 공정성을 높인 것이 좋았어요."

"무엇보다 아이들에게 익숙한 영상을 직접 제작하게 하는 것이 돋보이는 부분이죠. 시 이외에 다른 장르에도 적용해보고 싶습니다."

이 수업을 학교에 적용해본 동료 교사들에게 들은 말들이다. 처음의 우

시 영상 만들기

려와는 달리 모두 이 수업을 긍정적으로 평가했고, 해가 지나도 계속해서 이 수업을 진행하고 싶다고 했다.

[시 영상 만들기]는 아이들 각자가 시집을 읽으며 작가와 작품에 대해 깊이 알아가는 개인적 읽기와, 모둠별 토론을 통해 시를 해석하고 이를 바탕으로 다른 장르로 표현해보는 집단적 읽기가 함께 일어나는 활동이다. 시를 읽는다는 것은 분명 의미 있는 일이지만, 혼자서 시를 읽는 일은 꽤 어렵다. 시는 고도의 은유와 함축으로 이루어졌기에 진입 장벽이 높다. 알쏭달쏭한 단어들이 줄지어 있고, 소설처럼 스토리가 있는 것도 아니다. 그래서 혼자일 때는 자칫 시 읽기가 지겨워질 수도 있다. 이럴 때 집단적인 활동으로 시 읽기의 깊이를 더하고 재미를 추구할 수 있다. 여럿이 함께 다양한 관점으로 시를 읽고, 해석하고, 그것을 영상언어로 표현해봄으로써 아이들은 창의성을 키우고 협동력을 배운다. 문학을 통해 한 뼘 더 성장한다.

어떤 책을 고를까?

좋아하는 시인과 시집이 무엇인지, 그 취향은 개인마다 다 다르고 이유도 각양각색이다. 하지만 [시 영상 만들기]에서 시집을 선정할 때는 개인 취향만으로 결정할 수 없다. 수업을 기획하는 교사의 수업 목적과 수업에 참가해 활동할 아이들의 조건과 수준에 따라 다음의 세 가지 방법으로 시집을 고를 수 있다.

첫째, 도서관에 있는 시집을 모두 소개하는 방법이다. 아이들에게 모든 선택권을 열어놓는 방법으로, 이 경우 아이들은 다양한 시집을 구경하면서 시집에 흥미를 느끼게 된다. 한국에 이렇게 많은 시집이 있다는 사실에 놀라는 아이들도 많다. 하지만 너무 많은 시집들 속에서 오히려 정해진 시간 내에 원하는 시를 찾기 어려울 수 있고, 모둠별로 선택하고 싶은 시인이 둘 이상일 때는 의견 조정의 어려움이 생긴다.

둘째, 교과서에 나오는 시인들을 중심으로 그들의 시집을 소개하는 방법이다. 교과서 수업과 연계하여 '한 학기 한 권 읽기'를 할 수 있다는 장점이 있지만, 이미 시 해석과 관련한 너무 많은 자료가 노출되어 있어 아이들만의 주체적 해석이 어렵다는 점이 단점이다.

셋째, 오늘날 출판되고 있는 현대 시인들의 시집을 대상으로 하는 방법이다. 문학과지성사, 창비, 문학동네, 실천문학사, 삶이보이는창(삶창) 같은 다양한 출판사에서 출간되어 주목받고 있는 동시대 시인의 시집들로 도서를 선정하여 제시한다. 아이들은 생소한 시 작품을 접하고 어려움을 느낄 수도 있으나, 아이들이 시집을 읽는 성인 독자로 성장하기 위해서는 '지금, 여기'의 시를 읽어보는 경험이 필요하다.

내 경우에는 첫 번째 방법, 즉 도서관에 있는 시집들을 아이들에게 소개하는 방법을 사용했다. 첫 시간에 아이들은 도서관에서 찬찬히 시집들을 살피며 마음에 드는 시집을 고른다. 미리 시집 목록을 정해두지 않은 이유는, 교사가 생각하기에 어려워 보이는 시집인데도 아이들은 오히려 교사보다 시를 더 쉽게 읽으며 자기 이야기를 떠올리는 경우를 자주 목격

했기 때문이다. '교사 취향'의 비교적 쉽고 따뜻한 시 목록을 안겨주는 것보다 새로운 언어를 실험하는 현대 시집들에 공감하는 경우도 꽤 보았다.

이 수업은 모둠별로 아이들이 같은 시집을 읽을 수도 있고, 한 시인의 여러 시집을 나누어 읽을 수도 있다. 윤동주의 《하늘과 바람과 별과 시》처럼 시인의 시집이 한 권밖에 없는 경우이거나, 아이들이 시집 여러 권을 읽어낼 수준에 못 미친다면 모둠의 모든 아이들이 같은 시집을 읽고 이야기를 나누는 것이 좋다. 반면 시집을 네 권 이상 출간한 시인을 선택했거나 아이들이 각자 다른 시집을 읽고 이야기를 나눌 수 있는 수준이 되는 경우에는 한 시인의 여러 시집들을 나누어 읽는다. 예를 들어 네 명이 한 모둠일 때 안도현의 시집 중 《모닥불》, 《너에게 가려고 강을 만들었다》, 《간절하게 참 철없이》, 《북항》 중에서 각자 마음에 드는 시집을 하나씩 골라 읽는 방식이다. 이 방식은 시인의 작품 경향을 더 자세히 읽어낼 수 있고, 아이들이 서로 모르는 시를 알려주면서 문학작품의 감상 폭이 넓어진다는 장점이 있다.

시집 준비는 첫 시간에는 학교도서관을 이용하고, 두 번째 시간부터는 아이들이 책을 직접 구해오도록 한다. 아이들이 직접 시집을 사는 것은 그 자체로 잊지 못할 교육적 경험이 된다. 흔히 시(집)는 우리의 일상생활과 관계없는 것, 나와는 거리가 먼 것이라고 생각하는 아이들이 많은데, 직접 서점에 가서 시집을 구경하고 구매하는 행위 자체가 학창 시절의 큰 경험으로 남는다. 이는 아이들이 성인이 되어서도 시집을 읽는 계기를 마련해주는 것이다. 또한 시집은 다른 단행본에 비해 가격이 저렴한 편이므로 아이들에게도 부담이 적어, 이 수업을 계기로 자연스럽게 시집을 구매하도록 유도할 수 있다.

시의 숲을 거닐며, 천천히 시를 고른다

[시 영상 만들기] 수업에서는 아이들이 자유롭게 시집을 읽을 수 있는 환경을 만들어주는 것이 무엇보다 중요하다. 특히 이 수업은 도서관 수업으로 진행하는 것이 좋은데, 도서관에서 시를 읽는 경험 자체가 아이들에게 색다르게 다가가기 때문이다. 도서관 특유의 분위기와 공기 덕분에 교실에서보다 자유롭고 편안하게 시를 감상할 수 있다.

[시 영상 만들기] 활동 시간이 충분하다면 교사의 개입은 최대한 자제하고, 시인 또는 시집을 고를 시간을 충분히 주는 것이 좋다. 아이들은 처음에 시를 선택하는 데 꽤 애를 먹기 때문에, 시를 고를 시간을 제대로 주지 않으면 모둠에서 마음에 드는 시가 없어 곤란을 겪고, 나중에 시를 변경하게 되면서 더 많은 시간이 든다. 따라서 두 시간 정도 충분히 시간을 주어 부담 없이 시집을 구경한 뒤 그중 마음에 드는 시를 꼼꼼히 찾아보게 하는 것이 좋다.

[시 영상 만들기]는 교사가 설정한 학습 목표에 따라 다양한 방법으로 활용이 가능하다. 시집을 읽는 데 초점을 두려면 시집 읽는 차시를 늘리면 되고, 시인에 대한 이해를 높이기 위해서는 시집 읽고 토론하는 활동을 2~3차시 정도 추가할 수 있다. 여기서 제시된 차시 구성과 수업 운영

은 하나의 예이다. '시 영상' 만들기에 집중한 구성으로, 앞에서 소개한 시집을 선정하는 세 가지 방법 중 첫 번째 방법에 맞추어 수업을 소개하고자 한다.

읽기 [讀]	도서 선정	모둠별로 읽고 싶은 시인의 시집 선정하기
	책 읽기	시집 읽고 이야기하고 싶은 작품 고르기
생각 나누기 [討]	논의하기	시 영상으로 만들 시 정하기
		시놉시스 만들기, 스토리보드 만들기
표현하기 [論]	시 영상 만들기	촬영하기, 편집하기
	논의하기	시 영상 발표하기
		시 영상 평가하기

단계	개요	차시	활동 내용	비고
1	시집 구경하며 시 고르기	1-2	• 도서관에서 시집 구경하기 • 마음에 드는 시 고르고 이유 쓰기	도서관 수업
2	시 감상 나누기	3	• 마음에 드는 시 모둠별로 공유하기 • 우리 모둠의 시 정하기	도서관 수업
3	시 읽고 글쓰기	4	• 시 읽고 창의적 글쓰기	
4	시 영상 만들기	5-8	• 역할 나누기 • 시놉시스 짜기, 스토리보드 만들기 • 촬영하기, 편집하기 • 중간 시사회	
5	시 영상 발표하기	9	• 시 영상 평가하기	

시 영상 만들기

어떻게
수업할까?

●

**[1단계] 시집 구경하며 시 고르기
(1-2차시)** ▶ **"시의 세계로 초대합니다"**

첫 시간에는 오롯이 시집을 구경하는 데 초점을 맞추는 것이 좋다. 수업이 시작되기 전 교사는 미리 도서관에 가서 도서관에 있는 시집들을 모두 책상 위에 펼쳐놓는다. 이때 책의 전면이 모두 보이게 펼쳐놓아야 아이들이 도서관에 들어서는 순간부터 시집에 관심을 가진다. 아이들이 자유롭게 시집을 구경하면서 마음에 드는 시를 고르게 한다. 이때 교사는 아이들 사이를 거닐면서 시 고르기를 어려워하는 아이들에게 도움을 주거나, 아이들 사이에 앉아서 자연스럽게 같이 시집들을 구경한다. 도서관에 잔잔한 음악을 틀어두면 자유롭고 편안한 분위기가 연출된다.

아이들은 시집을 구경하면서 그중 마음에 드는 시를 두세 편 고른다. 그런데 이 활동을 한 시간만 하면 한 편도 제대로 고르지 못하는 아이가 많이 생긴다. 그래서 한 시간에 두 편 정도를 고르게 하고, 두 시간을 모두 합쳐서 세 작품을 고르게 하면 좋다. 학습지를 나눠주어 자기가 고른 시를 그대로 옮겨 적고, 이 시를 고른 이유도 같이 적게 한다. 이때 시가 너무 길면 가장 인상적인 부분만 옮겨 적어도 된다고 하되, 고른 이유는 3 줄에서 5줄 정도로 교사가 적당한 분량을 정해주어야 제대로 그 이유를 쓴다. 또한 학습지에 시의 출처(시집 제목, 출판사, 쪽수)를 분명히 밝혀야 다음 차시 활동을 이어갈 수 있음에 유의한다.

[수업 예]

도서관에서 시집을 구경하면서 가장 마음에 드는 시를 두 편 골라봅시다. 시를 그대로 옮겨 쓰고, 이 시가 좋다고 생각되는 이유도 같이 써봅시다.

시 옮겨 쓰기	시 옮겨 쓰기
이 시를 고른 이유	이 시를 고른 이유

시 영상 만들기

"내가 고른 시, 읽고 듣고 쓰고 나누고"

3차시인 '모둠별로 시 감상 나누기'도 도서관 수업으로 진행한다. 네 명이 한 모둠을 이루어 모둠별로 지난 시간에 각자 고른 시를 서로에게 읽어준다. 이 활동을 시키면 학습지를 그냥 돌려 보는 경우가 있는데, 자신의 목소리로 직접 낭송해야 시의 맛을 잘 느낄 수 있음을 알려준다. 시를 낭송한 후 자신이 읽은 시가 왜 좋은지 그 이유를 서로에게 말해주며 시 나누기 활동을 한다.

모둠별로 시 나누기가 끝나면 투표나 토론을 통해 모둠의 시를 고른다. 아이들이 고른 시로 글쓰기와 시 영상 만들기를 해야 하므로 너무 짧은 시를 고르지 않도록 알려준다. 시가 너무 짧으면 해석해야 할 부분이 너무 많아 시 영상이 제대로 나오지 않을 수 있기 때문이다. 시를 골랐으면 그 시가 수록된 시집도 함께 살펴보면 시를 이해하는 데 도움이 된다. 실제로 시집 제목 없이 시만 읽었을 때 제대로 해석을 못한 모둠이 시집의 제목과 연관시켜 읽었을 때 새롭고 창의적인 해석을 한 경우가 있었다.

학습지를 나누어주고 모둠원들이 각 모둠의 시를 필사하게 하거나 시간이 부족할 경우에는 교사가 시 원문을 직접 복사해준다. 인터넷에 떠도는 자료는 정확하지 않을 수 있고, 낯선 시의 경우는 인터넷에 없을 수도 있으므로 원문을 그대로 아이들이 옮겨 적는 것이 가장 좋다.

[수업 예]

모둠별로 모여 앉아 지난 시간에 고른 시를 낭송해봅시다. 모둠원끼리 돌아가면서 서로 각자 고른 시를 나누고, 어떤 친구가 고른 시가 마음에 드는지 이야기해봅시다.

고른 사람	시의 제목	시인	시에 대한 나의 감상

시 영상 만들기

"영상을 만들기 전에 글로 써보자"

모둠별 토론을 통해 시를 정했다면, 그 시를 소재로 각자 한 편의 글을 쓴다. 다양한 시선으로 시에 접근하도록, 따로 양식을 주지 말고 아이들이 자유롭게 다양한 글을 쓰게 한다. 아이들은 시와 관련한 자신의 경험을 쓸 수도 있고, 시의 화자가 되어 이야기를 진행해볼 수도 있다. 또 누군가에게 편지를 쓰거나 시를 읽고 떠오르는 장면을 묘사할 수도 있다. 시간적인 여유만 있다면 시를 모티프로 한 편의 단편소설을 쓰는 작업도 가능하다.

이 과정은 아이들이 시 영상을 만들기 전에 시를 다양하게 바라볼 수 있도록 하기 위함이다. 본격적으로 시 영상을 만들기 전에 글쓰기 활동을 하게 되면 시를 더 깊이 이해할 수 있고, 시에 대한 주체적인 해석이 가능하다. 물론 글쓰기 과정이 없어도 시 영상을 만드는 데는 큰 무리가 없지만, 이 과정을 거치고 나면 좀 더 다채롭게 시를 바라볼 수 있다. 모둠 활동을 시작할 때 아이들이 어떻게 시놉시스(영상 줄거리)를 만들어야 할지 몰라 어려움을 겪는데, 그때 각자 글을 쓴 작업이 큰 도움이 된다. 시간이 부족하다면 과제로 내도 괜찮다.

[수업 예]

시를 읽고 떠오르는 내용을 글로 써봅시다. 나의 경험이어도 좋고, 구체적인 장면을 상상해도 됩니다. 짧은 단편소설이나 누군가에게 쓰는 편지여도 좋습니다.

"시가 살아 움직인다, 찍고 이야기하고 고치고"

이제 본격적으로 '시 영상'을 만드는 시간이다. 사진을 찍어 이어 붙여 영상처럼 만든 후 시 자막과 배경음악을 넣어서 시를 다른 시선으로 새롭게 이해하도록 하는 활동이다.

먼저 5차시에는 아이들에게 시 영상 예시 작품을 보여주면서, 시 영상이란 무엇이고 어떻게 만들면 되는지 기본적으로 알게 한다. 시 영상에 대해 이해를 했으면 모둠별로 논의하여, 선정한 시의 내용을 어떻게 영상으로 만들 것인지 간단한 시놉시스를 완성하게 한다. 이때 작품 해석이 제대로 안 된 상태에서 시놉시스를 만들게 되면 영상을 만드는 내내 다시 처음으로 돌아와서 해석과 줄거리 짜기를 반복하게 된다. 그러므로 작품에 대한 꼼꼼한 해석을 바탕으로 인물, 배경, 사건 등의 기본적인 줄거리를 짤 수 있게 한다.

모둠원 4명은 '총감독', '스토리보드', '편집', '촬영'으로 각기 역할을 나눈다. 5명인 모둠이라면 주인공 연기나 소도구 또는 특수효과를 맡도록 한다. '총감독'은 모둠장의 역할로, 영상 제작의 총 과정을 점검하고 일정을 조정하며 제대로 된 영상이 나올 수 있도록 방향을 정하는 일을 한다. '스토리보드'는 대본을 짜는 역할로, 모둠에서 가장 창의적이고 책임감 있는 학생이 맡으면 좋다. '촬영'은 휴대폰이나 카메라로 사진을 찍는 역할, '편집'은 사진들을 모아서 하나의 영상으로 이어 붙이고 음악과 자막

시 영상 만들기

을 넣는 역할이다. 이때 편집을 맡은 학생의 과제 부담이 가장 크므로 편집 역할에는 가산점을 준다고 미리 공지한다. 그리고 모둠원 모두가 골고루 하나 이상씩 배역을 맡도록 안내한다.

6차시에는 시놉시스를 바탕으로 스토리보드를 구성하게 한다. 스토리보드(Storyboard)란, 촬영에 들어가기 전에 작품의 전체나 일부분을 그림으로 나타내는 것을 말한다. 한마디로 제작진이나 연기자들에게 이 영상을 시각적·청각적으로 어떻게 만들고자 하는지를 비슷하게 보여주는 일종의 계획서라고 생각하면 된다. 스토리보드에는 그림, 대사, 음악, 음향, 특수효과, 장면과 장면의 연결 방식, 각 쇼트의 길이 등을 표시할 수 있지만, 아이들에게 이 모두를 요구하는 것은 무리다. 다만 어떤 식으로 영상을 구성할 것인지 꼭 그림을 그리게 한다. 즉 '영상' 부분에는 실제로 촬영하고자 하는 화면을 그려보고, '장면 설명'에는 그 장면에 대한 설명을 적는다. 그리고 '소리' 부분에는 대사, 음악, 음향 등을 표시하고, '자막' 부분에는 그 영상에 해당하는 글의 내용을 써 넣는다. 장면은 적어도 20개 이상이 나와야 완성도 있는 시 영상이 완성된다.

스토리보드를 제대로 작성하지 않으면 촬영과 편집하는 내내 시 영상 제작에 어려움을 겪게 되므로 꼭 완결된 스토리보드를 짜게 한다. 교사가 모둠별로 스토리보드를 따로 검사하고 개별적으로 조언이나 평가를 해주어야 아이들이 더 열심히 참여하고 완성도 있는 시 영상이 나온다. 수업시간에 스토리보드를 모두 작성하지 못하면 다음 시간까지 과제로 낸다.

7차시에는 완성한 스토리보드를 교사에게 확인받고, 스토리보드에 따라 촬영을 시작한다. 학교의 상황에 따라 교실 밖으로 나가 운동장이나 화단 등의 장소에서 촬영을 하게 하면 훨씬 좋은 작품이 나온다. 수업시간에 촬영을 모두 마치지 못할 경우에는 점심시간이나 방과 후 시간을 활용해서 부족한 촬영을 모두 마치게 한다. 그리고 일주일 정도의 편집 기간을 주고 1차 완성본을 교사에게 제출하게 한다.

8차시는 일종의 중간 시사회로서, 각 모둠에서 제출한 1차 영상을 학급 전체가 함께 보고 잘한 점과 아쉬운 점을 서로 이야기하며 영상을 수정하는 데 필요한 도움을 주는 시간이다. 먼저 영상을 발표할 순서를 뽑고, 한 편의 영상이 끝날 때마다 3~5분 정도로 평가 시간을 갖는다. 이때 모둠 평가지를 배부하여 1차 영상에 대해 좋은 점, 아쉬운 점, 보완할 점을 쓰도록 한다. 이 과정은 완성도 높은 시 영상 제작을 위해 꼭 필요한 과정으로, 교사와 학급 아이들 모두가 각 모둠에 도움이 될 만한 의견들을 적극 개진하여 최종 영상에 반영되도록 한다. 중간 시사회가 끝나면 모둠별로 다시 논의하고, 최종 영상 제출까지 1~2주의 시간을 주어 충분히 수정하게 한다.

[수업 예]

① 우리 모둠에서 고른 시를 상황을 설정하여 이야기로 만들어봅시다.

제목		시인 이름	
(시놉시스)			

② 모둠원의 역할을 나누어봅시다.

역할		이름
총감독		
스토리보드		
촬영		
편집		
배역	주인공	

③ 시놉시스를 바탕으로 아래의 예시와 같이 스토리보드를 작성해봅시다. (함께 나누어준 '시 영상 만들기 주의사항'과 '영상 촬영 기법' 참고)

장면 번호	영상	효과	내용
2		장면 설명	인물의 표정이 생생하게 전달되도록 클로즈업. 남자, 슬픈 표정으로 고개를 들어 하늘을 바라본다. 운동장에서 하늘을 배경으로 촬영.
		소리	쓸쓸한 바람 소리. "하늘을 우러러 한 점 부끄러움이 없기를" 낭송 (속삭이듯이, 맑고 순수한 남자 목소리)
		자막	하늘을 우러러 한 점 부끄러움이 없기를

※ 참고 1 : 시 영상 만들기 주의사항

1) 시를 표면적으로만 해석해서 고스란히 그대로 영상으로 옮기는 것은 자제하자. 훌륭한 시 영상은 시 내용 이상의 것이 되어야 한다. 깊이 있는 해석, 음악과 영상, 특수효과 등으로 시를 보다 깊고 풍부하게 만들어야 제대로 된 작품(시+α)이 된다.
2) 어설픈 연기 동영상보다는 제대로 찍은 여러 장의 사진과 거기에 잘 맞는 음악을 연결하는 게 훨씬 멋지다.
3) 재미있는 시는 재미있게, 진지한 시는 진지하게, 슬픈 시는 슬픈 감성으로,

행복한 시는 행복한 느낌이 나게 만들어라.

4) 선택한 시가 아주 짧다면 영상을 먼저 보여주고 마지막에 시를 자막으로 처리할 수도 있다. 독창적으로 생각하라.

5) 촬영 가능성을 생각하고 스토리보드를 짜라. 당신은 100여 명의 학생들이 거리를 질주하는 장면을 찍을 수 있나? 자동차 추격 신을 찍을 수 있나? 현실적인 촬영 가능성을 보라. 찍기 쉬우면서도 효과가 좋은 장면을 생각하라.

6) 조언을 듣고 수정하라. 모든 초고는 쓰레기다. 친구들의 의견을 들으며 시놉시스와 스토리보드를 고치자. 수정하는 것을 당연하게 생각하라. 당신 작품에 대해 세상에서 가장 잘 아는 사람도 당신이지만, 당신 작품에 대해 세상에서 가장 모르는 사람도 바로 당신일지도 모른다는 사실 또한 명심할 것!

7) 편집 : 편집은 '제2의 창조'라고 한다. 그만큼 창조적인 작업이다. 촬영한 장면을 볼 땐 죽고 싶다가 편집을 통해 새로 태어나는 작품을 보면 정말 놀라울 따름이니. 쉽지는 않지만.

8) 백업하라, 울고 싶지 않다면 : 파일을 외장하드 한두 군데에 추가로 저장해 놓아야 한다. 저장한 하드에 문제가 생겨 파일이 손상되면 그 영상은 지구상에서 영영 사라지고 말 것이다.

9) '소재'를 잘 활용하면 영상의 수준이 올라간다. 영상에 반복적으로 나오면서 그 의미가 확장되어 영상의 주제를 함축할 수 있는 소재를 찾아보자. 소품, 음악, 장소, 대사, 생각, 분위기 등 뭐든지 가능하다. 이런 소재를 '모티프'라고 한다(예: 〈나와 나타샤와 흰 당나귀〉에서 '흰 눈이 푹푹 내리는 장면'이라든가 정윤철 감독의 영화 〈말아톤〉에 나오는 '초코파이' 등). 영상의 주제가 '오래된 두 친구의 우정'이라면 둘이 함께 놀던 놀이터 미끄럼틀 위나 아파트 지하실 같은 아지트, 일본산 건담 로봇도 좋은 모티프가 될 수 있다. 그 소재는 어떻게 등장해서 어떻게 이야기를 이끌어가는가? 그것이 중간에 버려지거나 구석에 처박히기도 하는가? 이야기를 먼저 쓴 다음 수정, 보완하면서 모티프를 엮어도 좋다.

10) 중심 이미지 : 당신의 영화에서 가장 인상적인 장면, 즉 '중심 이미지'는 무엇인가? 그 장면을 잘 살리고 여러 차례 부각시켜보라.

※ 참고 2 : 영상 촬영 기법

촬영 기법	방법	효과	예시
로 앵글 (Low-Angle)	피사체보다 밑에 카메라를 위치시키고, 위를 향해 피사체 촬영.	피사체의 우월성, 권위, 위압감, 웅장함 등을 표현.	
하이 앵글 (High-Angle)	피사체보다 위에 카메라를 위치시키고, 피사체를 내려다보며 촬영.	피사체의 무기력, 소외, 왜소함 등을 표현.	
클로즈업 (CU)	인물의 얼굴이나 특정 피사체를 중심으로 촬영.	인물의 심리 상태를 보여주거나 특정 피사체를 강조할 때 자주 사용.	
익스트림 클로즈업 (ECU)	클로즈업에서 특정 부위를 더 확대하여 포착해, 한 부분만을 극도로 확대하여 촬영.	인물의 심리를 극적으로 묘사하는 데 주로 사용.	
롱 샷 (LS)	먼 거리의 경치 촬영. 대상에서 상당히 떨어진 위치에서 촬영.	장소의 상황, 분위기, 피사체의 위치, 시간에 대한 정보를 제공.	

풀 샷 (FS)	피사체의 전체를 화면 가득히 촬영.	배경과 피사체의 움직임 등 상호 위치 관계, 방향 감각을 알려줌. 배경과 피사체가 거의 비슷한 관심을 불러일으키게 함.	
오버숄더 샷 (OSS)	두 인물을 보여줄 때, 한 인물의 어깨 너머로 다른 인물을 보여주는 방법.	두 인물이 서로 마주보고 대화를 나눌 때 흔히 사용.	

④ 스토리보드를 토대로 역할을 정해 각 장면을 촬영하고, 어울리는 음악을 삽입하여 시 영상을 편집해봅시다.

⑤ 중간 시사회를 통해 다른 모둠의 작품을 평가하고, 좋은 점과 아쉬운 점을 나누며 시 영상의 수정 방향을 협의해봅시다.

- 모둠별로 자리를 잡고 앉습니다.
- 모둠의 총감독이 발표 순서를 뽑습니다.
- 발표 순서에 따라 시 영상을 감상합니다.
- 영상이 끝나면 질의응답 시간이 이어집니다.
- 잘한 점과 아쉬운 점을 서로 이야기해줍니다.
- 발표한 모둠은 다른 모둠의 도움말을 잘 기록하여 최종 영상 수정할 때 반영합니다.

"영화관 같은 수업시간, 즐겁게 축제를"

마지막 시간에는 최종 완성한 영상을 발표하고 상호 평가를 한다. 시 영상 발표는 교실보다는 도서관이나 시청각실 등 어두운 환경에서 진짜 영화를 보는 듯한 분위기로 진행하면 집중도가 더 높아진다. 일상적인 교실을 떠나 특별실을 실제 영화관처럼 꾸미면 아이들은 시 영상 발표에 임하는 자세가 달라진다. 영상을 만드느라 수고했다는 의미로 조촐하게 간식을 준비하여 함께 먹으면서 관람하는 것도 발표의 긴장을 누그러뜨리는 데 좋다. 모둠별로 만든 영상을 보면서 동료평가를 하는데, 이때 구체적이고 객관적으로 작품을 평가하도록 한다. 상영이 다 끝나면 돌아가면서 심사평을 하고 투표 등 적당한 방법으로 가장 좋은 작품을 뽑는 것도 생각해볼 수 있다. 그리고 가능하다면 학교 전체 행사로 시 영상제를 꾸려 다른 학급의 좋은 작품들도 모두 상영하는 축제의 장을 만들 수도 있다.

[수업 예]

① 친구들이 만든 시 영상을 함께 감상하고 평가해봅시다. 모둠별 평가지를 작성하여 제출합니다. (모둠별로 제출해야 할 것 : 시놉시스 1장, 스토리보드 3장, 편집 영상, 모둠별 평가지 1장)

모둠별 평가지

학년   반   모둠

※ 평가 기준
❶ 시 영상이 시를 보다 깊고 풍부하게 만들고 있는가?
❷ 시의 내용이 영상과 잘 어울리는가?
❸ 영상과 소리가 잘 어울리는가?
❹ 화면의 흐름이 자연스럽게 느껴지는가?
❺ 모둠원들의 협동과 노력이 느껴지는가?
❻ 하나의 작품으로 완결성이 있는가?
❼ 시 영상을 만들 때 유의할 점들을 잘 지키고 있는가?
   (영상의 길이, 시 구절 자막 처리, 마지막 시 전문 올리기, 모둠원 모두 한 번씩 출연 등)

발표 순서	작품 이름	전체 평가(잘한 점, 아쉬운 점, 보완할 점)	별점
			☆☆☆ ☆☆
			☆☆☆ ☆☆
			☆☆☆ ☆☆
			☆☆☆ ☆☆
			☆☆☆ ☆☆

▶ 우리 모둠의 토의 결과, 최우수 작품상은 _____ 모둠입니다.

왜냐하면 _____

_____ 때문입니다.

② 시 영상을 만들고 감상한 소감을 정리해봅시다. 개인별 평가지를 작성하여 제출합니다.

개인별 평가지
학번 :   이름 : 모둠 :   역할 :
시 영상을 만들면서 느끼고 생각한 점(좋았던 점, 힘들었던 점)
모둠 활동을 하면서 느끼고 생각한 점(칭찬할 점, 반성할 점)
동료평가(역할분담, 기여도)

어떻게
평가할까?

●

[시 영상 만들기] 수업은 1~2차시의 시 고르기, 4차시의 시 읽고 글쓰기, 5~8차시의 시 영상 만들기, 9차시의 시 영상 완성본 발표까지 활동의 모든 과정을 평가한다.

1~2차시의 시 고르기 과정에서는 학생이 시를 고르고 그 이유를 정해진 분량으로 작성만 하면 점수를 부여하는 정량평가로 실시한다. 그리고 4차시의 시 읽고 글쓰기는 정성평가로 실시한다. 학생이 진지하게 시를 읽고 해석하여 창의적으로 글을 쓰는 활동이므로 글 자체에 대한 평가를 진행하는 것이 좋다.

5~8차시의 모둠 활동은 시놉시스, 스토리보드, 중간 시사회를 각기 평가의 장면으로 놓고, 매차시 과제를 수행했으면 일정 점수를 부여하는 정량평가로 실시한다. 별도 과제로 시 영상 만들기를 부여하는 것이 아니라 수업시간을 활용하여 활동을 진행하므로 매시간 진지하게 참여해야 하며, 결과가 중요한 것이 아니라 모둠원이 모두 힘을 합쳐 영상을 만

들어가는 과정이 중요하므로 각 단계를 소홀히 여기지 않도록 모든 단계를 평가 대상으로 삼는다.

9차시의 시 영상 발표에서는 완성된 시 영상을 중요한 평가 대상으로 한다. 시 영상이 시를 깊고 풍부하게 만들고 있는가를 주로 본다. 이때 교사의 평가뿐만 아니라 동료 교사 또는 학생들의 평가 결과를 중요하게 활용한다. 또한 모둠 간 평가와 모둠 내 평가를 함께 실시하여, 모둠 내에서 각자의 역할을 잘 수행했는지 서로 평가하게 하여 모둠 점수와 개인 점수를 따로 부여하는 것이 좋다.

평가 장면	평가 기준	확인
시 고르기	마음에 드는 시를 옮겨 쓰고 그 이유를 썼는가?	
개인 글쓰기	시를 해석한 결과를 창의적으로 표현했는가?	
모둠 활동 과정	작품에 대한 해석을 통해 줄거리를 만들었는가? 스토리보드를 꼼꼼하게 작성했는가? 영상을 편집하여 중간 시사회 때 발표했는가?	
시 영상 제작	시 영상이 시를 깊고 풍부하게 만들고 있는가? 시의 내용이 영상과 잘 어울리는가? 영상과 소리가 잘 어울리는가? 화면의 흐름이 자연스러운가? 영상의 길이는 적절한가?	

묻고
답하기

●

Q 시 영상을 만드는 데 어떤 시를 고르면 좋은가??

너무 짧은 시나 해석이 단조로운 시를 택할 경우 시 영상으로 만들 때 어려움을 겪게 된다. 예를 들어 정호승의 〈수선화에게〉 같은 경우에는 전달하려고 하는 메시지가 너무 분명하여 아이들이 시를 다양하게 해석하지 못하는 면이 있었다. 또한 너무 짧은 시는 완전히 새로운 스토리를 만들어내지 않는 이상 3분 이상의 영상으로 만들기 어렵다. 따라서 적당히 길이가 있고(10행 이상) 어느 정도 해석의 어려움이 있는 시가 시 영상 만들기에는 더욱 적합하다. 시의 알쏭달쏭한 면이 아이들로 하여금 시를 더 음미하게 하고, 보다 다양하게 해석해볼 수 있게 하기 때문이다. 또한 시 안에 어떤 이야기가 들어 있는 경우에는 시 영상의 줄거리를 만들어내기 쉽다는 장점이 있으므로, 시 영상 만들기에 어려움을 겪는 모둠에는 이야기가 있는 시를 추천해주면 좋다.

Q 역할 분담을 할 때 어떻게 역할을 고르라고 하면 좋은가?

모둠 활동에서 역할 분담은 항상 중요한 문제다. 이 수업 사례에서는 총감독, 스토리보드, 촬영, 편집으로 역할을 나누었는데, 사실 따로 역할을 나누지 않고 모든 아이들이 모든 과정에 참여하는 것이 가장 이상적이다. 그러나 각자의 책임을 분명히 하지 않을 경우 무임승차 문제가 생길 수 있고, 모둠 활동 전체에도 문제가 생길 수 있기 때문에 위의 네 가지 역할로 나눠놓았다. 총감독은 전체를 총괄할 수 있는 안목을 가진 친구가 하면 좋다. 스토리보드는 이야기를 잘 구성하거나 그림을 잘 그리는 친구가 담당하면 좋다. 촬영은 상대적으로 비중이 작은 편이므로 모둠에서 가장 역량이 떨어지는 친구가 맡아도 크게 무리가 없다. 가장 소극적인 친구가 촬영을 하도록 하자. 편집은 컴퓨터를 잘 다루거나 미적 감각이 있는 친구가 담당하는 것이 좋다. 마지막까지 신경을 써야 하기 때문에 꼼꼼하게 편집할 수 있는 학생이라면 더 좋을 것이다. 역할 분담은 책임을 분명히 하기 위한 것이지, 그 역할만 하면 다른 활동에는 신경 쓰지 않아도 된다는 뜻은 아니다. 모든 모둠원이 시 영상 제작의 전 과정에 함께 참여하는 것이 중요하다고 교사가 계속해서 강조해야 한다.

Q 중간 시사회는 꼭 해야 하나?

꼭 해야 한다. 중간 시사회를 하는 경우와 안 하는 경우에 시 영상의 수준 차이가 엄청나다. 중간 시사회는 지금까지의 작업 과정을 점검하는 자리이자, 다른 친구들의 작품을 볼 수 있는 시간이다. 아이들은 시 영상 만들기 활동이 생소하기 때문에 사실 처음에는 영상을 잘 만들지 못한다. 편집하는 컴퓨터로 모둠원들끼리만 영상을 점검하는 것과, 큰 화면으로 어두운 분위기에서 다 같이 영상을 관람하는 것은 엄청난 차이가 있다. 아이들은 중간 시사회를 통해 스스로 영상을 보고 부족함을 느끼며, 수정 사항을 확인할 수 있다. 무엇보다 다른 모둠의 영상을 통해 새로운 촬영 기법이나 편집 기술을 보고 배우며, 더 열심히 해야겠다는 자극을 받게된다. 서로 영상을 보며 수정사항을 조언해주면서 더 좋은 영상을 만들어나가는 발판이 되기 때문에 중간 시사회는 꼭 필요하다.

Q 개별 평가와 모둠 평가는 어떻게 진행하는가?

모둠 활동은 항상 평가에 논란의 여지가 있을 수 있는데, 모둠별 점수만 부여했을 때 모둠의 학생들이 이 결과에 반발할 수 있으므로 모둠 내 평가를 함께 실시하면 그런 문제가 어느 정도 해소된다. 최종 시사회 때 모둠별 평가지와 개인별 평가지를 나누어주고 작성하게 한다. 모둠별 평가지에는 각 모둠의 시 영상에 대해 잘한 점과 아쉬운 점, 총평을 쓰게 하고 모둠별 순위를 매기도록 한다. 개인별 평가지에는 이 활동을 하면서 느낀 점과 모둠 활동을 하면서 느낀 점, 그리고 모둠원의 역할 기여도를 쓰게 한다.

평가지를 취합하여 모둠별 평가지에서 아이들이 평가한 순서대로 모둠 점수를 부여하는데, 이때 교사의 평가 또한 중요한 요소로 고려하여 반영한다. 순위에 따른 모둠 점수가 학생의 기본 점수가 된다. 그리고 개인별 평가는 자칫 모둠 내 아이들 사이에 모욕감을 느끼게 하거나 관계가 상할 우려가 있으므로 조심스럽게 진행한다. 기본 점수는 동일하게 주되, 개인별 평가지에서 유난히 기여도가 높거나 낮다고 평가받은 학생이 있을 경우에 교사의 객관적인 판단 아래 1점 정도씩만 가감해야 한다.

수업을
마치며

●

나는 나룻배

당신은 행인

당신은 흙발로 나를 짓밟습니다.

나는 당신을 안고 물을 건너갑니다.

나는 당신을 안으면 깊으나 옅으나 급한 여울이나 건너갑니다.

만일 당신이 아니 오시면 나는 바람을 쐬고 눈비를 맞으며 밤에서 낮까지 당

신을 기다립니다.

당신은 물만 건너면 나를 돌아보지도 않고 가십니다 그려.

그러나 당신이 언제든지 오실 줄만은 알아요.

나는 당신을 기다리면서 날마다 날마다 낡아 갑니다.

나는 나룻배

당신은 행인

- 한용운, 〈나룻배와 행인〉

국어 교사들에게 한용운의 〈나룻배와 행인〉은 좀 뻔한 작품이다. 지금도 중학교 교과서에 수록되어 있고, 한용운의 다른 작품들에 비해 쉽고 접하기도 쉬워서 누구나 알고 있는 작품이기도 하다. 그래서 나는 아이들이 〈나룻배와 행인〉으로 시 영상을 만든다고 했을 때 크게 기대하지 않았다.

하지만 2014년 봄에 덕수고등학교 2학년 1반 아이들이 만든 〈나룻배와 행인〉 시 영상은 모든 것을 바꿔놓았다. 수업시간에 가사가 없는 배경음악을 써야 영상의 의미가 더 잘 전달된다고 이야기를 했었는데, 시 영상이 시작되자마자 아이유의 목소리가 교실에 울려퍼졌다.

"느리게 느리게 느리게 그대를 잊으려 해요~ 빠르게 빠르게 가는 시간보다 더 천천히 잊으려 해요~~ (…) 조금만 더 사랑할게요~ 조금만 더 기억할게요~ 바닥에 흘린 이 눈물이 마를 때까지만 오늘만 더 견뎌볼게요~ 오늘만 더 기다릴게요~." (아이유 노래, 〈느리게 하는 일〉)

배경음악과 함께 학교 교정이 영상에 등장하고, 이윽고 한용운 시의 낭송이 이어지면서 아이들이 서로를 업고 학교 연못 근처를 건너는 장면이 나왔다. 그러다 갑자기, '만일 당신이 아니 오시면'이라는 구절과 함께 기울어진 배가 화면에 등장했다.

세월호였다.

순간 모든 사고가 정지했다. 눈물이 터졌다. 울고 있는 건 나뿐만이 아니었다.

[시 영상 만들기] 수업을 하면서 아이들을 새롭게 바라보게 되었다. 아이들은 교실 안에서 내 수업을 듣는 수동적 존재가 아니고, 자기 나름대로 세계를 바라보고 구성하며 판단하는 주체들이다. 이 수업을 하기 전까지 나는 그 사실을 잘 몰랐다. 아이들은 내 앞에서 세월호 얘기는 입도 뻥긋 하지 않았다. 하지만 〈나룻배와 행인〉 시 영상을 보고 나서야 아이들이 얼마나 이 사건에 대해 분노하고 애도하고 있는지 알 수 있었다.

책 읽고 인터뷰하기

송승훈

"사람을 만난다는 것, 심장이 쿵쿵 뛰는 일이지"

학생을 얕보면 아이들은 본래 모습보다 조금 더 유치해지는 경향이 있다. 반대로 "고등학생 정도 되면 어른 못지않게 할 수 있어"라고 학생을 높게 보면, 신기하게 학생이 뛰어난 모습을 보일 때가 종종 있다.

[책 읽고 인터뷰하기]는 고급 수준의 독서 활동이다. 아이들은 책을 읽고 그 책과 관련된 사람을 현실에서 만나 이야기를 나눈다. 그리고 그 내용을 글로 정리한다. 누구를 만날지, 어떤 책을 읽을지, 무엇을 물어볼지를 논의하는 과정에서 아이들은 친구들과 소통을 아주 많이 한다. 학교 밖으로 나가서 모르는 사람을 만나기에, 아이들은 심장이 쿵쿵 뛴다고 한다. 그 떨림은 다른 어떤 독서 활동보다 강렬하다.

아이들이 책과 관련된 인물을 제대로 만날 수 있을까 걱정이 되지만, 실제 해보면 거의 모든 아이들이 인터뷰에 성공한다. 그러면 어른들은 고등학생들이 원래 이 정도는 할 수 있구나 하고 청소년들의 역량을 다시 보게 된다. 평소 수업에 소극적인 학생도 이 활동에서는 제몫을 해내곤 해서 사람의 능력을 다시 보게 된다.

맛집 책을 읽고 동네에 소문난 맛집 주인을 찾아가고, 종교 관련 책을 읽고 종교인을 찾아가고, 범죄 관련 책을 읽고 경찰서 형사를 찾아가고, 최저생계비 관련 책을 읽고 사회단체에 찾아가고, 의료 관련 책을 읽고 병원을 찾아가고, 때로 책의 저자와 만나기도 한다.

이 활동을 하면 아이들은 자신이 속한 공동체와 그 안에서 사는 사람들의 삶을 더 깊게 이해하게 된다. 활자화된 지식과 정보만이 아니라, 공동체 구성원이 직접 그 일을 하면서 얻은 실제적이고 현재적인 앎까지 배우게 된다.

수업을 시작하기
전에

●

[책 읽고 인터뷰하기]는 아이들이 배울 거리가 있는 인물을 정해서 그와 관련된 책을 읽고, 그 인물과 만나서 면담을 하고, 그 과정을 기록하는 일이다. 심화 활동이어서, 다른 독서수업을 어느 정도 해본 다음에 하는 게 좋다. 1학기보다 2학기에 해야 잘되고, 고등학교 1학년보다는 2학년에서 해야 수업 진행과 아이들의 활동이 순조롭다. 책 선정을 미리 앞당겨서 아이들이 개인적으로 책 읽을 시간을 더 마련해주면 좋다.

아이들은 네 사람씩 모둠을 이루어 각자 기획, 외교, 물음, 최종 보고서로 역할을 맡아 한다. '기획'은 영화에 비유하면 감독 역할로, 일정을 살펴서 모둠 친구들이 제때 일을 하도록 챙긴다. '외교'는 누구를 만날지 인물을 정하고 연락해서 만날 약속을 잡는 사람이다. '물음'은 인터뷰 질문을 정하고 내용을 기록하는 역할이다. '최종 보고서'는 친구들이 각각 자기 역할 수행에 대해 쓴 개인 보고서를 모아서 완결성 있는 보고서로 만드는 일을 한다.

모둠 활동이지만 구성원들이 각각 자기 역할에 대해 따로 보고서를 낸다. 모둠원의 역할은 서로 협력하게 만들어져 있다. 전체 진행 상황에 대해서는 '기획'이 보고서를 쓰고, 인물을 만나기 전까지의 일은 '외교'가 보고서를 쓰고, 인물과 만나서부터 헤어질 때까지 나눈 대화는 '물음' 역할이 보고서를 쓴다. '최종 보고서' 역할은 친구들의 보고서를 종합해서 사람들에게 잘 읽히는 글로 만든다.

어떤 책을 고를까?

[책 읽고 인터뷰하기]가 제대로 되려면 무엇보다 먼저, 아이들이 만날 수 있는 인물과 연관된 책이 다채롭게 소개되어야 한다. 인터뷰할 인물은 아이들이 대중교통으로 가서 만날 수 있고, 인터뷰 의뢰를 했을 때 좋게 받아줄 사람이어야 한다. 아이들이 앞으로 되고 싶은 직업과 관련된 인물이나, 가치 있는 사회활동을 하면서 사람 만나기를 즐겨하는 인물이나, 아이들이 사는 마을에서 성공한 삶을 사는 인물로 하면 무난하다.

아이들이 좋아하는 분야라 해도 그 책과 관련된 사람을 만나기가 어려우면 안 된다. 인기 있는 연예인이나 유명한 정치인, 성공한 기업인이나 유명한 작가를 만나고 싶다는 아이들이 있다. 이때는 그런 사람들은 만나기가 어려워서 인터뷰를 하지 못할 수 있다는 점을 아이들에게 이야기해준다. 책을 고를 때는 현실에서 만날 수 있는 사람이 있는지를 꼭 살피면서 자신들이 읽을 책을 정해야 한다. 만약 책의 저자를 만나려면, 아직 대중적으로 덜 알려져서 아이들의 방문을 귀하게 여길 작가를 찾아야 한다.

같은 모둠에서는 같은 분야의 책을 읽는다. 분야만 같으면 책은 달라도 상관없다. 그런데 모둠마다 되도록 다른 모둠과 책이 겹치지 않아야 좋다. 동시에 두 모둠이 같은 사람을 인터뷰하러 가면 상대에게 폐가 되기에 그렇다. 모둠마다 책이 달라야 한다.

실패하려면, 여러 분야에 대해 조금씩 여러 명의 저자가 쓴 책 1종을 학급 전체가 같이 읽고 모둠별로 분야를 나누어 연관된 인물을 찾아 인터뷰하면 된다. 책에서 고작 20쪽 정도의 글을 읽고 관련된 인물을 만나면 인터뷰가 부실해진다. 인터뷰가 내실이 있으려면, 일단 글을 충분하게 읽어서 뭘 좀 알아야 한다.

인물 인터뷰에 가장 알맞은 책은 한 명의 저자가 처음부터 끝까지 쓴 책이다. 그리고 여러 저자라 해도 한 주제로 글을 쓴 책은 괜찮다. 같은 책을 한 반 전체가 읽는 방식은 인터뷰에는 맞지 않다.

책 준비는 학교도서관에서 하거나 학생 개인이 산다. 학교도서관에 같은 주제의 책이 4권 이상씩 있으면 그 책을 써도 된다. 이때 4권의 책은 같은 책이어도 되고, 같은 주제의 다른 책이어도 된다. 책 대출 기간은 40일 이상으로 넉넉히 해둔다. 한 학년에 28명으로 구성된 학급이 10개가 있다면, 한 학급에서 7개 모둠이 나오고 전체가 70개 모둠이 된다. 이때 책은 70종(또는 주제) × 4권(또는 종) = 280권(종)이 필요하다. 아이들이 책을 고를 수 있게 하려면 책이 여분으로 10종 정도 더 있어야 하기에, 80

종(또는 주제) × 4권(또는 종) = 320권이면 모자람 없이 이 수업을 할 수 있다. 책의 분실이나 일반 대출을 고려해서 책을 4권이 아니라 5권씩 준비해두면 책이 부족해서 오는 걱정을 덜게 된다.

누구를, 어떻게 만나야 할까?

[책 읽고 인터뷰하기]에서는 모둠마다 읽는 책이 다 다르기 때문에 아이들이 읽는 책을 교사가 다 읽을 수 없다. 여기서 교사는 안내자 역할을 하면 된다.

인터뷰 상대를 찾다 보면 아이들 중에 친구의 부모를 만나겠다고 하는 경우가 있다. 그런데 친구의 부모는 인터뷰 대상으로 삼지 않는 편이 좋다. 친구의 부모를 만나면 낯선 사람에게 다가가서 인터뷰 요청을 하는 어려움은 없지만 결과가 좋지 않은 경우가 많았다. 낯선 사람이 주는 긴장감이 오히려 아이들을 설레게 하고, 깊이 있는 인터뷰로 이끌기에 그렇다. 과정이 적당히 어렵고, 그 어려움을 아이들이 해결해나가야, 배우는 게 많다.

두 과목이 연계해서 [책 읽고 인터뷰하기]를 할 수도 있다. 한 과목에서는 책 자체를 이해하는 '서평 쓰기'와 같은 활동을 하고, 다른 과목에서는 '책 읽고 인터뷰하기'를 하면 된다. 사회나 윤리 그리고 진로 과목과 연계가 쉽다. 사회 수업에서는 책을 이해하는 데 초점을 두고, 국어 수업에서는 그 책과 연관된 인물을 만나서 인터뷰를 하면 된다. 두세 과목이 연계해서 하면, 학생은 부담이 줄고 여러 교사의 도움을 받아서 더 깊게 배운다.

인터뷰를 하려면 예절에 신경 써야 한다. 전화를 걸거나 메일을 보낼 때 지켜야 할 예의가 무엇인지 하나하나 알려주지 않으면, 본의 아니게 아이들이 예의에 벗어난 언행과 글로 상대를 불쾌하게 하기 쉽다. 그러면 인터뷰를 거절당하고 만다.

인터뷰를 할 때 이야기를 어떻게 진행할지 계획을 꼼꼼하게 세우도록 안내한다. 아이들은 흔히 이야깃거리를 12개 정도 만들어놓고 다했다고 여기는데, 턱도 없이 부족하다. 인터뷰는 인터뷰 상대를 중심으로 진행되기에 계획과 다르게 이야기가 흘러갈 수 있다. 만나는 상대가 말을 짧게 하는 편이라면, 20분 만에 열 가지 질문에 모두 답을 해버리고 만다. 그래서 물어볼 거리를 여유 있게 30가지 정도 만들고, 그 물음을 이야기 흐름을 고려해서 누가 물어볼지 순서를 정해두어야 한다.

공동 활동을 할 때는 한 사람 한 사람의 역할이 분명히 있어야 한다. 그렇지 않으면 열심히 하는 학생과 겉도는 학생이 생기고, 구성원 사이에 불화가 생기기 쉽다. 각자의 역할이 협력적으로 연결되도록 역할 설계가 필요하다. 구성원은 각자 자기가 수행한 역할과 관련해서 보고서를 써서 개인별로 평가를 받는다.

읽기 [讀]	인물과 책 선정	4인 모둠별로 인터뷰할 인물과 책 선정하기
	사례 읽기	인터뷰 사례를 읽으며 인터뷰 방법 알기
	책 읽기	책을 읽으며 이야깃거리 적기
생각 나누기 [討]	인터뷰하기	인물 섭외와 인터뷰 진행
표현하기 [論]	보고서 쓰기	각자 자기 역할에 대해 인터뷰 보고서 쓰기
	점검하기	교사와 대화하며 보완하기

단계	개요	차시	활동 내용	비고
1	인물과 책 선정	1-2	• 4인 모둠별로 인터뷰할 인물과 책 선정	
2	인터뷰 방법 알기	3	• 인물 인터뷰 사례를 보고 방법 알기	
3	책 읽기	4-9	• 책 읽으며 지식 얻기, 이야깃거리 적기	
4	인터뷰 준비	10	• 인물과 만날 약속, 질문과 순서 정하기	
5	인터뷰하고, 보고서 쓰기	11-13	• 인물과 만나 인터뷰하기 • 각자 자기 역할에 대해 보고서 쓰기	
6	점검하기	14-16	• 교사와 대화하며 보고서의 완성도 높이기	

어떻게
수업할까?

●

**"수업에 소극적인 학생도 적극적으로
나서는 인터뷰"**

1~2차시는 모둠별로 인터뷰할 인물과 책을 정하는 시간이다. 제일 먼저
모둠을 만드는데, 모둠은 아이들의 희망에 따라 짜야 좋다. 마음 맞는 친
구끼리 모둠을 해야 의견 조정이 쉽기 때문이다. 모둠 구성은 네 사람으
로 하고, 각자 '기획'(모둠의 지휘자로 계획을 세우고 일정에 맞게 모둠원들이 역할을
하도록 챙김), '외교'(인터뷰할 인물과 연락해서 만날 약속을 잡음), '물음'(어떤 내용을
어떤 순서로 물어볼지 정하고 인터뷰 내용을 기록), '최종 보고서'(모둠원들의 보고서를
모아서 완결성 있는 인터뷰 보고서를 만듦)로 역할을 나누어 맡는다.

학급 학생 수 때문에 4명으로 딱 떨어지지 않으면, 3명보다는 5명으
로 하는 게 낫다. 인터뷰 전문성이 없는 학생이 인터뷰를 할 때는 3명보
다 5명일 때가 더 잘된다. 전체 학생들 수준이 비슷하다면 '물음'을 두

명으로 하고, 학생들 중에 참여가 소극적인 아이들이 함께 있으면 '사진' 역할을 따로 둔다. '사진' 역할은 체제 안에 탈출구를 두는 방법이어서, 역량이 약한 학생도 재미나게 참여할 수 있게 된다.

책과 인물 중에서는 인물을 먼저 정하게 한다. 아이들이 만나서 배울 게 있는 인물을 먼저 정하고, 그에 어울리는 책을 정해야 일이 무난하다. 책을 먼저 정하면 그 책에 맞는 인물을 못 찾을 경우 다시 책을 정해야 하기 때문이다. 인물은 대중교통을 이용해서 만날 수 있고 배울 점이 있으면 된다.

이때 아이들에게만 모두 맡기면 폭이 좁아질 수 있다. 교사가 인터넷, 도서관, 서점에서 책을 미리 찾아보고 아이들이 인터뷰하기에 적당한 인물이나 책들을 알려주는 게 좋다. 다양한 인물을 만나게 하고 싶으면, 교사가 지역에서 누구를 만나면 좋은지, 그 인물과 관련해서 책들은 어떤 게 있는지 알려주어야 한다.

교사가 제시한 책에 관해 아이들이 수업시간에 스마트폰으로 책 정보를 찾아보게 하면 좋다. 학교도서관에서 책을 찾아보며 해도 좋다. 교사가 제시한 자료 말고 다른 책으로 해도 좋다. 이때 아이들에게 학교 끝나고 집에 도착할 때까지 걸어가면서 자기 눈에 보이는 사람들이 누구인지 떠올리고, 그중에서 배울 거리가 있는 사람을 찾으라고 하면 인터뷰 대상을 찾는 데 도움이 된다.

[수업 예]

① 마음 맞는 친구들과 모둠을 짜고, 각자 역할을 나누어 맡습니다.

② 집에서 학교까지 오가는 길에서 만나고 싶은 인물을 두 명 적어봅시다. 이유도 함께 적습니다.

③ 모둠에서 인터뷰할 인물과 관련된 책을 적어봅시다.

[참고] 수업 장면의 예

소현 : 얘들아, 선생님이 '기획'인 사람 앞으로 모이래.

선생님 : 자, 이야기할게. '기획'이 뭔가 하면, 영화할 때 감독과 같은 역할이야. 전체 일정 관리를 해야 돼. 가만히 있으면 세월이 금방 간다고, 우리가 보고서는 두 달 뒤까지 낸다고 시간이 충분히 있지만 뭐하면 금방 가니까.

은서 : 만나는 건요?

선생님: 너희가 달력을 보면서 이때까지 뭘 했는지 관리를 해야 하는 거야. 두 번째 '외교'가 누구를 만나야 할지 정해야 하잖아? 그 사람이 괜찮은지를 너희가 검토를 해줘야지. 만약 간호사를 만난다고 하면 아무 간호사나 만나는 게 아니라 상태가 좀 좋은 사람을 만나야지.

'기획' 아이들 : 그렇죠. (웃음)

선생님 : 그리고 상대를 만나려면 약속을 잡아야 하잖아, '외교' 담당이. 그러려면 연락처를 알아내고 해야 하는데 전화를 했는데 안 됐어. 하지만 그전에 전화번호를 못 얻는 경우도 있겠지. 계속 못 알아내면 시간을 흘려

보내고 '외교' 담당은 자신 때문에 진도가 안 나간다는 것을 알아. 그러나 어떻게 하지를 못해. 이미 두세 번 퇴짜 맞아서 위축돼 있거든. 그럴 때는 너희가 나서서 도와줘야지. 친구야 어려움이 있니~? 내가 도와줄까~? (웃음) 다 같이 전화해, 대화를 해서. 이렇게 너희가 문제 해결을 해줘야 해. 그리고 약속을 잡기까지 여러 가지 점검해줘야 해. 만약 약속을 잡았는데 밤 9시이고 서울이야. 그럼 집을 못 가잖아. 다시 정해야지. 전체 모든 진행되는 것을 너희가 점검을 해. 그리고 '물음' 담당이 물음을 하잖아. 가현아! 물음을 몇 개쯤 들고 가야겠어?

가현 : 한 20~30개?

선생님 : 아니, 최소 30개 이상이어야 해. 왜냐하면 상대방이, 물어봤는데 물음 하나에 20분씩 이야기할 때가 있어. 그러면 너희가 세 가지만 물어보면 상대가 알아서 다 이야기해주지. 하지만 사람에 따라 조심스러운 사람이 있어서 막 나서지 않는 사람이 있지? 그럴 때는 말이 짧다고. 그러면 추가 질문을 계속 해줘야 상대가 조심스럽게 말을 더 해줘. 분위기를 부드럽게 하는 쉬운 질문을 중간중간에 넣어야 해. 그리고 '물음' 맡은 사람이 인터뷰 시나리오를 짜잖아? 그 물음의 순서대로 인터뷰하면 분위기가 괜찮을지 너희가 검토해줘야지. 모든 것을 나서서 너희가 주도해야 돼. 제 역할을 잘하고 있나 확인하고, 안 되면 도와주고.

정민 : 그러면 인터뷰 흐름을 '물음' 맡은 사람이 짜면, 저희 '기획' 담당은 그게 보고서 쓰기에 괜찮은지 검토만 해주면 되나요?

선생님 : 대화가 잘되게 짜주어야 하는 거지. 첫 번째 질문이 좋아야 분위기가 좋아지잖아. 그리고 두 가지 정도의 핵심으로 하고. 묻지 말아야 하는 질문이 있는지 검토하고. 그럼 이제 가서 다시 잘합시다.

— 권예지(광동고 2학년)가 쓴 수업 기록

"가장 좋은 배움은 또래나 선배들의 경험담"

인터뷰할 인물과 책이 정해지면, 책을 준비해야 한다. 학교도서관에 있는 책을 갖고 하면 책 준비 기간이 필요 없지만, 개인에게 책을 준비해오게 할 때는 책을 준비하는 데 열흘 정도 걸린다. 책 준비가 늦어지면 이후 활동에서 조급해지기에, 책이 제때 준비되도록 교사가 미리 챙겨야 한다. 2차시 이후에 일반 교과 수업을 하다가, 학생들이 책을 다 준비하면 그때 다시 이 활동을 이어가는 방법이 괜찮다. 인터뷰하려는 인물과 관련된 책을 빨리 구해서 읽을수록 아이들은 여유 있게 활동을 할 수 있다.

아이들이 책을 준비하는 동안, 3차시에는 예시 글을 보면서 인터뷰 보고서를 어떻게 쓰는지 방법을 배운다. 이때 각 역할별로 또래 학생이 쓴 글을 보여주면 아이들이 금방 감을 잡는다.

[수업 예]

① 이 글은 학생들이 어떤 분야의 책을 읽고 나서 그 분야에서 활동하는 인물과 만나서 인터뷰를 하고 온 보고서입니다.* 자신이 인상 깊게 읽은 부분을 찾아 표시하고, 그 이유를 적어봅시다.

② 학생들은 어떤 마음으로 인터뷰를 시작했나요? 인터뷰를 끝내고는 어떤 마음이었나요?

---

* 아이들에게 학생 사례 글을 함께 배부해준다. 451쪽 참고.

③ 학생들이 질문한 내용의 흐름을 정리해봅시다.

④ 모둠에서 다음 내용을 이야기해봅시다.

㉠ 글 중간에 있는 소제목들이 없다면 글이 어떻게 읽힐지 이야기해봅시다.

㉡ 인터뷰 중간에 서너 줄씩 상황을 설명하는 글이 있는데, 그 부분이 있을 때와 없을 때의 차이를 이야기해봅시다.

㉢ 글 시작과 끝은 어떻게 했나요?

㉣ 책을 읽지 않은 사람도 인터뷰 보고서를 보면서 이해가 가능한데, 그 이유는 무엇일까요?

"잘 읽어야, 잘 만날 수 있다"

이제 책을 읽는 시간이다. 모둠별로 같이 앉아서 책을 읽는다. 모둠원들이 함께 같은 분야의 책을 읽기에 아이들은 궁금한 점이 생겼을 때 바로 옆 사람에게 물어보고 의견을 나누게 된다. 나중에 그 책과 관련된 인물을 만나서 어떤 내용을 물어보고 싶은지 생각 날 때마다 적어둔다. 매시간 5분 정도를 할애해서 독서활동지를 쓰도록 한다.

책을 제대로 읽지 않고 인물을 만나면 인터뷰 내용이 부실해진다고, 아이들에게 책을 잘 읽어야 한다고 신신당부한다. 교사는 시간마다 각 모둠의 '기획' 담당을 소집해서 아이들의 책 읽기 상황을 모둠별로 점검한다.

책의 저자를 만나고자 할 때는 그 저자가 쓴 책을 한 권씩 사서 읽고 인터뷰 때 들고 가서 사인을 받는 것이 예의임을 알려준다. 그래야 인터뷰가 원만하게 잘된다.

[수업 예]

① 인터뷰하려는 인물과 관련된 책을 준비해서 읽습니다.

② 인터뷰할 때 물어볼 거리가 생각나면 그때그때 적어둡시다.

③ 책을 읽으면서 다음 양식을 채워봅시다.

내용	기록	관련 쪽수
새롭게 안 사실		
관련된 세상일		
관련 경험		
궁금한 점		

**[4단계] 인터뷰 준비하기
(10차시)** *"집중해서, 밀도 있게 역할 수행하기"*

인터뷰를 준비하는 시간은 한 시간이면 충분한데, 집중해서 밀도 있게 해야 한다. 읽은 책에 대해 이야기를 나누고, 인터뷰 대상과 만날 약속을 잡는다. 그리고 인터뷰할 때 어디에 초점을 두고 물어볼지 상의하여 질문을 정리한다.

먼저 책을 읽으면서 얻은 내용에 대해 충분히 이야기를 나눈다. 책에서 인상 깊은 부분을 찾아 각자 설명하고, 관련된 세상일과 자신의 경험을 이야기하고, 더 자세히 알아보고 싶은 내용을 정리한다. 책에서 본 내용이 실제 현실에서는 어떤지에 대해서도 의견을 나눈다. 이때 '기획'을 맡은 학생이 사회를 보며 회의를 이끌고 그 내용을 정리해둔다.

'외교'를 맡은 학생은 이때까지 누구를 만날지 구체적으로 인물을 정해서 만날 약속을 잡아둔다. 그 분야에서 일하는 사람 중에서 괜찮은 사람을 찾아야 한다. 예를 들어 음식점 주인을 만나기로 했다면 아무 음식점이나 찾아가지 말고 이른바 맛집, 즉 음식에 관련한 철학이 있는 집을 찾아간다. 아이들이 이메일로 상대에게 연락할 때 너무 짧게 써서 거절당하는 경우가 많기에, 격식이 있는 이메일을 어떻게 쓰는지 가르쳐주어야 한다. 인물 섭외가 안 될 때는 모둠에서 다 같이 힘을 모아서 인터뷰할 사람을 찾는다. 이때는 아이들이 휴대전화를 수업시간에 가져와서 직접 섭외 전화를 하게 한다.

'물음'을 맡은 학생은 모둠 구성원들이 인물에게 듣고 싶은 내용을 모아서, 인터뷰 상황을 떠올리며 질문의 순서를 정하고 이야기 흐름을 구상해둔다. 인터뷰 때 쓸 질문은 30개 이상 만들어두고, 상황에 따라 유연하게 적용해야 한다. 인물과 만나서 인터뷰를 할 때는 물음을 맡은 학생이 주도해서 그 상황을 지휘한다. 그런데 물음을 맡은 학생만 질문을 하면 인터뷰가 지루해지기에, 물음 담당은 친구들에게 질문을 나누어주고 물어볼 순서도 정해준다. 인터뷰는 녹음을 하더라도 물음 담당이 손으로 내용을 어느 정도 적어두는 게 나중에 녹음을 들으며 정리할 때 편하다. 종이에 적어둔 기록을 보면서 녹음을 들으면 그때마다 들리는 내용이 전체에서 어디쯤인지 알 수 있어서 좋다.

'최종 보고서'를 맡은 학생 역시 전체 상황을 메모하면서 어떻게 보고서를 쓸지 궁리해둔다. '기획'을 맡은 학생은 모둠 구성원들이 자기 역할을 제때 하도록 확인하고 챙긴다. 진행 과정에서 문제가 생겼을 때는 기획 담당이 책임의식을 갖고 문제 해결에 앞장선다.

아이들이 모둠별로 이야기하고 있을 때, 교사는 각 담당별로 아이들을 따로 불러내서 각 역할에 대해 짧게 설명을 한다. 같은 역할을 맡은 7~8명의 학생들이 앞에 나와서 교사와 눈을 마주보며 설명을 듣기에, 집중도가 있고 효율이 높다. 교사는 역할에 대해 짧게 설명한 다음에, 한 사람한 사람에게 진행 상황을 묻고 짧게 의견을 말해준다. 아이들에게 어려운 점을 물어보라고 해서 도움말을 해준다.

[수업 예]

① 읽은 책에 대해 다음 순서에 따라 이야기를 나누어봅시다.

㉠ 마음에 드는 한 문장을 찾아 소리 내어 읽고 이유 설명하기

㉡ 책 내용과 관련된 세상일 또는 자기 주변의 경험을 이야기하기

㉢ 궁금한 점을 각자 두 가지씩 말하고 함께 답을 찾기

② 모둠에서 서로 역할을 잘하고 있는지 확인해봅시다.

역할	할 일	확인
기획	모둠 구성원들이 제때 일을 하도록 챙겼는가?	
외교	적절한 인물을 정하고 만날 약속을 잡았는가?	
물음	인터뷰할 물음을 30개 이상 만들고 질문할 순서를 정했는가?	
최종	최종 보고서의 목차를 대략 구상했는가?	

③ 어떤 내용으로 이야기를 시작하고, 중간을 이어가다가 마무리할지 함께 생각해봅시다.

④ 인터뷰 흐름을 고려해서 질문의 순서를 정해봅시다. 각 질문마다 물어볼 사람도 정해둡니다.

이제 모둠별로 인터뷰를 하고, 보고서를 쓰는 시간이다. 인터뷰는 수업시간이 아닌 방과 후에 이루어지며, 모둠마다 인터뷰 날짜가 다르다. 수업시간에는 모둠별로 어떻게 인터뷰를 잘할지 계속 논의하고, 인터뷰를 끝낸 모둠은 수업시간에 보고서를 쓴다.

수업시간마다 교사는 모둠별 기획 담당을 모두 불러서 각 모둠의 진행 상황을 파악하고, 어려움을 겪는 모둠이 있으면 돕는다. 기획 역할을 맡은 학생에게는 교통사고나 성적인 측면에서 안전을 챙기라고 일러둔다. 학생 혼자 개인적으로 인터뷰 대상자와 만나지 말고, 꼭 여러 사람이 모여서 만나게 한다. 헤어질 때도 누구를 홀로 남겨두지 않고 다 같이 모여서 돌아오도록 주의시킨다.

인터뷰를 한 모둠은 수업시간에 간단하게라도 인터뷰가 어땠는지 경험을 이야기하게 해서 앞으로 인터뷰를 할 모둠에게 도움을 주고, 수업 분위기를 띄운다. 인터뷰가 아직 안 된 모둠은 서둘러 인물과 약속을 잡아서 인터뷰를 하게 한다. 드물게는 인터뷰를 하고 왔는데 내용이 별것 없어서 보고서 쓰기가 어려운 경우도 있다. 그런 때는 서둘러 대체 인물을 찾아 다시 한 번 인터뷰를 할 수도 있다.

책의 저자를 만나려 했는데 갑자기 저자가 사정이 생겨서 외국에 나갔을 경우와 같은 상황이 생기면, 이메일 인터뷰를 해도 된다. 이메일 인터뷰는 일반적인 상황에서는 허용하지 않고, 특별한 사정이 있을 때만 한다. 이메일로 인터뷰를 할 경우, 질문을 만들 때 그 순서와 내용에 더 신경 써야 나중에 보고서 쓰기가 쉽다. 인터뷰해주는 사람이 학생들의 질문에 대답을 하면서 대화하고 있다는 느낌이 들도록 하면 좋다.

인터뷰 보고서는 개인별로 자기 역할과 관련해서 쓴다. 기획 담당은 전체 진행 과정이 어떠했는지, 그 과정에서 자신이 어떤 일을 했고 무엇을 느꼈는지에 대해 쓴다. 외교 담당은 왜 그 인물을 만났는지, 그 인물과 만나기까지 자신이 어떤 일을 했고 무엇을 느꼈는지에 대해 쓴다. 물음 담당은 인터뷰 과정에서 오고간 대화를 기록하고, 어디에 초점을 두고 질문을 만들며 이야기 흐름을 구상했는지를 쓴다. 최종 보고서 담당은 기획과 외교와 물음 담당이 쓴 보고서를 받아서 완결성 있는 인터뷰 기록물을 만들어낸다.

고등학생을 기준으로 기획·외교 담당의 보고서 분량은 A4 종이로 3~5쪽이면 적당하다. 물음 담당이 쓰는 보고서는 인터뷰에서 오간 내용을 담기 때문에 이보다 더 길어도 되지만 10쪽을 넘지 않도록 상한선을 두는 게 좋다. 그래야 학생 부담이 크지 않다. 최종 보고서 역시 기본 분량을 10쪽 정도로 하고, 많아도 12쪽을 넘지 않도록 제한을 두는 게 좋다. 분량 제한이 없으면 양으로 정성을 보이려는 학생들이 몇 십 장을 해오는 경우가 있는데, 그러면 글이 늘어져서 완성도가 떨어지기 쉽고, 나중에 그 학생이 또 불평을 하게 된다. 그래서 분량 상한선이 꼭 필요하다.

최종 보고서를 맡은 학생은 다른 친구들이 쓴 보고서를 받아서 완결성 있는 보고서로 만드는 일을 한다. 교사가 이 과정을 설명할 때, 요리 재료와 다 만들어진 요리의 관계로 설명하면 아이들이 이해하기 쉽다. 예를 들어 된장찌개를 끓일 때 된장·무·파·두부·마늘을 재료로 넣지만, 완성된 된장찌개는 그 재료들과는 다른 음식이 된다. 단순히 재료를 합친 것이 아니라 새로운 무엇이 탄생하는 것이다. 최종 보고서를 맡은 사람은 기획·외교·물음의 보고서를 그냥 합치는 것이 아니라, 다른 친구들의 보고서를 재료로 삼아 전체 과정과 인터뷰 내용을 읽을 만한 글로 완성하는 것이다. 친구들의 파일을 받아서 그냥 붙이기만 해도 상한선 분량이 넘기에, 오히려 내용을 줄이면서 잘 읽히게 만드는 것이 할 일이다.

[수업 예]

① 아직 인터뷰를 하지 않은 모임은 질문이 적절한지를 살펴보고 인터뷰의 진행 방향을 점검해봅니다.

② 이미 인터뷰를 끝낸 모임은 각자 자기가 맡은 역할과 관련해서 보고서를 씁니다.

③ 신문과 책과 잡지에 나온 인터뷰 기사를 참고로 살펴봅시다.

④ 다음 시간에는 자기가 쓴 보고서를 1부씩 출력해 옵니다.

마지막으로, 아이들이 쓴 보고서를 읽고 교사가 의견을 말해주는 시간이다. 첫 번째 낸 보고서로 평가하지 않고 교사와 대화를 나눈 뒤에 고쳐서 쓴 보고서로 평가를 하면 아이들이 더 의욕을 낸다. 모둠마다 10~15분 정도 이야기를 하면 한 차시에 서너 모둠과 이야기를 나눌 수 있다. 각자 자기 역할을 수행한 과정이 보고서에 온전히 드러났는지를 살피면서 고쳐쓰기를 하는 과정에서 아이들은 자신의 활동 과정을 글로 어떻게 옮기는지에 대해 더 깊게 이해하게 된다.

이때 교사가 아이들이 쓴 글을 미리 다 읽지 않고 수업에 들어가도 괜찮다. 수업시간에 학생이 쓴 글을 보면서 눈에 띄는 부분을 한 사람마다 서너 가지 정도 말해주면 충분하다. 교사의 의견이 많아질수록 아이들은 심리적으로 위축되어서 제대로 배우지 못한다. 치밀하게 지적하기보다는 학생이 감당할 수 있는 만큼 도움말을 주는 게 더 도움이 된다.

교사가 어느 한 모둠과 이야기할 때 다른 아이들은 떠들기 쉽다. 아이들에게 서로 글을 돌려보며 고치게 해도, 모둠 안에서 친구들 글을 보는 것은 한 시간 정도면 끝난다. 다른 모둠과 보고서를 돌려보라고 해도 집중력이 오래 유지되지 않는다. 이때 교사는 다른 반 아이들이 쓴 보고서를 가져와서 나누어주고 댓글 달기를 시키면 좋다. 아이들은 다른 반 아이들이 쓴 글에 강한 호기심을 보인다. 아이들이 서로 달아준 댓글은 교사가 아이들과 일대일로 이야기할 때 참고가 되고, 아이들이 자기 글을 고쳐 쓸 때도 도움이 된다. 아이들은 댓글 달기를 재밌어하고 잘 참여한다.

보고서를 볼 때 교사가 초점을 둘 부분은 다음과 같다. 일단 역할과 관계없이 모든 글은 머리말과 맺음말이 있어서 그 자체로 완결성이 있어야 한다. 기획과 외교 담당 보고서는 일반적인 글을 볼 때처럼 보면 된다. 물음 보고서는 인터뷰 내용 녹음한 것을 그대로 글로 옮기지 않고 문장을 압축해서 읽기 편하게 고쳤는지를 본다. 입말은 군더더기가 많아서 글로 그대로 옮기면 읽기 힘들다. 물음 보고서의 완성도가 높아야 최종 보고서 담당의 부담이 줄어들기에 물음 보고서를 교사가 잘 살펴야 한다.

최종 보고서는 인터뷰 대상을 만나기까지의 과정이 아이들에게는 매우 강렬하기에 정작 인터뷰 내용보다 그전의 내용이 글의 절반을 차지하는 경우가 흔하다. 그래서 인터뷰 대상을 만나기 전과 만나서 이야기 나눈 내용이 3 : 7이나 2 : 8 정도로 균형을 유지하도록 지도하는 일이 필요하다.

그리고 아이들은 '수행평가여서 한다'는 표현을 글에 무심하게 종종 쓰는데, 이 표현은 글의 수준을 떨어뜨린다. 수행평가와 상관없이 글 자체로 의미 있게 하라고 해야 글의 완결성이 높아진다. 그 밖에 인터뷰 내용 중간에 자신들이 무슨 생각을 했는지 해설을 짧게 붙이면 글이 더 잘 읽힌다고 알려준다. 글의 시작과 끝에 들어가는 문장 세 줄은 멋있어야 글이 힘 있게 느껴진다고 마지막 부분을 점검하라고도 말해준다.

[수업 예]

① 다음 점검표를 활용해 글을 보완해봅시다. 글을 돌려보며 고칠 부분을 찾아줍니다.

인터뷰가 가치 있게 되었는가?

각자 맡은 역할의 수행 과정이 잘 드러나는가?

인터뷰를 자신과 연관해서 생각했는가?

다른 자료 없이 이해가 가능하도록 설명했는가?

글 처음과 맨 마지막 세 줄을 인상 깊게 썼는가?

글의 구성이 짜임새 있고 흐름이 자연스러운가?

맞춤법, 띄어쓰기, 문장 호응이 맞는가?

제목, 소제목을 적절하게 붙였는가?

인터뷰 중간에 정리하는 글을 적절히 썼는가?

인터뷰한 인물에게 보고서와 감사편지를 보냈는가?

② 다른 모둠과 대화 기록을 바꿔서 서로 의견을 교환해봅시다. 공감이 되는 부분은 동그라미를 치고 '공감이 돼'라고 적고, 말이 안 되거나 자연스럽지 않은 부분은 네모를 치고 '말이 안 돼' 또는 '자연스럽지 않아'라고 적어봅니다.

③ 다른 모둠에서 쓴 글을 보면서, 배울 점을 찾아 자신의 글을 보완하는 데 적용해봅시다.

④ 선생님에게 보고서를 보여드리고 의견을 들어봅시다. 선생님의 의견을 반영해서 보고서를 보완해봅니다.

⑤ 여러 검토 내용을 반영해서 고친 보고서는 파일 한 개에 끼워서 냅니다. 표지를 한 장 만들고, 그 뒤에 최종 보고서, 기획, 외교, 물음 보고서를 순서대로 넣습니다.

어떻게
평가할까?

●

[책 읽고 인터뷰하기]의 평가는 수행평가로 한다. 수행평가에는 성실성과 우수성 두 측면이 있다. 학생이 활동에 성실하게 참여해서 얻는 점수가 있고, 뛰어난 성취를 보여야 얻을 수 있는 점수가 있다. 성실성만 따졌을 때는 작품성이 높지 않게 나올 수 있고, 우수성만 따지면 재능이 부족한 아이들이 노력해도 점수를 못 얻게 된다. 지도하고 평가할 때는 성실성과 우수성을 적절히 동시에 고려해야 한다.

먼저 성실하게 책을 읽었는지를 살필 수 있다. 책 읽는 시간이 6차시인데 매시간 독서활동지를 5분씩 쓰게 한 다음에 그 내용이 잘 담겼는지 확인하면 된다. 책을 읽으며 새롭게 알게 된 지식과 정보를 한 쪽에 정리하게 한 다음에 그 내용을 살펴도 좋다. 책 읽기를 평가하는 이유는, 책을 잘 읽어야 인터뷰가 내용 있게 되기 때문이다.

'인터뷰 준비하기' 단계에서는 인터뷰할 인물과 만날 약속을 잡았는지, 질문을 충분히 만들고 그 질문을 할 사람을 적절하게 정했는지를 살필 수 있다. 10차시까지 인물을 정하지 못하면 인터뷰가 어려워지기에, 인물과 만날 약속을 잡았는지를 평가하면 중간점검이 된다. 10차시까지 약속을 잡으면 점수를 얻는 항목을 두는 것이다. 그런데 활동 중간에 감점을 받으면 아이들의 협력 분위기가 훼손될 수도 있기에, 이 부분은 점검만 하고 평가에 반영하지 않아도 된다. 감점을 해서 아이들이 더 열심히 하는 경우도 있고, 자포자기를 하거나 지나치게 예민해지는 경우도 있는데, 상황을 보고 교사가 적절히 판단해서 한다.

아이들은 공동 활동에서 각자가 맡은 역할을 어떻게 수행했는지 그 과정을 담은 보고서를 개인마다 써서 낸다. 종이 보고서를 낼 때는 최종 보고서를 맨 앞에 놓고, 그 뒤에 기획·외교·물음 보고서를 배치해서, 최종 보고서가 어떻게 나왔는지 중간 과정을 알 수 있게 한다. 인터넷 카페에 학급별로 게시판을 만들어두고 모둠별로 모아서 과제를 올리게 하면 과제 분실 위험이 없고 관리가 편하다. 또는 종이 보고서는 모둠별로 최종 보고서 1개만 내고 나머지는 전자 문서인 파일로 받는 것도 요령이다.

기획 보고서는 전체 과정이 어떻게 진행되었는지를 시간 순으로 보여주는데, 성실하게 상황을 담았는지를 살핀다. 외교 보고서는 인터뷰 대상을 정하기까지 판단 과정과 연락해서 약속을 잡기까지 무슨 일이 있었는지를 보여주는데, 그 과정이 제대로 되었는지 살핀다. 물음 보고서는 인터뷰를 할 때 어디에 초점을 두고 질문을 만들었고 어떻게 모둠 구성원들이 질문을 던지며 흐름을 만들어갈까에 대한 생각과 인터뷰 내용이 읽기 편하게 정리되어 있는지 본다. 최종 보고서는 다른 역할을 맡은 친구들이 쓴 보고서를 붙여넣기한 수준이 아니라, 한 단계 더 나은 보고서로 완결성 있게 만들었는지를 본다.

이 수업은 개인이 자기 역할을 하는 것이 전체에 도움이 되도록 설계가 되어 있다. 그래서 보고서는 개인점수와 공동점수를 각각 매기는데, 그 비율은 1 : 1이나 2 : 1로 한다. 개인점수가 없이 공동점수만 있으면, 적극 나서서 하는 학생과 소극적인 학생 사이에 불공정함이 생길 수 있다. 개인점수만 있고 공동점수가 없으면, 잘 따라오지 못하는 친구를 방치할 수가 있다. 개인점수는 각자가 쓴 보고서를 평가하고, 공동점수는 최종 보고서를 중심에 두고 구성원 모두가 낸 보고서 전체의 완성도를 보고 평가한다. 개인이 협력한 정도를 살펴서 같은 모둠이어도 공동점수가 다를 수도 있다.

보고서는 맨 처음에 아이들이 써온 글로 평가하지 않고, 교사와 의견을 나눈 뒤에 고쳐온 보고서로 평가를 한다. 이 부분은 교육 불평등과 관련이 있다. 고차원적으로 평가를 할수록 가정환경이 좋은 아이들이 성적이 더 잘 나온다는 교육사회학의 연구 보고가 있어서, 적절한 대응이 필요하다. [책 읽고 인터뷰하기]처럼 긴 호흡으로 하는 수업의 평가는 교사가 보고서에 대해 고쳐쓰기 지도를 한 다음에 고쳐온 글로 해야, 아이들의 개인 배경에 따른 격차가 줄어든다. 처음 낸 글로 평가하면 학교 바깥에서 고급스러운 지원을 받는 학생이 유리하지만, 교사가 고쳐쓰기 지도를 한 다음에 낸 글로 평가하면 그런 배경이 없는 학생도 잘할 수 있다.

평가 등급은 3개에서 5개로 사이로 할 수 있다. 3개 등급으로 할 때는

'잘함/보통/못함'으로 나누고 '잘함'을 30%, '보통'을 50%, '못함'을 20% 정도로 한다. 5개 등급으로 할 때는 3개 등급 분류의 앞뒤에 한 등급씩을 더 두어 '매우 잘함' 10%, '잘함' 20%, '보통' 50%, '못함' 10%, '매우 못함' 10%로 하면 된다. 상황에 따라 등급 비율은 조정이 가능하다. 학급별로 비율을 딱 맞추기보다는, 학급별 성취 수준에 따라 일정한 범위 안에서 비율은 더하거나 줄인다. [책 읽고 인터뷰하기]는 아이들의 성취가 대체로 높게 나온다. 그래서 등급을 너무 세분화해서 평가하지 않아도 된다.

평가 장면	평가 기준	확인
책 읽기	인물과 연관된 분야의 적절한 책을 골랐는가?	
	새로 알게 된 정보, 묻고 싶은 거리를 정해진 분량에 맞게 적었는가?	
인터뷰 준비	모둠 구성원들이 제때 일을 하도록 챙겼는가?	
	적절한 인물을 정하고 만날 약속을 잡았는가?	
	인터뷰할 물음을 충분히 만들고 순서를 정했는가?	
	최종 보고서의 목차를 대략 구상했는가?	
각자의 보고서	진행 과정이 전체적으로 잘 드러났는가?	
	인터뷰 대상과 만나기까지 과정이 잘 드러났는가?	
	인터뷰 내용이 읽기 좋게 정리되었는가?	
	인터뷰가 총체적으로 완결성 있게 정리되었는가?	
	글의 구성이 짜임새 있고 흐름이 자연스러운가?	
	맞춤법, 띄어쓰기, 문장 호응이 맞는가?	
	제목, 소제목을 적절하게 붙였는가?	

묻고
답하기

●

Q 이 활동을 할 때 학생의 부담을 줄이려면 어떻게 해야 하는가?

기획과 '외교'는 부담이 크지 않다. 그런데 물음을 맡은 학생이 너무 열심히 녹음된 내용을 글로 풀다가 지치는 경우가 있다. 녹음된 내용을 있는 그대로 다 풀지 말고 핵심만 정리하도록 분량 제한이 필요하다. 물음 보고서가 깔끔하게 나오면 최종 보고서 역시 그리 어렵지 않다. 물음을 맡은 학생이 인터뷰할 때 종이에 대화 내용의 전체 얼개를 써두고, 녹음된 내용을 글로 정리하게 해야 한다.

Q 이 활동이 현장에서 변형되어서 구현된 사례가 있는가?

있다. 인터뷰 대상인 인물을 어떻게 정하느냐에 따라 이 방법은 빛깔이 달라진다. 첫째, 서울·경기와 같이 대도시에 가까운 학교에서는 책의 저자와 만나기도 한다. 둘째, 동네 사람 중에서 배울 거리가 있는 사람을 만난다. 이렇게 하면 다양한 직업인의 인터뷰가 된다. 셋째, 구청과 읍·면·

동사무소와 같은 관공서와 연계해서, 마을 주민 중에서 외로운 할아버지·할머니를 학생들이 인터뷰해서 그분이 살아온 인생을 정리한 사례도 있다. 이 경우에는 지역의 생활사를 정리하는 활동처럼 된다. 넷째, 학교와 교사의 특성에 따라서 성직자를 인터뷰한 사례와 예술인을 인터뷰한 사례가 있다.

Q 모둠이 아니라 개인 활동으로 [책 읽고 인터뷰하기]를 하면 어떤가?

적절하지 않다. 첫째, 학생의 부담이 너무 크다. 인물을 정하고 약속을 잡고 대화 내용을 혼자서 정리하다 보면 깊이 있는 활동이 어렵다. 둘째, 학생 한 사람 한 사람이 찾아가려면 인터뷰할 인물이 많아야 하는데, 지역에 인물이 부족할 수 있다. 셋째, 안전 문제가 있다. 모둠 활동에서는 학생들이 여러 명이 모여 있어서 위험이 예방된다. 개인 활동에서는 학생들이 위험에 노출되었을 때 대응력이 떨어진다. 넷째, 교사가 도움을 주기가 어려워진다. 28명으로 이루어진 학급에서 모둠 활동을 하면 교사가 7개 집단과 면담을 하면 되지만, 개인 활동으로 하면 28명의 작업 과정을 살펴야 한다.

Q 학생들이 모둠 활동을 싫어하는 경우가 있는데 어떻게 해야 하는가?

공동 작업을 할 때는 한 사람 한 사람에게 역할이 분명히 주어져야 한다. 그래야 겉도는 사람이 없어져서 사람들의 감정이 상하지 않는다. 공동 활동에 대한 많은 부정적인 이미지는, 그 활동을 지도하는 교육자가 학

생들에게 제대로 역할을 나누어 맡기기 않았기 때문이다. 물론 제대로
역할을 나누어 맡은 상황에서도 함께 작업하다 보면 의견이 엇갈리고 갈
등이 생길 때가 있다. 그런 때를 대비해서 갈등을 해결하는 역할을 만들
어두는 것이 필요하다. 이 수업에서는 '기획'을 맡은 학생이 모둠 안 의사
소통과 갈등 해결을 책임진다.

수업을
마치며

●

"인물을 만나야 인터뷰를 하는데 실패하는 경우는 없나요?"

인터뷰에 나선 아이들은 정말 모두 다 인터뷰에 성공을 한다. [책 읽고 인터뷰하기]는 특정한 한 사람을 정해두고 만나지 않고, 그 분야에서 일하는 사람을 대상으로 한다. 어떤 한 인물에게 인터뷰를 의뢰하다가 안되면 다른 사람을 찾으면 된다.

"학생들이 인터뷰를 어려워하지는 않나요?"

처음에 학교 바깥으로 나가서 사람을 만나라는 말에 아이들이 놀라긴 하지만 의외로 쉽게 한다. 중·고등학생들에게는 젊은 사람들 특유의 밀어붙이는 힘이 있다. 일단 인물을 정하고 나면, 아이들은 과감히 연락해서 약속을 잡는다. 네 사람이 모여서 함께하기에 생기는 용기도 있다. 인터넷과 스마트폰, 학교도서관과 공공도서관이 있어서 마음만 먹으면 정보 검색이 별로 어렵지 않다. 교사가 인터뷰 과정을 알려주고 아이들에게 알아서 하게 하면 거의 모두 해낸다.

"자신감이 높아졌어요."

인터뷰를 끝낸 아이들은 어깨에 으쓱으쓱 힘이 들어간다. 자신들이 작아 보였는데 어른들이 자기들을 만나서 진지하게 이야기를 해주니 대우받는 느낌이 들었다고 한다. 모르는 사람과 만나서 두 시간 정도 진지하게 이야기를 나누고 오는 경험은 아이들에게 평소에 자주 없는 일이다. 인터뷰 과정에서 그 분야를 더 생생하게 알게 되고, 한 사람이 사는 방식을 보면서 자신이 어떻게 살아가야 할지 생각하게 된다고 한다.

[책 읽고 인터뷰하기]는 앎과 경험이 독서에 어떻게 작용하는지를 알게 되는 활동이다. 인물을 만나는데 그 인물과 관련된 책을 읽고 만난다. 그 결과 책 내용을 곱씹게 된다. 인물과 만나기 전에 본 책과, 인물과 만나서 인터뷰를 한 뒤에 인식되는 책의 내용은 똑같지 않다. 그 분야에서 일하는 사람을 만나서 들은 이야기가 있어서, 그전에 책에서 못 보던 부분이 새롭게 보이고, 이미 알고 있던 내용도 더 풍부하게 이해하게 된다.

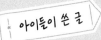

우린 무신론자입니다

《따뜻한 리더, 교황 프란치스코》(안드레아 토르니엘리)를 읽고

[야고보 신부를 만나고 쓴 최종 보고서]

우리 모임 모두가 천주교 신자도 아니고, 평소 천주교가 관심 있던 분야도 아니었던 터라, 난생 처음 보는 신부님을 찾아서 인터뷰하자니 쉽지 않았다. 휴대폰으로 한참을 검색한 끝에 '한국순교복자성직수도회'라는 수도회를 찾았다. 우리가 책을 통해 공부한 교황님은 매우 검소하신 분이셨는데, 이곳 수도회의 신부님들도 검소한 생활을 하신다는 소문이 들렸다. 그리고 무엇보다 훌륭하신 분이 많다는 소문도 한몫했다.

우리는 방과 후에 남아서 한국순교복자성직수도회에 전화를 걸어 인터뷰 요청을 했다. 수업이 끝나고, 청소가 끝나고 주위가 조용해지자 조심스럽게 전화를 걸었다. 생전 처음 보는 분께 인터뷰 요청을 하려니 뭐라고 말씀드릴지, 대답은 어떻게 할지, 무서운 분이면 어떡할지 몹시 떨렸다. 몇 초간 수화음이 들리더니 음식점 등에 전화하면 으레 나오는 익숙한 전자음이 인사와 함께 한국순교복자성직수도회라는 안내 말이 흘러나와서 잠시나마 안심할 수 있었다.

이윽고 누군가 전화를 받자 "저는 광동고등학교 2학년 학생입니다"라고 먼저 소개를 했다. 그랬더니 수화기 건너편에서 어떤 일로 전화했는지 물어보았다. "이번에 저희가 교황님에 관한 책을 읽었는데, 친구들끼리 견해가 다른 부분이 있어서 인터뷰를 통해 해소하고 싶습니다"라고 말씀드렸다. 어떤 책을 읽었느냐고 물어보셨다. 《따뜻한 리더, 교황 프란치스코》란 책과 《교황과 나》 그리고 다른 책 하나를 더 읽었습니다"라고 말씀드렸다. 잠시 생각하시는가 싶더니 나중에 다시 연락해주신다고 하시고 전화를 끊었다.

인터뷰 요청은 했지만 아직 허락해주시지 않았기 때문에 혹시나 답이 없거나 거절하시면 어쩌나 많이 걱정되었다. 걱정 반, 기대 반으로 밤을 지새우고, 어느덧 하루가 지나 다음날 학교가 끝났다. 모둠원이 모인 가운데 떨리는 마음으로 휴대폰을 켰는데, 문자 메시지가 하나 와 있었다. 나중에 우리가 인터뷰할 야고보 신부님이 보내신 문자였다. "안녕하세요?"라는 인사말과 함께 언제 인터뷰하고 싶은지 물어보는 내용이었다. 야고보 신부님께 11월 8일에 인터뷰를 하고 싶은데 시간이 되시느냐고 연락을 드렸더니, 가능하시다는 답장과 함께 그날 2시까지 서울 성북구 성북동에 있는 한국순교복자성직수도회로 오라고 말씀해주셨다.

당신은 누구인가

어느덧 금요일, 일찍 자려고 누웠지만 난생 처음 뵙는 신부님이랑 인터뷰해야 한다는 부담감 때문인지 잠이 오지 않았다. 친절하신 분일까 무서운 분일까, 질문이 너무 부족하면 어떡할까, 늦으면 어쩌지? 하는 생각을 하다가 한국순교복자성직수도회에 대한 정보와 천주교에 대해서 검색해보다 새벽녘에야 잠이 들었다. 버스와 지하철을 타고 2시간 정도 끝에 한국순교복자성직수도회에 도착했다. 우리가 찾아간 한국순교복자성직수도회는 큰 건물들이 들어선 번화가를 약간 지나쳐 한적한 언덕길에 있었다. 수도회 앞 색 바랜 간판을 단 백반 집과 벽면에 다닥다닥 붙어 있는 담쟁이넝쿨들은 얼마 전에 갔던 서촌과 묘하게 닮아 있으면서도 뭔가 색다른 느낌이었다. 여태까지 내가 보아온 서울의 모습과는 좀 달랐음에도 시골에 외할머니 댁 동네처럼 묘하게 익숙한 느낌이었다.

약속 시각은 2시였지만, 우린 좀 더 일찍 12시경에 도착했다. 신부님께 연락을 드렸으나 답변이 없었다. 나중에 알았지만 2시까지 미사를 드리고 있어 연락이 불가능했다. 우리가 일찍 왔기에 잠깐 시간을 보낼 장소를 찾았다. 조금 걷다 보니 수도회 근처 2층짜리 편의점을 발견했다. 1층엔 물건을 팔고 2층엔 의자와 테이블이 있어 쉴 수 있는 공간이 있는 곳이었다. 이곳에서 질문도 다시 한 번 검토하고, 간단하게 점심도 해결했다. 약간 수다도 떨고, 질문도 정리하고, 밥도 먹다 보니 2시가 가까워졌다. 수도회에 들어가기 전 신부님께서 바쁘시진 않은지 다시 한 번 연락해보고 들어갔다.

수도원 입구에 들어서자 오늘 우리의 인터뷰 대상자이자 가르침을 주실 야고보 신부님이 우릴 반갑게 맞이해주셨다. 신부님은 내 걱정과는 달리 매우 친절하시고 재미있는 분이셨다. 얼굴도 30대 초반으로 보이셨는데 40대라고 하셔서 놀랄 만큼 동안이셨다. 우리는 만나자마자 어디 들어가 인터뷰를 할 줄 알았다. 하지만 우선 수도원을 한번 둘러보자는 신부님의 말에 예전부터 궁금했던 곳을 둘러봤다. 수도원에서 신기했던 것은 안을 가득 채우고 있는 각양각색의 조각품들이었다. 신부님 말을 빌리자면 순교자와 예수님의 모습을 조각한 조각품이라고 하셨다. 신부님은 우리에게 수도회 내부의 미사를 드리는 곳까지 공개해주셨는데 수도회의 강단은 좌석과 높이가 비슷했다. 이유는 만인은 평등하다는 뜻이라고 하셨다.

수도회 내부를 잠깐 구경한 뒤 신부님께서 명동성당에서 하는 축제를 구경하자고 하셔서 명동성당으로 같이 가면서 이야기를 했다. 버스에서, 지하철에서 인터뷰를 했는데 처음에는 신부님을 알아가기 위해 대부분 개인과 관련된 질문을 했다.

– 일단 저희에게 처음 연락을 주셨을 때부터 궁금했던 점입니다. 세례명이 야고보이신데, 그 이름에 어떠한 뜻이 있으며 얽힌 이야기가 있나요?

"야고보란 세례명은 간단히 말하자면 천둥의 아들이라는 뜻이야. 벌거숭이란 의미도 담겨 있지. 벌거숭이, 즉 아무것도 아닌 사람을 말하는 이름이지. 나는 죄인이었어. 부족한 사람. 이런 사람을 예수님이 받아주신 것이지. 너희 베드로란 사람을 알고 있니? 제1대 교황인데 직업이 어부였지. 베드로란 세례명에는 반석이란 뜻이 있고, 반석은 바닥에 깔린 이 돌처럼 모든 교회에 밑받침, 기초가 되라는 의미가 담겨 있지. 세례명은 이렇듯 중요한 의미가 담겨 있어."

- 신부라는 직업을 가지기까지 어떤 계기가 있고, 마음가짐이 있었을 거라 생각하는데요. 어떻게 신부가 되셨는지 궁금합니다.
"애초에 어렸을 때 신부라는 직업을 처음 접하면서부터 신부를 내 미래 직업으로 삼고 싶었지. 하지만 초등학교를 졸업하고 중학교 시절을 겪으면서 차츰 신부가 아닌 다른 꿈이 생기면서 신부가 되고 싶지 않았어. 그래서 고등학교 졸업하면서까지 신부란 직업을 택하지 않으려 했어. 그래서 대학교도 기계설비 쪽을 전공했지. 그렇지만 사회에 나가서 세상을 살다 보니 이 인생이 행복하게 느껴지지가 않았지. 이 사회를 살아가는 사람들도 모두 경쟁 위주의 삶을 살고 있고, 나 또한 그러한 삶을 살고 있다고 생각하니 내 삶이 버겁고 무의미하다는 느낌이 들었지. 그래서 이대로는 안 되겠다 싶어 다른 생각을 해보았지. 그렇다면 이 세상에서 가장 가치 있는 삶이란 무엇일까? 그리고 답을 찾기 위해 노력했지."

- 혹시 답을 찾으셨나요? 만약 찾으셨다면 신부님이 찾은 답이 궁금한데요. 혹시 가르침을 주실 수 있으신가요?
"당연하지. 나는 일단 주변 사람들을 둘러보았어. 하지만 주변 사람들도 전혀 행복해 보이지 않았지. 내가 보기에 가장 행복한 사람들은 스님, 수녀님, 신부님인데 그럼 저

454

사람들은 도대체 왜 행복할까? 나는 그 이유를 찾기 시작했어. 찾다 보니 이들 모두 가진 것은 없지만 행복해 보이더라고. 고민에 고민을 거듭해 그 이유를 찾을 수 있었지. 이들은 정말로 가진 것이 없어서 행복한 것이구나. 가진 것이 없다 보니 고민거리도 없어서 행복하다는 깨달음을 얻었어. 우리는 힘들어하는 사람들과 그냥 함께하는 것뿐이야. 누가 기뻐하면 함께 기뻐해주고, 누가 슬퍼하면 같이 울어주는 것밖에 없어. 하지만 그런 삶이 충분히 가치가 있고, 행복하고, 이 세상을 살 만한 이유로 충분하다고 생각했어.”

천주교란?

대화가 끝날 무렵, 우리는 명동성당에 도착했다. 우리는 신부님과 축제도 보고, 명동성당도 둘러보고, 조용한 곳에서 인터뷰도 계속 하기로 했다. 성당에 들어가기 전에 신부님이 예수님의 어머니이신 성모 마리아상을 보여주셨는데 여기서도 우리의 질문은 계속되었다.

– 천주교란 무엇인가요?
“천주교를 말 그대로 풀면 ‘하늘의(天) 주인을(主) 가르치는(敎) 거야.”

– 다른 종교에서는 천주교가 예수님보다 어머니인 성모 마리아님을 더 숭배하고 찬양한다, 이런 생각을 많이 한다고 들었습니다. 천주교 신부님의 생각을 듣고 싶습니다.
“우리 천주교에서는 하느님을 흠숭한다고 표현해. 성모 마리아는 찬양한다, 숭배한다, 이러한 개념이 아니고 공경한다고 표현하지. 흠숭한다는 말 처음이지? 어려운 용어야. 그래서 그 차이점을 이야기하고 서로 오해를 풀어야 하는데, 이런 개념과 마찬가지지. 어머니를 받아들일 것이냐, 받아들이지 않을 것이냐. 자세히 이야기하려면 오래

걸려서 지금 말해줄 수 있는 것은 이 정도뿐이야."

- 오기 전에 천주교에 대해 여러 가지 조사를 했습니다. 천주교는 죽으면 연옥이라는 곳에 간다고 하는데 연옥이 무엇인가요?
"연옥이란 말도 알아? 그냥 천주교 들어와도 되겠네. (웃음) 연옥은 천국을 가야 할 정도로 착한 사람도 아니고 지옥을 가야 할 정도로 나쁜 사람도 아닌 사람들이 와서 죄를 씻고 천국을 가기 위해 기다리는 곳이야."

- 궁금한 게 있습니다. 제가 알지 못하는 상태에서 죄를 저질렀다면 이 경우는 죄인가요?
"이건 예를 들면서 설명해야 쉽게 이해할 수 있지. 너희가 아파트에서 돌을 창밖으로 던졌어. 그리고 그 돌에 누군가 맞았어. 이 경우 죄가 성립하겠지? 하지만 평소에 아무도 안 지나가던 길에 확인해봤을 때 아무도 없었어. 매일 던져도 아무도 맞지 않았다면, 죄일까? 아니라고 생각하지? 하지만 이 경우는 죄야. 왜냐하면 돌을 던질 때 누군가 맞지 않을까 하고 생각을 하잖아. 맞을 수도 있다고 알면서도 돌을 던지면 그것은 죄가 되지. 그럼 일단 성당 안으로 들어가 볼까?"

신부님을 따라 우리는 명동성당에 들어가 보았다. 들어가자마자 우리는 입이 떡 벌어졌다. 정말 영화에서나 볼 법한 모습들이었다. 정말 넓은 곳이고, 창문에 있는 스테인드글라스는 정말 화려했다. 우리가 갔을 때, 마침 명동성당에는 결혼식이 한창이었다. 성당 안에서는 마침 한국순교복자성직수도회의 수도원장님이 주례를 맡고 계신 터라 혼배미사를 구경할 수 있었다. 그래서 축가를 불러주는 성가대도 볼 수 있었다. 흰색의 옷에 화려한 느낌을 주는 성가대는 말 그대로 놀라웠다.

가난한 사람들을 위한 가난한 교회

명동성당도 어느 정도 구경을 끝내고, 이제 조용한 뒤뜰로 자리를 옮겼다. 여러 동상이 돋보이는 넓은 공터 구석에 벤치가 있었는데 우리는 거기서 인터뷰를 다시 이어갔다.

- 신부님이 되기까지는 여러 가지 교육을 받아야 한다고 알고 있습니다. 대체로 어떠한 교육을 받나요?

"어떤 교육이라, 뭘 하고 뭘 하지 말아야 하는 것은 당연히 기초적으로 배우고, 기본적인 인성 교육도 배우고, 지성 교육, 육체적인 교육, 정신 교육 이런 것까지 전부 다 배우지. 온통 다 배워야 하지."

- 그렇다면 육체적인 교육은 팔굽혀펴기, 윗몸일으키기 같은 건가요?

"음, 체력적이라 할 수 있지. 체력이 바탕이 되어야 해. 그리고 '지, 덕, 체'가 중요해. 지, 덕, 체가 올바르게 형성되어 있지 않을 때 사람은 편협한 생각을 하고, 선입견적인 말을 하고, 내가 추구하는 행동만 하게 되지. 지, 덕, 체를 연마한다고 할 수 있어."

- '가난한 사람들을 위한 가난한 교회', 이 말은 프란치스코 교황님이 중요하게 여기고 있는 말이라 합니다. 하지만 무슨 뜻인지 모르겠는데, 고견을 듣고 싶습니다.

"돈이 없는 거지라고 해서 가난한 교회일까? 내가 부자라면 이러한 가난함을 느낄 수 없을까? 가난은 몸, 마음, 정신적으로 부족할 때를 가난하다고 해. 특히 몸이, 즉 물질적으로 부족한 것이 가난이 아니고, 정신적으로 내가 부족함을 느낄 때 진정 가난하다고 할 수 있지. 물질적으로 거지이든 부자이든 이걸 떠나서 정신적으로 부족한 사람들을 위한 교회를 만드는 것, 이것이 진정한 '가난한 사람들을 위한 가난한 교회'라고 할 수 있지."

– 이건 좀 심층적인 질문인데요. 저희가 이《따뜻한 리더, 교황 프란치스코》를 읽고 친구들끼리 서로 논의하면서 나온 질문입니다. 프란치스코 교황님이 최초의 예수회 교황이라 했는데 예수회는 어떠한 집단인가요?

"음, 뭔가 특별한 게 있다면 학식이 아주 뛰어나. 가톨릭에서 뛰어나다는 인재는 예수회에 다 모여 있어. 기본이 박사님 이상이지. 웬만한 일반 대학교수님보다 훨씬 낫지. 지적 능력 면에서 말이야. 그런 사람들이 예수회로 많이 들어가. 나 같은 사람은 지적 능력은 좀 뒤떨어질지 모르지만, 외모가 뛰어나니까. (웃음)"

– 이전 질문에 추가하는 질문입니다. 예수회 말고도 다른 집단이 많이 있나요? 그리고 예수회와 수도회의 차이점이 무엇인가요?

"그럼 엄청나게 많지. 한국에만 46개의 남자 수도회가 있어. 그리고 예수회도 수도회고, 내가 있는 한국순교복자성직수도회도 수도회이지. 그렇다면 수도회란 무엇인가? 수도회란, 하느님께 자기 자신을 다 봉헌한 사람들을 통칭해서 수도회라고 하지. 수녀님들도 이곳 명동성당을 지나다가 많이 봤지? 그 수녀님들도 수녀회라고 하는 곳에 계시지."

– 그럼 수도회에는 남자밖에 없고, 수녀회에는 여자밖에 없나요?

"그렇지. 수도회에는 남자, 수녀회에는 여자. 우리 성당에 남자들만 바글바글했잖아."

– 예수회에는 수련 같은 도 닦는 과정이 굉장히 혹독하다고 책에서 읽었습니다. 같은 수도회면, 신부님도 같은 혹독한 훈련을 받으셨나요?

"똑같이 수련받지. 수련은 학식을 쌓는 과정이 아니라 영성을 쌓는 과정이지. 즉, 하느님께로 가장 가까이 가는 사람이 되기 위해 노력하는 거지. 그때는 신학 공부도 하지 않아. 오직 하느님께 기도만 해. 일해도 가장 기본적인 노동만 하고, 나머지 시간에는 하느님께 기도하며 보이지 않는 연결고리를 형성해나가는 거지. 음, 이건 약간 대답에서 벗어난 말인데, 내가 너희에게 질문 하나 할게. 너희는 어머니가 너희를 사랑한다고 직접 느끼니?"

– 어머니의 사랑이라…… 되게 어려운 질문이네요.
"잘 못 느끼겠지? 자, 예를 하나 들어볼게. 너희가 학교에 갔다가 집에 왔어. 근데 식탁 위에 사과가 하나 놓여 있어. 그 사과를 보고 너희가 먹어. 사과를 먹을 때는 솔직히 아무 느낌이 없어. 그렇지? 배고픈데 사과를 먹었으니 별 느낌이 없어. 그런데 사과를 먹다 보니 이 사과를 식탁 위에 누가 두었을까를 생각하게 되지? 대체 누가 놔두었을까? 당연히 어머니 아니면 아버지겠지? 그렇다면 어머니, 아버지가 이 사과를 왜 여기에 놔두었을까? 먹으라고? 당연히 먹으라고. 누가 먹으라고? 당연히 너희지. 그럼 그때 마음은 어떨까? 오, 하는 바로 그 느낌이야. '이 세상을 만든 사람이 분명 있다'라는 것이지. 이것이 존재론적으로 이야기하는 거야. 신적인 근거지. 무엇이 없다면 없어야 하는데, 무엇이 있다면 그 무엇인가를 만든 사람은 있다. 만든 사람이 아니라 사람이 아닌 또 다른 무엇이라면 그것은 신이다. 이런 이야기를 할 수 있지."

평소에 우리가 흔히 생각하던 것도 하나하나 깊게 들어가니 모두 고맙고 미안해졌다. 그리고 그 고맙고 미안한 것이 천주교에서 말하는 신이라는 것에, 이렇게 생각할 수도 있다는 것을 듣고 아무나 신부가 되는 것은 아니라고 생각했다.

인기가 많아지면 간사한 마음이 생긴다
인터뷰를 마치고, 신도님들과 모여서 저녁을 먹으러 갔다. 식당은 남산타워 근처에 있

는 돈가스 집이었다. 어떤 아저씨가 길거리에 나와서 호객 행위를 한다는 점이 인상적
이었다. 신부님과 같은 테이블에 앉아 이런저런 대화도 나누고 하다 보니 돈가스는 금
세 나왔다. 인터뷰 내용을 머릿속으로 정리해보며 돈가스를 썰고 있었다. 문득 우리
사이에서 혼자 가락국수를 들고 계신 신부님이 쓸쓸해 보였다. 그래서 실례인 건 알았
지만, 너무 물어보고 싶어서 마지막으로 질문 한 가지를 했다.

– 언제 가장 힘드세요?
"인기가 많아질 때 가장 힘들어. 왜냐면 인기가 많아지면 다른 사람들에게 그 관계를
유지하기 위해 나를 나로서 보여주지 못하거든. 그게 무슨 뜻이냐면, 너희도 아까 명
동성당에서 보았듯이 신자들 또는 수녀님들, 같은 신부님 중 나를 알아보는 사람이 많
아. 그만큼 나와 친분이 있어서 만나는 것이 나쁘지는 않지만, 하느님과 예수님을 따
르고 세례를 받은 신부로서 사람에 얽매이면 별로 좋지 않다고 생각해. 그 사람들과
관계를 유지하기 위해 어떤 기교를 부리고 치장을 하게 되지. 한마디로 간사한 마음이
생겨. 하지만 너희같이 모르는 사람들과 온종일 같이 움직이고, 이야기하고, 음식도
먹으면 그만큼 순수한 마음이 생겨나는 거지. 그래서 오늘도 사람에 얽매일 뻔했지만
너희를 선택한 거야. 순수한 관계가 더 소중한 법이니까."

예상치 못한 답변을 받은 우리는 이해하지 못해 한동안 고민을 했다. 하지만 다시 한
번 말하며 설명을 해주셔서 쉽게 이해할 수 있었다. 밥을 다 먹고 난 후 우리는 남산에
서 내려왔다. 그리고 여러 신도님은 따로 가셨고, 우리는 야고보 신부님과 함께 명동
역 앞으로 왔다.

– 혹시 소감 한 말씀 부탁해도 될까요?

"사실 나도 이런 인터뷰가 처음이라 많이 긴장했지만, 너희가 다행히 아주 침착하고 예의 바르게 행동해줘서 긴장이 금방 풀리고 더 많이 이야기해줄 수 있었어."

– 인연이 닿으면 또 만날 수 있겠죠?
"당연하지. 신이 우리를 보살필 거야. 언제나 답답하면 성당이나 우리 수도원으로 찾아와. 언제든지 반겨줄게. 그리고 만약 또 공부하다 모르겠으면 전화해. 피자라도 사들고 갈게."

마지막까지 우리를 챙겨주시는 모습이 기억에 남는다. 우리는 버스를 타고 집에 가면서 오늘 있었던 일을 곱씹어 보았다. 씹고 씹다 보니 포만감이 차오르며 가슴 한편에 신부님의 말들이 남아 있었다. 우리에게, 가는 길은 아니냐며 물어본 그 마음마저 따뜻했다.

쓰디쓴 카카오도 초콜릿이 된다

사실 처음엔 수도회 구경을 마치자마자 명동성당에 데려가신다고 해서서, 인터뷰가 아니라 다른 활동 하러 온 거로 잘못 알고 계셨거나 인터뷰를 하지 못하면 어쩌나 걱정했는데, 돌이켜 생각해보니 천주교 신자가 아닌 우리가 공부해보겠다고 나서자 '일부러 명동성당까지 데려가셔서 제대로 알려주시려 했구나' 하는 생각이 들었다. 그때 그 마음을 이해했다면 좀 더 많은 점을 배울 수 있었을 텐데, 그냥 여기까지 왔으니 구경이나 하자는 심정으로 돌아다녔던 그때가 신부님께 죄송스럽기도 하고 후회도 된다. 씁쓸한 카카오도 달콤한 초콜릿이 된다. 우리가 했던 힘든 노력들이 나중엔 우리에게 도움이 되리라 믿는다.

그날 "인기가 많아질 때 힘들다"라는 신부님의 한마디가 집에 도착할 때까지 참 많은 생각을 하게 만들었다. 뜻밖의 대답이었기도 했지만 무엇보다 오늘 대화를 나누면서, 평소 별거 아니라고 생각하며 자연스럽게 지나쳐갔던 일들에 대해 저렇게 깊이 생각할 수도 있구나 하는 생각이 들었기 때문이다. 결혼을 하지 않는 이유나 살면서 힘든 일은 단답형 질문이 되기 쉽다. 대충 답하면 그냥, 못하게 되어 있으니까 등 가볍게 생각하거나 대답하기 쉬운데, 행동마다 철학과 생각이 담겨 있는 점이 충격적이었다. 어렸을 적엔 행동 하나하나에 나름대로 이유가 있었고 생각이 있었다. 하다못해 하늘을 쳐다보고 책을 읽어도 이유가 있기 마련이었다. 그런데 어느 순간부터 나도 모르게 멍하니 시간을 보낼 때가 생겨났다.

인터뷰에서 기억에 남는 한 가지는, 쉽게 지나치기 쉬운 행동 하나에도 나름의 이유와 생각을 가지고 살아가는 점이었다.

권순비, 박수홍, 김민수, 이상현(2학년)

부록
수업 모형별
추천도서 목록

진로독서 추천도서

※ 제공: 김형태(수원 숙지고등학교), 김선산(화성 반월고등학교)

★시리즈 도서

번호	시리즈 (출판사)	직업	분류	책 제목	저자	출판연도	수준
내가 꿈꾸는 사람 **(탐)**				역사 속 위인이 아닌 현재 청소년들의 롤모델로 언급되는 사람들의 이야기를 담은 책. 직업인으로서 한 사람의 생애와 삶의 가치관이 담겨 있다. 마지막 장에는 해당 직업인이 되기 위해 필요한 사항들, 그 직업과 관련된 책과 영화도 함께 추천하고 있다. 부피가 얇고 이야기를 들려주듯 쉽게 풀어 쓴 책이라 중학생에게 권할 만하다.			중
1		IT	인물	스티브 잡스를 꿈꿔 봐	임원기	2011	
2		과학	인물	파인만, 과학을 웃겨 주세요	김성화 외	2011	
3		운동선수	인물	메시, 축구는 키로 하는 게 아니야	이형석	2012	
4		패션디자이너	인물	칼 라거펠트, 변화가 두려울 게 뭐야	문은영	2013	
5		작가	인물	조앤 롤링, 스토리텔링의 힘을 보여 줘	최가영	2013	
6		건축가	인물	르 코르뷔지에, 건축가의 길을 말해 줘	이재민	2013	
7		요리사	인물	제이미 올리버, 즐거운 요리로 세상을 바꿔	최현주	2014	
8		투자가	인물	워런 버핏, 부는 나눠야 행복해져	이상건	2014	
9		정치인	인물	룰라, 소통의 리더십을 보여 줘	박원복	2014	
10		사회운동가	인물	유누스, 빈곤 없는 세상을 꿈꿔 봐	김이경	2014	
11		기업가	인물	캄프라드 모험 없이는 이케아도 없지	노경목	2014	
12		만화가	인물	미야자키, 상상을 현실로 만들어	장하경	2014	
13		엔지니어	인물	엘론 머스크, 미래를 내 손으로 만들어	권오상	2015	
14		광고인	인물	오길비, 광고가 과학이라고?	김병회	2015	
15		성직자	인물	프란치스코, 세상에 희망을 선물해	김용운	2016	
16		의사	인물	폴 파머, 세상을 고치는 의사가 되어 줘	김관욱	2016	
17		공연예술가	인물	앤드루, 이 무대의 주인공은 너야	정예림	2017	
18		교육자	인물	파울루 프레이리, 삶을 바꿔야 진짜 교육이야	양은미	2017	
청소년을 위한 **진짜 진학·진로·** **직업 멘토링** **(가나출판사)**				해당 직업인이 하는 일, 되는 과정, 수행에 필요한 능력 등을 백화점식으로 나열한 책. 학생들의 입장에서 궁금할 만한 내용을 직업인의 인터뷰 형식으로 담고 있으며, 편집이 여유롭고 컬러풀해서 가독성이 뛰어나다. 중고등학생 모두에게 권할 만하다.			중 고
1		승무원	직업	리얼(Real) 항공 승무원 : 아시아나항공 현직 승무원이 들려주는 진짜 승무원의 세계!	MODU 매거진	2016	

2		요리사	직업	리얼(Real) 셰프 : 셰프테이너 오세득이 들려주는 진짜 셰프의 세계!	MODU 매거진	2016	
3		음악가	직업	리얼(Real) 작곡가 · 작사가 · 프로듀서	MODU 매거진	2017	
4		게임기획자	직업	리얼(Real) 게임 기획자 · 아티스트 : 현직 게임 기획자와 게임 아티스트가 들려주는 진짜 직업 이야기	MODU 매거진	2017	
5		게임기획자	직업	리얼(Real) 로봇공학자	MODU 매거진	2018	
어떻게 되었을까 (캠퍼스멘토)	해당 직업인이 하는 일, 되는 과정, 수행에 필요한 능력 등을 백화점식으로 나열한 책. '청소년을 위한 진짜 진학·진로·직업 멘토링' 시리즈와 내용과 판형이 유사하며, 해당 직업인의 생생한 목소리를 Q&A 형식으로 담고 있다. 중고등학생 모두에게 권할 만하다.						중 고
1		국회의원	직업	국회의원 어떻게 되었을까?	안광배	2014	
2		요리사	직업	요리사 어떻게 되었을까?	지재우	2015	
3		소방관	직업	소방관 어떻게 되었을까?	편집부	2015	
4		프로게이머	직업	프로게이머 어떻게 되었을까?	지재우	2015	
5		아나운서	직업	아나운서 어떻게 되었을까?	이민재	2015	
6		교사	직업	교사 어떻게 되었을까?	한승배	2016	
7		쇼핑호스트	직업	쇼핑호스트 어떻게 되었을까?	김나영	2016	
8		승무원	직업	승무원 어떻게 되었을까?	김달님	2016	
9		직업군인	직업	직업군인 어떻게 되었을까?	김미영	2017	
10		기자	직업	기자 어떻게 되었을까?	조재형	2017	
11		마케터	직업	마케터 어떻게 되었을까?	윤영재	2017	
12		게임기획자	직업	게임기획자 어떻게 되었을까?	원인재	2017	
13		의사	직업	의사 어떻게 되었을까?	한승배	2017	
14		무대감독	직업	무대감독 어떻게 되었을까?	조윤지	2017	
15		배우	직업	배우 어떻게 되었을까?	한상임	2017	
16		운동선수	직업	스포츠 선수 어떻게 되었을까?	지재우 외	2018	
부키 전문직 리포트 (부키)	현장에서 뛰는 직업인들의 생생한 목소리가 묻어나는 책. 직업에 대해 체계적으로 정리되지는 않았지만, 직업인으로서의 가치관, 고충 등을 실감나게 느낄 수 있다. 이 책을 읽고 꿈을 접은 학생들이 있을 만큼 리얼하다. 다만, 책의 두께가 있고 활자가 작을 뿐만 아니라 글을 전문적으로 쓰지 않은 사람들이 쓰다 보니 가독성이 조금 떨어지므로 고등학생에게 어울리는 책이다.						고
1		PD	직업	PD가 말하는 PD	장기호 외	2012	

2		기자	직업	기자가 말하는 기자	박대호	2012	
3		의사	직업	의사가 말하는 의사 Episode2	인도주의 실천의사 협의회	2017	
4		간호사	직업	간호사가 말하는 간호사	권혜림	2004	
5		수의사	직업	수의사가 말하는 수의사	김영찬	2012	
6		디자이너	직업	디자이너가 말하는 디자이너	오준식	2012	
7		요리사	직업	요리사가 말하는 요리사	한병용 외	2006	
8		법조인	직업	판사·검사·변호사가 말하는 법조인	임수빈 외	2012	
9		만화가	직업	만화가가 말하는 만화가	나예리 외	2012	
10		방송작가	직업	방송작가가 말하는 방송작가	이정란	2007	
11		항공승무원	직업	스튜어디스·스튜어드가 말하는 항공 승무원	원혜경 외	2012	
12		카피라이터	직업	광고인이 말하는 광고인	국정애	2008	
13		출판편집자	직업	출판편집자가 말하는 편집자	정은숙	2009	
14		건축가	직업	건축가가 말하는 건축가	이상림 외	2012	
15		사서	직업	사서가 말하는 사서	이덕주 외	2012	
16		회계사	직업	회계사가 말하는 회계사	강성원 외	2013	
17		사회복지사	직업	사회복지사가 말하는 사회복지사	김세진	2013	
18		약사	직업	약사가 말하는 약사	곽현익	2013	
19		금융인	직업	금융인이 말하는 금융인	강동효 외	2013	
20		공무원	직업	공무원이 말하는 공무원	함대진 외	2014	
21		의사	직업	치과의사가 말하는 치과의사	이수구 외	2015	
22		영화인	직업	영화인이 말하는 영화인	장원석	2017	
청소년들의 진로와 직업 탐색을 위한 잡프러포즈 시리즈 (토크쇼)	학생들이 해당 직업에 대해 궁금해할 만한 내용을 편집자가 질문하고 직업인이 대답하는 형식으로 구성된 책. 직업에 대한 구체적인 정보를 직업인의 목소리로 생생하게 접할 수 있다. 두께가 얇고 편집이 여유로워 가독성이 뛰어나다. 중고등학생 모두에게 권할 만하다.					중 고
1		프로파일러	직업	정의롭다면 프로파일러	고준채	2016	
2		뮤지엄 스토리텔러	직업	미술과 여행을 좋아한다면 뮤지엄스토리텔러	이은화	2016	
3		벤처 캐피털리스트	직업	미래와 싸우는 벤처캐피털리스트	유인철	2016	

4		국회의원 보좌관	직업	정치에 적극 참여하고 싶다면 국회의원 보좌관	이상현	2016	
5		성우	직업	목소리로 세상을 두드리는 성우	김지혜	2017	
6		파일럿	직업	하늘을 날고 싶다면 파일럿	최재승	2017	
7		음향효과감독	직업	소리에 설레는 음향효과감독	안익수	2017	
8		백화점바이어	직업	라이프스타일을 설계하는 백화점바이어	임태혁	2017	
9		승무원	직업	미소가 아름다운 승무원	조현민 외	2017	
10		기관사	직업	책임과 사명을 즐길 수 있다면 기관사	송다연	2017	
11		웹툰작가	직업	만화 그리기를 멈출 수 없다면 웹툰작가	손영완	2018	
12		중등교사	직업	긍정적이라면 중등교사	김선미	2018	
13		세무사	직업	휴머니스트라면 세무사	최진형	2018	
14		한의사	직업	우리 인체가 궁금하다면 한의사	안수봉	2018	
15		소방관	직업	담대하다면 소방관	이성숙	2018	
꿈결잡 시리즈 (꿈결)			직업에 대한 정보, 직업인이 직업에 대해 소개하는 글 외에도 해당 직업을 준비하는 학생의 이야기도 담겨 있는 책. 한 장이 끝날 때마다 관련 자격증에 대한 정보를 정리해놓았다. 내용도 풍부하고 디자인도 깔끔해서 가독성이 좋다. 중고등학생 모두에게 권할 만하다.				중 고
1		간호사	직업	간호사 : 간호사, 간호대 학생, 직업 전문가가 들려주는 간호사의 모든 것	고정민 외	2016	
2		치과의사	직업	치과의사: 치과의사, 치과대 학생, 직업 전문가가 들려주는 치과의사의 모든 것	고정민 외	2016	
3		외교관	직업	외교관/국제기구 종사자 : 외교관, 국제기구 종사자, 관련 학과, 학생, 직업 전문가가 들려주는 외교관/국제기구 종사자의 모든 것	고정민 외	2016	
4		의사	직업	의사 : 의사, 의과대 학생, 직업 전문가가 들려주는 의사의 모든 것	고정민 외	2016	
5		요리사	직업	요리사 : 요리사, 요리학교 학생, 직업 전문가가 들려주는 요리사의 모든 것	고정민 외	2016	
6		기자/PD	직업	기자/PD : 기자, PD, 대학생, 직업 전문가가 들려주는 기자/PD의 모든 것	고정민 외	2017	
7		약사	직업	약사 : 약사, 대학생, 직업 전문가가 들려주는 약사의 모든 것	고정민 외	2017	
8		교사	직업	교사 : 교사, 대학생, 직업 전문가가 들려주는 교사의 모든 것	고정민 외	2018	

푸른들녘 미래탐색 시리즈 (들녘/푸른들녘)	위에서 언급한 직업 관련 시리즈와 전반적으로 유사하지만, 두께가 있어 더 많은 내용을 담고 있는 책. 다른 시리즈들은 한 책에서 여러 명의 직업인이 다양한 목소리를 내지만, 이 시리즈는 주로 한 사람이 한 직업에 대해 이야기하고 있다. 중고등학생 모두에게 권할 만하다.				중 고
1	연예인	직업	별을 꿈꾸다	손일락	2014
2	다큐멘터리 감독	직업	세상을 바라보는 나만의 눈, 다큐멘터리	김희철	2014
3	웹소설 작가	직업	웹소설 작가 되기 : 마음을 낚는 이야기꾼	정연주 외	2014
4	패션디자이너	직업	패션 디자이너 되기 : 스타일에 날개를 달아주는	문미영	2014
5	성우	직업	목소리로 연기하는 배우, 성우 되기	황보현	2015
6	라디오PD	직업	주파수에 꿈을 담는 이야기꾼 라디오 피디 : 디지털 시대의 스마트 저널리스트	이덕우	2015
7	메이크업 아티스트	직업	메이크업아티스트 : 캐릭터를 디자인하는 개성 연출자	이나경	2016
8	가든 디자이너	직업	가든 디자이너 : 삶의 풍경을 설계하다	강혜주	2016
9	신문기자	직업	나는 신문기자입니다 : 사실을 캐고 진실을 쓰는	임지선	2017
10	승무원	직업	항공 승무원 : 지구촌 하늘 여행의 멋진 동반자	정진화 외	2017
11	방송작가	직업	나의 직업 방송 작가	임선경	2017
12	산악전문가	직업	산악전문가 : 대자연을 누비는 산악인 되기	김성기 외	2017
13	항공기조종사	직업	항공기 조종사 : 창공의 별, 조종사 진로 지침서	박지청	2017
14	프로그래머	직업	프로그래머 : 4차산업혁명을 선도하는 엔지니어	공대규	2018
나의 미래 공부 (청어람/ 청어람장서가)	해당 학과에서 배우는 기본적인 전공 지식과 함께, 대학에서 배우는 과목, 해당 학과가 있는 대학에 대한 정보, 졸업 후 진로 등이 알차게 담겨 있는 책. 학과에 대한 정보를 얻고자 하는 학생뿐만 아니라 자기소개서를 쓰는 고3 학생들에게도 유용한 책이다. 고등학생에게 권한다.				고
11	언론정보학	전공	나의 미래 공부 - MT언론정보학	강남준 외	2012
12	정치외교학	전공	나의 미래 공부 - MT정치외교학	최진우	2012
13	약학	전공	나의 미래 공부 - MT약학	대한약학회	2012
14	영화학	전공	나의 미래 공부 - MT영화학	정재형	2012
15	교육공학	전공	나의 미래 공부 - MT교육공학	유영만	2012
16	한의학	전공	나의 미래 공부 - MT한의학	이영종	2012
17	법학	전공	나의 미래 공부 - MT법학	이상돈	2012
18	의류학	전공	나의 미래 공부 - MT의류학	채금석	2012
19	콘텐츠학	전공	나의 미래 공부 - MT콘텐츠학	정창권	2012

진로기반 전공선택 스토리북 **(대학내일)**	해당 학과에 다니고 있는 대학생의 입장에서 학과에 대한 정보가 정리된 책. 일단 디자인이 깔끔하고 편집이 시원해서 술술 읽힌다. 학과에 대한 정보를 다룬다는 점에서 '나의 미래 공부' 시리즈와 유사하지만, 대학생이 고등학생들에게 정보를 제공하는 형식이라 더 쉽게 다가온다. 학과와 진로를 고민하는 고등학생에게 권한다.					고
1		경영학과	전공	경영학과 가니까 좋아요?	진전스 집필진	2018	
2		간호학과	전공	간호학과 다니면 어때요?	진전스 집필진	2018	
3		심리학과	전공	심리학과에서는 뭐 해요?	진전스 집필진	2018	
4		화학공학과	전공	화학공학과 다니면 어때요?	진전스 집필진	2018	
5		디자인학과	전공	디자인학과에서는 뭐 해요?	진전스 집필진	2018	
6		컴퓨터공학과	전공	컴퓨터공학과 가니까 좋아요?	진전스 집필진	2018	
7		신문방송학과	전공	신문방송학과 다니면 어때요?	진전스 집필진	2018	
직업 탐색 보고서 **(창비)**	위에서 소개한 시리즈와 유사하게 해당 직업인을 찾아가 인터뷰한 내용을 엮은 책. 차이가 있다면 실제 중학생들이 직업인을 직접 인터뷰했다는 점이다. 1부는 인터뷰 내용을, 2부는 직업에 대한 더 깊이 있는 정보가 담겨 있다. 중학생이 인터뷰했지만, 고등학생이 읽어도 좋다.					중 고
1		기자	직업	궁금해요! 기자가 사는 세상	이상호 외	2017	
2		의사	직업	궁금해요! 의사가 사는 세상	서홍관 외	2016	
3		변호사	직업	궁금해요! 변호사가 사는 세상	금태섭 외	2018	
4		요리사	직업	궁금해요! 요리사가 사는 세상	박찬일 외	2015	
5		디자이너	직업	궁금해요! 디자이너가 사는 세상	이나미 외	2015	

번호	직업	분류	책 제목	저자	출판사	출판연도
			01. 관리, 경영, 영업			
1	경영 일반	진로	세상 고쳐 쓰기 : 살맛 나는 세상을 꿈꾸는 사회적기업가 21인의	이경숙 외	부키	2012
2	경영 일반	진로	슈렉은 왜 못생겼을까 : 세상을 바꾼 기업들의 별난 생각과 기업가정신	이완배	꿈결	2018
3	경영 일반	진로	CEO, 혁신으로 진화하라 : 경영학자 6인이 CEO에게 보내는 미래혁신을 위한 경영멘토링	김수욱 외	박영사	2018
4	경영 일반	진로	청소년을 위한 창업 교과서	윤미향 외	우리학교	2015
5	공무원	진로	공무원의 정석 : 합격 면접 대비부터 입사 적응하기, 퇴직 후 미래 설계까지	임영미	라온북	2018
6	공무원	진로	나는 공무원이 되고 싶다 : 공무원을 꿈꾸는 당신이 알아야 할 진짜 공무원 이야기	이인재	책비	2014
7	마케팅	진로	마케터의 일 : 경험하고, 공감하고, 함께하는	장인성	북스톤	2018
8	무역	진로	나는 최고의 일본 무역상이다	황동명	프레너미	2017
9	자영업	진로	사장 일기 : 어느 작은 회사 사장의 파란만장 좌충우돌 사업 생존기	풀 다운스	유노북스	2017
			02. 경제, 금융			
10	경제 일반	진로	경제학은 배워서 어디에 쓰나요? : 십대가 묻고 경제학자가 답하다	진선여고 경제동아리 JUST	뜨인돌	2015
			03. 정치, 외교			
11	국제, 외교	진로	국제기구 나도 간다! : 세계 무대에 도전하는 이들을 위한 10가지 전략	이정은	꿈결	2017
12	국제, 외교	진로	세계를 바꾸는 작은 거인들 : 반크 청년들의 지구촌 외교혁명	박기태	숨	2016
13	국제, 외교	진로	외교관은 국가대표 멀티플레이어 : 김효은 주세네갈 대사와 국립외교원 출신 오지은 사무관의 생생한 이야기!	김효은 외	엘컴퍼니	2017
14	국제, 외교	진로	외교는 감동이다 : 미래 청년 외교관들을 위한 진로 가이드	유복근	하다	2015
15	정치 일반	진로	국회 보좌관에 도전하라 : 대한민국의 미래를 설계하는 전문직	서인석	심인	2015
16	정치가	진로	세상에서 가장 가난한 대통령 무히카	미겔 앙헬 캄포도니코	21세기북스	2015

17	정치가	진로	오바마의 담대함 : 버락 오바마는 어떻게 비판을 이겨내고 확고한 유산을 창조했는가!	조너선 체이트	성안당	2017
04. 건축, 토목, 조경						
18	건축가	진로	건축, 전공하면 뭐하고 살지? : 3040 건축과 선배 11인의 진로멘토링	김기훈 외	Space Time	2016
19	건축가	진로	건축학도의 직업찾아가기 : 진솔한 취업문화 이야기	이가라시 타로	기문당	2010
20	건축가	진로	한국에서 건축가로 살아남기 : 건축계가 주목하는 젊은 건축가들과의 내밀한 현실 인터뷰	조성일	주택문화사	2017
21	조경 일반	진로	나는 가드너입니다 : 세상에서 가장 아름다운 정원, 롱우드가든에서 보낸 사계절	박원순	민음사	2017
22	토목, 건설	진로	기술선생님이 들려주는 궁금한 건설 기술의 세계	오규찬 외	삼양미디어	2016
23	토목, 건설	진로	내 일을 설계하고 미래를 건설한다 : 미래 건설인을 위한 진로안내서	대한 토목학회	대한 토목학회	2015
05. 과학, 수학, 공학						
24	IT 일반	진로	IT 엔지니어로 사는 법. 1 : 진로와 취업과 이직을 위한 성장 이야기	권순용 외	비팬북스	2015
25	IT 일반	진로	IT 전문가로 사는 법 : IT 개발자, 엔지니어, 컨설턴트의 길을 걸어가는 당신을 위한 안내서	장동인	한빛미디어	2016
26	IT 일반	진로	게임 프로그래머로 산다는 것	김용준 외	로드북	2016
27	IT 일반	진로	그럼에도 불구하고 너무나 인간적인 : 대한민국 개발자로 산다는 것	엄태형	루비페이퍼	2017
28	IT 일반	진로	프로그래머가 되기 전에 알았더라면 좋았을 것들	고마타 미쓰유키	스포트 라잇북	2015
29	공학 일반	진로	국가대표 공학도에게 진로를 묻다 : 청소년을 위한 공대 진학 가이드	YEHS	글램북스	2015
30	공학 일반	진로	데니스 홍, 상상을 현실로 만드는 법 : 긍정의 힘으로 인간을 위한 로봇을 만들다	데니스 홍	인플루엔셜	2018
31	공학 일반	진로	두려워하지 마, 나도 그랬어 : 여성공학 선배 21인이 말하는 전문가의 길	(사)한국여성 공학기술인협회	책과나무	2016
32	공학 일반	진로	맨발의 엔지니어들	구루 마드하반	RHK	2016
33	공학 일반	진로	엔지니어 히어로즈 : 꿈을 성공으로 이끈 창의적인 엔지니어 스토리	권오상	청어람 미디어	2016
34	과학 일반	진로	공학이란 무엇인가 : 카이스트 교수들이 이야기하는 공학의 현재와 미래	성풍현	살림 FRIENDS	2013

35	과학 일반	진로	카이스트 영재들이 반한 과학자	오한결 외	살림friends	2015
36	과학 일반	지식	사라진 여성 과학자들 : 왜 과학은 여성의 업적을 기억하지 않을까?	펜드리드 노이스	다른	2018
37	수학자	진로	내가 사랑한 수학자들 : 박형주 교수가 들려주는 인간적인, 너무나 인간적인 수학자 이야기	박형주	푸른들녘	2017
38	수학자	진로	교과서를 만든 수학자들	김화영	글담출판사	2005
39	수학자	진로	미래의 수학자에게	이언 슈튜어트	미래인	2008
06. 환경, 생명						
40	동물 일반	진로	제인 구달, 침팬지와 함께한 50년	제인 구달	궁리	2014
41	동물 일반	지식	고등학생의 국내 동물원 평가 보고서	최혁준	책공장 더불어	2014
42	동물 일반	지식	고통받은 동물들의 평생 안식처 동물보호구역	로브 레이들로	책공장 더불어	2018
43	동물 일반	지식	야생동물병원24시: 인간과 야생동물이 부대끼며 살아가는 슬프고도 아름다운 이야기	전북대학교 수의과대학 야생동물 의학실	책공장 더불어	2013
44	동물 일반	지식	우리 만난 적 있나요? : 이 땅에 사는 야생동물의 수난과 구조 이야기	충남야생동물 구조센터	양철북	2018
45	수의사	진로	동물원에서 프렌치 키스하기 : 우치동물원 수의사 최종욱의 야생 동물 진료 일기	최종욱	반비	2012
46	수의사	진로	수의사님 왜 그러세요? : 사람과 동물을 사랑한 어느 수의사의 좌충우돌 이야기	제프 웰스	신인문사	2014
47	수의사	진로	유쾌한 수의사의 동물병원 24시	박대곤	부키	2005
48	수의사	진로	情정 동물병원의 하루 : 수의사를 꿈꾸는 학생들과 반려동물을 키우는 보호자의 필독서	정동욱	한비CO	2017
49	환경 일반	진로	그린잡 : 미래를 여는 녹색직업을 만나다	녹색교육 센터	양철북	2016
50	환경운동가	진로	레이첼 카슨 : 환경운동의 역사이자 현재	윌리엄 사우더	에코리브로	2014
07. 인문학, 사회과학						
51	고고학자	진로	과거를 추적하는 수사관, 고고학자	볼프강 코른	주니어 김영사	2008
52	고고학자	진로	진실은 유물에 있다 : 고고학자, 시공을 넘어 인연을 발굴하는 사람들	강인욱	샘터사	2017

53	노동, 인권	지식	노동자의 변호사들 : 대한민국을 뒤흔든 노동 사건 10장면	민주노총 법률원	미지북스	2013
54	노동, 인권	지식	우리가 몰랐던 노동 이야기 : 하종강의 노동 인권 교과서	하종강	나무야	2018
55	사서	진로	사람과 책을 만나게 하는 사서e마을 이야기 : 사서 취업 설명서	사서e마을	한국도서관 협회	2015
56	사회 일반	진로	10대와 통하는 민주화운동가 이야기	김삼웅	철수와영희	2015
57	사회 일반	진로	세상을 바꾸는 청년 사회 입문서	바꿈청년 네트워크	궁리	2016
58	사회 일반	진로	인간의 길을 가다 : 실천적 사회학자 장 지글러의 인문학적 자서전	장 지글러	갈라파고스	2016
59	심리학 일반	지식	한국에서 심리학자로 살아보니 : 대한민국 상처 치유 심리 에세이	이나미	유노북스	2017
60	심리학 일반	지식	천사들은 우리 옆집에 산다 : 사회적 트라우마의 치유를 위하여	정혜신 외	창비	2015
61	어문(중국어)	지식	지금은 중국을 읽을 시간 : 중국어 교사들이 제안하는 중국 바로 알기	중국을읽어 주는중국어 교사모임	세그루	2016
62	역사 일반	지식	매국의 역사학자, 그들만의 세상 : 역사학계의 친일파는 어떻게 살아남았으며, 어떻게 증식하고 있는가	김명옥 외	만권당	2017
08. 교육, 연구						
63	교사(유치원)	진로	기적의 유치원	조혜경	샘앤파커스	2012
64	교사(중등)	진로	교사 삶에서 나를 만나다 : 잃어버린 나를 다시 찾고 서로 위로하는 수업 성찰	김태현	에듀니티	2016
65	교사(중등)	진로	창배야, 우리가 봄이다 : 이상석과 아이들이 만들어 가는 따뜻한 봄날	이상석	양철북	2018
66	교사(초등)	진로	지구인이 되는 중입니다 : 초등 1학년, 은경샘의 교실 이야기	최은경	교육공동체 벗	2018
67	교사	진로	교사, 어떻게 살아야 하는가	김성천 외	맘에드림	2015
68	교사	진로	대한민국 교사로 산다는 것 : 내가 초보 교사 시절 알았더라면 더 좋았을 것들	김재훈	우리교육	2017
09. 문화, 예술						
69	공연 기획	진로	김PD의 공연기획	김순국	컬처플러스	2011
70	공연 기획	진로	세상에 없는 무대를 만들다 : 뮤지컬 신화 박명성, 열정과 도전의 공연기획 노트	박명성	북하우스	2012

71	미술 일반	진로	미대 나와서 무얼 할까 1,2 : 살아 있는 12가지 직업이야기	박정준	안그라픽스	2011
72	미술 일반	진로	미술가로 살아가기	풀 도렐	김영사	2008
73	미술(도예가)	진로	그릇 : 도예가 13인의 삶과 작업실 풍경	홍지수	미디어샘	2014
74	미술(만화가)	진로	우리 시대 웹툰작가들의 생존기 : Staying Alive	박인찬	다할미디어	2017
75	미술 (일러스트)	진로	나는 일러스트레이터다	밥장	한빛미디어	2014
76	미술 (일러스트)	진로	나도 일러스트레이터가 될 수 있다	박향미 외	서우미디어	2014
77	미술 (일러스트)	진로	보통의 일러스트레이터로 살아가기 : 유명진 않아도 활발하게, 바쁘지는 않지만 꾸준하게 일하는 일러스트레이터 되기	민효인	길벗	2014
78	미술(컬렉터)	진로	월급쟁이, 컬렉터 되다	미야쓰 다이스케	아트북스	2016
79	미술 (큐레이터)	진로	Staying Alive 우리 시대 큐레이터들의 생존기	고동연 외	다할미디어	2016
80	미술 (큐레이터)	진로	즐겁게 미친 큐레이터 : 안목, 지식, 열정, 큐레이터의 자질과 입문에 또 무엇이 필요할까	이일수	애플북스	2017
81	발레리나	진로	나는 내일을 기다리지 않는다 : 잠자는 열정을 깨우는 강수진의 인생수업	강수진	인플루엔셜	2013
82	배우	진로	배우의 길 : 연극 영화 방송 연기관련학과 입시생, 배우지망생을 위한	전홍렬	태학사	2017
83	배우	진로	스스로 빛나는 배우를 찾습니다	양성민 외	큐리어스	2015
84	배우 (코미디언)	진로	웃음만이 우리를 구원하리라 :〈개그콘서트〉대표 개그맨 5인의 민낯 토크	박성호 외	예담	2013
85	번역가	진로	번역가 되는 법 : 두 언어와 동고동락하는 지식노동자로 살기 위하여	김택규	유유	2018
86	번역가	진로	조르바를 춤추게 하는 글쓰기 : 이윤기가 말하는 쓰고 옮긴다는 것	이윤기	웅진 지식하우스	2013
87	사진가	진로	사진을 인터뷰하다 : 사진 애호가 25인이 말하는 '내 삶의 사진'	서영수	예조원	2012
88	수공업자	진로	젊은 장인, 몸으로 부딪쳐! : 열혈 청춘을 위한 진로 이야기	강상균 외	탐	2014
89	연예인	진로	연예 직업의 발견 : '엔터테인먼트 동네'가 먹고사는 법	장서윤	틈새책방	2017
90	연예인	진로	연예인 되기 프로젝트	이현숙	지식채널	2013

91	연예인 매니저	진로	별은 스스로 빛나지 않는다 : 스타를 부탁해	박성혜	씨네21북스	2010
92	영화	진로	데뷔의 순간 : 영화감독 17인이 들려주는 나의 청춘 분투기	한국영화 감독조합	푸른숲	2014
93	영화	진로	영화, 포스터 그리고 사람들 : 영화의 첫인상을 만드는 스튜디오 이야기	이원희	지콜론북	2018
94	영화	진로	우리 시대 영화 장인 : 기술을 미학으로 끌어올린 여덟 명의 영화 예술가 이야기	열화당 편집부	열화당	2013
95	영화	진로	한국의 촬영 감독들 : 21인과의 인터뷰	(사)한국영화 촬영감독조합	미메시스	2016
96	영화 (애니메이션)	진로	일본 애니메이션의 크리에이터들 : 창조와 실험의 이름으로	박기령	이담북스	2013
97	예술 일반	진로	Art Fever : 누구나 아티스트가 될 수 있다	주기윤	원북	2018
98	예술 일반	진로	예술가로 살만합니다 : 우리 동네 예술가들과 작업 이야기	이상진	이종	2018
99	음악 일반	진로	실용음악과 졸업 후 뭐하지?	최영준	예술	2015
100	음악 일반	진로	음대 나와서 무얼 할까	고해원	안그라픽스	2015
101	음악 일반	진로	음악으로 먹고살기	박성배	1458music	2018
102	음악 (대중가요)	진로	K-POP 뮤직비즈니스의 이해 : 가수·아티스트, 작사가·작곡가·편곡가, 음악회사 지망생들이 반드시 알아야 할	유동길	엑시무	2015
103	음악 (대중가요)	지식	가수를 꿈꾸는 네가 알아야 할 모든 것 : 실력파 가수를 키우는 내가네트워크 비밀 프로젝트 대공개	내가 네트워크	흐름출판	2012
104	음악치료사	지식	올 댓 음악치료사	고명한	학지사	2014
105	작가(소설)	진로	작가란 무엇인가 1~3 : 소설가들의 소설가를 인터뷰하다	무라카미 하루키 외	다른	2014
106	작가 (여행작가)	진로	오늘부터 여행작가 : 여행하고 글쓰고 돈도 버는	채지형 외	상상출판	2016
107	출판편집자	진로	편집자로 산다는 것	김학원 외	한국출판 마케팅연구소	2012
108	공예 일반	진로	손재주로도 먹고삽니다	박은영 외	황금시간	2015
109	공예 일반	진로	젊은 목수들 : 한국: 우리 시대의 새로운 가구제작 스튜디오를 찾아서	편집부	프로파간다	2014
10. 스포츠, 레크리에이션						
110	스포츠 마케팅	진로	나는 이렇게 스포츠 마케터가 되었다	김재현	허니와이즈	2015

부록 : 수업 모형별 추천도서 목록

111	스포츠 에이전트	진로	스포츠 에이전트, 천사인가 악마인가? : 에이전트 제도의 오해와 진실	박성배	인물과 사상사	2017
112	스포츠 일반	지식	스포츠가 아이의 미래를 바꾼다 : 부모만 모르고 있는 아이의 스포츠 잠재력을 찾아라	21세기 교육연구회	테이크원	2013
113	운동 선수	진로	꿈이 나를 뛰게 한다 : 스포츠 멘토 11인이 말하는 프로의 자격	민학수	민음인	2012
114	이벤트 연출가	진로	이벤트 연출가, 순간을 최고로 만드는 사람 : 일본 최고의 연출가 고바야시 유지의 성공비결	고바야시 유지	커뮤니케이션 북스	2008

11. 법률, 경찰, 소방, 국방

115	경찰	진로	나는 대한민국 국가 공무원이다 : 경찰편	나상미	함께북스	2014
116	경찰	진로	나는 셜록 홈스처럼 살고 싶다	표창원	다산북스	2013
117	경찰	진로	일선 경찰관의 행복한 동행	김영복	새로운 사람들	2016
118	군인	진로	공무원보다 직업군인이 좋은 33가지 이유 : 4차 산업혁명 시대 미래형 직업은 군인이다	김동석	다연	2017
119	군인	진로	여군은 초콜릿을 좋아하지 않는다 : 대한민국 1호 여군 헬기 조종사 피우진 중령이 걸어온 30년 군 생활 기록	피우진	삼인	2017
120	군인	진로	오늘, 나는 더 행복하다 : 헬기조종사 배서희의 비행 청소년에서 비행 소녀가 되기까지	배서희	시너지북	2016
121	군인	진로	육사라는 버스에 무임승차하지 마라	구민우	북랩	2016
122	법조인	진로	검사내전 : 생활형 검사의 사람 공부, 세상 공부	김웅	부키	2018
123	법조인	진로	호통판사 천종호의 변명	천종호	우리학교	2018
124	법조인	진로	변호사들 : 그들의 치열한 법정에서 한국 민주주의가 시작되었다	장준환	한스컨텐츠	2017
125	법조인	진로	오기와 끈기로 최고를 꿈꿔라 : 최연소 변호사 손빈희가 들려주는 희망 메시지	손빈희	미다스북스	2013
126	법조인	진로	우리는 희망을 변론한다 : 법을 무기로 세상 바꾸기에 나선 용감한 변호사들 이야기	공익인권법 재단 공감	부키	2013
127	소방관	진로	어느 소방관의 기도	오영환	쌤앤파커스	2015
128	소방관	진로	어느 소방관의 이야기	전세중	문현	2018

12. 보건, 의료, 복지

129	간호사	진로	간호사라서 다행이야	김리연	원더박스	2015
130	간호사	진로	나는 간호사, 사람입니다 : 단 한 번의 실수도 허락하지 않는 삶을 사는 사람들의 이야기	김현아	쌤앤파커스	2018

131	간호사	진로	미스터. 나이팅게일	문광기	김영사	2014
132	간호사	진로	아름다운 동행 : 공감간호 이야기	가톨릭대학교 의정부성모병원 간호부	의학서원	2012
133	복지 일반	진로	신입 사회복지사의 좌충우돌 실천 이야기	권대익	푸른복지	2016
134	복지 일반	진로	알고 싶은 복지현장 10명의 달인에게 묻다	고석 외	바이북스	2018
135	약학 일반	진로	세상에서 제일 좋은 직업 약사 : 다양한 전문 영역에서 활약하는 약사들의 진솔한 이야기	김성진 외	범문 에듀케이션	2016
136	의료기사 (물리치료사)	진로	나는 대한민국 물리치료사다	이문환	책과나무	2016
137	의료기사 (치위생사)	진로	나는 치과위생사로 살기로 했다 : 치과위생사 선배가 들려주는 피와 살이 되는 조언	허소윤	나비의 활주로	2018
138	의사	진로	국경 없는 괴짜들	신창범	한겨레출판	2013
139	의사	진로	의사의 감정 : 갈등하는 의사, 고통 받는 환자	다니엘 오프리	페가수스	2018
140	의사	진로	인턴일기 : 초보의사의 서울대병원 생존기	홍순범	글항아리	2008
141	의사	진로	한의사라서 다행이야 : 내 일을 사랑할 때 사람은 한 번 더 성장한다	김민정	슬로디 미디어	2017
13. 종교						
142	성직자	진로	법정스님의 뒷모습	정찬주 외	반딧불이	2018
143	성직자	진로	친구가 되어 주실래요? : 이태석 신부의 아프리가 이야기	이태석	생활성서사	2013
144	성직자	진로	행동하는 교황 파파 프란치스코	한상봉	다섯수레	2014
14. 농업, 축산업, 임업, 어업						
145	농부	진로	리치 파머 : 한국의 젊은 부자 농부들	김철수 외	한국경제신문	2018
146	농부	진로	우리가 농부로 살 수 있을까 : 유럽 농부의 삶, 살짝 엿보고 왔습니다.	종합재미상사	들녘	2018
147	농업 일반	진로	미래산업, 이제 농업이다 : 후지쯔는 왜 반도체를 버리고 상추를 심었을까	김준호	가인지 캠퍼스	2017
15. 광고, 디자인						
148	광고	진로	10명의 천재 카피라이터	김동규	커뮤니케이션 북스	2013
149	광고	진로	광고천재 이제석	이제석	학고재	2014
150	광고	진로	카피라이터 정철의 머리를 9하라	정철	리더스북	2013

부록 : 수업 모형별 추천도서 목록

151	디자인	진로	엄마, 디자이너가 되고 싶어요 : 디자이너를 꿈꾸는 청소년을 위한 친절한 길라잡이	김나영 외	이숲	2017
152	디자인	진로	자유로운 디자이너가 되어라 : 선배로서 들려주는 디자인에 대한 직설적인 이야기	임장한	idealdesign	2012
153	디자인	진로	취직하지 않고 독립하기로 했다 : 위기에서 기회를 만드는 젊은 디자이너들의 생존 전략	젬 바턴	시공사	2017
154	디자인(패션)	진로	10대에 패션계에서 일하고 싶은 나, 어떻게 할까? : 디자이너부터 스타일리스트까지 ┃ 패션계에 관심 있는 10대가 알아야 할 모든것	로라 드카루펠	오유아이	2017
			16. 언론, 방송, 정보통신			
155	PD	진로	나영석 피디의 어차피 레이스는 길다 : 어딘가로 달리고 있는 이들에게	나영석	문학동네	2018
156	PD	진로	다큐처럼 일하고 예능처럼 신나게 : 나영석에서 김태호까지 예능PD 6인에게 배우는 창의적으로 일하는 법	정덕현	중앙북스	2014
157	PD	진로	예능 PD와의 대화 : 변화하는 예능의 풍경과 전문직의 초상	홍경수	사람in	2016
158	PD	진로	피디란 무엇인가 : 현직 PD 42인이 전하는 PD매뉴얼	한국PD 연합회	김영사on	2014
159	방송 일반	진로	대세를 만드는 크리에이티브 : 진화를 꿈꾸는 대한민국 최고 크리에이터 4인방 이야기	나영석 외	자음과모음	2015
160	방송 일반	진로	큐, 나는 방송이 좋다 : 방송국 53인의 생생 인터뷰	크릭앤리버 코리아 엮음	크릭앤리버 코리아	2012
161	성우	진로	안소연의 성우되는 법	안소연	시대인	2018
162	언론인 (기자)	진로	기자는 무엇으로 사는가 : 수습에서 고참까지 기자들의 희로애락과 기자정신	한국 기자협회	포데로사	2016
163	언론인 (아나운서)	진로	손석희 저널리즘 : 한국 언론의 지형을 바꾼 언론인	정철운	메디치 미디어	2017
164	진행자	진로	안소연의 MC되는 법	안소연	민음인	2014
165	프로게이머, BJ	진로	로이조의 리그오브레전드 비밀노트	로이조	지민출판	2015
			17. 서비스, 이미용, 식품			
166	메이크업 아티스트	진로	김청경, 미완성을 꿈꾼다 : 최고의 메이크업 아티스트 김청경의 30년 뷰티로드	김청경	휴먼큐브	2013
167	메이크업 아티스트	지식	메이크업 아티스트가 되고 싶어요 : 메이크업 아티스트 Hanny가 그림으로 보여주는 메이크업의 세계	Hanny	생각나눔	2013

168	미용사	진로	헤어디자이너 : 한국 미용계를 이끄는 리더 12	이완근	북인	2018
169	미용사	진로	헤어디자이너의 인턴일기	지형철	부크크	2015
170	바리스타	지식	라떼아트, 행복을 그리는 시간 : 월드챔피언이 전하는 커피와 삶, 그리고 라떼아트	엄폴	아마디아	2017
171	요리사	진로	라스베이거스 요리사 아키라 백 : 거침없는 모험으로 세계무대를 정복하다	아키라 백 외	김영사	2010
172	요리사	진로	사부의 요리 : 요리사 이연복의 내공 있는 인생 이야기	이연복	웅진 지식하우스	2015
173	요리사	진로	셰프가 꿈이라고? : 주방의 이상과 현실을 알려주는 선배 셰프의 현실적 조언	박무현	그린쿡	2017
174	요리사	진로	올 댓 셰프 : 요리하는 영혼	스토리텔링 콘텐츠연구소	이야기 공작소	2013
175	플로리스트	진로	꽃보다 아름다운 플로리스트 되기	윤영선	비앤씨월드	2008
176	호텔리어	진로	나도 호텔리어가 될 수 있다	권성애	백산출판사	2015
177	호텔리어	진로	호텔과 호텔리어	오수진	클라우드 북스	2018
178	호텔리어	진로	호텔리어 그 화려한 이름	김경윤 외	이프레스	2017
179	호텔리어	진로	호텔리어 로랑의 시선	구유회	안나푸르나	2013
18. 항공, 항만, 물류						
180	승무원	진로	15인 승무원의 꿈 : 14인의 멘토가 당신을 15번째 주인공으로 만들어 드립니다	권경리	북마크	2012
181	승무원	진로	꿈을 품고 윙을 달다	송연희	마음상자	2016
182	승무원	진로	나는 크루즈 승무원입니다 : 여행하듯 일하고 머무르며 행복한 삶	홍자연	미래의창	2017
183	승무원	진로	이륙에서 착륙까지 비행스케치 : 진성현의 승무원 이야기	진성현	광창문화사	2015
184	승무원	진로	하늘을 나는 여우 스튜어디스의 해피플라이트 : 대한항공 비행 경력 18년 승무원의 롤 모델 이향정 교수가 말하는 올댓 스튜어디스	이향정	백산출판사	2010
185	조종사	진로	나의 아름다운 비행 : 조종실에서 바라본 세상, 그 특별한 이야기	신지수	책으로여는 세상	2011
186	조종사	진로	부시파일럿, 나는 길이 없는 곳으로 간다	오현호	한빛비즈	2016
187	조종사	지식	진짜 공신들만 아는 파일럿, 정비사, 승무원 마스터플랜 : 조종사, 정비사, 객실승무원을 위한 진로 진학 가이드	최재승	더디퍼런스	2017

188	조종사	지식	파일럿의 진로탐색 비행 : 조종사, 항공정비사, 항공교통관제사, 운항관리사가 되는 길	최재승	누벨끌레	2016
189	항공 일반	진로	항공관광분야 진로직업 알아보기	최성수	한올	2017
19. 미결정						
190	미결정	진로	고졸 취업 완전정복	송지영	슬로래빗	2018
191	미결정	진로	나는 행복한 불량품입니다	임승수	서해문집	2018
192	미결정	진로	바람을 길들인 풍차소년	윌리엄 캄쾀바	서해문집	2009
193	미결정	지식	10대, 우리들의 별을 만나다 : 진로전문가 이랑선생님과 청소년 혁준이의 꿈을 찾는 직업여행	이랑 외	드림리치	2018
194	미결정	지식	10대가 맞이할 세상, 새로운 미래직업 : 4차 산업혁명은 우리의 삶을 어떻게 바꿀까?	김승 외	미디어숲	2017
195	미결정	지식	10대가 알아야 할 미래 직업의 이동 : ICT와 인공지능이 만드는 10년 후 직업 이야기	박종서 외	한스미디어	2016
196	미결정	지식	그들도 아이였다 : 우리 시대 대표 인물 40인의 진로와 꿈 찾기 썰說전!	김은우	마음이음	2018
197	미결정	지식	꿈, 지금 꼭 정해야 하나요? : 꿈과 진로에 대해 몰아붙여지는 십 대를 위한 마음다독임	김국태 외	팜파스	2014
198	미결정	지식	나는 무슨 일 하며 살아야 할까?	박현희 외	철수와영희	2011
199	미결정	지식	나는 어떤 삶을 살아야 할까?	홍세화 외	철수와영희	2016
200	미결정	지식	하고 싶은 일 해, 굶지 않아	윤태호 외	시사IN북	2014

'과학독서 후 서평 쓰기', '주제별 책 읽고 발표하기' 수업 사례 도서

번호	책 제목	저자	출판사	출판연도
과학의 기본 개념과 원리를 쉽고 재미있게 풀어 쓴 책				
1	과학 선생님도 궁금한 101가지 과학질문사전	의정부과학교사모임	북멘토	2017
2	위험한 과학책	랜들 먼로	시공사	2015
3	사이언스 빌리지	김병민	동아시아	2016
4	하루종일 우주생각	지웅배	서해문집	2017
더불어 사는 삶, 과학의 윤리적 실천을 다룬 책				
5	힐 더 월드	국제아동돕기연합	문학동네	2008
6	우리가 지구를 착한 별로 만들 거야	마라 록클리프	명진출판사	2011
7	생명을 살리는 윤리적 소비	정원각	상수리	2010
8	과학 리플레이	가치를꿈꾸는과학교사모임	양철북	2016
환경, 에너지				
9	북극곰은 걷고 싶다	남종영	한겨레출판	2009
10	위베르 씨, 내일의 지구를 말해주세요	위베르 리브스 외	서해문집	2014
11	에콜로지스트 가이드 푸드	앤드류 웨이슬리	가지	2015
12	생각하는 십대를 위한 토론 콘서트 : 환경	최소영 외	꿈결	2015
공공성, 공정무역				
13	대한민국 화장품의 비밀	구희연 외	거름	2009
14	병원장사	김기태	씨네21북스	2013
15	공정무역, 왜 필요할까?	아드리안 쿠퍼	내인생의책	2010
적정기술				
16	적정기술, 모두를 위해 지속가능해질까?	섬광	내인생의책	2013
17	국경 없는 과학기술자들	이경선	뜨인돌	2013
18	적정기술 그리고 하루 1달러 생활에서 벗어나는 법	폴 폴락	새잎	2012
진로, 가치관				
19	나에게 돈이란 무엇일까?	이시백 외	철수와영희	2012
20	나는 무슨 일 하며 살아야 할까?	박현희 외	철수와영희	2011

'책 대화하기'에 어울리는 소설책(고등학생)

번호	책 제목	저자	출판사	출판연도	분류	수준	비고
1	키싱 마이 라이프	이옥수	비룡소	2008	장편	아주 쉬움	10대 임신 / 10대 학생들이 임신해서 겪는 일들
2	누나가 사랑했든 내가 사랑했든	송경아	창비	2013	장편	아주 쉬움	동성애 / 남동생과 누나가 한 남자에게 동시에 매력을 느낀 이야기
3	이 선생의 학교폭력 평정기 특수전	따돌림 사회연구모임	양철북	2017	단편집	아주 쉬움	학교폭력 / 학교에서 센 척하는 아이들 이야기. 《이 선생의 학교폭력 평정기》도 좋음
4	봄비 내리는 날	김한수	창비	2017	중편	쉬움	빈곤 / 무능력한 아버지가 어머니를 때리자 아들은 아버지에게 욕을 하고 아버지는 집을 나감
5	소년이 온다	한강	창비	2014	장편	쉬움	역사 / 5.18 광주항쟁 이야기. 한국의 민주화가 어떻게 이루어졌는지 알게 됨
6	도가니	공지영	창비	2009	장편	쉬움	성폭력 / 성폭력 사건을 해결하려는 데 나쁜 사람들이 너무 강해
7	그들이 내 이름을 부를 때	방현석	이야기 공작소	2012	장편	쉬움	민주주의 / 정치적으로 어둡던 시절에 맑게 살아간 한 인간에 대한 이야기
8	82년생 김지영	조남주	민음사	2016	장편	보통	성차별 / 여성으로 살면서 느끼는 위험을 보여줌
9	황금이삭	안재성	삶창	2003	장편	보통	베트남전쟁 / 20세기에 한국인이 어떻게 살아갔는지를 세 사람의 모습으로 보여줌. 이 저자의 《아무도 기억하지 않았다》(한국전쟁) 《경성 트로이카》《연안행》(독립운동)도 좋음
10	모두 아름다운 아이들	최시한	문학과 지성사	2008	연작	보통	교육 / 경쟁 교육에 문제의식을 느낀 고등학생이 주인공으로 나옴
11	건너간다	이인휘	창비	2017	장편	살짝 어려움	갑질, 노동 / 변두리의 작은, 반찬 만드는 회사에서 일어나는 갑질 사건들
12	댓글부대	장강명	은행나무	2015	장편	살짝 어려움	여론 조작, 언론 / 돈 받고 인터넷에서 여론 조작을 하는 댓글부대의 실상을 파헤침
13	바깥은 여름	김애란	문학동네	2017	단편집	어려움	한국 사회 모습, 취업 / 인생 안 풀리는 사람들의 어둡고 무거운 이야기
14	불놀이	조정래	해냄	2010	장편	어려움	이념 대립, 분단 / 어느 마을에서 일어난 살인 사건에 대해 그 아들이 진실을 찾아가는 과정
15	푸른 혼	김원일	강	2011	장편	어려움	독재 / 1970년대에 사형당하고, 나중에 민주화되고 무죄 판결이 난 사람들 이야기

'질문으로 깊이 읽기'에 어울리는 단편소설(고등학생)

번호	소설 제목	저자	수록된 책 제목	출판사	출판 연도	비고
1	자전거 도둑	김소진	자전거 도둑 (김소진 문학전집 3)	문학동네	2002	상처받은 사람의 마음을 섬세하게 살펴가는 소설. 등장인물의 행동의 이유를 추론하고, 그 과정에서 상처가 어떻게 인물의 성격을 형성하는지 이해할 수 있다.
2	헬렌 올로이	레스터 델 레이	SF 명예의 전당 2 : 화성의 오디세이	오멜라스	2010	로봇을 사랑한 인간. 인공지능의 미래와 우리의 태도에 대해 생각해볼 수 있는 소설. 1937년에 창작된 소설인데도 지금 읽기에 손색이 없고, 특히 이과 남학생들의 몰입도가 높다.
3	갑을고시원 체류기	박민규	카스텔라	문학동네	2002	2010년대 청년 노동 문제를 고시원이라는 배경을 중심으로 그려낸 소설. 졸업 후 대부분의 학생들은 대학도, 회사도 가지 못하는 삶을 살게 되는 경우가 많다. 이 소설은 지금-현재를 직시하고 고민하게 한다.
4	타클라마칸 배달사고	배명훈	타워	오멜라스	2009	694층짜리 건물에서 벌어지는 사건을 그렸다. 이야기가 흥미로워 학생들의 몰입도가 높고, 현대 사회를 풍자한 묘사가 곳곳에 드러난다. 개인과 국가의 관계와 역할을 생각하게 하는 질문거리가 풍부하다.
5	서른	김애란	비행운	문학과 지성사	2012	한국 사회 청년의 현실을 편지 형식을 빌려 묘사한 소설. 읽기 괴롭고 가슴 아프지만 그만큼 여운이 강하다. 아이들이 훌쩍 자랄 수 있는 소설이다.
6	씬짜오 씬짜오	최은영	쇼코의 미소	문학동네	2016	베트남전쟁을 주요 소재로 하고 있지만 인물 간의 관계와 인물의 성격을 파악하기에도 좋다. 누군가를 이해하고 이해받는다는 것이 우리 삶에서 얼마나 중요한지 알 수 있다.
7	황만근은 이렇게 말했다	성석제	황만근은 이렇게 말했다	창비	2002	경상도 사투리의 향연을 맛볼 수 있다. 단편소설치고는 길이가 긴 편이라 처음에는 읽기 힘들어하는 학생도 있지만 끝까지 읽고 나면 묵직한 감동이 밀려온다.
8	초코맨의 사회	황정은	일곱시 삼십이분 코끼리열차	문학동네	2008	A4 1쪽짜리의 아주 짧은 소설이지만 문제의식이 뛰어나고 토론거리가 풍부하다. 학생들과도, 교사들과도 얘기하기 좋다. '질문으로 깊이 읽기' 수업을 처음 시도해볼 때 활용하면 좋다.

'쟁점이 있는 독서토론' 수업 사례 도서

번호	책 제목	저자	출판사	출판연도	학생들이 만든 토론 주제 예시
1	내 이름은 공동체입니다	장성익	풀빛	2015	• 개인주의와 공동체주의가 공존하는 방법은 무엇일까? • 공동체 생활을 통해 실현할 수 있는 진정한 행복은 무엇일까? • 우리 사회에서 공동체 생활이 꼭 필요한가? • 개인주의와 공동체주의는 공존할 수 있는가?
2	여덟 단어	박웅현	북하우스	2013	• 우리나라 학생들은 왜 꿈이 없다고 할까? • 인간은 무엇을 위해 살아야 하는가? • 돈이 행복의 최대 기준인가? • 자존감이 없으면 과연 행복할 수 없나? • 자존감을 망치는 것은 우리 교육인가? • 내 안의 기준과 사회가 정해주는 기준 중 우리는 어느 것을 따라 살아야 할까? • 아이에게 가르쳐야 할 가장 중요한 것이 자존이라는 저자의 주장에 동의하는가?
3	위대한 시작	고도원	꿈꾸는책방	2013	• 하고 싶은 일과 잘하는 일 중 어떤 일을 택하는 게 좋을까? • 안정된 직업과 자기가 하고 싶은 직업 중 무엇을 택해야 하는가?"
4	교실 평화 프로젝트	박종철	양철북	2013	• 저자가 제시하는 평화 교육은 학교폭력의 해결책이 될 수 있을까?
5	저요, 할 말 있습니다	인터넷뉴스 바이러스	시대의창	2007	• 절대평가와 상대평가 중 우리에게 더 적합한 평가 방식은?
6	당신들의 대한민국 2	박노자	한겨레출판	2006	• 성형수술 찬반 • 경쟁은 사회를 발전시키는가?
7	모모	미하엘 엔데	비룡소	1999	• 미래와 현재 중 우리에게 더 중요한 것은 무엇일까?
8	생각을 발견하는 토론학교 : 철학	최훈, 박의준	우리학교	2011	• 성장과 분배 중 더 적합한 경제 정책은?
9	프리덤 라이터스 다이어리	에린 그루웰	알에이치 코리아	2014	• 무엇이 사람을 변화시키는가?
10	정의란 무엇인가	마이클 샌델	와이즈베리	2014	• 다수를 위해 소수는 희생될 수 있는가?
11	최재천의 인간과 동물	최재천	궁리	2007	• 과학 발전은 인간을 행복하게 하는가? • 인간과 동물이 공존할 수 있는 방법은 무엇인가?
12	피노키오는 사람인가, 인형인가?	양운덕	휴머니스트	2012	• 피노키오를 사람으로 볼 수 있을까?

13	남한산성	김훈	학고재	2007	• 죽어서 영광스러울 것인가, 치욕스럽더라도 살아남을 것인가? • 주전파와 주화파의 논쟁 , 명분과 실리 논쟁
14	스키너의 심리상자 열기	로렌 슬레이터	에코의서재	2005	• 긍정적 강화를 통해 아이들이 부모가 원하는 행동을 하도록 만들 수 있는가?
15	조화로운 삶	헬렌 니어링, 스콧 니어링	보리	2000	• 책에서 이야기하는 '조화로운 삶'은 현재 우리 사회의 대안이 될 수 있는가?
16	마지막 강의	랜디 포시	살림	2008	• 안락사 찬반
17	도덕을 위한 철학통조림 1, 2	김용규	주니어 김영사	2016	• 인간은 타고난 본성과 환경 중 어느 쪽에 더 영향을 더 받을까?
18	쎄느강은 좌우를 나누고 한강은 남북을 가른다	홍세화	한겨레출판	2008	• 우리 사회에 맞는 모델은 민족주의 모델인가, 개인주의 모델인가?
19	우리들의 행복한 시간	공지영	해냄	2016	• 사형제도를 유지할 것인가, 폐지할 것인가? • 인간은 근원적으로 변화할 수 있는가?
20	십시일反	박재동 외	창비	2003	• 가난은 개인의 능력과 사회 구조적 문제 중 어느 쪽이 더 큰 원인일까?

'주제탐구보고서' 수업 사례 도서

번호	책 제목	저자	출판사	출판연도	학생들이 탐구한 주제 예시
1	왕좌의 게임 1	조지 R.R. 마틴	은행나무	2016	판타지 소설의 경향성
2	만들어진 신	리처드 도킨스	김영사	2007	신의 존재 여부
3	뉴스를 읽어드립니다	민동기, 김용민	휴먼큐브	2015	언론의 오보와 세월호
4	나쁜 페미니스트	록산 게이	사이행성	2016	여성혐오와 페미니즘
5	화성 이주 프로젝트	스티븐 L. 퍼트라넥	문학동네	2016	화성의 지구화
6	우주의 고독	클리퍼드 픽오버	경문사	2004	외계인의 존재 여부
7	명랑하라 고양이	이용한	북폴리오	2011	길고양이 생태
8	로봇의 부상	마틴 포드	세종서적	2016	로봇의 현재와 미래
9	십대를 위한 사랑학 개론	정연희 외	꿈결	2014	연애와 스킨십
10	일기예보, 믿을까 말까?	크리스토프 드뢰서 외	뜨인돌	2010	대한민국의 일기예보
11	알게 모르게, 모욕감	윌리엄 어빈	마디	2014	모욕감의 실체
12	범죄 과학, 그날의 진실을 밝혀라	브리짓 허스	동아엠앤비	2017	범죄의 진실
13	누가 내 머릿속에 브랜드를 넣었지?	박지혜	뜨인돌	2013	광고와 과시 소비
14	아동학대에 관한 뒤늦은 기록	류이근 외	시대의창	2017	아동학대의 현실
15	채식주의자	한강	창비	2007	소설가 한강
	소년이 온다		창비	2014	
	흰		문학동네	2018	
16	성냥팔이 소녀는 누가 죽였을까	도진기	추수밭	2013	정당방위는 누구를 위한 것인가
17	독도, 1500년의 역사	호사카 유지	교보문고	2016	우리 땅 독도
18	탐욕의 울타리	박병상	이상북스	2014	동물학대와 동물보호법
19	선생님의 심리학	토니 험프리스	다산초당	2009	교사 치유
20	조선의 탐식가들	김정호	따비	2012	한국, 탐식의 역사
21	과학 원리로 재밌게 풀어 본 건축물의 구조 이야기	미셸 프로보스트 외	그린북	2013	건축물의 과학적 원리
22	하이타니 겐지로의 유치원 일기	하이타니 겐지로	양철북	2010	조기교육
23	누구보다 축구전문가가 되고 싶다	시미즈 히데토	브레인스토어	2014	축구를 보는 힘
24	10대와 통하는 미디어	손석춘	철수와영희	2012	미디어 매체의 종류와 장점
25	로봇 시대, 인간의 일	구본권	어크로스	2015	번역 앱의 발달과 통번역가들의 미래

'시 경험 쓰기', '시 영상 만들기' 추천 시집

번호	시인	책 제목	출판사
1	강성은	Lo-fi	문학과지성사
2	공광규	담장을 허물다	창비
3	곽수인 외	엄마. 나야.	난다
4	곽재구	사평역에서	창비
5	권혁웅	마징가 계보학	창비
6	기형도	기형도 전집	문학과지성사
7	기형도	잎 속의 검은 잎	문학과지성사
8	김미희	외계인에게 로션을 발라주다	휴머니스트
9	김미희	소크라테스가 가르쳐준 프러포즈	휴머니스트
10	김개미	어이없는 놈	문학동네 어린이
11	김광규	희미한 옛사랑의 그림자	민음사
12	김기택	소	문학과지성사
13	김기택	갈라진다 갈라진다	문학과지성사
14	김남주	꽃속에 피가 흐른다	창비
15	김막동 외	시집살이 詩집살이	북극곰
16	김사인	가만히 좋아하는	창비
17	김상미	우린 아무 관계도 아니에요	문학동네
18	김선우	도화 아래 잠들다	창비
19	김소월	진달래꽃	시인생각
20	김수영	풀이 눕는다	시인생각
21	김승희	희망이 외롭다	문학동네
22	김용택	강 같은 세월	창비
23	김용택	그 여자네 집	창비
24	김용택	섬진강	창비
25	김용택	키스를 원하지 않는 입술	창비
26	김은영	김치를 싫어하는 아이들아	창비
27	김종삼	북치는 소년	시인생각

번호	시인	책 제목	출판사
28	김준태	참깨를 털면서	창비
29	나태주	너도 그렇다	종려나무
30	나태주	풀꽃	계수나무
31	나태주	나태주 시전집 1~4	고요아침
32	나희덕	그 말이 잎을 물들였다	창비
33	나희덕	그 곳이 멀지 않다	문학동네
34	나희덕	어두워진다는 것	창비
35	나희덕	사라진 손바닥	문학과지성사
36	도종환	접시꽃당신	실천문학사
37	도종환	흔들리며 피는 꽃	문학동네
38	도종환	세 시에서 다섯시 사이	창비
39	문태준	가재미	문학과지성사
40	문태준	맨발	창비
41	박노해	노동의 새벽	느린걸음
42	박노해	그러니 그대 사라지지 말아라	느린걸음
43	박상수	숙녀의 기분	문학동네
44	박성우	자두나무 정류장	창비
45	박성우	난 빨강	창비
46	박준	당신의 이름을 지어다가 며칠은 먹었다	문학동네
47	배창환	서문시장 돼지고기 선술집	작은숲
48	배창환 외	내 생애의 별들	작은숲
49	백석	나와 나타샤와 흰 당나귀	다산책방
50	서정홍	내가 가장 착해질 때	나라말
51	서정홍	밥 한 숟가락에 기대어	보리
52	서정홍	58년 개띠	보리
53	세월호 추모시집	우리 모두가 세월호였다	실천문학사
54	손택수	호랑이 발자국	창비

부록 : 수업 모형별 추천도서 목록

55	손택수	목련전차	창비
56	송경동	사소한 물음들에 답함	창비
57	신경림	농무	창비
58	신경림	갈대	시인생각
59	신동엽	누가 하늘을 보았다 하는가	창비
60	신미나	싱고라고 불렀다	창비
61	신철규	지구만큼 슬펐다고 한다	문학동네
62	안도현	외롭고 높고 쓸쓸한	문학동네
63	안도현	너에게 가려고 강을 만들었다	창비
64	양정자	내가 읽은 삶	실천문학사
65	윤동주	하늘과 바람과 별과 시	책만드는집
66	이병률	당신은 어딘가로 가려 한다	문학동네
67	이병률	바람의 사생활	창비
68	이병승	까닭 없이도 끄떡없이 산다	실천문학사
69	이성복	뒹구는 돌은 언제 잠 깨는가	문학과지성사
70	이성복	남해 금산	문학과지성사
71	이성복	그 여름의 끝	문학과지성사
72	이시영	사이	창비
73	이시영	우리의 죽은 자들을 위해	창비
74	이시영	바다 호수	문학동네
75	이해인	작은 기도	열림원
76	이해인	나를 키우는 말	시인생각
77	임길택	탄광마을 아이들	실천문학사
78	임길택	산골 아이	보리
79	장정일	햄버거에 대한 명상	민음사
80	정끝별	와락	창비
81	정끝별	삼천갑자 복사빛	민음사
82	정끝별	은는이가	문학동네
83	정호승	슬픔이 기쁨에게	창비
84	정호승	외로우니까 사람이다	열림원
85	정호승	포옹	창비

86	정희성	한 그리움이 다른 그리움에게	창비
87	정희성	詩를 찾아서	창비
88	정희성	저문 강에 삽을 씻고	창비
89	최두석	꽃에게 길을 묻는다	문학과지성사
90	최승자	내 무덤, 푸르고	문학과지성사
91	최승자	즐거운 일기	문학과지성사
92	최승자	이 시대의 사랑	문학과지성사
93	최승호	고슴도치의 마을	문학과지성사
94	최영미	이미 뜨거운 것들	실천문학사
95	최영미	꿈의 페달을 밟고	창비
96	최영미	서른, 잔치는 끝났다	창비
97	칠곡할매들	시가 뭐고	삶창
98	칠곡할매들	콩이나 쪼매 심고 놀지머	삶창
99	한강	서랍에 저녁을 넣어두었다	문학과지성사
100	함민복	모든 경계에는 꽃이 핀다	창비
101	허수경	빌어먹을, 차가운 심장	문학동네
102	허은실	나는 잠깐 설웁다	문학동네
103	황인산	붉은 첫눈	삶창
104	황인숙	나의 침울한 소중한 이여	문학과지성사
105	황인숙	자명한 산책	문학과지성사
106	황지우	게눈 속의 연꽃	문학과지성사
107	황지우	새들도 세상을 뜨는구나	문학과지성사
청소년 시선집			
108	구자행	기절했다 깬 것 같다	나라말
109	구자행	버림받은 성적표	보리
110	김상희 외	내일도 담임은 울 뻴이다	휴머니스트
111	배창환 조재도	36.4℃	작은숲
112	배창환	뜻밖의 선물	휴머니스트
113	배창환	지금은 0교시	한티재
114	이상석	있는 그대로가 좋아	보리

115	한국글쓰기 연구회	엄마의 런닝구	보리
116	한국글쓰기 연구회	새들은 시험 안 봐서 좋겠구나	보리

창비 청소년시선

117	나희덕 외	의자를 신고 달리는	창비
118	김성장 외	처음엔 삐딱하게	창비
119	조재도	자물쇠가 철컥 열리는 순간	창비
120	채지원	대단한 놈들이다	창비
121	복효근	운동장편지	창비
122	이장근	파울볼은 없다	창비
123	양영길	궁금 바이러스	창비
124	김애란	난 학교 밖 아이	창비
125	이정록	까짓것	창비
126	손택수	나의 첫 소년	창비

시선집

127	강건후 외	선생님 시 읽어 주세요	창비
128	구본희 외	쫄깃하고 맛있는 시라면	우리학교
129	김남희	길 위에서 읽는 시	문학동네
130	김상욱	국어교과서 시에 눈뜨다	상상의힘
131	김상욱	나도 모르는 내가	상상의힘
132	김용택	시가 내게로 왔다 1~4	마음산책
133	신경림	신경림의 시인을 찾아서 1~2	우리교육
134	신현림	딸아, 외로울 때는 시를 읽으렴 1~2	걷는나무
135	안도현	그 풍경을 나는 이제 사랑하려 하네	이가서
136	안도현	당신이라는 말 참 좋지요	창비
137	오연경 외	칠판에 적힌 시 한 편	창비
138	전국국어 교사모임	국어 시간에 시 읽기 1~4	휴머니스트
139	전국국어 교사모임	문학 시간에 시 읽기 1~4	휴머니스트

140	정끝별	밥	마음의숲
141	정끝별	시심전심	문학동네
142	정끝별 외	어느 가슴엔들 시가 꽃 피지 않으랴 1~2	민음사
143	정형근 외	국어선생님의 시 배달	창비

세계 시인

144	미야자와 겐지	봄과 아수라	인다
145	브레히트 외	아침저녁으로 읽기 위하여	푸른숲
146	비스와바 쉼보르스카	끝과 시작	문학과지성사
147	사이토 마리코	단 하나의 눈송이	봄날의책
148	세사르 바예호	오늘처럼 인생이 싫었던 날은	다산책방
149	올라브 하우게	어린 나무의 눈을 털어주다	봄날의책
150	파블로 네루다	질문의 책	문학동네

'책 읽고 인터뷰하기' 추천도서

번호	책 제목	저자	출판사	출판연도
1	10대 마음보고서	따돌림사회연구모임 교실심리팀	마리북스	2017
2	10대와 통하는 동물 권리 이야기	이유미	철수와영희	2017
3	10대와 통하는 일하는 청소년의 권리 이야기	이수정	철수와영희	2015
4	고든 램지의 불놀이	고든 램지	해냄	2009
5	권력과 언론	박성제	창비	2017
6	그 일은 전혀 사소하지 않습니다	한국여성의전화	오월의봄	2017
7	그래도 우린 다시 만나야 한다	이성원	꿈결	2013
8	기억하겠습니다	이토 다카시	알마	2017
9	나쁜 뉴스의 나라	조윤호	한빛비즈	2016
10	나의 첫 젠더 수업	김고연주	창비	2017
11	날것의 인생 매혹의 요리사	후안 모레노	반비	2013
12	내 몸을 찾습니다	몸문화연구소	양철북	2011
13	누가 진짜 범인인가	배상훈	앨피	2015
14	뉴스는 어떻게 조작되는가	최경영	바다출판사	2017
15	대한민국 최저로 살아가기	참여연대 사회복지위원회	나눔의집	2013
16	대한민국 치킨전	정은정	따비	2014
17	무지개 성 상담소	동성애자인권연대 외	양철북	2014
18	미안해요! 베트남	이규봉	푸른역사	2011
19	베트남 견문록	임홍재	김영사	2010
20	사이코패스는 일상의 그늘에 숨어 지낸다	이수정, 김경옥	중앙m&b	2016
21	사회복지사의 희망 이야기	노혜련 외	학지사	2010
22	심리학, 열일곱 살을 부탁해	이정현	걷는나무	2010
23	안녕하십니까 학교입니다	권재원	서유재	2017
24	예민해도 괜찮아	이은의	북스코프	2016
25	왜 그들은 우리를 파괴하는가	이창무, 박미랑	메디치미디어	2016
26	우리가 외면하고 있는 동물의 행복할 권리	전경옥	네잎클로바	2013
27	월경의 정치학	박이은실	동녘	2015
28	조난자들	주승현	생각의힘	2018
29	통일을 보는 눈	이종석	개마고원	2012
30	한국 탈핵	김익중	한티재	2013